国家社科基金
后期资助项目

袁殊传记

YUAN SHU: A Biography

孙宝根　著

中国社会科学出版社

图书在版编目(CIP)数据

袁殊传记 / 孙宝根著 . —北京：中国社会科学出版社，2020.4（2020.8 重印）
ISBN 978 – 7 – 5203 – 5933 – 7

Ⅰ.①袁… Ⅱ.①孙… Ⅲ.①袁殊(1911 – 1987)—传记 Ⅳ.①K827 = 6

中国版本图书馆 CIP 数据核字(2020)第 022807 号

出 版 人	赵剑英
责任编辑	刘志兵
责任校对	杨　林
责任印制	王　超

出　　版	中国社会科学出版社
社　　址	北京鼓楼西大街甲 158 号
邮　　编	100720
网　　址	http://www.csspw.cn
发 行 部	010 – 84083685
门 市 部	010 – 84029450
经　　销	新华书店及其他书店
印　　刷	北京君升印刷有限公司
装　　订	廊坊市广阳区广增装订厂
版　　次	2020 年 4 月第 1 版
印　　次	2020 年 8 月第 2 次印刷
开　　本	710 × 1000　1/16
印　　张	17.5
插　　页	2
字　　数	314 千字
定　　价	75.00 元

凡购买中国社会科学出版社图书，如有质量问题请与本社营销中心联系调换
电话:010 – 84083683
版权所有　侵权必究

国家社科基金后期资助项目

出 版 说 明

后期资助项目是国家社科基金设立的一类重要项目，旨在鼓励广大社科研究者潜心治学，支持基础研究多出优秀成果。它是经过严格评审，从接近完成的科研成果中遴选立项的。为扩大后期资助项目的影响，更好地推动学术发展，促进成果转化，全国哲学社会科学工作办公室按照"统一设计、统一标识、统一版式、形成系列"的总体要求，组织出版国家社科基金后期资助项目成果。

全国哲学社会科学工作办公室

目 录

是非功过任谁评？（代序） …………………………………… (1)

第一章 苦难童年 …………………………………………… (1)
    一 书香门第出生 ……………………………………… (1)
    二 童年生活艰辛 ……………………………………… (3)

第二章 奋发少年 …………………………………………… (6)
    一 有志不在年高 ……………………………………… (6)
    二 投身北伐战争 ……………………………………… (10)
    三 弃武从文谋生 ……………………………………… (13)

第三章 时代青年 …………………………………………… (15)
    一 热血文艺愤青 ……………………………………… (15)
    二 首次赴日苦学 ……………………………………… (18)
    三 归国彷徨漂泊 ……………………………………… (20)

第四章 新闻先锋 …………………………………………… (22)
    一 创办文艺新闻 ……………………………………… (23)
    二 报道左联烈士 ……………………………………… (38)
    三 首倡报告文学 ……………………………………… (43)
    四 知名新闻记者 ……………………………………… (46)

第五章 情报入门 …………………………………………… (53)
    一 早期中共特工 ……………………………………… (54)
    二 加入中央特科 ……………………………………… (56)
    三 初试锋芒出险 ……………………………………… (58)

第六章　卧底中统 (61)
　　一　巧妙打入中统 (61)
　　二　白皮红心萝卜 (63)
　　三　干社情报股长 (66)

第七章　岩井机关 (71)
　　一　日谍潜伏中国 (71)
　　二　打入日谍机关 (73)
　　三　提供战略情报 (83)

第八章　入青洪帮 (92)
　　一　青帮通字辈分 (92)
　　二　洪帮五圣山门 (95)

第九章　怪西人案 (98)
　　一　情报远东风暴 (99)
　　二　卷入怪西人案 (101)
　　三　首次锒铛入狱 (108)

第十章　消沉彷徨 (115)
　　一　寻找中共组织 (115)
　　二　再赴日本留学 (117)
　　三　妙带军用地图 (119)
　　四　重回组织怀抱 (120)

第十一章　潜伏军统 (122)
　　一　军统抗战管窥 (122)
　　二　戴笠起用袁殊 (131)
　　三　抗日铁血锄奸 (135)
　　四　赴港多方领命 (137)

第十二章　打入汪伪 (141)
　　一　周佛海的一面 (142)

  二 汪伪特工总部 …………………………………………（147）
  三 与李士群暗斗 …………………………………………（151）
  四 卧底"清乡"运动 ………………………………………（158）
  五 潜伏"兴建运动" ………………………………………（163）

第十三章 秘密通道 ……………………………………………（177）
  一 智救地下党员 …………………………………………（177）
  二 为党培育英才 …………………………………………（179）
  三 地下交通要道 …………………………………………（183）

第十四章 幕后英雄 ……………………………………………（189）
  一 超级文化推手 …………………………………………（189）
  二 智救鲁迅夫人 …………………………………………（194）
  三 转移滞港精英 …………………………………………（197）

第十五章 到解放区 ……………………………………………（202）
  一 原来他是共党 …………………………………………（202）
  二 解放区晴朗天 …………………………………………（210）
  三 继续情报工作 …………………………………………（213）

第十六章 蒙冤平反 ……………………………………………（217）
  一 含冤入狱蒙羞 …………………………………………（218）
  二 彻底平反昭雪 …………………………………………（224）

第十七章 盖棺定论 ……………………………………………（229）
  一 才情不减当年 …………………………………………（229）
  二 无悔剑胆雄心 …………………………………………（232）

参考文献 ……………………………………………………………（238）

是非功过任谁评？[1]
（代序）

袁殊这个名字，对很多人来说，是陌生的。随着电影、电视、网络、报刊等媒介对谍战剧的热捧，袁殊这个人的人物形象，渐渐走入了我们的视野。

袁殊到底是怎样一个人呢？

袁殊（1911.4.27—1987.11.26），湖北省黄冈市蕲春县蕲州镇人，原名学易，又名学艺，曾使用诸如碧泉[2]、逍逸[3]、严军光[4]、曾达斋[5]、啸一[6]、温超[7]等很多化名或笔名。

长期以来，海内外有关袁殊的著述，数量不多，但观点不一。[8] 说他

---

[1] 书稿《袁殊研究》2013年获立国家社科基金后期资助项目（项目编号13FZS035），并于2016年12月结项，本课题立项后，这一章节主要内容作为项目研究阶段性成果公开发表。孙宝根：《中共史上最传奇的间谍——袁殊》，载《挖历史》第1辑，华文出版社2013年版；2013年12月31日，凤凰网《凤凰历史》栏目以"抗战中的'超级特工'：同时为三国五方送情报"为题全文转载。

[2] 1932年，袁殊根据冯雪峰的要求，在沈起予和张庚主办的《光明》半月刊发表了一篇重要文章《上海论》，用的是"碧泉"这个笔名。

[3] 有的资料写作袁霄逸，但据刘心皇介绍袁殊，号逍逸，参见刘心皇《抗战时期沦陷区文学史》，成文出版社1980年版，第84页；又据岩井英一记载：袁学易，号逍逸；参见〔日〕岩井英一《回想の上海》，《回想の上海》出版委员会1983年版，第79页；据丁淦林说"袁逍逸这个名字，颇有点鸳鸯蝴蝶派的味道"，参见丁淦林《袁殊的传奇式经历》，《新闻与写作》2007年第10期；也有写成袁笑逸，如1933年10月27日《申报》第21746号第17页：《菊生：知义所作，去年由从袁学易而袁学易，袁笑逸》。

[4] 袁殊化名严军光负责主持岩井英一主导的兴亚建国运动。1939年11月，严军光著《兴亚建国论》一书由上海兴建月刊社出版。

[5] 1946年，华东局组织部长曾山建议袁殊改名为"曾达斋"。

[6] 在《文艺新闻》第60期上，袁殊以笔名"啸一"写就《集纳正名》一文。

[7] 袁殊1948年10月3日《海燕》报第1版发表《祝捷之秋》，署名温超。

[8] 大陆学界虽已公认袁殊的红色特工身份，但在具体史实的评价方面，略有差异。参见徐林祥《一个长期做国民党和汪伪特务的人——记秘密战线上的中共地下党员袁殊》，《党史纵览》1994年第6期；徐林祥、方劲松《抗日战争时期中共对日军的情报工作》，（转下页）

2 袁殊传记

是"落水文人""文化汉奸"[①]有之；说他是国民党中统或军统特务有之。但随着相关史料的解密，人们越来越确定他是潘汉年[②]手下的一名得力干将。

（接上页）《党史纵览》1995年第6期；谭元亨《袁殊身后的牺牲》，《书城》1997年第4期；徐林祥《红色特工在国民党保密局内部》，《党史纵览》1996年第4期；谭元亨《中共情报史上绝无仅有的"五重间谍"》（上），《党史博览》1999年第2期；谭元亨《中共情报史上绝无仅有的"五重间谍"》（下），《党史博览》1999年第3期；朱元涛《我对袁殊名誉权案的几点看法》，《中国律师》1998年第7期；孙耀军《谁来对历史负责？——"潘汉年传记"引发袁殊名誉权诉讼案》，《中国律师》1998年第7期；刘勇强《打入日伪高层的红色特工——袁殊》，《党史纵横》2012年第5期；郭艳华《袁殊："与狼共舞"的中共无名英雄》，《党史文汇》2008年第4期；丁淦林《袁殊的传奇式经历》，《新闻与写作》2007年第10期；《中国情报史上绝无仅有的五重间谍》，《新闻世界》（社会生活）2007年第4期；刘勇《中共情报史上的"五重间谍"》，《瞭望》2005年第2期；金秋《袁殊：一位红色情报员的传奇人生》，《钟山风雨》2004年第3期；程仪《袁殊de情报生涯》，《党史天地》2004年第11期；袁成亮《袁殊：难得的情报人才》，《文史春秋》2004年第6期；尹骐《袁殊谍海风雨16年》，《炎黄春秋》2002年第12期；金建明《一位红色情报员的传奇人生》，《世纪行》2001年第7期；谭元亨《中共情报史上绝无仅有的"五重间谍"》，《四川监察》2000年第3期；岳桦《红色情报员袁殊》，《民国春秋》2000年第5期；李秀云《论袁殊对新闻学术研究的贡献》，《浙江传媒学院学报》2010年第3期；刘迪《袁殊：情报史上绝无仅有的五重间谍》，《纪实》2010年第7期；任苞《五重间谍袁殊》，《可乐》2009年第4期；《袁殊营救许广平》，《鲁迅研究月刊》1996年第10期；丁晓原《报告文学真实性六十年研究概述》，《高校社科信息》1995年第Z1期；鲁南《中共地下党主持日特机关"岩井公馆"始末》，《春秋》2011年第3期；胡正强《袁殊的媒介批评实践及其贡献》，《河北师范大学学报》（哲学社会科学版）2011年第2期；胡正强《袁殊编办〈文艺新闻〉的策略和社会影响简论》，《江南大学学报》（人文社会科学版）2010年第4期；胡正强《试论袁殊的新闻实践及其理论贡献》，《中南民族大学学报》（人文社会科学版）2010年第3期；李秀云《论袁殊对新闻学术研究的贡献》，《浙江传媒学院学报》2010年第3期；刘平召《中共情报史上的"千面谍王"》，《文史博览》2010年第3期；小卫《谍海传奇：与狼共舞十四载的"灰色"英雄》，《党史纵横》2009年第10期；孔刘辉《〈文艺新闻〉的终刊——从〈鲁迅全集〉一条注释说起》，《绍兴文理学院学报》（哲学社会科学版）2008年第4期。

① 台湾的一些刊物曾诋毁袁殊，比如：鹿原《历史的事实：从中共为汪伪汉奸"袁殊同志"平反说起》，《传记文学》第408期，1996年5月；王朝柱原作、余亦麒提供《袁殊是潘汉年勾结日汪的关键人物》，《传记文学》第409期，1996年6月。

② 有关潘汉年研究，可参见谭元亨《潘汉年》，甘肃人民出版社1996年版；尹骐《潘汉年的情报生涯》，人民出版社1996年版；尹骐《夏衍与潘汉年的挚友情》，《炎黄春秋》1995年第6期；尹琪《一桩历史谜案——潘汉年会见汪精卫》，《炎黄春秋》1993年第7期；尹骐《潘汉年传略》，《新文学史料》1992年第4期；张云《潘汉年传》，上海人民出版社2006年版；张云《潘汉年的一生》，上海人民出版社2008年版；回忆潘汉年编辑组编《回忆潘汉年：革命斗争回忆录》，江苏人民出版社1985年版；陈修良《历史的教训值得注意——关于潘汉年、沙文汉同志平反昭雪的感想》，《社会科学》1983年第3期；（转下页）

学界很少有学者对袁殊的特殊经历进行有见地的、系统的学术梳理。2015年，天津师范大学杨名宇撰写的硕士论文《袁殊的情报工作（1931—1945）》通过剖析袁殊在1931—1945年的情报工作经历，试图"还原"一个挣扎在现实战争与意识形态斗争中沉浮的基层特工的"真实情况"；该文作者既不认同袁殊是一个混入中共党组织的国民党特务、汉奸、日本特工，也不认同袁殊是一名意志坚定的中共谍报人员，而是认为袁殊作为有血有肉的情报工作者，其矛盾行动中必然隐藏着其真实的复杂心理与动机，且这种心理动机在历史与他本人的互动也是在不断变化；其行为背后隐藏的复杂心理，既有对共产党胜利的信心，又包含着对于事业成功的野心；袁殊并非一个信仰坚定的革命家，而是一名自信的投机者，人生的押注全在自己对于局势的判断上；他情报工作的成功在于他长袖善舞的社交能力与对历史流向的正确判断，而他后半生的牢狱之灾，也基于他对革命政权认识的错误判断。① 这篇硕士论文的分析与结论，很有新意，但其主要观点及结论与历史事实不相称，值得进一步商榷。

在20世纪三四十年代的旧上海，"袁殊这个名字，对于现代的中国青年人来说是很陌生的，但在三四十年代的旧上海，袁殊却有一定的知名度，上海的一些老人、文化界的一些老前辈们对于袁殊这个名字恐怕并不陌生。从各种材料来看，袁殊背负的骂名似乎更多些"。② 资深媒体人金雄

（接上页）罗青长《潘汉年冤案的历史教训》，《上海党史与党建》1996年第1期；吴基民《胡均鹤与潘汉年冤案》，《档案春秋》2008年第11期；中共上海市委党史研究室编《潘汉年在上海》，上海人民出版社1995年版；朱能真《潘汉年的幕前"演员"——袁殊》，载政协黄冈市委员会学习文史委员会《黄冈文史资料》第4辑，湖北政协黄冈市委员会学习文史委员会2001年版；孙耀军《谁来对历史负责？——"潘汉年传记"引发袁殊名誉权诉讼案》，《中国律师》1998年第7期；赵先《所谓"镇江事件"的始末》，《上海文史资料选辑》第41辑，1982年9月29日；周军《潘汉年——隐蔽战线上的传奇人物蒙冤"镇江事件"》，《文史月刊》2007年第12期；秦福荃《博古与潘汉年关系的背后》，《炎黄春秋》2006年第10期；王鹏程《潘扬案件的历史回顾与反思》，《湖北行政学院学报》2005年第4期；温雪勇《潘汉年案的历史回顾》，《福建党史月刊》2001年第3期；经盛鸿《潘汉年蒙冤始末》，《纵横》2001年第1期；富耀南《潘汉年的七次香港之行》，《江南论坛》1997年第6期；刘朝华《论潘汉年对统一战线工作的贡献》，硕士学位论文，湘潭大学，2006年；王征明《潘汉年的所谓"以特反特"罪状》，《世纪》2012年第3期。

① 参见杨名宇《袁殊的情报工作（1931—1945）》，硕士学位论文，天津师范大学，2015年。
② 曾龙：《我的父亲袁殊：还原五面间谍的真实样貌》，独立作家2016年版，第28页；曾龙：《我的父亲袁殊》，接力出版社1994年版，第1页。

白①（朱子家）在其《汪政权的开场与收场》一书中称："袁殊这个人，真是有他的一手！留学日本，一口纯熟的日语，人们就不会相信他是中国人。他好似天生的一个特工人才，在抗战前后，情报工作的迅速而正确，推他为第一手。"②

抗战时期的汪伪控制区，人们普遍认为袁殊是一位文化"汉奸"，各界高层对其真实身份表示了相当的怀疑。国民政府军统局曾多次秘密下令调查袁殊的真实身份。例如，1941年2月27日，孔祥熙在上海发往重庆的密电中称："袁殊虽几度在中央机关（指国民党的军统）服务，实则为共产党工作。前年袁被捕后在日方组织伪党（指汉奸组织'兴亚'），亦为共党指使。现袁为共党担任工作有四。共党在沪安全问题与共党在沦陷区之交通亦由袁负责……共产党利用日伪报纸攻击中央（指国民党中央）皆由袁办理。"③

袁殊的公开职业大多扬名于20世纪30—40年代的文艺界、新闻界和教育界。他做过记者、编辑，写过剧本、办过报纸杂志，做过社长，而其深藏的多重特工身份，在今人看来，依然令人惊愕不已。他创办的《文艺新闻》持续16个月，共计出版75期，是左翼文化刊物寿命最长的。据学者研究，袁殊对中国新闻学还有两个杰出的贡献：一是他首次将英文"journalism"④一词译为"集纳主义"，这个译词，是中国新闻学理论的创举；二是他最早将英文"reportage"一词译名为"报告文学"，并指出"报告文学"是近代工业社会发展的产物，是一种新形态的新闻文学。

1931年6月11日，袁殊以"报告文学论"为题在上海劳动大学劳动文艺研究会讲演，1931年7月发表在《文艺新闻》上，该文对"报告文学"作出定义："如其名所示的，是把心灵安置在事实的报告上，但不如照相写真样的，只是机械的摄写事实。它又须具备着一定的目的与倾向，然后把事实通过印象加以批判的写出。这目的，就是社会主义的目的。"⑤

大凡历史人物，人云总似一枚硬币，皆有正面、反面和侧面，一般来讲，只知其一面或两面者甚众。袁殊不仅驰骋文化界，名气也不小；更重

---

① 参见周文琪《"红色间谍"佐尔格在中国》，《百年潮》2002年第7期；康文久《析谍报英雄佐尔格的成功与失误》，《国家安全通讯》2003年第7期；马照习《一代谍王佐尔格》，《环球军事》2002年第3期；王连捷《中国"佐尔格"的三大情报》，《兰台世界》2011年第1期。另据刘心皇介绍，朱子家（金雄白）的《汪政权的开场与收场》一书虽多为汪伪政权开脱同情之词，但也有史料价值。参见刘心皇《抗战时期沦陷区文学史》，成文出版社1980年版，第78页。
② 朱子家（金雄白）：《汪政权的开场与收场》第3册，春秋杂志社1965年版，第27页。
③ 金秋：《袁殊：一位红色情报员的传奇人生》，《钟山风雨》2004年第3期。
④ journalism，今译新闻业、新闻学、新闻工作、报纸杂志。
⑤ 《袁殊文集》编辑组：《袁殊文集》，南京出版社1992年版，第42页。

要的是，他在中共情报战线上的纵横捭阖、妙手连连。情报战一直被誉为没有硝烟的地下战场，尽管没有令人血脉贲张的冲锋陷阵，却也处处有旋涡暗礁、危机四伏，时时险象环生，大多沦为无名英雄。袁殊身份极为复杂、多面、多重，时至今日，依然扑朔迷离，考究各类评价，亦是众说纷纭。由此，只看一面，必然片面。

著名藏书家、《苏州杂志》编辑黄恽认为：" 袁殊据说是现代中国仅有之五面间谍，世上双面间谍已经不多，做得成功的更是凤毛麟角，更何况其五面乎？……袁殊，以其一面，而应五面之需，应对裕如，岂非奇迹？"[1]

新中国成立以来的公开报刊中，我们很难搜到有关袁殊在我党情报战线上的特殊贡献之类的资料。目前所能搜到最早提及袁殊名字的是1957年《新闻业务》第11期，它曾刊载索延芳整理《旧新闻学书刊目录（二）（一九一九年——一九四八年）》目录，提及中国人民大学新闻系藏袁殊著《记者道》（上海群店1936年版）及北京图书馆藏日本榛村专一著、袁殊译《新闻法制论》（上海群力书店）信息。[2]

即使到了1983年，南京中国第二历史档案馆召开恽逸群[3]同志追悼大会，《新华日报》对此刊发新闻中提及送花圈的人当中有恽逸群生前友好"袁殊同志"字样；不久，有篇《刀斧丛中识恽老》文章中提到袁殊是一位"深入虎穴"的共产党员。[4] 1989年，《新闻记者》刊载肖非[5]的《袁

---

[1] 黄恽：《袁殊与〈中国内幕〉》，载宫晓卫《藏书家》第15辑，齐鲁书社2009年版。
[2] 参见索延芳整理《旧新闻学书刊目录（二）（一九一九年——一九四八年）》，《新闻业务》1957年第11期。
[3] 有关恽逸群的研究，参见顾雪雍《奇才奇闻奇案——恽逸群传》，上海人民出版社1996年版；顾雪雍《恽逸群》，人民日报出版社2005年版；江苏省社会科学院《恽逸群文集》编选《恽逸群文集》，江苏人民出版社1986年版；陆炳炎主编《恽逸群同志纪念文集》，三联书店2005年版；顾雪雍《悼念舅父恽逸群》，《新闻与传播研究》1980年第4期；马少华《中共党报理论的建设者：恽逸群》，《新闻前哨》2012年第1期；徐士刚《恽逸群》，《档案与建设》2009年第12期；于友《恽逸群——我最敬爱的老师》，《新闻记者》1993年第12期；陈镐汶《新闻学专刊——〈大美晚报·记者座谈〉——为纪念恽逸群逝世15周年作》，《新闻大学》1994年第3期；陈晓籁《汉奸报里的革命家——忆恽逸群同志在〈新中国报〉的二三事》，《新闻记者》1988年第6期；茹予我《战士的风骨——记恽逸群》（一），《新闻记者》1985年第7期；闻继业《战士的风骨——记恽逸群》（二），《新闻记者》1985年第10期；秦淮月《恽逸群——新闻界的杰出战士》，《新闻记者》1985年第1期；强剑衷《奋斗终生的恽逸群同志》，《新闻与传播研究》1981年第5期；陆诒《悼念恽逸群同志》，《新闻与传播研究》1980年第4期。
[4] 参见李之《传奇式人物——袁殊》，载中国人民政治协商会议江苏省镇江市委员会文史资料研究委员会《镇江文史资料》第12辑，1987年1月。该文作者曾专程访问这位有传奇式历史的老人，当时袁殊的健康情况欠佳，曾中风、半身不遂、说话非常吃力，但还是和该文作者谈了他的传奇故事。
[5] 为时任江苏教育学院院长袁殊学生胡肇枫的曾用笔名。

殊纪念会在沪举行》文章，仅仅是赞赏袁殊的文学贡献："袁殊是我国早期留学日本的有志人士之一。1931年参加革命，是三十年代的'左联'盟员，《文艺新闻》创始人，著名的文艺活动家，杰出的共产主义战士。一生写下了许多有关新闻学方面的著作，发表过大量的文艺作品和译文，对我国新闻事业和文化工作做出了重要贡献。"①

复旦大学新闻学院丁淦林教授撰文指出："我第一次看到袁殊这个名字，是在20世纪50年代中叶。……直到1984年5月14日上海《解放日报》报道'恽逸群同志骨灰盒覆盖党旗仪式在南京举行'时，提及恽逸群'生前好友袁殊也献了花圈'，这才确认他还健在。"② 蕲春县文化馆郑伯成副馆长撰文指出：袁殊是我军历史上独一无二的"五重谍报王"。③

不错，袁殊的确是20世纪三四十年代上海文化界中一位才华横溢的骁将，他书生意气、挥斥方遒；然而，为主义信念，为抗日救国，书生变侠客，多面潜伏、剑胆雄心、白皮红心，一跃而成中共党内潘汉年情报系统的得力干将。袁殊正是凭借其果敢、灵敏、奇才与勇气，在中共情报史上书写了一个传奇人物的人生。

直到此时，人们才渐渐了解袁殊鲜为人知的一面：

他是热播电视剧《记忆之城》中朱今墨④以及《伪装者》中明楼⑤的原型，是中共情报史上一位颇有传奇色彩的超级特工，被誉为"东方佐尔

---

① 肖非：《袁殊纪念会在沪举行》，《新闻记者》1989年第1期。
② 丁淦林：《袁殊的传奇式经历》，《新闻与写作》2007年第10期。
③ 参见郑伯成《"五重谍报王"袁殊》，《奇春文学网》，2011年10月；夜雨一江《谍海五重奏》（影视文学剧本），载起点中文网，2008年10月。
④ 2007年8月15日，为纪念抗战胜利62周年，央视八套热播34集电视连续剧《记忆之城》，剧中男一号朱今墨以其"四重情报员"身份和顽强的生存意志与刚烈的精神气质，深深震撼了亿万观众的心。参见王树蕲、袁苏生《情报奇人袁殊的秘密生涯》，《湖北文史》2014年第2期。
⑤ 2015年播出的《伪装者》自开播以来就广受好评，电视剧《伪装者》编剧、原小说《谍战上海滩》作者张勇指出：她创作的《伪装者》"明家三姐弟"，其实个个有历史原型，明楼的原型并非只有一个人，"包括袁殊、关露等等，我是把三四个历史真实人物的经历，捏成了一个明楼"。参见武俊宏《多重伪装，反观现实——评谍战剧〈伪装者〉的艺术特色》，《戏剧之家》2016年第14期；周逍《从使用与满足理论分析〈伪装者〉的受众心理需求》，《新闻研究导刊》2016年第8期；丁芃《论谍战电视剧〈伪装者〉叙事策略的得与失》，《西部广播电视》2015年第19期；《揭〈伪装者〉明楼原型中共王牌特工袁殊》，《四川党的建设》（城市版）2016年第1期；陈郁《袁殊：最强"伪装者"五重身份掩赤心》，《扬子晚报》2016年5月3日第A4—A5版。

格"①，朱德曾经说过，"袁殊是我党不可多得的情报人才"。②

他是中共情报史上最多面的超级特工！

1931年10月到1945年10月，袁殊以"多重身份"从事中共地下情报工作长达14年。袁殊的"多重身份"几乎涉及当时所有的政治势力：中共和共产国际远东情报局、青帮与洪门、渝方国民政府（中统与军统）、日方岩井机关、宁方（汪伪政权）。具体如下：

1. 中共中央特科情报成员（此为秘密身份，中共特别党员）。1931年10月，被时任中共中央特科情报科科长的潘汉年直接发展成为中共秘密党员，袁殊一度成为共产国际远东情报局秘密情报员。1945年10月7日，袁殊渡江北上，到达解放区，后任中共华东局联络部第一工作委员会主任（旅级）。

2. 青洪帮骨干成员（先拜青帮"大"字辈的曹幼珊为师，是为"通"字辈，比杜月笙"悟"字辈高一辈，后拜洪帮"五圣山"开山山主向松坡为师）。

3. 日本外务省情报部上海总领事馆岩井英一组建的"岩井公馆"（后称日本上海总领事馆特别调查班）情报员，"兴亚建国运动"本部主干。③

4. 中国国民党中央执行委员会调查统计局（中统）核心组织"干社"情报股股长；国民政府军事委员会调查统计局（军统）上海区国际情报组少将组长（后为忠义救国军④新制别动队第五纵队指挥和军统局直属第三站站长，授予中将军衔）。

5. 汪伪政权高官（汪伪国民党中央宣传部副部长、清乡委员会政治工作团团长、党务办事处主任、镇江地区清乡公署主任兼保安司令、江苏省教育厅厅长、上海市参议、江苏省教育学院院长、《新中国报》社长等职）。

---

① 杨国光：《理查德·佐尔格：一个秘密谍报员的功勋和悲剧》，汉语大词典出版社2005年版；杨国光：《佐尔格在中国——一段鲜为人知的历史》，《人民政协报》2008年8月21日。

② 曾龙：《我的父亲袁殊：还原五面间谍的真实样貌》，独立作家2016年版，第323页；袁成亮：《袁殊：难得的情报人才》，《文史春秋》2004年第6期。

③ 参见〔日〕岩井英一《回想的上海》之附录，《回想的上海》出版委员会1983年版；房建昌《从日文档案看"岩井机关"与兴亚建国运动始末》，《档案史料与研究》2002年第3期。

④ 有关忠义救国军的研究，参见吴淑凤等编辑《戴笠先生与抗战史料汇编：忠义救国军》，国史馆2011年版；张衡《忠义救国军浮沉录》，南京出版社2012年版；何蜀《抗战初期的忠义救国军》，《文史精华》2000年第6期；李甲孚《戴笠与忠义救国军》，《传记文学》第67卷第3期，1995年9月；邢烨《戴笠与忠义救国军》，硕士学位论文，南京师范大学，2008年。

据岩井英一回忆，为掣肘汪伪汉奸势力，岩井英一让袁殊出面组织一个"兴亚建国同盟"，作为一个麻痹、消磨中国人民斗志的文化团体，加入汪伪政府中去。袁殊根据岩井英一的要求，在地处上海宝山路的"岩井公馆"挂起了"兴亚建国运动本部"的招牌，成立了"兴亚建国运动委员会"的机构，并筹备出版了《新中国报》和《兴亚》杂志。"兴亚建国运动本部"表面上是一个接受日本外务省津贴、受其支配的汉奸组织，实际是我党一个新的情报据点。不仅日本外务省每月拨给"兴亚"的20万军票中，有相当一部分成为中共上海地下党组织的活动经费，而且在袁殊的具体操作下，一份份重要的战略情报从敌人的心脏发送到了延安。[①]

　　据刘人寿[②]等人的回忆，潘汉年情报系统从"岩井机关"获得的重要情报主要有：（1）1939年英法企图牺牲中国对日妥协的远东慕尼黑活动。（2）1941年6月13日潘从香港签发的德苏战争一触即发令，南方局早几天亦有类似报告。为此苏共中央曾向中共中央表示感谢。（3）德苏战争爆发后，日本动向是南进而非北进，以及日美谈判的情报。这是涉及苏联远东红军能否西调的事情，对国内的阶级动向也很有关系。这些情报的获得，也有袁殊的一份功劳。[③]

　　袁殊担任公开或半公开职务的同时，还经常以"新闻记者"身份游走于各种公开场合。据张颐武所述："袁殊的经历的确比侦探小说和电影更有传奇性，007或者阿拉伯的劳伦斯没有这么复杂。……时间让许多有趣的传奇被悄然遗忘了，二十世纪其实走得很快。历史的缝隙有太多的故事，它们掉进去就再也无从寻觅。它们已经'随风而逝'了，但偶尔留下一点踪迹，如同图书馆长椅上的斜阳，引人怀想。"

　　很多学者指出，袁殊不仅在中共情报战线上具有特殊贡献，而且对于新闻工作实践和新闻学研究的贡献甚大，如办《文艺新闻》的经验、推动集纳学术研究、参与组建新闻界职业团体以及有关报告文学的论述等，在中国新闻史的许多专著和教材中都有所记载，并对他作了积极的评价。[④]

　　袁殊不仅首次提出"报告文学"的概念，而且很早就对报告文学做系

[①] 参见〔日〕岩井英一《回想の上海》，《回想の上海》出版委员会1983年版，第82页；房建昌《从日文档案看"岩井机关"与兴亚建国运动始末》，《档案史料与研究》2002年第3期。

[②] 参见陈邦本《"全能特工"刘人寿和他的妻子》，《档案春秋》2010年第7期；丁群《潘汉年情报系统的主力刘人寿》，《文史精华》2001年第12期。

[③] 参见曾龙《我的父亲袁殊：还原五面间谍的真实样貌》，独立作家2016年版，第255页；金秋《袁殊：一位红色情报员的传奇人生》，《钟山风雨》2004年第3期。

[④] 参见丁淦林《袁殊的传奇式经历》，《新闻与写作》2007年第10期。

统研究,在中国新闻学史上留下很多个"第一"的记录。萧云在其《荣辱之间鉴真情——忆左翼文化人袁殊》中指出:"翻开《左联词典》、《新文学史料》、《中共上海党史资料选编》,便可了解:袁殊是左翼新闻工作者、作家、翻译家。他创办了《文艺新闻》,担任过'中国左翼文化总同盟'常委,与范长江、恽逸群等人发起成立了'青年新闻记者学会'。……他首次提出'报告文学'的中文译名并作了定义,从理论上对报告文学进行了卓有见解的系统论述。新闻界前辈任白涛说,'他给1931年的中国新闻界造了不少新记录'。郁达夫称他的剧作《工场夜景》是一部可与高尔基的《夜店》相媲美的力作。"[1]

《中国现代戏剧史稿》写道:"田汉的《一九三二的月光曲》,左明的《到明天》、《活路》、《夜之颤动》,袁殊的《工场夜景》,叶秀的《阿妈退工》,都表现了工人群众的阶级觉悟、反抗意志、团结观念与胜利信心。"[2]

20世纪40年代的中国文学界,袁殊的名气很大,众多文学中人都与之有过交集,他是许多文学新星的幕后炒作高手,例如,是袁殊一手捧红张爱玲。张爱玲的《小团圆》里面有一句话:"袁殊自命为中共地下工作者,战后大摇大摆带着厨子等一行十余人入共区,立即被拘留(张爱玲致宋淇,1976年4月22日)。"[3]谢其章指出:这件事及袁殊的真实身份张爱玲是怎么知道得如此详细的,隔了三十年还记得,张爱玲居然还记有许多"秘闻"。[4]

袁殊是位文学天才,文笔甚健,诗文俱佳,著述颇丰,且翻译了大量日文书籍。很多人认为,他如不离开当时的文学界和新闻界,当不弱于同时代的一些著名作家。袁殊自称:"文化大革命前,编和译日文书四五本,写学习笔记、札记有五六十万字,总计笔耕收获,约在百几十万字以上。"[5]

袁殊著述颇丰,比较有影响的有《记者道》《学校新闻讲话》《印度独立运动史略》《新闻大王赫斯特》,译作有《新闻法制论》《最初的欧罗

---

[1] 萧云:《荣辱之间鉴真情——忆左翼文化人袁殊》,载唐瑜《零落成泥香如故——忆念潘汉年、董慧》,三联书店1984年版,另载《光明日报》1998年4月16日。
[2] 陈白尘、董健:《中国现代戏剧史稿》,中国戏剧出版社1989年版,第306页。
[3] 宋以朗:《〈小团圆〉前言》,载张爱玲《小团圆》,十月文艺出版社2009年版;蔡登山:《张爱玲文坛交往录(1943—1952,上海)》,《新文学史料》2011年第1期。
[4] 参见谢其章《袁殊和〈拙政园记〉》,《东方早报》2010年3月14日。
[5] 曾龙:《我的父亲袁殊》,接力出版社1994年版,第280页。

巴之旗》《一个日本女共产党员的日记》等。袁殊的部分作品汇集在 1992 年南京出版社出版的《袁殊文集》中，该书由夏衍题写书名，南京出版社社长张增泰（拙子）为责任编辑。值得一提的是，《袁殊文集》附载赵风撰写的《袁殊传略》一文和袁殊亲撰的《屐痕重印江南路——南游杂记》，为我们研究袁殊提供了很重要的一手史料。①

袁殊因"潘汉年、扬帆②冤案"，而入狱 27 年零 5 个月。1975 年春，袁殊羁縻武汉军都山劳改农场，他题诗《自嘲》一首③：

> 竖子昂藏五尺躯，
> 腹空咄咄缺诗书；
> 曾掷黄金若粪土，
> 琴心剑胆小侏儒。
> 每读艰危无字书，
> 不惜身命未踌躇；
> 人间了无私仇怨，
> 爱拍苍蝇扫蠹鱼。

这首诗恰如其分地反映了袁殊坎坷一生的命运，表达了他不惜毁誉潜伏敌寇内部，展现了他对党的事业的赤胆忠心与牺牲精神，也准确说出了自身的委屈与大度。

袁殊出狱后，将其《申述材料》和日记等交付给胡肇枫。为揭示袁殊的特殊历史功绩，胡肇枫辛勤搜集大量史料，并对袁殊多次采访、录音，积极撰写袁殊的生平。不幸的是，胡肇枫积劳成疾，突发脑溢血逝世。在胡肇枫妻子冯月华全力承担以及胡肇枫同学吴民协助下，他们一起写就了《剑胆琴心：红色情报员袁殊传奇》一书并出版，该书着力于袁殊革命生涯中最为重要、最为精彩的 15 年（1931—1946）间的经历。

1986 年，《苏州史志资料选辑》（第 3 辑）刊发袁殊的回忆文章《放

---

① 参见《袁殊文集》编辑组《袁殊文集》，南京出版社 1992 年版。
② 参见王征明《铁骨铮铮党员风范——纪念扬帆同志》，《新四军研究》第 6 辑，2014 年 8 月；王征明《生命之帆永存——纪念扬帆逝世一周年》，《上海党史研究》2000 年第 1 期；扬帆《扬帆自述》，群众出版社 1989 年版；扬帆《拨云见日慰英魂——悼念潘汉年同志》，上海《文史资料选辑》第 4 辑，1982 年；扬帆口述、丁兆甲整理《断桅扬帆：蒙冤二十五年的公安局长》，群众出版社 2001 年版。
③ 参见赵风《爱拍苍蝇扫蠹鱼——袁殊的情报生涯》，《人物》1993 年第 4 期。

眼亭畔话往事——忆打入汪伪的四年》，1994年接力出版社出版了曾龙编著的《我的父亲袁殊》（2016年，曾龙在补充新资料后，以"我的父亲袁殊：还原五面间谍的真实样貌"为书名在台北独立作家再版），这些成为研究袁殊的最基本史料。

如今，我们只要论及潘汉年的革命活动，必然会涉及袁殊，因为抗战时期潘汉年所获的大量情报很多出自袁殊之手。[①] 新中国成立后，袁殊常对人说："我们好像是串戏，在幕后指挥的是潘汉年、王子春[②]，在台上表演的是我。"[③]

潘汉年是中共情报战线上的传奇人物。但在抗战期间因种种原因误与汪精卫短暂接触，在上海期间，潘汉年还由李士群介绍会见了他的军事顾问、日本华中派遣军谋略课长都甲大佐。会见中，他们各自说明了自己的看法。[④] 然而，潘汉年这一行为真相到底如何，因缺乏档案史料的支撑，莫衷一是。1955年3月15日，潘汉年赴京参加中央会议，4月2日向陈毅谈了当年会见汪精卫一事；4月3日，毛泽东下令秘密逮捕潘。1962年1月13日，毛泽东在中央工作扩大会议上指出："有个潘汉年，此人当过上海市副市长，过去秘密投降了国民党，是个CC系人物，现在关在班房里头，我们没有杀他。像潘汉年这样的人，只要杀一个，杀戒一开，类似的人都得杀。"[⑤] 1975年5月29日，潘汉年夫妇从北京秦城监狱移到湖南省茶陵县洣江茶场。1977年4月14日，潘含冤病逝。1982年8月23日，中共中央正式为潘汉年同志平反昭雪恢复名誉。由此所牵连的袁殊，官方也对其作了重新评价。2002年，中央文献出版社出版的《中共党史人物传》（第77卷）专章讲述袁殊的生平事迹，充分肯定了袁殊的历史功绩："袁

[①] 据谭元亨所说，他见过涉及潘案的人很多，在所有的写潘汉年的作者中，他是唯一见到过袁殊的人，袁殊的女儿曾曜，设法找到谭元亨的地址并写信告诉谭，认为谭所写《潘汉年》一书"有深度，敢于触及一些根本问题；有激情，出于一个正直人的良知。创作态度严谨，做了大量深入细致的调查、采访。因而也是唯一一本对我父亲没有歪曲的书"。见谭元亨《良知与感悟》，载谭元亨《珠江远眺》第4辑，中国评论学术出版社2006年版。

[②] 参见穆欣《隐蔽战线的传奇人物欧阳新》，《党史文汇》2003年第7期；丁淦林《袁殊的传奇式经历》，《新闻与写作》2007年第10期；萨苏、老拙《东方特工在行动》，文汇出版社2011年版。

[③] 赵风：《袁殊传略》，载《袁殊文集》编辑组《袁殊文集》，南京出版社1992年版，第7—39页。

[④] 参见尹骐《潘汉年的情报生涯》，人民出版社1996年版，第161页；张云《对潘汉年毛泽东亲批：此人从此不能信用"》，《百年潮》2008年第11期。

[⑤] 中共中央文献研究室编：《毛泽东文集》第8卷，人民出版社1999年版，第308—309页。

殊是20世纪30年代左翼文化人，1931年加入中国共产党，在文化战线和情报战线上功勋卓著。是中共历史上极具传奇色彩的人物。他以多重身份长期打入敌人营垒，在复杂险恶的环境中，忍辱负重，成功地掩护了潘汉年及其情报班子，为党获取了大量有价值的战略情报，为抗日战争和世界人民的反法西斯战争做出了独特的贡献。他历尽艰险，几遭不测，不顾个人的毁誉完成了党交给的特殊使命，是一位把自己的一切都献给了党的革命事业的无名英雄。"[1]

在很长时间内，社会各界对袁殊的评价，千奇百怪。例如，章克标在其《九十自述》一书中也提到了袁殊："被任命过作（汪伪宣传部）次长的袁殊则是中共党员，曾经办过《文艺新闻》，后来又去了苏州，在（伪）江苏省政府里当了个教育厅长。……我本来也以为他是在混日子，一直到最后才知道是中共方面授意，他这样做，也有点'特工'的性质，是我料想不到的。"[2] 萧云在《荣辱之间鉴真情——忆左翼文化人袁殊》一文中回忆道："由于长时期的'进入角色'，袁殊的心理被扭曲了，压抑的痛苦一旦爆发，就会失态。亲眼目睹袁殊嚎啕大哭的王季深回忆说：'当时的情景和电影《与魔鬼打交道的人》完全一样。'当年同袁殊一起战斗在敌人心脏的恽逸群、翁毅夫、鲁风等同志，都经历过这种精神上的折磨。"[3] 台湾作家刘心皇曾著有《抗战时期沦陷区文学史》，书之开篇《目次》中，赫然把袁殊列入了"投敌附伪的落水作家"名录，将袁殊污蔑为："一口纯熟的日语，极似日本人，侏儒其形，诡计满腹。"[4] 江苏省社会科学院的陈辽撰文指出："刘心皇是一个爱国学者，同时又是一个治学不甚严谨，无视复杂的历史情况，乱给作家扣帽子的文学史家。仅以上海地区而论，就有不少爱国作家被刘心皇视为文化汉奸：如柯灵、关露、刘慕清、袁殊、恽逸群、邱韵铎、包天笑、周瘦鹃……此外，著名的满族革命作家沫南（即关沫南）也被其列入东北伪组织的汉奸作家之列。"[5]

1945年10月，袁殊依照中共秘密指示转进苏北解放区。在进入解放

---

[1] 周正海：《袁殊》，载王淇、陈志凌《中共党史人物传》第77卷，中央文献出版社2002年版，第382页。
[2] 章克标：《九十自述》，中国文联出版社2000年版。
[3] 萧云：《荣辱之间鉴真情——忆左翼文化人袁殊》，载唐瑜《零落成泥香如故——忆念潘汉年、董慧》，三联书店1984年版，另载《光明日报》1998年4月16日。
[4] 刘心皇：《抗战时期沦陷区文学史》，成文出版社1980年版，第84页。
[5] 陈辽：《张爱玲的历史真实和作品实际不容遮蔽——对古远清〈"看张"〉一文的回应》，《华文文学》2007年第3期；萧阳文：《一个不该被遗忘的女作家关露》，《新文学史料》1983年第2期。

区后，袁殊对于自己的真实情况，确实有过"有苦难说"的感觉。1948年在大连，袁殊遇到丁玲等人时感慨地说："你们都成为革命名人了，我倒成了反动分子。"丁玲对他说："我们了解你。"①

袁殊的人脉关系很广，结识不少名人，从其保存的馈赠字画可见一斑，如齐白石、黄宾虹的画，周作人的诗，何香凝画的梅花，郭沫若的题字等都明白地写有"学易先生雅属"之类的酬词。北京匡时2015迎春拍卖会曾以"二战特殊战线的较量"为主题举行拍卖会，其中有袁殊上款的叶公绰《行书七言联》、柳亚子《行书七言诗》的字与郎静山1943年作的《山亭论古》的画。②

1965年，袁殊被定性为叛徒、反革命分子、特务、汉奸。当年，军事法庭下达的判决书，要点如下："被告人袁殊，男，1911年生，湖北蕲春人，没落官僚家庭出身。曾于1931年参加过中国共产党。因犯有反革命罪，于1955年4月5日依法逮捕。捕前在军委联络部工作。1. 叛变革命，充当军统特务。……2. 充当日本特务、破坏中共的情报组织。……3. 充当汉奸、对我江南抗日根据地进行清乡扫荡。……4. 混入内部，秘密与敌人保持联系。……1945年10月，被告人在内奸分子潘汉年的掩护下，以情报干部的身份，从上海混入苏北解放区，1946年又混入中国共产党。"③

直到1975年6月，袁殊大女儿马元曦意外地接到袁殊寄来的一封短信，说他5月离开北京到了湖北武汉大军山少管所，现允许通信，要求子女给他回信并寄几本《毛主席语录》。袁殊大儿子曾龙寄去三本《毛主席语录》，没写信。没过多久，曾龙直接收到袁殊回信及诗二首。曾龙回信简述了他们的学历、职业情况。9月，袁殊回信表达了愧疚心情。④ 通信约一年之后，1977年5月，袁殊第一次回京探亲。曾龙说："这是悲欢杂混的父归。"⑤

经过多方努力，袁殊终获平反。1982年8月29日，最高人民法院作出判决："一、撤销1965年判决；二、宣告袁殊无罪。"同一天，公安部、调查部对袁殊的政治问题作出了复查结论："确认袁殊1931年参加革命工

---

① 曾龙：《我的父亲袁殊》，接力出版社1994年版，第3页。
② 参见《北京匡时2015迎春拍卖会二战特殊战线的较量》，《文艺生活（艺术中国）》2015年第4期。
③ 曾龙：《我的父亲袁殊》，接力出版社1994年版，第20—22页。
④ 同上书，第10—13页。
⑤ 同上书，第20页。

作的事实,恢复袁殊的中国共产党党籍。"① 当天,袁殊在日记中写道:"至此,系狱20年,劳改生活8年,屡经向各方申诉(1978年起卧病脑血栓,在香山安心疗养8年),历乱生涯,始及重见天日!——中国共产党的伟大、光荣及于我身——一切冤假错案,在实事求是的精神照耀下,得到平反。"②

平反后的袁殊,是孤寂的。

从1983年起,谭元亨先生打算为潘著书立说。1987年3月7日,谭拜访袁,袁当时坐在轮椅上表示拒绝一切采访,当谭表示自己是楼适夷介绍而来且为的是写潘汉年,袁叹气说:为潘汉年写书,只有你一个人来找我,没有别的人来找。③谭元亨曾写下这么一段文字:"这位参加五卅运动,投身北伐,又加入左联,为潘汉年介绍入党的秘密战线中的一员杰出战士,几时可能瞑目?充当多面间谍——是军统,又是日伪,但实质为中共,当日尚不能自辩,何况今天呢?这就是潘汉年手下的人,忍辱负重以至终身不悔。"

自潘汉年冤案平反后,多部潘汉年传记先后出版,而每部都涉及袁殊,其中有谭元亨《潘汉年》、武在平《屡建奇功的一代英才:潘汉年》、尹骐《潘汉年传》和《潘汉年的情报生涯》、张云《潘汉年传奇》和王朝柱《潘汉年的悲剧:功臣与罪人》,这五位作者六部书中,所描写的袁殊有两种截然不同的形象。一些出版物中对袁殊的评价是负面的。例如,尹骐的《潘汉年传》中指出:"袁殊这个人物及其复杂性的表现,常常使一些局外人感到迷惑不解。他在中共、国民党和日本人之间周旋多年,又有过反复,无疑是一种特别的危险人物。但在彼时彼地的特殊历史条件下,谁又都愿意抓住他、利用他。……如果说,袁殊在最初曾为日伪方面做过工作,但又积极在寻找中共的关系,努力争取为革命服务,具有'两面分子'的某种特点,那么,后来,在潘汉年的领导下,他为革命工作的主导倾向就越来越清楚了。"尹骐的《潘汉年的情报生涯》中也指出:"袁殊因岩井(日本人)的庇护免遭杀害,不敢拒绝日本人……成为岩井公开扶植起来的一名汉奸。"台湾《传记文学》竟刊载《袁殊是潘汉年勾结日伪的关键人物——因中共为"袁殊同志"平反引起的话题》,讽刺中国共产党为袁平反。

---

① 曾龙:《我的父亲袁殊》,接力出版社1994年版,第24页。
② 曾龙:《我的父亲袁殊:还原五面间谍的真实样貌》,独立作家2016年版,第54页。
③ 参见谭元亨《袁殊身后的牺牲》,《书城》1997年第4期。

对此，谭元亨发出无限的感慨："袁殊已经牺牲得太多了，为什么还得背恶名？也许，是他当日隐蔽得太成功了么？以至今日仍为人所不解?！但这绝不是理由！"

为维护袁殊名誉，1997年4月，袁殊后人向北京市海淀区人民法院起诉尹骐侵害袁殊的名誉权。1998年4月，记者采访为袁殊名誉权官司奔波一年之久的袁殊女儿曾曜。据曾曜介绍，1992年她看到尹骐《潘汉年传》后颇感意外，于是，向有关部门反映，有关部门针对此书存在的问题，向公安大学出版社提出不能出版此书。曾曜得到的回复是：此书内部发行，以后不再出版了。1997年4月，北京正见永申律师事务所朱元涛任袁殊名誉权案原告方代理律师。他认为："一、尹骐书中贬低袁殊功绩、贬损袁殊人品之处颇多；二、引发袁殊名誉权案的责任完全在尹骐；三、妥善解决讼争的关键在于尹骐公开认错。"①

这场官司，最终结果却是不了了之。②

2002年，尹骐发表《袁殊谍海风雨16年》新作，对袁殊的评价与其之前的描述有所区别，其中写道："在中国现代情报特工史上，袁殊是一个颇为重要的角色。由于他的情报特工经历曲折，扑朔迷离，又不易被人理解，长期以来极少有比较客观全面介绍他的文字见诸报刊，袁殊是一个从贫困的学徒工到激进的左翼文化人；参加中共情报工作，又受命打入CC组织和受雇于日本情报机构，做所谓'白皮红心萝卜'；第一次被捕，政治思想弱点暴露，'转向'后的彷徨，在敌人面前，袁殊没有自首叛变，没有出卖组织和同志，也没有大义凛然，坚决拒绝敌人的任何要求。他的被捕并没有引起组织的被连锁破坏。袁殊在敌人面前所采取的是一种表面上灵活、变通、圆滑、尽量保护自己，实质上则是某种退让、妥协的态度；徘徊在政治夹缝之间——第二次被捕——在汉奸的悬崖上；抗战全面爆发后，袁殊在上海就又同时和中共、军统、日本人三方面发生联系，同时为三方工作。不过在此后的约两年间，袁殊主要还是在为军统工作。原因之一，是中共还没有很重视他，进而充分运用他的计划。1937年冬，潘汉年撤离上海后，他和袁殊的单线联系就暂告中断，也没有别人再向袁殊提过什么要求。原因之二，是日本方面这时也没有对袁殊提出更多要求。岩井和袁殊之间也主要只是交换一些情报，尚无大的动作。而军统方面则

---

① 朱元涛：《我对袁殊名誉权案的几点看法》，《中国律师》1998年第7期。
② 2012年8月16日，经作者本人打电话与定居在北京的袁殊长子曾龙核实，此事因某些人的直接干预，最终官司不了了之，只是要求尹骐及出版社不再公开出售其所著《潘汉年传》和《潘汉年的情报生涯》。

对袁殊抓得很紧。众所周知，上海沦陷后，军统在上海十分活跃，不仅大搞情报，而且组织了一系列的暗杀活动，打击日本侵略者和汉奸头面人物。在这段时间里，袁殊确实为军统干了不少事，而且也真卖力，军统也因此而更看重他。公开的文化汉奸和秘密的情报工作者——周旋于两国四方间，最后回归到革命的行列。袁殊已经站立在汉奸的悬崖上，前进或是后退一步只在一念之间。从总体上说，抗日战争时期袁殊在提供情报和掩护中共情报活动方面尽了不少力。他在接受潘汉年代表中共领导的同时，也在时时处处为自己留着退路。对潘汉年交给的任务有时也并未完全尽心尽力。尤其是在潘汉年撤退到根据地之后，据潘汉年系统的一些人反映，有时去找袁殊联系，袁采取了消极应付甚至拒绝见面的态度。1946年袁殊进入解放区后，有关部门没有事先征求潘汉年的同意就同意袁殊重新登记入党，潘对此颇有意见。"[1] 该文对袁殊的评价总体上还是持肯定的态度的。

佐尔格曾说过："情报工作是一门综合学科，既要懂军事学和政治学，又要懂社会学和心理学，不然就不可能取得对人民有用的资料，这是一套征服人，使人甘愿把情报送上来的艺术，所以它又是艺术学。"从袁殊从事情报工作的生涯来看，我们可以这样说，袁殊走过的是一条情报艺术的灿烂之路，虽崎岖坎坷，但充满着传奇和辉煌。湖北黄石市袁海湾社区袁家湖城中村袁氏宗祠2015年落成后，专门用一间房陈列与袁殊有关的书籍及物品，希望更多人知道袁殊的传奇一生。[2]

让我们梳理一下史料，重新认识一下中共情报史上最多面的传奇特工袁殊充满传奇的一生。

---

[1] 尹骐：《袁殊谍海风雨16年》，《炎黄春秋》2002年第12期。
[2] 参见陈郁《袁殊：最强"伪装者"五重身份掩赤心》，《扬子晚报》2016年5月3日第A4—A5版。

第一章　苦难童年

蕲春袁氏家族曾是当地的一门旺族。据《蕲春袁氏家谱》记载①：明洪武年间，蕲春袁氏远祖参加朱元璋的起义军，获得"百户"功名，从江西来到蕲州落户，出了几代读书人，成书香门第，当递嬗到袁氏第十七辈袁晓岚时，便家道败落了。②

袁殊出生于农历辛亥年三月二十九日（1911年4月27日），正是这一天，黄兴率120多名敢死队员直扑两广总督署，发动广州起义。其中72人的遗骸由潘达微等出面收葬于广州东郊红花岗，史称黄花岗起义。黄花岗起义虽失败，但其革命精神震动了全国，促使全国革命高潮更快地到来。③

也许是历史的巧合，命运也注定了袁殊的一生是传奇的。

一　书香门第出生

袁殊的父亲袁晓岚是清末湖北省黄冈市蕲春县④蕲州镇的一名增贡生，

---

① 蕲州镇上河口村袁苏生是袁殊的侄儿，收藏历史资料很丰富，并直接参与了蕲春县蕲州镇和黄石市工农村联修的《蕲春袁氏家谱》（共四卷）的编修工作。
② 另据袁氏后人袁志祥（家谱名：袁辅乾）告诉笔者，依据《凤山袁氏家谱》中袁氏辈分排行，从第十八世开始的字派是：学深能辅世，德懋允绥民，惟裕潜修志，宜称上国宾。
③ 参见苏全有、杜培《百年黄花岗起义研究述评》，《华北水利水电学院学报》（社会科学版）2011年第4期；王美嘉、黄菊艳《广东省档案馆现存辛亥革命与黄花岗起义档案史料评述》，《档案学研究》1991年第4期；龙海燕、彭平一《近二十年来黄兴思想研究综述》，《株洲师范高等专科学校学报》2004年第6期；孙芳《辛亥革命百年研究综述》，《江西师范大学学报》（哲学社会科学版）2013年第2期；杨涛《民国时期黄花岗起义纪念活动评析》，《乐山师范学院学报》2010年第4期；张艳华、章慕荣《近二十年来辛亥革命研究综述》，《史学月刊》2001年第4期。
④ 蕲春县位于湖北省东部，长江北岸，东北临安徽省，面积2397.6平方公里。蕲春，据晋代刘伯庄《地名记》载"蕲春以水隈多蕲菜（水芹菜）"，因之得名，北宋乐史《太平寰宇记》承其说。蕲，一名水芹，蕲春意为蕲菜之春。历史上另称蕲阳、齐昌、蕲州。境内

幼年时，便有文名。稍长，去武昌入两湖书院及文普通学堂肄业，与黄克强、宋教仁、田桐、黄侃等人先后同学，为文字道义之交。①

袁晓岚兄弟五人，祖业析产分家后，袁晓岚名下仅有两三亩花红园（类似于沙果之类的果园）。袁晓岚一度做过教谕②。袁殊母亲贾仁慧③出身官办盐商家庭。④袁晓岚积极参加推翻清王朝的革命活动，他是武昌日知会的发起人之一，后加入同盟会。武昌起义成功后，袁返鄂任战时司令部秘书。1913年湖口、南京的革命活动，以及1916年讨袁运动和1917年护法运动，他都参与过。在新思潮的影响下，1919年，袁晓岚踏上了留法勤工俭学的路途。可是，船过新加坡，同友人上岸游玩，袁不幸将手脚都跌伤，一度留在新加坡医伤，后来回上海广慈医院继续治疗。未能前往法国留学，这是袁晓岚常常引以为憾的一件事。1920年，袁在广东任非常国会文牍主任。1921—1926年，袁晓岚积极"参加劳动运动，扩大国民革命的政权，反对帝国主义及北洋军阀"。⑤

袁晓岚在外奔走革命，无法眷顾家中的妻儿。贾仁慧在家带着袁学易（袁殊）和袁学礼（比学易小4岁）艰难度日。贾氏身材娇小，又裹着小脚，不事农活，只能靠娘家周济和典当些许物品来维持生计。5岁时，袁殊便开始其3年的私塾生活。他自小聪慧、记性很好，尤其擅长记忆古典诗文，打下扎实的国学根基。⑥1919年，贾仁慧的父母过世后，母子三人

（接上页）山地、丘陵、平原兼有。且呈现多层次、立体分布。整个地势东北高、西南低，由东北向西南渐次倾斜。水系有蕲河、赤东湖、赤西湖等。"蕲春人物彬彬"，"英杰代兴"。宋代有参与纂辑《太平御览》《太平广记》等巨型类书的文学巨擘吴淑；明代有伟大的中医药学家李时珍，著名战将康茂才；清代有著名文学家顾景星、陈诗，首创中国海运的陈銮；近代有辛亥革命先驱詹大悲、田桐，训诂学家、"章黄学派"创始人黄侃，"一二·九"运动组织者、华北抗日联军司令董毓华，著名诗人、文艺理论家、文学翻译家胡风等。20世纪以来，秉文衡、掌科苑、主讲坛者遍及五洲，人数有800多人，故有"教授县"美誉。2010年5月18日，中国文化部公布了第三批国家级非物质文化遗产名录推荐项目名单（新入选项目）。

① 参见马超俊《袁晓岚同志事略——民国二十四年十二月二十三日中山文化教育馆纪念周报告》，《中山文化教育馆季刊》第3卷第1期，1935年1月10日。
② 学官名。宋京师小学和武学中设。元、明、清县学均置，掌文庙祭祀、教育所属生员。据《明史·职官志四》载："儒学。府教授一人，训导四人。州，学正一人，训导三人。县，教谕一人，训导二人，教授、学正、教谕，掌教诲所属生员，训导佐之。"
③ 1971年，袁殊母亲贾仁慧在北京去世，享年84岁。
④ 参见曾龙《我的父亲袁殊》，接力出版社1994年版，第26—27页。
⑤ 马超俊：《袁晓岚同志事略——民国二十四年十二月二十三日中山文化教育馆纪念周报告》，《中山文化教育馆季刊》第3卷第1期，1935年1月10日。
⑥ 据曾龙说，60年后，袁殊还能把所学的第一首诗《千家诗·开卷诗》背给他孙儿听。

的周济便无，生活日窘。后来，贾氏接到袁晓岚从上海寄来的家信，便带着袁学易和袁学礼兄弟二人投奔袁晓岚。①

对于袁晓岚，作为儿子的袁殊曾回忆："他是国民党右派（同盟会会员），在北伐后做了几任县长②，因身残志懦，以一个反动的、没落的小官僚而终其生。他不照顾、也无能力照顾家庭，母亲带着我和一个小我4岁于17岁病死的弟弟，受过贾仁慧的三姐（董纯才③之母）的帮助，度过我饥饿的童年，直到16岁时，我就走入社会独立生活了。"④

二　童年生活艰辛

贾仁慧带着两个年幼的孩子到沪时，袁晓岚仍在广慈医院疗伤。此时的袁晓岚已不名一文，自身难保，无力顾及家庭。贾只好投奔已定居在沪娘家的三姐，即新中国成立后曾任教育部副部长的董纯才的母亲。

董家原在湖北大冶，怎么会到上海定居下来呢？

原来，董父是湖北省一位社会名流，在北洋政府黎元洪执政时期就任湖北省参议长，后对政局不满，罢官而去，跟随孙中山参加护法运动。在护法运动中，董父属梁启超进步党一派，与孙中山政见不合，就同一些护法议员一起到上海定居下来。董家并不富裕，董父做议长时月薪有三四百元，但很快辞官不做，以后奔走革命没有资财。在上海赋闲了几年之后，董家生活无法维持，只好写信给当时的湖北省主席杨永泰，谋得个湖北资财管理处长的职位。后来，董父再度回家赋闲，生活也要靠典当度日。董纯才在上光华大学时，董父说："我没办法供给你了，你自己设法生活吧。"于是，董纯才到南京晓庄追随陶行知先生去了。贾仁慧的哥哥，即袁殊的舅舅贾宝书有个大儿子叫贾伯涛，是黄埔军校一期生，曾任淞沪警

---

① 参见曾龙《我的父亲袁殊》，接力出版社1994年版，第32—33页。
② 1928—1931年，袁晓岚做过安徽、山东、湖北等省的县长。见马超俊《袁晓岚同志事略——民国二十四年十二月二十三日中山文化教育馆纪念周报告》，《中山文化教育馆季刊》第3卷第1期，1935年1月10日。
③ 董纯才著述甚丰，创作200多万字的科普作品，最早把苏联著名科普作家伊林的作品介绍给中国读者，是中国科普理论探索的一位先行者。参见袁清林《董纯才科普创作的实践和理论》，《科普研究》2003年第1期。
④ 曾龙：《我的父亲袁殊》，接力出版社1994年版，第29—30页。

备司令部政治训练部主任、黄埔同学会主席等职。①

袁晓岚从广慈医院出院后，生计无着，遂投奔与黎元洪有翁婿关系的桂伯薪。桂时任浙江上虞县长。袁做中学老师，一年后在上海环龙路44号国民党中央驻沪机关工作。按理说袁有了固定薪金收入，袁家的生活应当不成问题了，可袁居然和所教的一位女学生姘居，弃袁殊母子三人于不顾。董纯才带着袁殊上学，历时年余，三个表兄弟的关系就和亲兄弟一样。袁殊晚年曾说过："我们三家（董家的董纯才，袁家的袁殊，贾家的贾伯涛）在辛亥革命后的新民主主义革命时期，都起过不同的历史作用。"②

袁殊母子三人于董家住了年余后，在外面租赁了一间小屋搬出来独立为生了。当年三十出头的袁母拖着两个孩子在上海何以为生呢？

一是以开"老虎灶"（流行于江南专卖开水、温水的店）、做针线活维持基本生活；二是靠教书补贴家用。袁殊小时候帮人卖过大饼、油条，擦过皮鞋，甚为贫苦。③

1984年，袁殊重返上海，最想去看的地方，就是浦东三林塘小学的旧址④，这是袁童年时代随姨表兄董纯才读书、玩耍之处，是袁憧憬和希望的起源地，但因滞沪时间太短，竟然没有成行。⑤

作为中学生的董纯才，很同情经常饿饭的表弟袁殊，就托刘之纲想办法，刘转托启智印刷所的经理张富三。于是，张收袁为印刷所排字工学徒。启智印刷所是国家主义派的印刷所，主要印无政府主义的东西和一些文学研究会的作品。小学徒袁殊白天学排字、做杂活，晚上还要把印好的

---

① 《贾伯涛兼任黄埔同学会会长》，《新闻报》1929年1月14日第15版。但据随后的史料，贾伯涛后来致函《新闻报》说："顷阅贵报本埠新闻栏载有贾伯涛兼任黄埔同学会会长消息一则，微有不实，查敝会会长为蒋主席中正，乃永久制从未更调，惟恐各界误会即祈更正为荷，贾伯涛启。"（参见《新闻报》1929年1月16日第16版）贾伯涛奉调入京（南京）服务，决心辞职，专办黄埔同学会。（参见《贾伯涛奉调入京服务决心辞职专办黄埔同学会》，《新闻报》1929年1月20日第13版）贾伯涛赴京任职之呈报：应蒋主席电召赴京办理黄埔同学会，将辞去警备司令部政训部主任职务，未辞准前，部务交童行白、许也夫代理。（参见《贾伯涛赴京任职之呈报》，《新闻报》1929年1月22日第13版）贾伯涛坚辞政训部职务，蒋主席尚未允准，各团体群起挽留。（参见《新闻报》1929年1月24日第13版）
② 曾龙：《我的父亲袁殊》，接力出版社1994年版，第31页。
③ 参见胡肇枫、冯月华、吴民《剑胆琴心：红色情报员袁殊传奇》，四川人民出版社1999年版，第9—10页。
④ 参见虎痴《袁殊是浦东巡官的儿子》，《海光》（上海）1945年第4期，第8页。
⑤ 参见袁殊《屐痕重印江南路——南游杂记》，载《袁殊文集》编辑组《袁殊文集》，南京出版社1992年版，第464—476页。

刊物发给各个客户，每天得12枚铜板，以解袁家母子三人燃眉之急。袁殊在每天送清样的行路中，都要从拥挤、肮脏、贫穷的棚户区走到整洁、干净、宽敞的富人区。鲜明的生活对比，给予他强烈的刺激。特别是他经过那长长的哈同公园①围墙时，就感到愤愤不平。为什么这个世界这么不公平呢？

袁殊强烈地感到社会等级的巨大差异，他一面内心鸣着不平，一面暗下决心要改变这个社会。袁殊到环龙路44号找父亲袁晓岚多次，均无结果。有一次，袁殊当场晕倒在地上，环龙路44号的几个工作人员围拢过来，对袁动了恻隐之心。有人提议介绍袁免费到立达学园②读书，其中还有萧同兹③，正是此人，后来对袁的投身于文化活动有所帮扶。1925年秋，在袁绍先介绍和萧同兹帮助下，袁殊免费入立达学园初中部学习，母亲贾仁慧拿出一条褥子，董家凑了一条被子，袁晓岚送了1元大洋买了书籍纸张和生活必需品。④

---

① 参见毛剑杰《十里洋场的犹太印记》（上），《新民晚报》2012年4月18日。
② 参见北京师范大学校史资料室编《匡互生与立达学园》，北京师范大学出版社1985年版；刘晨《立达学园史论》，团结出版社2009年版。
③ 萧同兹（1895.11.4—1973.11.11），原名异，字同兹，号涵虚，湖南省常宁人。1924年追随孙中山，加入中国国民党。1932年起，任国民党中央通讯社社长一职，约20年，成为蒋介石统治集团的喉舌。1935年12月在国民党五届一中全会上当选为中央委员，后当选为国民党中央执行委员、常委。
④ 参见袁殊《屐痕重印江南路——南游杂记》，载《袁殊文集》编辑组《袁殊文集》，南京出版社1992年版，第464—476页。

第二章　奋发少年

袁殊的童年"在上海棚户区度过，身处社会底层，过的是衣不蔽体、食不果腹的日子。苦难的童年，形成了向往人人平等、过美好生活的思想基调。苦难的童年，形成了袁殊反社会的意识，人富我穷，不平则鸣，这是袁殊最初追求无政府主义、其后追求共产主义的阶级根源"。[1]

立达学园的创建和业绩是中国现代教育史上独具特色的文化现象。在袁殊的记忆中，立达学园有许多思想激进的学生和老师，非常尊重学生们的个性发展。立达学园对袁殊的成长，影响至深至远。

一　有志不在年高

立达学园老师袁绍先在辛亥革命爆发后，积极投身进步运动，相继加入辛亥革命退伍军人社、宝华实业总会、五族少年保国会等进步组织，与北洋军阀作斗争。1919年冬，湖南学生发起驱逐军阀张敬尧的斗争，毛泽东率代表团赴北京开展"驱张"宣传活动，袁绍先托人奉送300大洋作为活动经费，终将张逆赶出湖南。[2]

1925年，袁绍先在上海与夏丏尊、陈之佛、匡互生、丰子恺[3]等人组织立达学会，并创立了学会的实体立达中学，后改称立达学园，旨在修养

---

[1] 曾龙：《我的父亲袁殊：还原五面间谍的真实样貌》，独立作家2016年版，第10页。
[2] 参见陈星、陈净野、盛秧《从"湖畔"到"江湾"——立达学园、开明书店与白马湖作家群的关系》，《浙江海洋学院学报》（人文科学版）2007年第2期；王亚元《早期湖南无政府主义组织者——袁绍先传略》，载长沙市总工会工运史研究室《长沙工运史研究资料》第11辑，1990年；谭天萍《长沙奇人袁绍先》，《长沙晚报》1989年10月15日。
[3] 参见陈星撰《丰子恺年谱长编》，中国社会科学出版社2014年版；丰一吟等《丰子恺传》，浙江人民出版社1983年版；徐国源《丰子恺传》，团结出版社1999年版；丰华瞻《丰子恺研究资料》，宁夏人民出版社1988年版；陈星《丰子恺研究史料拾遗补论》，团结出版社2009年版。

人格、研究学术、发展教育，以达到改造社会、提高国民素质之目的，将保存在长沙健康书社和湖南印书馆的 2500 余册珍稀书刊相赠。① 匡互生认为，教育要以"修养健全人格，实行互助生活，改造社会，促进文化"为宗旨，取孔子"己欲立而立人，己欲达而达人"，提出教育者的责任在于使受教育者在自由发展中"去害虫、灌肥料、滋雨露"以自然发育，故将学校称为"立达学园"。② 参与创办立达学园的同人以及先后在校任教的教师有：匡互生、朱光潜（朱孟实）、李尧棠（巴金）、夏丏尊、丰子恺、刘薰宇、方光焘、刘淑琴、夏衍、陈望道、陶元庆、黄涵秋、丁衍镛、许杰、周为群、陶载良、夏承法、裘梦痕、陈范予、陈友生、李式相、孙怒潮、章克标等，他们都是主张个性解放、思想自由的人。有的老师还印发过普鲁东的照片，在学生中散布过无政府主义思想；也有的学生受到激进的社会主义思想启发，走上了革命的道路。③ 立达学园既具规模，匡互生倡议创建"立达学会"。参加的除创办立达学园的同人以外，还有：茅盾、叶圣陶、郑振铎、胡愈之、朱自清、刘大白、周予同等。立达学会出版刊物《一般》，由上海开明书店发行。

立达不称中学而名学园，源于古代希腊哲学家柏拉图的 academy，柏拉图讲学重在研讨，强调身教力行。取名学园恰能体现出匡互生和其他创办人的教育理想。匡互生认为学校的使命，应该是培养具有远大理想的优秀品质的人才。立达学园不设校长，没有任何校规，实施人格感化教育，引导青年主动地去做应该做的事情，自觉地不去做不应该做的事情。匡互生在学校开设一门课程"实践道德"，亲自讲授做人的道理。夏丏尊翻译

---

① 毛泽东曾去上海同济大学找袁绍先，商谈袁入党事宜，被袁婉言推托说他不参加任何党派，但凡是进步向上的事物必鼎力相持。后毛再次找袁，袁已出差南京，两人从此失之交臂。毛留一便条说："前次文化书社借的五百元，尚不能归还，望能一晤。"袁返回后，毛已离开上海，袁遂将此便条一直珍藏起来。长沙解放后，袁忽然想起毛泽东留下的那张便条，便找到在北京的老友易礼容，易得到毛泽东首肯，向时任湖南省副省长的袁任远传达意思，安排袁绍先出任湖南省军政委员会参议。1952 年 10 月，袁绍先任湖南省人民政府参事室参事。参见王亚元《早期湖南无政府主义组织者——袁绍先传略》，载长沙市总工会工运史研究室《长沙工运史研究资料》第 11 辑，1990 年；谭天萍《长沙奇人袁绍先》，《长沙晚报》1989 年 10 月 15 日。
② 1929 年，立达学园增设了农村教育科，该科内设养鸡、养蜂、园艺三个专业。文化课除教育部规定的课程以外，又增设了世界语、意大利语、法语、逻辑学、社会学、实践道德等课程。1932 年一二八事变爆发后，立达学园遭日军炸毁。匡互生等人随即重建了校舍，于同年秋复课。
③ 参见袁殊《履痕重印江南路——南游杂记》，载《袁殊文集》编辑组《袁殊文集》，南京出版社 1992 年版，第 464—476 页。

的《爱的教育》一书，几乎成了学生们人手一册的课外读物。当时，有人说立达的教育就是爱的教育。学园里面洋溢着团结友好的气氛，师生之间、同学之间、男女之间，亲密无间。①

匡互生认为知识是最重要的，但授予知识并不是学校唯一的重要使命。教育倘若只偏重于传授知识，结果恐怕还是危险多；若使学生能够树立远见，养成优良的品质，成为一个真正的人，那么，教育的功能也就不差了。立达学生在校期间，一般都能主动勤奋好学，阅读课内课外书籍，思考各种问题，探讨人生真谛；演讲会、辩论会、编写壁报等活动频繁，学生思想活跃，而学业成绩并不差，先后考入国内各著名大学的为数不少。②许多学生先后参加了中国共产党，分布在各个工作岗位上，如黄源、梁灵光、康乃尔、李冰洁、刘烈人、陶炜等。在新中国成立前，立达学生因参加共产党被国民党迫害的有张良云、傅厉时（女）、曹仁标等。

袁殊在立达学园初中部读书时便参加无政府主义学生团体——"黑色青年"，其基本思想倾向于无政府主义。无政府主义（anarchism），又译为安那其主义，其主张包含众多哲学体系和社会运动实践的内容，提倡个人自由，反对一切统治和权威，提倡个体自助，关注个体自由与平等。③

立达学园本身就是信奉无政府主义的学校。学校展室中存有彼得·阿历克塞维奇·克鲁泡特金的手写明信片。④ 克鲁泡特金实际上是一个空想

---

① 参见朱怡华《匡互生和立达学园》，《上海教育科研》1989 年第 5 期；蔡端（蔡锷将军之女，其姐妹均就读于立达学园）《匡互生和立达学园》，《文史资料选辑》第 83 辑；张志浩《匡互生和立达学园》，《鲁迅研究月刊》2009 年第 3 期；刘晨《立达学园的出版——〈立达〉研究》，《杭州师范大学学报》（社会科学版）2010 年第 4 期；陈祖怀《匡互生：从"五四英雄"到创办"立达学园"》，《档案与史学》2001 年第 6 期。

② 匡互生从 1925 年创办立达学园，至 1933 年因病去世，主持校务 8 年，沥尽心血培养青年才俊，功德无量。

③ 参见徐善广、柳剑平《中国无政府主义史》，湖北人民出版社 1989 年版；〔美〕阿里夫·德里克《中国革命中的无政府主义》，孙宜学译，广西师范大学出版社 2006 年版；张继良《无政府主义在中国的传播及影响》，《河北师范大学学报》（社会科学版）1988 年第 3 期；刘素英《近代中国无政府主义批判——以马克思主义中国早期传播史为中心》，硕士学位论文，浙江理工大学，2014 年；李宝明《中国近代无政府主义政治思想研究》，博士学位论文，南开大学，2010 年；师泽伟《近代中国无政府主义思潮流变研究（1924—1941）》，硕士学位论文，东北师范大学，2011 年；侯惠霞《二十世纪初期的中国无政府主义与马克思主义研究》，硕士学位论文，曲阜师范大学，2012 年；黄洋《从"辛亥"到"五四"：无政府主义思潮在中国的泛滥》，硕士学位论文，贵州师范大学，2015 年；张尚武《中国无政府主义教育思潮及流派研究》，硕士学位论文，华中师范大学，2003 年；中国第二历史档案馆编《中国无政府主义和中国社会党》，江苏人民出版社 1981 年版；高军、胡庆云等《无政府主义在中国》，湖南人民出版社 1984 年版；葛懋春等编《无政府主义思想资料选》（上、下），北京大学出版社 1984 年版。

④ 参见曾龙《我的父亲袁殊》，接力出版社 1994 年版，第 39—40 页。

社会主义者，他主张一切财物归公有，主张没有权威的、各尽所能的共产主义社会。袁殊在苦难的生活中挣扎着，已经对阶级等级的差异产生了愤愤不平。很显然，克鲁泡特金的政治主张对袁殊有巨大吸引力。

立达学园倡导教职员与学生之间情同父子兄弟，亲爱互助，依照的是克鲁泡特金"生物的相互扶助是人类的本性"的主张，匡互生本人也身体力行地贯彻人格感化和人道主义的教育方针。有一次立达学园抓住了一个小偷，匡互生对小偷晓之以理地教育一番后就把他放掉了，并没有报案或施惩罚。由此可知，学校对确有难处的学生是谅解的。以后，立达在南翔设农场，师生均要参加一定的体力劳动，学生或可不交饭费，但总要买些书笔纸张之类。母亲每月只给袁殊几个铜板作为星期天从学校回家的车费，袁殊宁肯每次回家往返步行许久省下钱来买纸笔。他的衣衫破破烂烂，根本买不起学生长衫。曾龙好奇地问袁殊："你这么穷困、身材又矮，是不是同学看不起你？"袁殊答道："不，在当时的立达学园只要你能真心为大家办事，就会受到同学的尊敬和爱戴。"[①]

袁殊上学时成绩平平，但对文史科目有浓厚的兴趣，课余时间，他广泛阅读了许多文史书籍。

有一天，袁殊与舍友黄其启[②]创办《窗报》，在宿舍玻璃上不定期地写写"报纸新闻"，内容大多是一些道听途说来的杂闻和评论。为获得新闻信息，两人主动结识复旦大学的学生。《窗报》一时办得有声有色，甚至吸引立达学园的教职工前来阅读，袁殊为此获得"报馆先生"的雅号。[③]

此时的袁殊显示出较强社会活动力的端倪。1925年，14岁的袁殊积极地投入上海五卅运动，与立达学园其他学生一道，参加沪市"罢工罢市罢课大游行"。目睹了流血场面，袁殊自称：当时他"一点都不感到害怕，精神处于亢奋状态"。[④] 在此过程中，袁殊结识了不少新朋友，如大厦大学的邵华（邵子英）[⑤] 和刘真如[⑥]等。1924年，邵子英转入大夏大学教育科学习。1925年五卅惨案发生时，邵积极投入学生爱国运动，与周起应（即周扬）等支援

[①] 参见曾龙《我的父亲袁殊》，接力出版社1994年版，第40—41页。
[②] 黄其启是湖南工人运动著名领袖黄爱的弟弟。
[③] 参见曾龙《我的父亲袁殊》，接力出版社1994年版，第41页。
[④] 同上书，第42页。
[⑤] 参见刘敬坤《邵华及其一生中的主要事业》，《江淮文史》2009年第4期；袁晞《陈立夫的反思》，《同舟共进》2010年第8期。
[⑥] 参见1984年版《涡阳史话》第1辑张子健（皖文史委）口述、刘叔民（涡阳文物管理所）整理的《刘真如其人》以及杨林祥（国民党涡阳县县党部书记长）回忆的《我所知道的刘真如》等文。

上海工人，作为上海学生运动骨干加入了共产主义青年团。1927年3月北伐军进入安徽时，北洋军阀王普所部改编为国民革命军第27军，王普任军长。时年26岁的邵子英更名邵华，任第27军政治部主任。[1]

1925年7月1日，广州国民政府正式成立，着手准备北伐。国民党在地方的力量也开始活跃起来。在国民党中央驻沪办事处机关（位于上海环龙路44号）工作的袁晓岚在上海选拔青年到黄埔军校去学习。因袁殊年纪小，袁晓岚只推荐了贾伯涛。

1926年，袁殊离开立达学园，步入社会。

二　投身北伐战争

1977年，袁殊回京探亲时，取出一个写着"鸿爪雪泥"[2]四个字的纸包，里面装满了旧照。其中有一张四寸以上的、褪了色的旧照片，摄记着一个身穿长衫的中年人的全身相，照片背后用朱笔写着"1928年，泰安，胡抱一"。[3]袁殊曾对儿子曾龙说："你记住这个人，我同他的关系要比同你祖父的关系更好。"[4]

少年的袁殊，正是跟随了胡抱一走南闯北，交友广泛，渐渐练就了博闻强识、阅历丰富的出世、处事能力，获得了许多混迹民国官、商、军、学各界的政治资本。

胡抱一，江苏淮安人，官职虽不大，却是人脉极广、资格很老的国民党政客，在洪帮内，人称胡二爷。其秉性忠纯，为人慷慨，爱国助友，出于至诚，故人咸乐与之交。据其好友胡耐安教授生前在台湾撰文说及，胡抱一"北伐期间于上海进行革命活动时，朝入千金，夕全数掷出，豪气干云，爱护朋友，救济青年甚于自己生命，相交满天下"。[5]1927年8月13日，蒋介石发表《告中央各执监委员书》："本年七八月间，察知一般军人

---

[1] 1937年5月，国民党组织赴陕北考察团，邵华任副团长，团长为涂思宗。斯诺在《西行漫记》中，却把邵华误作为团长。邵华及其考察团在延安受到中共中央的热烈欢迎，并和毛泽东、朱德、叶剑英等人合影留念。

[2] "鸿爪雪泥"四个字是从苏东坡的《和子由渑池怀旧》中化出来的："人生到处何似？应似飞鸿踏雪泥。泥上偶然留指爪，鸿飞哪复计东西。老僧已死坏新塔，坏壁无由见旧题。往日崎岖君记否？路长人困蹇驴嘶。"

[3] 胡明：《胡抱一事迹纪略》，《钟山风雨》2005年第3期。

[4] 曾龙：《我的父亲袁殊》，接力出版社1994年版，第42—43页。

[5] 胡明：《胡抱一事迹纪略》，《钟山风雨》2005年第3期。

多不能认识党,不愿尊重党……中正以为情势至此,若再恋战,即非党所任命之总司令,而将成武力之傀儡。中正决不愿如此,故决然引退。"同日,蒋介石辞去国民革命军总司令职。14 日,在上海发表下野通电。这是蒋介石第一次遭遇严重政治危机。12 月 22 日,胡抱一自称奔走革命,垂二十年,九死一生,并无个人权利之想,是中国国民党于辛亥革命之忠实党员,追随孙中山先生有年,与蒋介石系多年老同志,为促劝蒋介石复职,特致书蒋介石。[①] 为难之际,胡抱一如此力挺蒋介石,蒋介石上台后,自然不会亏待胡抱一。

20 世纪 20 年代前期,胡抱一混迹于上海,曾在环龙路 44 号机关和袁晓岚共事,也很早就结识尚未发迹的戴笠。

戴笠（1896—1946）[②],浙江省江山县仙霞乡保安村人,字雨农,1917年入浙军当兵。后离开军队在上海等地闯荡。1926 年 10 月,戴笠考入黄埔第六期,编入入伍生第 1 团第 17 连。1927 年,戴笠入骑兵营。"黄埔二期学长胡靖安,是戴笠在广州入伍时期的旧相识,风闻戴笠清党建立殊

[①] 参见《胡抱一劝蒋总司令复职书——以多年同志关系历陈管见》,《新闻报》1927 年 12 月 27 日第 4 版。

[②] 参见吴淑凤等编辑《戴笠先生与抗战史料汇编:军情战报》《戴笠先生与抗战史料汇编:经济作战》《戴笠先生与抗战史料汇编:军统局隶属机构（电子书）》《戴笠先生与抗战史料汇编:中美合作所的成立》《戴笠先生与抗战史料汇编:中美合作所的业务（电子书）》《戴笠先生与抗战史料汇编:忠义救国军》,"国史馆"2011 年版;朱传誉主编《戴笠传记资料》,天一出版社 1981 年版;戴笠《军事学校战时政治教程:政治侦探》,国民政府委员会政治部编印 1938 年版;〔美〕魏斐德《间谍王:戴笠与中国特工》,梁禾译,江苏人民出版社 2007 年版;张需芝（张宜生）《戴笠与抗战》,"国史馆"1999 年版;费云文《戴笠新传》,圣文书局 1985 年版;费云文《戴笠的一生》,中外图书出版社 1980 年版;费云文《戴笠新传》,圣文书局 1985 年版;陈祖康《怀念戴笠将军》,《中外杂志》第 19 卷第 3 期,1976 年 3 月;何志浩《戴笠一八九七至一九四六》,《中外杂志》第 61 卷第 5 期,1997 年 5 月;杨者圣《特工王戴笠》,上海人民出版社 1993 年版;古僧编《戴笠将军与抗日战争》,华新出版有限公司 1976 年版;李甲孚《戴笠与忠义救国军》,《传记文学》第 67 卷第 3 期,1995 年 9 月;乔家才《戴笠将军和他的同志——抗日情报战》第一集,中外图书出版社 1977 年版;乔家才《戴笠和他的同志》,中外图书出版社 1985 年第 2 版;游国立、席晓勤《戴笠全传》,三味书香图书有限公司 1996 年版;江绍贞《戴笠和军统》,团结出版社 2007 年版;李继星主编《戴笠传》,敦煌文艺出版社 1993 年版;邢烨《戴笠与忠义救国军》,硕士学位论文,南京师范大学,2008 年;蓝波《军统魔王戴笠》,河南人民出版社 1996 年版;章微寒《戴笠与〈军统局〉》,《浙江文史资料选辑》第 23 辑,浙江人民出版社 1982 年版;良雄《戴笠传》,传记文学出版社 1990 年第 2 版;林阔编《戴笠全传——中国最刁辣的军统魔头》,中国文史出版社 2001 年版;申元编《江山戴笠》,中国文史出版社 1991 年版;沈美娟《孽海枭雄戴笠》,中国文史出版社 2009 年版;沈醉、文强《戴笠其人——"国防部保密局"的内幕》,文史资料出版社 1980 年版、中国文史出版社 2001 年版;王蒲臣《一代奇人戴笠将军》,东大图书股份有限公司 2003 年版。

功，当时他正担任总司令蒋介石的侍从副官，负责蒋的警卫，兼侦报各地的军政要情，提供蒋参考。胡靖安对戴笠器重赏识，于是也邀他参与自己的情报工作。"① 1932年戴笠等成为中华民族复兴社核心成员，后任复兴社核心组织三民主义力行社特务处处长。1936年12月，西安事变发生后，戴笠随宋美龄赴西安，此举更使蒋介石信赖戴笠。抗战全面爆发后，戴笠领导的军统负责收集情报，破译日军密码，并策划刺杀投奔日本的中国军政要员，还在日占区设立秘密情报站和组织游击队，对抗战所作之贡献不小。目前学界比较客观公正研究评述戴笠的著述是美国历史学家魏斐德撰写的《间谍王：戴笠与中国特工》一书，该书揭示了戴笠是如何从20世纪20年代末逐渐上升到权力高峰直至1946年他的死亡。② 南京大学中华民国史研究中心主任张宪文教授主编的《中华民国史》一书就认为，戴笠对抗战还是有贡献的，他的工作不是只有对共产党的特工斗争而已，他的工作很多是针对汉奸或者日本敌伪的。

1926年，北伐战争开始后，在胡抱一的怂恿下，袁殊毅然离开立达学园，辞别母亲，随胡抱一到各地联络无政府主义者，参加北伐部队。③

胡抱一组建了国民革命军江南别动总队，袁殊作为胡的小副官，替胡奔走联络、传递信件。也许是因袁晓岚的缘故，胡把袁殊当成自己的贴身小秘书。何应钦打下杭州后，胡把袁殊带到杭州，袁替胡抱一送信给胡宗南。胡宗南的副官何天风接待了袁殊，要他到上海转信给先行回沪的胡抱一，并送了20元路费给袁殊。④ 胡抱一接信后向袁殊吹嘘说：部队开到南京后，他就要成为副市长了。不久，成立不到两个月的国民革命军江南别动总队司令部解体，胡带着袁殊到南京谋出路，到处拜客。有一次他们去拜会戴笠，戴不在家。胡指着戴笠的照片告诉袁殊："此人是戴笠，这位戴先生喜欢冒险，如今在上海搞绑票活动以筹资金，准备收集无职的黄埔同学成立一个秘密团体。"⑤ 这次的随访，袁殊记住了戴笠的面孔。⑥

---

① 章君榖：《杜月笙传》第3册，陆京士校订，传记文学出版社1981年版，第189页。
② 〔美〕魏斐德：《间谍王：戴笠与中国特工》，梁禾译，江苏人民出版社2007年版。
③ 参见赵风《袁殊传略》，载《袁殊文集》编辑组《袁殊文集》，南京出版社1992年版，第7—39页。
④ 参见曾龙《我的父亲袁殊》，接力出版社1994年版，第44页。
⑤ 同上书，第44—45页。
⑥ 戴笠中等身材，壮实而有力，长方形脸显得轮廓分明，嘴巴又宽又大，满脸络腮胡须。每天刮完后脸色铁青，加上两道又粗又黑的剑眉和炯炯逼人的目光，给人一种干练果断又望而生畏的感觉。平时留着长发，梳成大背头，一般不戴帽子。一口浙江官话，因严重的鼻炎，使说话常有瓮声。

在南京，胡、袁二人意外地遇到国民革命军第 27 师政治部主任的邵华①，胡抱一将袁殊托付给邵华，袁遂任国民革命军第 27 师政治部宣传股的少尉股员。② 袁殊在宣传股股长孙祖基领导下，写标语口号、安民告示，内容主要是打倒帝国主义、拥护蒋介石之类；工余则给《芜湖日报》投稿。后来袁殊所属的第 27 军被蒋介石解散。袁经同事介绍转任程潜第 6 军第 18 师（师长张轸）政治部宣传科中尉科员，后下连队任中尉指导员。③ 连长袁国贤④对袁殊照顾有加，袁国贤与袁殊关系不错，以文相交。⑤ 后来，袁殊觉得北伐战争已沦为新旧军阀之间的斗争，遂"请长假"脱离了部队。⑥

三　弃武从文谋生

1927 年 4 月，易培基在上海组建成立国立劳动大学⑦，这是一所半工半读的大学，无政府主义在校内颇为盛行。袁殊准备报考，主要是考虑到上学无须担心衣食。但袁殊返回上海时已是 1928 年初，错过了考期，上不成国立劳动大学。

当时，袁殊母亲贾仁慧带着袁学礼已返回湖北老家，其父袁晓岚已外任县长，但和袁殊无书信往来。没事干的袁殊开始过着"打流"（无职业在外游荡的意思）的生活，经常逛马路。在马路上，他巧遇胡抱一。1927 年下半年，河北南部、山东西北部发生了严重旱情，赤地千里、土地龟

---

① 参见夏侯叙五《从军阀余孽到安徽第一任汉奸省长——倪道烺的罪恶一生》，《江淮文史》1994 年第 6 期。
② 参见赵风《袁殊传略》，载《袁殊文集》编辑组《袁殊文集》，南京出版社 1992 年版，第 7—39 页。
③ 参见曾龙《我的父亲袁殊》，接力出版社 1994 年版，第 46 页；赵风《袁殊传略》，载《袁殊文集》编辑组《袁殊文集》，南京出版社 1992 年版，第 7—39 页。
④ 抗战时期，袁国贤曾任中国远征军 11 集团军 66 军 39 师 115 团团长。
⑤ 1988 年初，上海市公安局退还给袁殊后人一些残破字画，其中有一幅，上题"学易老弟"，下款"袁国贤"。袁殊非常念旧情，至老也不忘袁国贤。在平反后不久，袁殊就要曾龙写信到四川某县打听袁国贤的下落。该县负责人认真地写了回信，从信中得知这位袁国贤在国民党军队中一直干了下去，从连长干到师长，新中国成立后不久死去。参见曾龙《我的父亲袁殊》，接力出版社 1994 年版，第 47 页。
⑥ 参见曾龙《我的父亲袁殊》，接力出版社 1994 年版，第 46 页。
⑦ 参见蔡兴彤《国立劳动大学研究（1927—1932 年）》，硕士学位论文，华中师范大学，2011 年。

裂、禾苗不生、饿殍遍地。蒋介石下令组织隶属于战地政务委员会的赈灾委员会赈济灾民，时任山东省主席孙良诚①是冯玉祥派系的人，而日本已出兵占领了济南、青岛。蒋为插手山东，起用许世英做赈灾委员会主席。胡当时被委任全国赈灾委员会的调查组组长，袁便成为调查组组员。② 赈委会总部设在泰安，胡抱一的调查小组深入河北大名一带，袁殊目睹了灾区人民的生活惨景："老百姓连草根树皮都吃光了，十几岁的女孩子赤着身子连条裤子都没得穿。"③

此时，袁晓岚就任山东堂邑县县长，袁殊便顺道去拜访。其实，袁晓岚只是个无权无势的穷县长。后来，袁晓岚转任了几个县的县长，如山东日照县、湖北当阳县等。1934年春，身残志愵的袁晓岚回沪入中山文化教育馆，研究中国革命史及中国劳动史。年余来，他对于这些历史材料的汇求与考证，极其细心。袁晓岚为人也极和蔼，与同人无不与之浃洽。④ 袁晓岚月薪100多元，"以没落小官僚而终其生"。⑤ 袁晓岚去世后，时人评价其"在革命过程中，肯牺牲，作事坚韧，并且廉洁，至奉又极简朴。去世后一无所有，甚至于连棺木，都成问题"。⑥

有一天，袁殊骑马归途，不慎从马上摔下，伤了右臂。胡抱一亲自将袁殊送往南京进行医治，因此袁说："胡抱一比我父亲待我好。"从南京医院出来后，胡已回山东，袁却因爱好文学和信仰无政府主义参加了无政府主义文学社团——狂飙社。⑦

---

① 参见蓝叶《曾任山东省主席的孙良诚》，《春秋》1996年第5期。
② 参见曾龙《我的父亲袁殊》，接力出版社1994年版，第48页。
③ 同上。
④ 参见马超俊《袁晓岚同志事略——民国二十四年十二月二十三日中山文化教育馆纪念周报告》，《中山文化教育馆季刊》第3卷第1期，1935年1月10日。
⑤ 曾龙：《我的父亲袁殊》，接力出版社1994年版，第49页。
⑥ 马超俊：《袁晓岚同志事略——民国二十四年十二月二十三日中山文化教育馆纪念周报告》，《中山文化教育馆季刊》第3卷第1期，1935年1月10日。
⑦ 参见赵风《袁殊传略》，载《袁殊文集》编辑组《袁殊文集》，南京出版社1992年版，第7—39页。

第三章 时代青年

辛亥革命后，阎锡山在山西大兴舆论钳制政策，却无法阻挡社会新思想、新思潮在山西的传播。1924年8月，高长虹、高沐鸿和高歌等人在太原成立狂飙社。[1] 1924年9月，《狂飙》月刊在太原创刊。月刊刚出一期，高长虹便前往北京，1924年11月9日创办《狂飙》周刊，至第17期便因种种原因停刊了。1926年10月，《狂飙》周刊在上海复刊，以"建设新的科学，新的艺术，新的思想"为宗旨，意图在中国掀起一场轰轰烈烈的"狂飙运动"。但由于远离社会、生不逢时、思想分歧等原因，"狂飙运动"，时断时续，最后于1930年初夭折。在狂飙社存续6年多里，先后有10多个省市的49人加入（单就有姓名可考的人而言），已知他们创办了12种刊物共出版103期，出版丛书4种共26本。[2]

袁殊在北伐军第18师时，有一次驻扎在江西的一个小市镇，无意买了一本《长虹周刊》，行军途中细细地读了几遍，思想上发生共鸣。后又在街市上买到一本《长虹周刊》，读完后就写信给高长虹，信中先介绍自己，然后要求参加狂飙社。没想到高竟回信表示同意，于是袁成为狂飙社的一名小员工。

一 热血文艺愤青

狂飙社是由几个进步文学青年临时组织起来的，为首的是先和鲁迅合

---

[1] 参见董大中《狂飙社编年纪事》，《新文学史料》2002年第3期。
[2] 参见廖久明《一群被惊醒的人——狂飙社研究》，博士学位论文，华东师范大学，2008年。

作又和鲁迅闹翻的高长虹。①《狂飙》周刊期间，高长虹得到鲁迅的赏识。周刊停刊后，以高长虹为首的狂飙社成员加入了鲁迅组织的莽原社，后高长虹却因故辞去《莽原》半月刊编辑一职，先后创办了《狂飙》不定期刊、《弦上》期刊。②

在演剧部的那段生活，袁殊只是"搭平伙"（在一起吃饭共同分担饭费）混口饭吃。楼适夷在《话雨录》的《永远活在诗歌里——追怀仲平》一文中记述了当时生活的一个侧影：贴邻的一幢，上下三层空空洞洞的房子，则住着几个流浪青年，我认识其中的一个就是柯仲平，他一个人占楼下一大间，一床一桌，几条凳子，地上乱堆一些书报。这意外的相见使两人特别高兴，原来那座楼是狂飙社租下来的，楼上还住着单身的陈凝秋（那时还没有叫塞克），两人恰巧都是彪形大汉。另外还住着一对瘦小的男女，那是我第一次认识袁殊和他当时的女友，比起大汉们则像一对侏儒。这四个人不但聚集在一起，还可以在柯仲平那间空洞的屋子里，光赤裸裸的墙头上，看到一幅用木炭条勾的硕大无比的影画群像，一眼便认识正是这四位居民的留影。是哪个晚上停了电，点着一支蜡，首先是凝秋的手笔，把映在壁上的人影即席画成了壁画。晚上闲下来，我就上邻居家去参加他们的灯下谈，天南地北无所不谈，有时还唱歌，甚至跳起舞来。门外的世界暂时远离我们的心目，好像自己有了另外的天地……③

袁殊在狂飙社演剧部边工作、边写稿子，试图赚点小钱贴补自己的生活。

有一次，袁殊给《民国日报》觉悟副刊投稿，却忘了写自己的地址。

---

① 参见廖久明编《高长虹年谱》，人民出版社 2011 年版；山西省《高长虹全集》编辑委员会编《高长虹全集》，中央编译出版社 2010 年版；廖久明《高长虹与鲁迅及许广平》，东方出版社 2005 年版；董大中《高鲁冲突——鲁迅与高长虹论争始末》，中国工人出版社 2007 年版；孙连山《高长虹与"虚无主义"》，硕士学位论文，南开大学，2010 年；李丽娟《高长虹早期文艺思想初探》，硕士学位论文，西南大学，2009 年；言行《高长虹、鲁迅冲突的前因后果》，《鲁迅研究动态》1989 年第 8 期；张谦《谈〈狂飙社〉成员高长虹》，《晋阳学刊》1982 年第 3 期；廖久明《关于高鲁冲突的学界观点》，《新文学史料》2008 年第 3 期；霍秀全《我看高长虹与鲁迅的交往和论争》，《北方工业大学学报》1999 年第 4 期；赵冰波《鲁迅与高长虹构怨新探》，《河南师范大学学报》（哲学社会科学版）2004 年第 3 期；吴作桥《高、鲁"爱情纠纷说"辨正——与董大中先生商榷》，《长春师范学院学报》1996 年第 4 期；王吉鹏、张鸿倩《鲁迅与〈狂飙〉》，《宁波职业技术学院学报》2009 年第 4 期；郭桢田《回望"长虹"》，《黄河》2009 年第 1 期；董大中《狂飙社编年纪事》，《新文学史料》2002 年第 3 期。

② 参见王吉鹏、张鸿倩《鲁迅与〈狂飙〉》，《宁波职业技术学院学报》2009 年第 4 期。

③ 楼适夷：《话雨录》，三联书店 1984 年版，第 127 页。

结果，稿子登出来的同时，编辑发出一则要撰稿人前往报社领取稿酬的启事。袁到报社后，碰到国民党上海市党部宣传部长陈德贞，闲聊中，他们谈到了胡抱一。原来陈、胡二人非常熟识。胡抱一妻子王卓民原是上海市建国中学的学生，陈当时是建国中学校长，是陈把王介绍给胡抱一的。当陈知道胡和袁的密切关系后，当即决定袁做宣传部助理干事。生活没有保障的袁殊赶紧答应了下来。

袁殊做助理干事的工作月薪为60多元，工作任务就是每天联络基层宣传机构，起上下沟通的作用。薪水之外，袁殊每月还有十几元饭费补助和十几元交通费，收入总计100元。[①] 一个十八九岁的青年人，月收入高达100元，这在当时的上海也是相当不错的。但袁殊并没有满足现状，希望通过深造，提升知识水平、开阔视野。

1929年9月，袁殊和马景星一起赴日留学。

袁殊在狂飙社演剧部打工时，马景星在读高三年级。袁殊的表姐董曼尼（一说董曼妮）[②]也是启明女中的学生，董常到演剧部找袁玩，经董介绍，马景星成了袁的女友。马景星父亲马蝶生早年在日本留学，归国后成为上海浦东南汇县大团镇有名的大财主。马蝶生50多岁时，纳使唤丫头为妾，生养了马景星。后来马蝶生去世，马家正房太太把马景星的生母赶出马家，但承认马景星为马家之后。马景星住读上海启明女中后便很少回家，但马家仍给她充足的生活经费。[③]

马景星天资很好，英文不错，能写文章，会画画，也自行设计过自己的住宅，参加过一些左翼文化活动。马还以"紫琅"笔名，发表一些有关妇女解放问题的文章，但在其内心深处瞧不起20世纪30年代的那些文化人。袁殊对马景星的评价是："她尚进步，但行动上除妇女解放之外则不进步。她一切事情听待环境的安排，近于宿命论。她脾气倔犟，但大事上事事听我的安排。"[④]

后来，袁殊成为"白皮红心萝卜"混迹于上海滩，马景星不能容忍袁"整天在外面花天酒地"，袁又不便把自己真实的身份告诉马，所以，两人之间误解和隔阂越来越多，感情逐渐淡薄，时常发生激烈的争吵，终致分居。后来，袁殊一个人搬到环龙路上一间公寓居住，偶尔也会探望一下家

---

① 参见曾龙《我的父亲袁殊》，接力出版社1994年版，第53—54页。
② 参见汪延生《追思父亲汪仑走过的路》，《江淮文史》2004年第2期。
③ 参见曾龙《我的父亲袁殊：还原五面间谍的真实样貌》，独立作家2016年版，第95页。
④ 曾龙：《我的父亲袁殊》，接力出版社1994年版，第56页。

人，只是双方之间的感情越发淡了。① 据岩井英一回忆："有一次，马景星趁袁殊在打电话时，从袁殊后面用酒瓶敲打袁殊脑袋，指责袁殊与王莹关系暧昧。"② 另据袁殊回忆："马犟我暴。我们经常打架，原因有二，其一，生了第一个孩子后，马景星擅自作主，不同袁殊商量就做了绝育手术；其二，女儿本名袁曦，马景星将其改名为马元曦。40 年代初，在潘汉年的认可下，袁殊和马景星正式离异。"③

1954 年 2 月，马景星患子宫癌病逝于上海，袁殊的大女儿马元曦把马景星的全部遗产都上交给了组织。④

不知何故，袁殊自称一生都没有正式结过婚。据袁殊回忆，马景星一生不问政治，他们未正式结婚，只是同居。⑤

二　首次赴日苦学

1929 年 9 月，马景星放弃保送南京金陵女子大学的机会，出钱 700 元，与袁殊一起赴日留学。据袁殊回忆："在东京，我托日本大学的一个叫后藤朝太郎的老教授，为我办了入学的证明。此人曾在中国当特务，是日本搞中国情报的间谍。后藤是我去东京后遇见的。当时，很多中国学生都求他帮助在日本大学上学。他也专为中国学生干这种事。这老头怪得很，他穿的是中国的长袍马褂，戴一顶西瓜帽，帽顶是红色，每天在日本大学附近的马路上优哉游哉地晃荡。因此，他认识很多中国学生。当时，他认识中国学生的目的，已经不是打听中国的政情，而是认识这些学生从而能吃中国的饭菜。"⑥

---

① 参见胡肇枫、冯月华、吴民《剑胆琴心：红色情报员袁殊传奇》，四川人民出版社 1999 年版，第 71—72 页。
② 〔日〕岩井英一：《回想の上海》，《回想の上海》出版委员会 1983 年版，第 81 页。
③ 曾龙：《我的父亲袁殊》，接力出版社 1994 年版，第 57 页。
④ 参见曾龙《我的父亲袁殊：还原五面间谍的真实样貌》，独立作家 2016 年版，第 96—97 页。
⑤ 《丁淦林文集》所载《袁殊对〈文艺新闻〉及〈记者座谈〉的回忆》一文是对袁殊本人的访谈记录，访谈时间为 1984 年 7 月 10 日上午，11 日上午和下午，访谈记录经过袁殊审阅，文中注释为丁淦林所加。参见丁淦林《丁淦林文集》，复旦大学出版社 2005 年版，第 37—46 页；原载华东师范大学传播学系《传播学研究集刊》（Ⅰ），上海古籍出版社 2003 年版。
⑥ 《袁殊对〈文艺新闻〉及〈记者座谈〉的回忆》，载丁淦林《丁淦林文集》，复旦大学出版社 2005 年版，第 37—46 页。

袁殊在日本东京住在勤俭学社（该社由中华留日基督教青年会主办），很多中国穷苦留日学生都住在这里。马景星在日本女子美术专科学校学习西洋画。经过东亚日语预备学校初级班、高级班的学习，袁殊很快掌握了生活所需的日语，一年后，袁殊能讲读日文，但还不能用日语自如地写文章，在经营《文艺新闻》时期，袁殊给日人初上万一郎用日文回信就是请人代笔的。此次留学日本，袁殊有三大收获："第一，他初步掌握了日语；第二，他研读了新闻学：有资料显示，袁殊在东亚预备学校新闻系学习，也有说是在日本早稻田大学新闻系读书，后因日元实行金本位制，物价上涨，没有毕业即回国；第三，在思想上，他初步接受了共产主义思想。"①

留日期间，袁殊一直坚持新闻学研究，曾撰写两篇长文：

第一篇是《日本国对华政策》。当时日本国内正经历着经济危机，政治风潮迭起，日本有两大政党轮流执政：民社党和政友会。袁殊很注意日本政局，留心收集两大政党的各类新策，写下了这篇长文。利用暑假回沪，袁带着这部稿子拜访《日本研究》主办人陈彬龢。陈接待了袁，并用30元买下了这篇稿子。1928年，陈与日本驻沪总领事馆的岩井英一拉上关系，1929年起，陈在岩井的支持下编辑出版《日本研究》。②

第二篇是一部短篇专著《印度独立运动史略》（署名袁学易），1931年由上海神州国光社出版。不过20岁的袁殊怎么研究起印度问题且能出书呢？

袁殊特别注意有关亚洲地区的政治类书籍，他把日本大学教授写的《印度独立运动回顾与展望》一书中的结论性一章译了出来。随后他带着稿子拜访日本文化界名人宫崎龙介，当时宫崎家住着一位流亡的印度人。袁对二人说："我年青无知，但对印度问题感兴趣因而实验性地译著了这份材料，请二位前辈过目指正。"两人认为袁年纪轻轻就研究印度问题，其志可嘉。为表支持，于是满足了袁索要照片、题词的要求。从日本回国后，袁带着译稿、题词和照片径直找到以前没打过交道的神州国光社的曾

---

① 李之：《传奇式人物——袁殊》，载中国人民政治协商会议江苏省镇江市委员会文史资料研究委员会《镇江文史资料》第12辑，1987年。当时袁殊的健康情况欠佳，曾中风、半身不遂、说话非常吃力，但还是和该文作者李之谈了他留日一年多的三个收获。

② 据1930年8月1日胡适日记载："办《日本研究》的陈乐素（著名历史学家陈垣长子）、陈彬龢来谈……"1931年春，陈进申报馆工作，任社评主撰，以左派"爱国志士"的面目出现，曾撰文谴责日军暴行；1932年底，陈参加中国民权保障同盟，与戈公振、邹韬奋等一起发起筹备出版《生活日报》；1936年夏，陈去香港；1942年，由日本海军部支持，陈出任《申报》社长；1943年1月，陈彬龢发起组织"上海市新闻联合会"，自任理事长。

宪声，曾宪声当即以 70 元买下了这部稿子，出了单行本。其实，当时上海日本留学生到处都是，出书并不容易。

青年时期的袁殊闯劲十足。例如，在找到曾宪声之前，袁殊就先了解到该出版社的背景是第十九路军，原只印刷出版名人字画，曾宪声接手后才改为正规出版社。胆大心细，使袁殊初尝成功滋味。袁对印度问题为什么会产生兴趣呢？他在新书介绍中作了如下的回答："印度问题决不仅是印度人的问题，而是全世界问题的一个枢纽。某国政治家这样说，这是谁都要承认的话。尤其在中国，我们知道鸦片战争的起因是由英国侵略印度而来的；更知道如果印度革命成功了，对中国的革命也是有直接的便利的。所以对印度独立运动过去的研究，是有着迫切的必要。这本小册子就是供给我们研究的好资料。甘地的不合作主义究竟是怎样一回事？这里也有明白的启示。"显然，袁殊的思想正在发生变化，他开始关心中国革命问题。而且接触有关马列主义书籍，如恩格斯《社会主义从空想到发达科学》[1]，渐渐地从理论上树立了共产主义的理想与信念。[2]

正当袁殊像海绵一样吸取着思想理论、文化知识的养分而生机勃勃地成长发展的时候，他却不得不因经济问题而辍学回国了。1929 年是世界范围内资本主义经济大萧条的时期，日本也不可避免地呈现周期性的经济危机。为应付经济危机，日本当局把银本位制改为金本位制，此变动使中日货币兑换比，从原来的 0.7∶1 猛增到 1.5∶1，袁当时尚有 100 元钱，依原兑换率可换得 140 日元，尚可维持 7 个月的生活，现在只能换得 70 日元，只能维持 4 个月，袁殊不得不回国。[3]

三　归国彷徨漂泊

1930 年 7、8 月间，袁殊和马景星从日本回国。两人决定先从上海出发，旧地重游。第一站到南京。在南京认识了张天翼、聂绀弩和正在南京

---

[1] 恩格斯这本书现在翻译为《社会主义从空想到科学的发展》，该书运用唯物史观的基本原理，阐述了科学社会主义是资本主义矛盾和冲突在工人阶级头脑中的反映，资本主义的矛盾和冲突是科学社会主义产生的物质经济根源。
[2] 参见曾龙《我的父亲袁殊：还原五面间谍的真实样貌》，独立作家 2016 年版，第 100—102 页。
[3] 同上书，第 103 页。

中央大学文学系学习的胡楣（关露①），也遇到了过去同办《窗报》的黄其启（南京《中央日报》副刊编辑）。接着经芜湖、安庆，袁、马二人到湖北蕲春袁殊老家小住几日。后到武汉拜访董家的二表哥董叔才，董接济了袁殊二三十元路费。他们也见到了贾伯涛，贾伯涛当时是湖北省报的社长。从武汉返回沪后，袁和马分开了。马进了画家汪济远、倪贻德等人办的美术学校。袁又过起了"打流"的生活，生活来源主要靠投稿。他曾给匡亚明主办的杂志写稿，也给黄其启等人写稿，靠赚取稿费勉强度日。②

这样的生活终非长久之计，袁殊开始认真思考人生：他计划办报，但一时找不到门路，思想产生了深沉的苦闷。一天，袁在马路上又巧遇胡抱一。了解袁的生活状况后，胡问袁下一步有何打算，袁只能笼统地回答说自己想搞新闻工作。胡看他没有目标只是在混生活，就要袁跟他去北京相机行事。途中，胡知道袁有继续学习的愿望后，对袁说可试试到北京学航空技术。到京后，胡介绍袁报考航空学校。但学航空是要缴昂贵的学费的，袁殊只能望而却步。③

此时正值中国近代史上规模最大的军阀混战——中原大战激战正酣。1930年9月18日，张学良发出"巧电"入关，明确表示坚决支持蒋介石南京国民政府，出兵华北，武装调停中原大战。战乱使得袁殊和胡抱一被困在京城两个月。④后来，胡远走石家庄，袁便陷于进退两难之中。胡给袁的钱很快花完了，袁便去找胡的朋友，得到一封到天津见何民魂的介绍信。恰巧又收到马景星从上海寄来的300元，暂缓了燃眉之急。何看完袁带来的介绍信后说："好，我这里正好有一位青年要去上海，你们同行吧。"何给了袁几十元路费。回沪路上，同行者翁毅夫（翁从六）对袁有救命之恩。⑤

回沪不久，袁殊即参加了左翼文化活动。⑥

---

① 关露，原名胡寿楣，又名胡楣，笔名关露、芳君、梦茵等。有关关露的研究，可参见丁言昭《关露传》，上海文化出版社2009年版；柯兴《魂归京都——关露传》，金城出版社2010年版；萧阳文《一个不该被遗忘的女作家关露》，《新文学史料》1983年第2期；胡清风《关露的悲剧》，《同舟共进》2014年第1期。
② 参见曾龙《我的父亲袁殊：还原五面间谍的真实样貌》，独立作家2016年版，第104页。
③ 同上书，第104—105页。
④ 参见《袁殊对〈文艺新闻〉及〈记者座谈〉的回忆》，载丁淦林《丁淦林文集》，复旦大学出版社2005年版，第37—46页。
⑤ 回沪轮船经过渤海湾时，他俩正在前甲板聊天，突然袁腹痛急剧呕吐不止，适值海面狂风大作，袁随时都有落海的危险。翁冒着生命的危险，把袁从前甲板背到后面仓房，救了袁殊一命。
⑥ 参见曾龙《我的父亲袁殊：还原五面间谍的真实样貌》，独立作家2016年版，第106页。

第四章　新闻先锋

袁殊具有较高的文学修养，从1930年起先后发表了许多作品和译著，最早创作的《工场夜景》，曾享有与高尔基《夜店》媲美的盛誉。一些散文和诗歌也是脍炙人口。他是出色的新闻战士，在新闻理论方面的建树，对提高一代新闻队伍的素养，有着一定的启蒙影响。

《文艺新闻》起初并不算是左联的刊物，只是该刊物在当时小有名气，被潘汉年、冯雪峰吸收成为左联的重要刊物。[①] 20世纪30年代，在国民党"文化围剿"造成的"文化沙漠"中，《文艺新闻》的出现，算是中国近现代新闻史上的一个传奇。正如《文艺新闻》编者所言："我们并无须失望，'文化是武器'，我们对此早已理解，这武器不只是可以耕沙漠，而且可以建绿洲……而且我们将发现，我们并不只是几只孤独的骆驼，而是成群的战马！"[②]

左联为数众多的期刊中，袁殊创办的《文艺新闻》一枝独秀。据左文的研究，《文艺新闻》拥有若干个"左联期刊之最"：第一，发行量最大；第二，出版期数最多；第三，组织、沟通读者最为成功；第四，主编身份最为复杂；第五，视角最丰富。[③]

[①] 有关"袁殊与《文艺新闻》"研究，可参见左文《非常传媒——左联期刊研究》，北京十月文艺出版社2010年版；左文《沙漠里的骆驼与战马——左联期刊〈文艺新闻〉的出版传奇》，《纵横》2008年第1期；李秀卿《楼适夷与〈文艺新闻〉》，《编辑之友》2011年第9期；孔刘辉《〈文艺新闻〉的终刊——从〈鲁迅全集〉一条注释说起》，《绍兴文理学院学报》（哲学社会科学版）2008年第4期；李秀云《论袁殊对新闻学术研究的贡献》，《浙江传媒学院学报》2010年第3期；胡正强《袁殊编办〈文艺新闻〉的策略和社会影响简论》，《江南大学学报》（人文社会科学版）2010年第4期；胡正强《袁殊的媒介批评实践及其贡献》，《河北师范大学学报》（哲学社会科学版）2011年第2期；肖非《袁殊纪念会在沪举行》，《新闻记者》1989年第1期。

[②] 转引自胡正强《袁殊编办〈文艺新闻〉的策略和社会影响简论》，《江南大学学报》（人文社会科学版）2010年第4期。

[③] 参见左文《沙漠里的骆驼与战马——左联期刊〈文艺新闻〉的出版传奇》，《纵横》2008年第1期。

一　创办文艺新闻

狂飙社里的马彦祥是著名戏剧活动家，袁殊原与马认识，在日留学时也为马主办的刊物写过稿，遂有一定的交往。两人在上海无意间遇到，马邀袁参加联合剧社负责对外联络事务。①

联合剧社中有辛酉剧社的袁牧之、以创造社为背景的上海艺术剧社的王莹②、大道剧社的赵铭彝等人，还有创造社的郭沫若、成仿吾、郁达夫③、张资平④、田汉、郑伯奇⑤等人以及太阳社的蒋光慈、阿英（钱杏邨）、孟超等一大批戏剧艺术精英。联合剧社在南京的公演场场爆满，获得极大成功，各路报刊纷纷载文评论，轰动一时。⑥遂引起国民党南京市党部的注意，国民党当局有意留用这支文化队伍。于是国民党南京市党部主任赖琏与国民党中央通讯社社长萧同兹分别宴请联合剧社成员，宴会上，负责对外联络的袁殊代表联合剧社致辞。袁殊借着半醉的酒态，以十分激烈的言辞痛斥国民党当局摧残进步文化，揭露教育界一片黑暗的腐败现象，搞得与会官员面面相觑，几乎下不了台。袁殊的"左"倾言论自然受到国民党当局的警觉，幸遇时任国民党中央训练部部长方觉慧替袁求

---

① 在袁殊的遗物中，保存着几张当年戏剧界人士的照片。其中一张是袁牧之、沉樱和马彦祥的合影，一张是南京公演时的舞台照（内有王莹扮演的角色）；还有两张是狂飙演剧部的照片，一张是柯仲平、陈凝秋、高歌和不知名者的四人合影，一张是内有柯仲平扮演角色的演出照。
② 有关王莹的研究，参见陈子善《王莹：从电影明星到作家》，《文汇报》2011年10月22日第7版；张可可《1930年代电影明星的文学创作研究——以王莹、艾霞、蓝苹为例》，硕士学位论文，华东师范大学，2012年；于继增、赵秀玲《"少年党员"王莹的传奇人生》，《党史博采（纪实）》2007年第6期；英子《我所认识的王莹》，《新文学史料》1986年第1期；饶甘棠《王莹：中国电影进展的一种路标》，《文史春秋》2007年第9期；谢和赓《王莹和我是怎样回国的》，《红岩春秋》1998年第1期；谢和赓《王莹在美国》，《文史春秋》1996年第3期；谢和赓《罗斯福夫妇在白宫观看王莹演出的时间及其他》，《新文化史料》1999年第6期；赵清阁《忆王莹》，《读书》1980年第7期；王莹《宝姑》，中国青年出版社1982年版；王莹《两种美国人》，中国青年出版社1980年版；张志才、陈桂英《永远在初恋——"王莹和谢和赓的生死爱情"》，解放军文艺出版社1992年版；李润新《洁白的明星——王莹》，中国青年出版社1987年版。
③ 参见郁嘉玲《我的爷爷郁达夫》，昆仑出版社2001年版。
④ 参见徐仲佳《拨开历史的迷雾——近年来张资平研究综述》，《忻州师范学院学报》2002年第4期；刘蕊《十年来张资平研究述评》，《考试周刊》2009年第28期。
⑤ 参见赵家璧《回忆郑伯奇同志在"良友"》，《新文学史料》1979年第5期。
⑥ 参见曾龙《我的父亲袁殊：还原五面间谍的真实样貌》，独立作家2016年版，第108页。

情:"袁殊是老同志的儿子,还是个孩子;小孩子胡闹,由他去吧。"方觉慧资深位高,讲了这些话后,国民党中央党部就不再过问。①

后来袁殊办《文艺新闻》,特别是左联成员加入以后报纸越办越左,国民党上海市党部的潘公展几次有意取缔这个刊物而未成。萧同兹、方觉慧二人念及袁殊父亲好友的关系,致使国民党中宣部文艺科科长左恭对《文艺新闻》淡化处置袁殊那"不当"言论。②

袁殊立志在新闻出版事业中出人头地,自1925年起,就开始向报刊投稿锻炼自己的才能,颇想亲自做一番实践,为当时的中国新闻事业开拓一条新路。③

大约在1929年,新闻学者任白涛④住在杭州西湖深山的一个寺庙中,看到上海一家日报副刊上,有一篇上海印象记式的文章,就十分郑重地把这含有深刻批评意味的"报屁股"剪下来保存好。那篇文章题目下面的署名"袁殊"二字,也同样清晰地印入他的脑海中。不久,任白涛来到上海参加狂飙社的一个集会。袁殊曾认真拜读过《运用新闻学》,知道任白涛来上海后,便主动向他请教有关新闻学方面的问题。一经交谈,两人很快结了缘,常在一起议论新闻理论问题。⑤1929年秋天,袁殊赴日留学专攻新闻学期间,不断写信给任白涛,同他讨论新闻学方面的种种问题。据任白涛回忆,当年袁归国时带回了数量可观的国外学者所著的新闻学书籍。⑥

袁殊创办《文艺新闻》目的有二:一是袁殊对当时上海的一些报纸颇感不满,很想闯出新闻事业的新路,决心办一份以新闻为中心的报纸,专事报道文艺界的新闻;二是袁殊希望以职业记者的身份闯荡上海新闻界。⑦

袁殊创办《文艺新闻》,是非常艰辛的。

一方面,袁殊面临的是国民党当局对新闻舆论严厉的管控政策。1927

---

① 参见胡肇枫、冯月华、吴民《剑胆琴心:红色情报员袁殊传奇》,四川人民出版社1999年版,第6页;赵风《袁殊传略》,载《袁殊文集》编辑组《袁殊文集》,南京出版社1992年版,第7—39页。
② 参见曾龙《我的父亲袁殊:还原五面间谍的真实样貌》,独立作家2016年版,第109页。
③ 参见赵风《袁殊传略》,载《袁殊文集》编辑组《袁殊文集》,南京出版社1992年版,第7—39页。
④ 参见李继先、吴自强《抗日期间创刊的〈新湖北日报〉》,载中国人民政治协商会议湖北省委员会文史资料研究委员会《湖北文史资料》1986年第2辑(总第15辑),1986年7月;王建辉《出版与近代文明》,河南大学出版社2006年版。
⑤ 参见丁淦林《袁殊的传奇式经历》,《新闻与写作》2007年第10期。
⑥ 参见赵风《袁殊传略》,载《袁殊文集》编辑组《袁殊文集》,南京出版社1992年版,第7—39页。
⑦ 参见《袁殊文集》编辑组《袁殊文集》,南京出版社1992年版,第64页。

年南京国民政府建立后，国民党通过颁布大量新闻出版法规，加强了言论出版和社会舆论的控制，出台诸如《宣传品审查条例》《出版法》《宣传品审查标准》《新闻检查标准》《修正重要都市新闻检查办法》《图书杂志审查办法》《戒严法》《广播无线电台条例》等法律法规，其实质是为了维护国民党的一党专政，剥夺广大民众的言论出版自由。

另一方面，袁殊面临着上海报业界激烈的竞争。"当时上海报纸很多，有中、英、法、德、日和白俄报纸。日文报纸有三种：《上海每日新闻》、《上海日日新闻》和《上海日报》，抗战的末期，这三家合并成《大陆新闻》。上海的英文报纸最大的是英国商人办的《字林西报》；第二个是《大陆报》。外国的新闻垄断势力，影响着上海中国报界。外国在上海还设立了许多通讯分社，最大的是美联社上海分社，美国资本的还有合众国际社，英国资本的有路透社，法国资本有哈瓦斯通讯社上海分社，苏联塔斯新闻社也有分机构，日本共同社（时称同盟社）在上海也有分社。……上海的报纸记者，不是流氓的徒弟，就是同资本家或富豪有关系，有政治背景的人。上海的黄金荣和杜月笙，在新闻界很有影响。"[①]

从什么地方入手呢？

袁殊认为：一是办《文艺新闻》要像刊物名字所说的一样，专门报道新文化界的消息，反映进步的文化思想；二是从小报办起，以后发展成大报。办《文艺新闻》之前，袁殊请教陈望道、任白涛和谢六逸[②]等人，他们一致说好。袁殊以妻子马景星从娘家筹措的500元做经费[③]，袁自任总编筹办《文艺新闻》。他请好友翁毅夫任经理部负责人主管报社经济工作，请一同学的哥哥曹庸芳（曹必夔）负责摄影工作，马景星介绍上海美专学生、白鹅画会成员于海（中共党员）做美工编辑；后来，楼适夷（中共党员）参加进来（左联指派），还有中共党员王达夫经人推荐挂个名，袁殊估计王达夫是以报纸做职业掩护的。袁自任出版部负责人，翁毅夫还负责印刷和发行。[④]

为千方百计筹措费用、扩大影响力，袁殊在四川路新亚饭店请了11

[①] 《袁殊对〈文艺新闻〉及〈记者座谈〉的回忆》，载丁淦林《丁淦林文集》，复旦大学出版社2005年版，第37—46页。

[②] 参见余家宏《新闻学者、一代报人——谢六逸——谈〈谢六逸文集〉》，《新闻大学》1995年第4期；陈江《谢六逸的三点史实》，《鲁迅研究月刊》1988年第6期。

[③] 据楼适夷说，这笔钱还是袁殊准备再去日本留学的费用，后拿来办刊，见适夷（楼适夷）《记〈文艺新闻〉》载《读书与出版》（上海）第1年第1期（按：原刊标注如此），1947年1月15日。参见孔刘辉《〈文艺新闻〉的终刊——从〈鲁迅全集〉一条注释说起》，《绍兴文理学院学报》（哲学社会科学版）2008年第4期。

[④] 参见《袁殊文集》编辑组《袁殊文集》，南京出版社1992年版，第64页。

人作为赞助人，举行了一次茶话会。陈望道夫人蔡慕辉主编《微音》月刊，袁经谢六逸的介绍，给该刊投过稿，陈望道当时主持大江书铺，实际幕后主持《微音》的一切。其他人还有大学教授谢六逸、樊仲云、孙俍工[①]等文化人。

当时，赞助人的政治倾向不尽相同。陈望道左倾，汪馥泉中偏左[②]，两人均为复旦大学教授，办刊前，袁殊曾与他们谈了办报计划。还有人和CC系有关系，也有自由主义文人。故表面观之，这份小报不能说完全属于哪一派。[③]

班子搭起来后，报名定为《文艺新闻》，由翁毅夫每月以15元租赁上海四马路512号（今福州路）杏花楼酒家后面一间小屋作为社址。这间房子是从二房东绍兴人胡懋珠手中转租的。胡一面当二房东，一面办小报《报报》（三日刊），同时还向法租界巡捕房"报告社会新闻"[④]，其实是法租界巡捕房的线人。袁殊当时住在法租界西爱贤思路，每天在家编好稿件，去编辑部编排。翁毅夫把编辑部选在杏花楼，是因这里距上海大报馆所在地望平街很近。

除了迅即开始编辑出版工作外，袁殊还展开系列工作，如取得中华邮政准挂号新闻纸类合法身份，找到一家印费低廉的印刷所。在克服重重困难后，1931年3月16日，《文艺新闻》创刊号正式面世。

《文艺新闻之发刊》指出："文艺新闻，是要在文化的进程中，服役于文艺界，学术界，出版界，如一般新闻报纸之社会的存在一样，成为专门于文化有时效之新闻纸。以绝对的新闻的立场，与新闻之本身的功用，致力于文化之报告与批判。文艺新闻发刊是为此，主要的任务亦如是。以中国文化的现状来看，也是有着这种客观的需要的。新闻是为大众，属于大众的。文艺新闻即本着这个主旨，而为工作的态度：不拘守于某一种的主义；不依附于某一种的集团；不专为任何的个人或流派；不专为有特定作用的任何事象；凡是属于大众的，为大众所需要的——有文艺的新闻价值的一切，皆为文艺新闻工作的对象。文化的主人是大众，文艺新闻的主人亦是大众。

---

① 参见胡光曙《孙俍工与毛泽东的交往》，《隆回文史》第7辑，1998年12月。
② 据汪新泉2007年9月28日所写的《关于我的父亲汪馥泉》一文中指出：汪馥泉一生无党无派，这是确切无疑的。另据黄恽的研究：汪馥泉教授是杭州人，在苏州却很有点名气，因为他有两个绰号，一个叫"烂污朋友"，一个叫"长毛教授"；他那时和袁殊关系不错，也是地下工作人员。
③ 参见袁殊《关于〈文艺新闻〉》，载《袁殊文集》编辑组《袁殊文集》，南京出版社1992年版，第63—71页。
④ 《袁殊文集》编辑组：《袁殊文集》，南京出版社1992年版，第11—12、64页。

在中国，这种新闻事业是最初的开创，我们认明了这种工作的意义，怀抱着投身于新闻的志愿，具着刻苦劳动的决心，依于自己的力量作这种新闻活动。才力有限，自然是无待说的真实；所以，谨先公告出最初的动机，以待于著作家，出版界，文化团体等各方的合力相助。"①

为纪念创刊，《文艺新闻》创刊号免费赠阅，出版的第一天竟有了100多位读者。发行还不到半年，该刊发行量就突破1万份，创造了"行销万余份，读者中外"的不俗成绩。② 在袁殊的办公室，挂着一幅他从日本带回来的俄罗斯名画《九级浪》③的印刷复制品。有书画研究者指出，这幅画"表现的是风暴中漂泊的人们，他们栖居在帆船的残余物上，为了生存，拼命挣扎，狂风巨浪，呼啸而来。暴风雨中的船与人，表现了人与大自然的抗衡，表现了自然的巨大力量与不可抗拒性。画面气势逼人，色彩动人，借以烘托出人的大无畏精神，令观者惊心动魄。这是一幅关于人和自然的颂歌，使人震动，也使人动情，给人以难忘的印象"。

袁殊非常欣赏这幅画，表明自己破釜沉舟、立志大干一番事业的豪情。袁殊从一开始就规定，刊物收入所得不支持任何个人的生活。所有人，包括袁殊在内，生活费用另谋。

《文艺新闻》每周一出版，四开四版，后增至六版。1931年11月被国民党当局以"反动文艺刊物"的罪名查禁，但该刊坚持正常出版。1932年6月20日出版到第60期时，再次遭到查禁。但没多久又自动复刊，最终《文艺新闻》共计出版75期。④ 之后，上海依然有报刊提及袁殊有关新闻学的观点。⑤

《文艺新闻》在当时是有一定影响的小型报刊，特别是在后期，实质上成为左联的一份刊物。茅盾在《新文学史料》上发表的回忆文章提到："当《前哨》正筹备时，留学日本专攻新闻学的袁殊创办了一个《文艺新闻》，这份小型的新闻性文艺刊物，专门报导国内外左翼文艺动态并发表一些短论。袁殊当时尚未参加'左联'，但与'左联'关系密切，'左联'的一些

---

① 《文艺新闻之发刊》，《文艺新闻》第1号1931年3月16日第1版。
② 参见左文《沙漠里的骆驼与战马——左联期刊〈文艺新闻〉的出版传奇》，《纵横》2008年第1期。
③ 1850年，俄国著名画家艾伊瓦佐夫斯基（1817—1900）根据俄罗斯民间传说，创作了世界名画《九级浪》。
④ 参见左文《沙漠里的骆驼与战马——左联期刊〈文艺新闻〉的出版传奇》，《纵横》2008年第1期。
⑤ 如1932年10月15日《申报》第21381号第22页载"袁殊之释新闻、方瑛之上海"等内容。

盟员不但为《文艺新闻》写文章，而且后来直接参加了编辑工作，使它成为'左联'领导的一个外围刊物。这张小报内容五花八门，引人入胜，以中立公正有闻必录的面貌出现，却为'左联'做了大量的宣传工作。"①

袁殊怎么会想到办这种别开生面的以报道文艺界动态为主的小报呢？

原因有两条：

一是他个人对当时报界的不满；二是参考了一些外国报界资料。办《文艺新闻》前，袁殊曾在《新学生》杂志发表过《上海报纸之批评》一文。胡正强撰文指出："袁殊对中国现代媒介批评的开展有提倡和推助之功。他主编《文艺新闻》时就有意识地经常刊发有关媒介批评的文本，为媒介批评提供活动的园地。袁殊惯常从媒体在新闻报道中的具体表现观察媒体，从媒体与社会应然和实然的功能关系差距中，暴露和批判媒体社会责任的缺失。袁殊撰写的《上海报纸之批评》一文视角独特，篇幅浩大，在中国现代媒介批评史上具有独特的地位。袁殊的媒介批评形式和手法多样，具有意识形态批评的色彩。袁殊还首次将媒介批评作为新闻学的分支学科加以确立和提出。"②

袁殊觉得当时中国的新闻理论陈腐不堪，但在创办《文艺新闻》前后，袁陆续从上海的日文报刊书籍中读到了列宁的马克思主义新闻观，心里为之一振，觉得这是新兴阶级的新闻学理论，是为劳苦大众说话的新闻理论。例如，列宁说，报纸不单要起到宣传鼓动作用，而且要起到组织群众的作用。《文艺新闻》曾有"街头音乐家"类的专栏报道，经常报道劳苦大众的生活状态，同情人民的疾苦。实际就是谴责旧制度的黑暗。这是很多大报不乐意做的。20世纪30年代，中国对苏联的各类信息，大多是从日文报刊书籍中获取的。袁殊就去翻译苏联所宣扬的新闻观，并提出"建立一个新兴阶级的新闻理论"的口号。这一口号的提出，说明袁殊对新闻学理论的认识有所提高。③以报道文艺界新闻为主旨的报纸类型，当时国内尚无先例。胡正强认为："袁殊主编的《文艺新闻》是在中国现代新闻发展史上具有重要影响的一份小型报纸。"④左文研究后认为："纵观

---

① 茅盾：《"左联"前期——回忆录（十二）》，《新文学史料》1981年第3期。
② 胡正强：《袁殊的媒介批评实践及其贡献》，《河北师范大学学报》（哲学社会科学版）2011年第2期。
③ 参见《袁殊对〈文艺新闻〉及〈记者座谈〉的回忆》，载丁淦林《丁淦林文集》，复旦大学出版社2005年版，第37—46页。
④ 胡正强：《袁殊编办〈文艺新闻〉的策略和社会影响简论》，《江南大学学报》（人文社会科学版）2010年第4期。

《文艺新闻》，栏目的内容是不固定的，但有一个总的倾向，就是对当时的社会时事进行分析批判。"①

袁殊创办和维持《文艺新闻》是非常艰辛的，如据《文艺新闻》第3期所记："昨天，一位自称三十六股党代表的王老三，驾临我们工作室来，说是兄弟们为保护挂在墙上的那块新招牌，要叮光点酒钱。经过相当的谈判，于是《文艺新闻》经理部多了一元的意外开支。"可见，《文艺新闻》不仅受到地痞流氓的盘剥，而且反映出一元钱对他们的分量。

《文艺新闻》为维持下去，积极开源节流。开源的方法主要是：拉广告收费，出各种合订本卖钱，登广告征求读者赞助等，当年柳亚子曾资助25元。至于节流，只有一项，就是所有工作人员都没有工资而且用稿均无稿酬，只有一个看守办公室的小伙计由《文艺新闻》供给饭费。

《文艺新闻》社址在上海四马路。旧上海的四马路是当时都市丑恶的麇集所，同时也是文化区，中国近代文化产业在此悄然兴起。总长不过1453米的四马路，东西向，一分为二：东段"福州路文化街"，为文化制造业，有无数报馆、书馆、印刷所，上海四大报纸——《申报》《新闻报》《时报》《神州日报》都在这里印发，中国三大书局——中华书局、商务印书馆、世界书局也在此地出书；西段"四马路长三书寓"，为文化服务业——消费性娱乐业，藏污纳垢、妓院林立。如四马路上有一条726弄，也就是老上海人都知道的"新会乐里"，不过百步的一条石库门弄堂，就有在册妓院151家，妓女587人。②

我们可从当年袁殊撰写的《四马路的劳动》一文中，窥视一下办《文艺新闻》时的社会环境："没有到过上海的人都知道上海有一条街叫四马路。知识阶级知道四马路是书店街；一般人知道四马路很热闹、有野鸡；所以四马路内在的实际是一个文化区、也是上海的都市丑恶所荟萃的中心处。……文艺新闻的本质形式是报，为接近文化，为适宜环境，于是在杂乱如垃圾桶的四马路上，占住了小楼的一角。……早上，我们走进这条巷子；一群褴褛衣襟的、以巷为家的穷孩子们搓揉着他们的睡眼与斑驳的面孔，三个人围坐着在吃汤团。听说许多有面子的大好佬和大富人都是经历这种生活而出身的，从小做着街之游荡者，捧着破脸盆抢来包饭担的残羹剩饭，不用筷子而以手抓着往口里塞。习惯给予他们以忧乐凭着无赖与亡

---

① 左文：《沙漠里的骆驼与战马——左联期刊〈文艺新闻〉的出版传奇》，《纵横》2008年第1期。
② 参见《旧上海四马路上的文人与妓女》，《先锋国家历史》2007年9月；胡根喜《老上海四马路》，学林出版社2001年版。

命以奔进他们的前程,这些,大概仍将循递着天例会是若干年之后的上海的主人吧。"

50年以后,袁殊在日记中写下了这样一段话:"读《文艺新闻》重印的合订本,字句之间可寻幼稚之际,亦可见'青年'之貌。当年困苦经营的历程,每字每行,汗水涔涔,不可模糊的记忆也。"

袁殊在办《文艺新闻》时期以卖文为生。写的稿子,都是以新闻改革为内容,投稿得些钱,补贴生活。当匡亚明为光华书局办了一个学生杂志时,袁就投稿给他,得到些稿费。实际上,匡亚明未待杂志出版就离开了。当时的稿酬并不高,屈指可数的大作家每千字稿酬最高5元。一般作家的文稿每千字一二元。书店老板雇用文化人做文字临时工,每千字才几角钱。

袁殊当年所写的稿子,大致归纳为三类:

第一类是翻译。除前文所提到的《日本国对华政策》《印度独立运动史略》外,1932年12月,上海的湖风书局还出版袁殊翻译的日本共产党员村山知义著《最初的欧罗巴之旗》(又名《鸦片战争》)。① 袁是由郑伯奇介绍与村山知义认识的,《文艺新闻》登过《村山知义评传》。关于这本译书,袁殊后来评述道:"1932年为了稿费应急,译过一本《最初的欧罗巴之旗》,是写林则徐抗英和清王朝卖国的鸦片战争的历史剧。当时日文似通非通,生搬硬凑,用了几个夜晚译出,以得到稿费为目的,自己连译稿看都未看,即交给一家小书店(湖风书店)付印了,现在回忆真是粗心大胆之至,不胜赧然!"既然是"信笔胡译"都能付印,是不是当时投稿很容易呢?袁殊后来说:"当时上海失业的留日学生多的是,而我和湖北书店没有任何关系,我猜大概书店老板看中了附有村山知义的照片吧!"稍后,袁殊翻译了《美国报界大王哈斯特》,这本书是新闻专业的译著而不完全是为稿费应急。1935—1936年,袁殊翻译了日本中篇小说《苍茫》,主要是为了狱中消磨时光和学习。②

---

① 参见李之《传奇式人物——袁殊》,载中国人民政治协商会议江苏省镇江市委员会文史资料研究委员会《镇江文史资料》第12辑,1987年。
② 值得一提的是1950年机关实行供给制,袁殊以"得到稿费为目的",用"孟明"的笔名翻译了《一个日本女共产党员的卖国日记》,内含两个短篇,共得稿费700元。袁殊被关押于秦城监狱时,也曾翻译过科技日文书五六本,既不具名更无稿酬,不过译书时生活待遇颇优。当时还译了几篇日文短篇,聊以自娱。1980—1982年,袁殊在香山南营等待平反期间,经济尚可,但于无事事,楼适夷热心为之介绍联系翻译出版事。因而,袁殊翻译了正宗白鸟原著的《牛棚的臭味》和宇野浩二原著的《出租孩子的店铺》几个短篇。平反后袁殊原有宏大的翻译名其润一郎巨著《细雪》的计划,其实他已身残力衰力不从心了。

第二类是新闻学方面的短稿，主要是学习新闻学的札记感想。袁殊在章衣萍[1]主编的《现代学生杂志》第二卷第一期上发表过《现代学生与现代新闻学》一文，该文后汇集在《学校新闻讲话》一书中，此书由任白涛作序。

第三类是文艺性散文及杂感之类的稿子。袁殊文思如泉涌，写杂文随手写来，即可拿去发表，毫无搜索枯肠之艰涩感。如1932年，袁殊根据冯雪峰[2]的要求，用"碧泉"这个笔名在沈起予和张庚主办的《光明》半月刊发表了《上海论》一文，仅仅是和冯雪峰交谈后便信手拈来之作；他曾在《良友》画报上发表《为了不忘却的纪念——〈难集〉题序》[3]一文，由题字说起，论述自己的爱情观。1948年他在《关东日报》发表的散文杂论约有20篇，每篇用一个笔名。

袁殊经常给南京的黄其启、安徽的高歌（狂飙社成员，时任《芜湖日报》副刊编辑）写文艺性散文。由此看来，袁殊名前冠以作家二字亦无不可，起码可以算作一位广义作家。[4]《文艺新闻》的宗旨在创刊号发刊词中讲得很明白，归纳起来有两点。第一，客观报道：以绝对的新闻立场，用新闻之本身的功用，致力于文化之报告与批判；第二，为读者服务：文艺新闻即本着新闻为大众又属于大众的宗旨而工作。[5]

为吸引更多的读者关注《文艺新闻》扩大其社会影响力，《文艺新闻》成立文艺新闻读者联欢会和读联会干事会，实施"为读者服务"宗旨，开展读者联谊活动，由王达夫具体负责，王原来在四川当教师，到上海后由楼适夷介绍而来。适夷当时对袁殊说："袁殊给你介绍个人，不要钱，只

---

[1] 参见温梓川《文人的另一面》，广西师范大学出版社2004年版。
[2] 有关冯雪峰著述及研究，参见冯雪峰《雪峰文集》4卷，人民文学出版社1981年版；徐州师范学院《中国现代作家传略》编辑组编《中国现代作家传略》，四川人民出版社1981年版；许广平《欣慰的纪念》，人民出版社1981年版；包子衍、袁绍发编《回忆雪峰》，中国文史出版社1986年版；陈早春、万家骥《冯雪峰评传》，重庆出版社1993年版；包子衍《雪峰年谱》，上海文艺出版社1985年版；胡愈之、冯雪峰《谈有关鲁迅的一些事情》，《鲁迅研究资料》第1辑，文物出版社1976年版；陈兴武《冯雪峰生平补遗》，《文教资料》1989年第4期。
[3] 参见袁殊《为了不忘却的纪念 —〈难集〉题序》，《良友》第118期，1936年7月。
[4] 新中国成立初到1955年被捕前，他也写为数不多的散文、杂文，如以"方正"笔名在1955年初期《新观察》上发表的《为我论》。这篇短稿经过一个星期的搁置、修改才发出，说明他的写作态度严谨了。新中国成立初期他写的国际问题评论相对多一些。晚年的袁殊经多年的政治困扰后还偶有写作之兴，曾以"龙旸"笔名写过一篇《莹草花开》的短文，发表于1983年《海鸥》杂志上。袁殊的散、杂文富有哲理性，行文风格特异，时有智慧的闪光。
[5] 参见曾龙《我的父亲袁殊》，接力出版社1994年版，第92页。

做义务工作。"读者联欢会将《文艺新闻》的一些读者，主要是穷苦学生和工人读者组织起来开展活动。读者联欢会上，下层穷困的文学青年利用业余时间到《文艺新闻》交流思想和生活及创作感受，效果很好。① 其中的活动分子有：罗凤，20多岁，宁波人，洋行职员，懂英文；周康靖，商店学徒，年纪很轻；王平，20岁，宁波人，洋行职员；还有小朱，当时只有十三四岁，看了很多书，后来到了浙东部队。周与朱二人后来放弃了原来的学徒生涯，到《文艺新闻》社当练习生，负责发行工作，晚上住在办公室，《文艺新闻》社只管伙食。②

《文艺新闻》"读联"发起三次社会影响很大的征文活动："第一次征案：中国文坛上的三张？他们都是专门以'女'和'性'为文学著述的取材，而一律都能获得多量的稿费，享受在生活上。此'三张'究系哪三位？请读者依下表填具寄交本会应征处……并每人赠送可以买得到的三张的著作一本。第二次征案：一、哪个作家给我的印象最好？二、哪一个作家给我的印象最坏？注意：一、答复内分'人格、作品、思想、学智'四项。二、答复须两题都有，共以五百字为限。三、态度须客观，捧场或攻评均不受理……"第三次在九一八事变爆发后不久："读者们：我们谨向你们征求下列两个意见：一、你对于东三省事件之认识态度和准备；二、你对于第二次世界大战之预测和准备。"③

征文结果显示，张资平被公认为是以"女"与"性"为题材取得多量稿费的第一人。张资平所写的大都是恋爱小说，他的二十几部中长篇小说，都是描写恋爱的作品。据刘心皇介绍，张资平的小说以三角、四角恋爱为题材，颇宣扬"色情文化"，散文笔调有简练清新之妙。④ 有意思的是，张资平与《文艺新闻》有过几个小回合的笔墨官司，张认为"《文艺新闻》的几个小孩子老开他的玩笑"。

晚年的袁殊依然鄙薄张资平，认为张既然是位大学教授，却为捞钱专门写三角恋爱小说，有"中国的菊之宽"之称。有意思的是，袁殊和张资平在1939年末都成为"新亚建国"运动委员会的成员，袁殊当"汉奸"

---

① 参见《袁殊对〈文艺新闻〉及〈记者座谈〉的回忆》，载丁淦林《丁淦林文集》，复旦大学出版社2005年版，第37—46页。
② 参见袁殊《关于〈文艺新闻〉》，载《袁殊文集》编辑组《袁殊文集》，南京出版社1992年版，第63—71页。
③ 左文：《沙漠里的骆驼与战马——左联期刊〈文艺新闻〉的出版传奇》，《纵横》2008年第1期。
④ 参见刘心皇《抗战时期沦陷区文学史》，成文出版社1980年版，第76—77页。

是属于潜伏，张资平则是真心当汉奸。二人见面时张急匆匆主动跑过来对曾经"开他玩笑的小孩子"说："过去的事过去了，不谈不谈。"读者联欢会的积极分子们大多贫穷，因买不起太多的书，为此他们成立了公共图书馆，即把个人书籍集中起来，凡有新书就你出一元他出五角聚钱购买，因此藏书颇丰。① 秦柯认为："这位现代文学家、地质学家（除小说外，他还有大量的地质学专著与译著），不能不说是中国现代史上一个最扑朔迷离的人物。认真地、彻底地，同时也实事求是地研究这么一个人物，接受他留下的宝贵的文学文化遗产，包括公正地肯定他在现代文学史上的成就与地位，都是时候了。"②

《文艺新闻》读者联欢会组织演剧部，第一次演出是为赈济水灾和进行反日宣传而到苏州进行的公演，演剧部的负责人之一名叫严僧（别名阿猴）。③ 当时苏州的文化艺术氛围比较沉闷，《文艺新闻》读者联欢会演剧部在苏州的公演引起了震动。楼适夷在《记曙星剧社》一文中写道："苏州之行的成功大大鼓舞了联欢会中爱好戏剧的读者，于是在演剧部的基础上成立了曙星剧社。……今天回忆起曙星剧社不能不令人怀念起翁毅夫同志，他为《文艺新闻》社的事出谋划策，奔走经营，从来都是任劳任怨、埋头苦干的一位忠实工作者。他说新的社址应该有自己的新剧目，于是袁殊首先动笔，写了第一个剧本《工场夜景》，第二个剧本是我写的《活路》。"④

1931 年 12 月 9 日，《文艺新闻》正式成立曙星剧社。成立时仅有 10 余人，计有翁毅夫、罗风、叔之、楼适夷、王祖芸、严僧、王平、马景星、国彦、李野萍、关露、艾霞⑤、朱光⑥、袁殊等人。⑦

曙星剧社最有意义的活动是参加抗日联合大公演，实际组织者是上海

---

① 参见曾龙《我的父亲袁殊：还原五面间谍的真实样貌》，独立作家 2016 年版，第 132 页。
② 秦柯：《扑朔迷离的张资平》，《南方日报》1999 年 6 月 17 日。
③ 参见赵曰茂《严僧：来自上海的红军文艺战士》，《人民政协报》2011 年 7 月 28 日。
④ 楼适夷：《记曙星剧社》，《剧本》1980 年第 4 期。
⑤ 参见弘石《从艾霞之死到阮玲玉之死》，《世纪行》1998 年第 7 期；夏秋雨《20 世纪 30 年代影坛才女艾霞》，《炎黄春秋》2002 年第 2 期；文庠《〈新女性〉与艾霞、阮玲玉之死》，《钟山风雨》2002 年第 5 期；何雪英《"电影时报"与艾霞的〈现代一女性〉》，《北京电影学院学报》2010 年第 3 期。
⑥ 参见麦群忠《"红军才子"朱光》，《文史春秋》2004 年第 10 期。
⑦ 参见袁殊《关于〈文艺新闻〉》，载《袁殊文集》编辑组《袁殊文集》，南京出版社 1992 年版，第 63—71 页；楼适夷《记曙星剧社》，《剧本》1980 年第 4 期。

民众反日救国会（简称"民反"），而民反的实际领导者是民反秘书长杨尚昆。① 这是一次为抗日募款的公演，演出的剧目是《工场夜景》和《活路》。演出地点在河南路天后宫桥上海市商会礼堂。许多文化界的名人如茅盾夫妇、郁达夫夫妇都前来观看了首场演出。《工场夜景》一剧，诚如袁殊所言"是想从正面描写的方法，从工厂表现工人生活，在水灾、失业恐慌、日帝国主义者的暴行这三个大的主题下，推动着场面的展开"的，剧的演出虽然相当的成功，然而也有应该指出的缺点。②

郁达夫称剧作《工场夜景》是一部可与高尔基的《夜店》相媲美的力作。③ 郁达夫后来撰文《看联合公演后的感想》发表在《文艺新闻》第41期上，其中有段话是评论剧本《工场夜景》的："《工场夜景》是袁殊做的剧本，四个剧本之中以这个剧本最为有力，而那晚上的演出，也以这剧的演员演得最均整而富于刺激。看到这剧本的时候，不由我不想起十几年前所看到过的由一批俄国演艺家在东京上演的那出《下层深处》——日译名《宿夜店》——两剧的背景人物是差异不多的，不过比较起来，则自然的可以看出两种不同的艺术来，高尔基的剧本，是在描写，是在指示出一个个的个性，而《工场夜景》却是在宣传，在把个性埋没了喊出了一个共同口号。《工场夜景》之所以能演的那么成功，是这剧本正适合那一晚的要求，而剧中的动作和登场的人物也比较热闹的缘故。"④

袁殊的《工场夜景》和楼适夷的《活路》舞台剧，后来在苏州、北京也上演过。《工场夜景》剧本虽说是急就章，在艺术上略显稚嫩，但在当时的反日宣传中起到一定的作用。《工场夜景》，无论是剧本还是演出，备受各界的关注和好评。⑤

袁殊和郁达夫不仅相识，而且私交很好。袁钦佩郁的才学，认为郁诗有韵味，读来上口。他们在20世纪30年代初曾在杭州楼外楼饮酒论诗谈得很投机。在袁接受党的指示伪装褪去"红颜色"之时，袁把自己拟词、

---

① 参见袁殊《关于〈文艺新闻〉》，载《袁殊文集》编辑组《袁殊文集》，南京出版社1992年版，第63—71页。
② 参见寒生等《文艺随笔四则》，《北斗》第1卷第4期，1931年12月20日。
③ 参见萧云《荣辱之间鉴真情——忆左翼文化人袁殊》，载唐瑜《零落成泥香如故——忆念潘汉年、董慧》，三联书店1984年版，另载《光明日报》1998年4月16日；袁殊《关于〈文艺新闻〉》，载《袁殊文集》编辑组《袁殊文集》，南京出版社1992年版，第63—71页。
④ 郁达夫：《郁达夫文论集》，浙江文艺出版社1985年版，第469页。
⑤ 参见《北斗》第1卷第4期，1931年12月20日，第109页；《北斗》第2卷第1期，1932年1月20日，第22、149页；《北斗》第2卷第3、4期，1932年7月20日，第136页；《文学月报》第5、6号，1932年12月15日，第261页。

郁手写的"书生本当奴才用，好汉原为酒食谋"条幅挂在家中。可惜，因为1955年袁殊蒙冤后，"这条幅连同郭沫若早年送给袁殊的手书，以及许多古人、名人字画，已不知失落何方"。①

《文艺新闻》创刊之时，正临日寇侵华，《文艺新闻》除一如既往地介绍苏联文学和世界进步文学外，还努力宣传动员群众积极参加反帝爱国运动，并结合示威游行和演剧活动，经常刊登进步人士的文章，把宣传动员广大人民投身抗战事业推向高潮。1932年5月2日，袁殊发表《榴花的五月》一文，旗帜鲜明地提出了"我们要推动与扩大大众革命的民族战争！我们要有推动革命民族战争的大众文学！"② 这些口号，与1936年6月鲁迅、冯雪峰、茅盾、胡风等人提出的"民族革命战争的大众文学"口号，内涵基本一致，说明袁殊的文学理念相当超前。

在民族救亡来临之际，《文艺新闻》积极宣传报道了上海、南京、天津等大城市的促蒋抗日示威宣传以及抗日救亡活动，旗帜鲜明地抨击当局的不抵抗和压制民众抗日的政策。

九一八事变爆发后，国民政府决计将日本侵华一事提交国联裁决。1931年11月24日，国联以13票对1票议决日本应从"占领区"撤军，但日方对此置之不理，引发了1931年底中国各地的抗议大游行。上海学生连续3次赴南京请愿，敦促国民政府抗日。12月14日，上海学生1800人第三次赴南京请愿，12月17日发生"一二一七惨案"（珍珠桥惨案）。③ 1932年1月10日，上海大中学联和民众抗日会举行"一二一七惨案"反帝死难战士追悼会，会后游行队伍会集到大吉路体育场召开了数万人大会，作出了要求对日宣战、声援北京大学南下学生请愿团等项决议。当时，表现极为活跃的史大炮（史肇周）积极奔走联络。④

---

① 袁殊：《屐痕重印江南路——南游杂记》，载《袁殊文集》编辑组《袁殊文集》，南京出版社1992年版，第464—476页。
② 《袁殊文集》编辑组：《袁殊文集》，南京出版社1992年版，第61页。
③ 参见张守涛、孟克《九一八事变后中央大学学潮》，《档案与建设》2014年第10期；邵鹏文、郝英达《"九一八"事变后学生爱国救亡运动》，《吉林大学社会科学学报》1981年第5期；刘靖《回忆"九·一八"事变时的学生爱国运动》，《吉林大学社会科学学报》1981年第6期。
④ 史肇周后任黔东北剿共副总司令、国大代表，影响力、威慑力遍及如今的遵义凤冈、务川、铜仁德江、思南、石阡，其凶狠毒辣妇孺皆知。1949年11月，中国人民解放军进军贵州后，以史肇周为首的"黔东北人民自救军"、陈铨为首的"川黔湘鄂民众自卫军"等多股土匪，盘踞于黔东北的道真、正安、婺川（今务川仡佬族苗族自治县）、沿河、德江五县地区，匪众达数万人。中国人民解放军在对史肇周做细致思想工作后仍顽抗的情况下于1950年9月28日将其歼灭。

淞沪抗战开始后，为进一步开展反日宣传，《文艺新闻》出版战时特刊——《烽火》日刊。《烽火》自1932年2月3日至2月17日，共出13期，每日行销万余份，专作战事实况报道。① 作为《文艺新闻》的重要工作人员之一，袁殊和其他同志一道，为《烽火》特刊全力以赴地贡献了自己的力量。《烽火》特刊每日行销万余份，真实播报战况和各界反应。② 总之，为时很短的《烽火》特刊，可以说是上海抗日爱国群众同仇敌忾共同努力的结果。

　　由于《文艺新闻》披露了左联五位作家遇难的消息，左翼文化总同盟决定吸收袁殊参加左翼文化工作。1930年8月，左翼文化总同盟（简称"文总"）成立，潘汉年为文总书记，左联、社联、剧联等文化团体统一在中国共产党领导下进行活动，直至1931年调往中央特科，文委书记和文总书记之职由潘梓年③继任。当时左联方面的代表是丁玲，社联代表是朱镜我，剧联代表是田汉。潘梓年找了袁殊后，袁殊以《文艺新闻》以代表人的资格参加了文总并就任常委，在潘梓年和朱镜我的领导下，负责文总所属各机构的联络工作，这是袁殊正式参加中国共产党外围工作的开始。④

　　为抗议日寇侵华以及西方列强的纵容，1932年2月3日，上海文化界发出《告世界书》，签名的第一人是鲁迅，楼适夷、袁殊、翁毅夫等五位《文艺新闻》工作人员也名列其中。袁殊还参加了中国著作协会，这是个类似于职业工会的作家职业组织。这个组织由孙师毅、陈望道等人首倡而于1931年1月17日发起，参加成员的政治倾向性很不相同，所作出的四点决议是：（1）争取言论、出版、集会、结社自由；（2）反对组织者压迫；（3）提高对作者报酬；（4）反对帝国主义、封建主义文化。⑤ 袁殊青年时代以反帝爱国为要旨，既办报又参加了大量的社会活动，显示出过人的精力。⑥

　　《文艺新闻》创办伊始就受到当局派员监视与骚扰。例如，国民党中

---

① 参见袁殊《关于〈文艺新闻〉》，载《袁殊文集》编辑组《袁殊文集》，南京出版社1992年版，第63—71页。
② 参见左文《沙漠里的骆驼与战马——左联期刊〈文艺新闻〉的出版传奇》，《纵横》2008年第1期。
③ 潘梓年（1883—1972），江苏宜兴人，又名宰木、定思，中国哲学家，逻辑学家，被誉为中共第一报人，是潘汉年的堂兄弟。
④ 参见《袁殊文集》编辑组《袁殊文集》，南京出版社1992年版，第71页。
⑤ 参见曾龙《我的父亲袁殊：还原五面间谍的真实样貌》，独立作家2016年版，第150页。
⑥ 参见曾龙《我的父亲袁殊》，接力出版社1994年版，第111页。

央宣传部文艺科助理干事潘子农[①]是一个风流倜傥、喜欢显摆、有点学者风度的人物，一副玳瑁边眼镜便成了他的必备之物，虽然他的视力相当正常。[②] 他奉命分管《文艺新闻》这份小刊物，在《文艺新闻》发行初期，潘子农几乎每周必前来检查，袁对此采取敷衍态度。又如，袁殊小心翼翼对付二房东胡懋珠。胡本是个混生活的小报流氓记者，专以揭发社会上豪门大户家庭丑闻而敲竹杠为生，其同乡范广增是法国巡捕房的职业密探，胡因之成为巡捕房的线人。袁殊有时把一般性的文化界消息透点给胡，胡则伪装为自己征集到的材料去骗法国人的钱，因此胡和范之流认为对小小的《文艺新闻》逼之太过也无油水可捞，认为让它存在下去对自己多少有点用处。袁殊的老乡、国民党中央军委会训练总监部政治训练处副处长方觉慧几次主张不要干涉《文艺新闻》，除认为是"老同志儿子办的报"外，还知道袁殊信奉无政府主义，"干不出多大名堂，让他去"。[③] 另外，翁毅夫有位朋友叫陆殿栋[④]，当时是在法租界巡捕房当翻译，由于陆的周旋，也使《文艺新闻》省去不少麻烦。《文艺新闻》不断受到上海一些流氓小报和御用文人的攻击，一些流氓小报骂袁殊太左，说袁殊是共产党。"上海报学社"的"民族主义文学家"汤增敭和徐则骧攻击袁殊太左。《文艺新闻》越办越有影响，越办越左倾，受到了法租界巡捕房的注意。不久，巡捕房决定正式开始监视拜访《文艺新闻》的每一个人。胡懋珠把这个情况告诉了袁殊并要他当心，其实是既讲了情面又做了警告。

出于各自的目的，无论是中共地下党组织，还是中统吴醒亚，都要求袁殊停办左倾色彩越来越浓的《文艺新闻》，即要求袁殊退去"红"颜色。[⑤] 中共地下党组织要求袁殊表面上"尽可能地变成一个小市民"，改变其公开左倾立场，专注于地下情报工作。半个世纪后，夏衍回顾道："我

[①] 参见潘子农《舞台银幕六十年——潘子农回忆录》，江苏古籍出版社1994年版。
[②] 参见胡肇枫、冯月华、吴昆《剑胆琴心：红色情报员袁殊传奇》，四川人民出版社1999年版，第5页。
[③] 袁殊：《关于〈文艺新闻〉》，载《袁殊文集》编辑组《袁殊文集》，南京出版社1992年版，第63—71页。
[④] 史良在办案过程中，结识了法租界工部局的翻译陆殿栋，在营救革命志士的过程中，两人相识、相爱了。参见史小红《永恒的美丽——纪念母亲史良诞辰110周年》，《群言》2010年第7期；刘蓉宝《中共统战史上的一颗耀之星——史良对中国革命和建设的贡献述略》，《湖南省社会主义学院学报》2005年第5期；刘晓丽、郭永琴《1950年代初期中国政界高层女性群体研究》，《山西师范大学学报》（社会科学版）2013年第6期。
[⑤] 参见曾龙《我的父亲袁殊：还原五面间谍的真实样貌》，独立作家2016年版，第141页。

不止一次和冯雪峰、钱杏邨等人称赞过袁殊的积极和能干。"① 由此看来，《文艺新闻》已不是袁殊应当从事的第一重要的工作了。② 综合考虑各方面的因素，袁殊决定刊发迁址广告，实际是宣布停办《文艺新闻》。

二 报道左联烈士

《文艺新闻》一度广泛报道左翼文化界的活动，反映进步文化思想。不久率先报道了左联五烈士牺牲消息，引起上海舆论界的广泛关注。

1933年，鲁迅《为了忘却的记念》一文指出："两年前的此时，即1931年2月7日夜或8日晨，是我们的五个青年作家同时遇害的时候。当时上海的报章都不敢载这件事，或者也许是不愿，或不屑载这件事，只在《文艺新闻》上有一点隐约其辞的文章。"有学者研究后指出，鲁迅所说的"《文艺新闻》上有一点隐约其辞的文章"是不符合历史事实的。例如，艾方白认为："出现在我国二十世纪三十年代前期上海的《文艺新闻》周刊，对于'左联'五位青年作家的遇害，曾作了及时、具体、准确、大胆又比较充分的披露，它态度鲜明，锋芒犀利，展示了中国人民，特别是中国文化界一贯与反动势力毫不妥协，勇敢拼搏的光荣的革命传统，在我国现代文学史和现代新闻史上都写下了光辉的一页。《文艺新闻》应当引起我们的重视和研究，以还真实面目。如果说五位青年作家的鲜血为中国无产阶级革命文学写下了第一篇文章，那么，《文艺新闻》则以自己的宣传报道之大功，为我国文艺和新闻工作者树立了楷模，为我国文艺斗争史和现代新闻史增添了光辉永存的一页。"③

1930年3月2日，为反抗国民党"文化围剿"政策，在中共党组织的努力下，中国左翼作家联盟（简称左联）在上海中华艺术大学（今多伦路201弄2号）成立，在成立大会上，鲁迅作了《对于左翼作家联盟的意见》的讲话，第一次提出了文艺要为"工农大众"服务的方向。左联一成立，立即遭到国民政府的破坏和镇压，具有标志性的事件就是1931年2

---

① 夏衍：《懒寻旧梦录》，三联书店2000年版，第135页；陈奇佳：《夏衍与中共隐蔽战线关系述考》，《新文学史料》2015年第3期。
② 参见《袁殊对〈文艺新闻〉及〈记者座谈〉的回忆》，载丁淦林《丁淦林文集》，复旦大学出版社2005年版，第37—46页。
③ 艾方白：《鲁迅一篇杂文质疑——兼评〈文艺新闻〉周刊》，见《艾方白——有话直说》，新浪博客，2011年5月15日。

月 7 日上海龙华国民党警备司令部秘密杀害李伟森（李求实）、柔石、胡也频、殷夫（白莽）、冯铿（梅岭），由于国民党当局封锁消息，各大小媒体未见报道。① 据冯雪峰回忆："左联五烈士是 1931 年 1 月 17 日在上海东方饭店开会时被捕的，在 1931 年 2 月 7 日夜和别的 18 个革命志士一起共 23 人被活埋和枪杀于上海龙华国民党警备司令部里面的一个荒场里，死得很惨，死得非常英勇壮烈，当时报纸上是不容许我们把国民党统治者杀害革命作家的消息透露给广大人民的，更不用说发表我们的抗议之类的了。好容易才在《文艺新闻》隐隐约约地透露了一点点。"②

冯雪峰当时是左联党团书记（中共地下江苏省委宣传部部长）③，他从陈望道处了解到袁殊在办《文艺新闻》，就直接和袁殊见了面。④ 早在 20 世纪 20 年代，冯雪峰便以中国湖畔派诗人闻名，才华横溢，诗文俱佳，著述颇丰。⑤ 据吴长华回忆，冯雪峰是学贯中西、博古通今的诗人、作家、文艺理论家。⑥

1931 年 4 月，冯雪峰找到袁殊说："各报刊杂志均不登载五烈士遇害的事，《文艺新闻》敢不敢登，能不能登？"袁殊慷慨应允道："我有个办法。你公开写信给《文艺新闻》，内容不提五作家被杀一事，只说五作家下落不明，请代为查找。我在消息来源上做些技术处理，不披露姓名，只署名是《文艺新闻》一读者。以答读者来信的方式慢慢透露消息，以对付当局查询消息来源。"⑦

第二天，冯就送来署名"蓝布"的读者来信。该信前半部分是给《文艺新闻》提意见的内容，其实是障人眼目的手法，后面一段是这样写的："最近听说青年作家柔石、胡也频、冯铿（一名梅岭）及白莽（一名殷

---

① 参见钱璎、钱小惠《镜湖水——钱杏邨纪传》，山西人民出版社 2000 年版。
② 冯雪峰：《冯雪峰致陈则光的三封信》，《新文学史料》1980 年第 4 期。
③ 参见吴长华《冯雪峰的传奇人生》，文汇出版社 2012 年版。
④ 参见赵风《袁殊传略》，载《袁殊文集》编辑组《袁殊文集》，南京出版社 1992 年版，第 7—39 页。
⑤ 冯雪峰著作颇丰，如诗集：《湖畔》（与潘漠华、应修人、汪静之合著）、《春的歌集》（与潘漠华、应修人合著）、《真实之歌》和《雪峰的诗》；杂文集《乡风与市风》《有进无退》《跨的日子》；寓言集：《今寓言》《雪峰寓言三百篇（上卷）》《雪峰寓言》《雪峰寓言续编》；电影文学剧本：《上饶集中营》；论文集：《鲁迅论及其他》《过来的时代》《论民主革命的文艺运动》《论〈保卫延安〉》；鲁迅研究著作：《鲁迅和他少年时候的朋友》《回忆鲁迅》《论〈野草〉》《鲁迅的文学道路》；集文：《雪峰文集》、《论文集》第 1 卷、《论文集》3 卷本、《雪峰文集》4 卷本。
⑥ 参见吴长华《冯雪峰的传奇人生》，文汇出版社 2012 年版。
⑦ 袁殊遗稿《我所知道的鲁迅》，《上海鲁迅研究》（2），第 591 页。

夫）等四人忽于 1 月 17 日同时失踪！尚无着落。……原因则云或与左翼文学运动有关。……贵新闻社本严笃中正效忠于文化的立场，其有以教我否？"① 这则新闻，立即引起社会上的广泛关注，读者纷纷来信表示气愤。

为进一步扩大影响，袁殊在《文艺新闻》第 3 期第 1 版上用"在地狱或人世间的作家"大字号醒目标题发表蓝布（冯雪峰）来信，并加编者按："二期发稿后，在许多的来信中有下面的一封信——打听柔石、胡也频、梅岭、殷夫等作家行止的。关于此条消息，本报尚未有所谓，仅刊出原函，以待确实知道他们的读者来报告。"②

接着在《文艺新闻》第 5 期第 1 版上使用"呜呼！死者已矣！"的大标题，下面刊载"曙霞"和"海辰"的两封读者来信（信仍是冯雪峰所写），公布四位作家被秘密逮捕、秘密关押和秘密枪决的详细信息，并有"李伟森亦长辞人间"的补白。③ 信中内容虽没有正面对反动派的暴行做大张挞伐的抗议，也隐含谴责。袁殊在编者按中也有明显地挖苦反动当局之意："彼等之死因，系由于左翼文艺运动，是诚开中国文艺记录史记录之大事矣！"④ 这就更激起了广大群众对国民党当局的痛恨。

《文艺新闻》第 6 期第 1 版登出了左联五作家的照片，以及鲁迅写给李秉中的信。⑤ 原来柔石被捕时，特务从他的口袋里搜出一张北新书局和鲁迅签订的出版合同，便到处找寻鲁迅踪迹，鲁迅不得不携妻带儿躲了起来，以致社会各界纷纷谣传"鲁迅被捕"，影响很大。鲁迅借复信李秉中之机，一方面辟谣，另一方面让同好放心。⑥

---

① 曾龙：《我的父亲袁殊：还原五面间谍的真实样貌》，独立作家 2016 年版，第 119 页。
② 同上。
③ 参见赵风《袁殊传略》，载《袁殊文集》编辑组《袁殊文集》，南京出版社 1992 年版，第 7—39 页。
④ 胡肇枫、冯月华、吴民：《剑胆琴心：红色情报员袁殊传奇》，四川人民出版社 1999 年版，第 7 页。
⑤ 据学者研究，李秉中与鲁迅情谊深厚，函件往返，过从甚密（从 1924 年 1 月至鲁迅去世，鲁迅的日记中提及李秉中多至 132 次。鲁迅致李秉中书信 30 封，收入新版《鲁迅全集》21 封；李秉中致鲁迅书信 52 封，现存 8 封，见《鲁迅、许广平所藏书信选》，其余散失），而且互赠衣物。李秉中在信中说："我只要有暇时就想写信给先生……总觉对先生有许多话说……因为我的话对于别人想不起来这样多。"鲁迅日记中有 131 处记及李秉中。鲁迅病危时，还由许广平代笔复李秉中一信。1936 年鲁迅逝世后，李秉中将鲁迅写给他的信交给了许广平（"文化大革命"中损失部分），并为《鲁迅全集》的出版尽力奔走。参见廖彬《鲁迅与青年学生李秉中》，《文史杂志》1991 年第 3 期；锡金《鲁迅与任国桢——兼记与李秉中》，《新文学史料》1979 年第 2 期。
⑥ 参见胡肇枫、冯月华、吴民《剑胆琴心：红色情报员袁殊传奇》，四川人民出版社 1999 年版，第 9 页。

袁殊把措辞激烈的读者来信，编改得温和一些，在《文艺新闻》上继续登载，以便使刊物倾向性不至于过分明显。有的读者来信介绍五烈士的生平和文学事业，袁殊也刊登出来，受到读者的欢迎。当时五烈士实际上是准备赴江西参加中华苏维埃政府代表大会的上海地方代表。但袁殊不知道国民党当局是否因此而判他们死刑。① 以后进一步刊登了几位进步作家的祭文，如第 11 期上刊有署名林莽（可能是楼适夷）的《白莽印象记》，第 13 期上刊载了署名肖石的《我怀念着也频》文章，悼文以五作家被害的事实，揭露了白色恐怖的残暴。② 茅盾充分肯定了《文艺新闻》对左翼文化运动的贡献及其斗争方式："《文艺新闻》这种公开合法的斗争方式，使它得以在严重的白色恐怖下存在了一年又三个月，才被迫停刊，共出了 60 期，成为左联所有刊物中寿命最长的一个刊物。从《前哨》（以及其他左联刊物）的迅速被禁和《文艺新闻》的能够坚持出刊，使得左联及其成员逐渐认清合法斗争的必要和重要，开始做策略上的转变。"③ 据冯雪峰 1968 年 5 月 23 日回忆："当时白色恐怖严重，左联作家被杀的消息上海各报都不敢或不愿登载。因此，左联中人对《文艺新闻》有好感；那时我在左联工作（党团书记），我由在复旦教书的汪馥泉介绍去找袁殊谈话，他表示《文艺新闻》愿意同左联发生联系，接受左联领导。不久，《文艺新闻》就成为左联的刊。袁殊在左联时肯定不是党员。"④

1984 年 4 月，袁殊曾参观上海南郊的龙华去祭奠"左联五烈士"，感慨地说："那时，我还年轻，面对国民党的种种迫害，也不知从哪儿来的那么大的勇气！"⑤

历史地看，左联本质上不是一个纯文学团体，而是一个以文艺团体为表征的政党组织。"左联的成立是党领导文艺的结果，是中国无产阶级革命文学运动趋于成熟的标志。""尽管左联是文学家的组织，但从领导到每个成员都没有把组织和个人的活动局限在文艺的范围，而是以参加政治活动、进行革命斗争为第一任务。在那个时候，参加左联，就意味着是参加

---

① 参见《袁殊对〈文艺新闻〉及〈记者座谈〉的回忆》，载丁淦林《丁淦林文集》，复旦大学出版社 2005 年版，第 37—46 页。
② 参见袁殊《关于〈文艺新闻〉》，载《袁殊文集》编辑组《袁殊文集》，南京出版社 1992 年版，第 63—71 页。
③ 萧云：《荣辱之间鉴真情——忆左翼文化人袁殊》，载唐瑜《零落成泥香如故——忆念潘汉年、董慧》，三联书店 1984 年版，另载《光明日报》1998 年 4 月 16 日。
④ 冯烈、方馨未：《冯雪峰外调材料（下）》，《新文学史料》2013 年第 2 期。
⑤ 袁殊：《展痕重印江南路——南游杂记》，载《袁殊文集》编辑组《袁殊文集》，南京出版社 1992 年版，第 464—476 页。

共产党领导的革命，甚至就意味着参加党。"①

在白色恐怖嚣张的20世纪30年代，打破当局"新闻封锁"的政策，尽管是用曲笔来揭露反动派的罪行，也需要智和勇。五烈士之一冯铿的哥哥冯白驹当时是中共党员，"流落"在上海，获悉妹妹牺牲消息后的一天，他来编辑部和袁殊谈话。袁问他："下一步你打算怎么办？"他说："我准备回乡下打游击，看来中国革命只能走武装斗争的道路来完成了！"果然，他后来成为海南岛著名革命武装——琼崖纵队的主要领导人之一。艾方白总结说："总而言之，《文艺新闻》是一份敢于斗争和为人民说真话，明明白白报道新闻事实的报纸，在接受'左联'领导后，更逐渐办得像一份革命的报纸了，其社址甚至成为当时我党在上海从事革命文学活动唯一公开的阵地和地下工作者联系的场所。不少读者在其熏陶之下，走上了革命道路。"②

袁殊和鲁迅的直接接触不多，认识过程也不复杂。据袁殊回忆，当时，鲁迅并不知道在"九一八"以后袁殊已是秘密党员，他曾对朋友们说袁殊"这孩子敢想敢干，很可爱"。袁殊喜欢买书，内山书店一来新书，要么有人送来，要么去自挑。但那时虽常见鲁迅，却并未做到长谈。③鲁迅对《文艺新闻》是关心的，他曾几次通过冯雪峰传达了对该小报的意见，这些意见集中在《文艺新闻》第55期上发表的鲁迅文章《我对于〈文艺新闻〉的意见》一文之中。④鲁迅在该文中首先肯定了《文艺新闻》对促进左翼文化运动的积极作用，同时指出《文艺新闻》有时"过于杂乱"，在每日笔记小栏里"没有影响的话太多了"，建议多登一些各省、小地方的通讯，国外进步文化的消息和介绍文章也应多登一些，例如"苏联文学通讯"就很好，等等。⑤冯雪峰也曾把鲁迅褒奖的话转告给袁殊等人："适夷、袁殊两个人，年纪很轻，勇气很大，指导作风并不真正的客观。"⑥

---

① 张大明：《中国左翼作家联盟简况》，《新文学史料》1980年第1期；赵歌东：《雕像是怎样塑成的——"左联五烈士"史迹综述》，《文史哲》2009年第1期。
② 艾方白：《鲁迅一篇杂文质疑——兼评〈文艺新闻〉周刊》，《艾方白——有话直说》，新浪博客，2011年5月15日。
③ 参见袁殊遗稿《我所知道的鲁迅》，《上海鲁迅研究》(2)，第593页。
④ 参见袁殊《关于〈文艺新闻〉》，载《袁殊文集》编辑组《袁殊文集》，南京出版社1992年版，第63—71页。
⑤ 参见袁殊遗稿《我所知道的鲁迅》，《上海鲁迅研究》(2)，第593页。
⑥ 袁殊：《关于〈文艺新闻〉》，载《袁殊文集》编辑组《袁殊文集》，南京出版社1992年版，第63—71页；赵风：《袁殊传略》，载《袁殊文集》编辑组《袁殊文集》，南京出版社1992年版，第67页。

当时《文艺新闻》的销量仅次于《生活周刊》，有人曾指出，其所以能有如此大的销量，捧鲁迅为唯一主因。①《文艺新闻》曾发表鲁迅的《湘灵歌》三首，诗稿是冯雪峰转来的。发表鲁迅的诗，一则有辩巫之意，当时有人传说鲁迅和日本人的关系不清不白，故《文艺新闻》按曰：鲁迅"因情难却，多写现成诗句酬（日人）以了事"；二则托词三首诗为应酬之作，发表鲁迅的寄怀曲笔，故《文艺新闻》按曰："此系作于长沙事件后及闻柔石等死耗时。"②鲁迅的重要文章《上海文艺之一瞥》，发表于《文艺新闻》第20期，其实是袁殊和于海两人听演讲的记录稿。1931年7月20日，冯雪峰正在主持一个秘密的工人暑期训练班，准备在四川路基督教青年会二楼会议室里，为鲁迅组织了一次演讲会，晚9点开始，开会时有工人做保卫工作。③会议历时两小时，鲁迅讲演完，大家就散会了。担任演讲会记录的叫于海，是袁殊爱人马景星的好朋友，曾住袁家。演讲会后，袁殊根据于海的记录，未经鲁迅先行同意就在《文艺新闻》上发表了。当时他没有想到后来这篇文章影响那么大，以后鲁迅未发表异议，显然是记录准确的。④后来，鲁迅又根据登在《文艺新闻》上的记录文章作了补充修改，定名为"上海文艺之一瞥"。⑤

三 首倡报告文学

《文艺新闻》创刊不久，左联即派楼适夷参加《文艺新闻》的工作。稍后，夏衍受组织的委托也介入《文艺新闻》工作，袁殊也因夏已是有名气的文人而敬重他。据袁殊回忆："那时他对我抱着纯正的关怀态度，像兄长般地爱护和提携我，对我的思想影响和帮助很大。他经常提供左联的消息，在论及文坛思想倾向时他的话起有带指导性的帮助作用。他是我当时的良师益友，他对《文艺新闻》的工作起了重要的推动作用。"⑥

夏衍从思想上和业务上对袁殊的帮助很大。在思想上，夏忠告袁"凡

---

① 参见风风《袁殊狂捧鲁迅》，《七日谈》1946年第32期。
② 《袁殊文集》编辑组：《袁殊文集》，南京出版社1992年版，第63—71页。
③ 1948年，袁殊到大连时还碰到过当年会场保卫人员之一的吴诚，那时吴已成为中国辽东公安局的局长。当时吴诚是上海纱厂的工人，外号小苏州，后来到过苏联。
④ 参见曾龙《我的父亲袁殊》，接力出版社1994年版，第82—83页。
⑤ 参见《袁殊文集》编辑组《袁殊文集》，南京出版社1992年版，第63—71页。
⑥ 曾龙：《我的父亲袁殊》，接力出版社1994年版，第83—84页。

事无论大小都要认真去做""人不宜妄自骄矜，更不宜妄自菲薄"。在新闻业务方面，夏衍告知袁做新闻要坚守"有闻必录"原则，新闻记者的事实报道对读者的见闻、情感以及对事物方面都有着极其重要的影响，因而"闻必信实"才能报道。据夏衍《懒寻旧梦中》："我认识袁殊，是冯雪峰介绍的，任务是帮助他们写一点文章和介绍文坛消息（实际上我写的主要是介绍外国文坛的消息短文）。和我一起到《文艺新闻》去工作的还有楼适夷、叶以群等。袁殊经过什么途径和冯雪峰接上关系我不了解。由于当时已经译过几本书，写过一些文章，所以袁和我见面时就一见如故，表示十分亲切；他对我说，他决心以新闻为中心事业，并很得意的说，把英语的 Journalism 译成集纳主义是他的首创，看来抱负很大，颇有把《文艺新闻》办成一家有分量的文艺刊物的想法。……特别使我发生好感的是，他精明强悍、善处人事。……我们参加工作后，袁殊就当众声明，这份报纸的特点之一是客观报导（看来这是表面文章，因为他就用这一口号客观地报导了左联关于五烈士牺牲的宣言）；二是尊重读者的意见和为读者服务；三是定期出版决不脱期。这几点，袁殊、翁从六（翁毅夫）都以很大的努力实现了的。袁殊一方面主持编辑这张报纸，同时又与新闻界（大、小报）广泛联系。……因此，我不止一次和冯雪峰、钱兴邦等人称赞过袁殊的积极能干。"[①]

在某种程度上说，夏衍是《文艺新闻》"顾问"一样的人物，"报告文学"这个名称最初就是夏衍和袁殊一起讨论确定的。据袁殊回忆："是夏衍首先提倡报告文学之名，并要求《文艺新闻》加以宣传倡导的。"[②]

1926 年后，"报告文学"出现于日本的工厂和学校，中国话就是"墙报"，内容大多是表达对当时社会的不满。1931 年 6 月 11 日，在夏衍、楼适夷帮助下，袁殊以"报告文学论"为题在上海劳动大学劳动文艺研究会讲演。1931 年 7 月 30 日，这篇演讲发表在《文艺新闻》第 18 期上，文章指出："人们一般都把劳动通讯与报告文学以为是同义的。……报告文学却是纯然的文学；这名词，有时也称为'通讯文学'，是'Reportage'的译语，而 Reportage 是 Report（报告）这词变化出来的新名。这文学的形式，自然不会是自古已有的；它是一种近代工业社会的产物。由于工业社会急激的发展，阶级对立的日趋尖锐，于是浪漫主义被摈出于政治的领域

---

① 夏衍：《懒寻旧梦中》，三联书店 2000 年版，第 134—135 页。
② 袁殊：《关于〈文艺新闻〉》，载《袁殊文集》编辑组《袁殊文集》，南京出版社 1992 年版，第 63—71 页。

与文学的领域之外。……那些只以写作来消遣生活的人们,是不能不被感于新闻杂志的力的。这样,于是出现了近代的Journalism;更从此产生了新形态的新闻文学。"①

接着,袁殊对"报告文学"作出定义:"如其名所示的,是把心灵安置在事实的报告上,但不如照相写真样的,只是机械的摄写事实。它又须具备着一定的目的与倾向,然后把事实通过印象加以批判的写出。这目的,就是社会主义的目的。"②

该文是首次正式提出"报告文学"这一中文译名的文章。赵凤指出:"夏衍同志在报告文学的倡导和实践上,无疑是有贡献的,而在理论上对报告文学进行卓有见解的系统论述,则自袁殊始。"③

袁殊以书信形式给工厂的工人们写了一封信,并以"如何写报告文学——再论报告文学"为题发表在《文艺新闻》第58期(1932年6月6日)。文章指出:"报告文学,是无产阶级文学发展的一个重要的基础。要大众地建设广大劳苦大众自己的文学,这是重要的一种文学的式样。"④"报告文学的题材需要社会主义的选择,但是这儿所说的选择决不是说报告文学只写斗争、罢工和示威一般表现在表面的事件。……报告文学的目的是要暴露现有社会组织的缺陷,鼓励同一阶级的大众起来争斗,而不是陈述自己生活的痛苦而希望别人的施舍与援助。"⑤"报告文学的特有的力量,是要用赤裸裸的事实来说明、启发和鼓励;用不修饰、不夸张的报告来使人走上社会主义的方向。"⑥

这说明,1931年的袁殊不仅接受了马克思主义,而且在宣传着马克思主义理论和社会主义文学理念。在他主持下,《文艺新闻》工作人员曾联合其他报社的编辑、记者,于1931年10月21日成立了中国新闻学研究会。该会宣布:"我们除了致力于新闻学之科学的技术的研究外,我们更将以全力致力于以社会主义为根据的科学的新闻学之理论的阐扬。"⑦

如今,"报告文学"一词蜚声中外,"集纳主义"一词却已销声匿迹。不过晚年的袁殊提起这个译名时仍表现出童真般的得意,说明袁对青年时

---

① 袁殊:《报告文学论》,《文艺新闻》1931年第18期,1931年7月31日,第2页;《袁殊文集》编辑组:《袁殊文集》,南京出版社1992年版,第41—42页。
② 《袁殊文集》编辑组:《袁殊文集》,南京出版社1992年版,第42页。
③ 同上书,第14页。
④ 同上书,第44页。
⑤ 同上书,第45页。
⑥ 同上书,第46页。
⑦ 丁淦林:《袁殊的传奇式经历》,《新闻与写作》2007年第10期。

代下过功夫的新闻学仍是一往情深。在《文艺新闻》第60期上，袁殊以笔名"啸一"写就《集纳正名》一文，其中写道："为什么不称新闻学而要称'集纳'呢？这有两点理由：一、Journalism 的解释，是：一切有时间性的人类生活之动态的文字、图书、照像等，使之经过印刷、复制的过程，再广遍的传布给大众，使大众在生活行为上，受到活的教养，而反映于其生存的进取与努力。二、因此，这学问，就不仅是'新闻学'而已；经营或编辑杂志，或别种此类的书籍等，既要具备印刷、广布、时效这三大原则的条件，就都是属于此的。自然这其中最主要的仍是'新闻'。其次，新闻学这名词在中国，已经公开地成为'谎骗造谣'的别号了，而中国到现在为止的'新闻学'，又没有一本是完全的真实的 Journalism。因此，我们依于 Journalism 的真实的解说，乃产生了'集纳主义'与'集纳运动'的新称谓。过去有人曾视此为'拉杂主义'，这不但不正确，而且隐约地带了些绅士之轻蔑态度！因为集纳还必须要有精选与批判，这两个内容的条件呢。"①

袁殊当时确有研究新闻学的志向，他后来说："当时研究新闻学的书籍只有戈公振著的《中国报学史》有价值，其余都是东拼西凑。"袁殊依据苏联新闻学理论将中国现存的新闻学资料加以整理和发展，在《文艺新闻》上发表译文《苏联新闻学概观》（原作者黑田寿男），他对新闻学的研究一直持续到1937年。袁殊一面致力于办报，一面从事着他爱好的新闻学理论的研究，且有大量新闻学理论著述出版，如《现代新闻学》《学校新闻讲话》《新闻法制论》《记者道》等。根据袁殊首创的报告文学理论，夏衍发表著名的《包身工》一文，该文是中国新闻文学史上首篇报告文学作品，从此，报告文学作品不断出现在报刊上。②

四　知名新闻记者

主动停办《文艺新闻》后③，袁殊接受中共党组织委派，编辑了《中

---

① 《集纳正名：致来夫同志》，《文艺新闻》1932年第60期，1932年6月20日，第5页；曾龙：《我的父亲袁殊：还原五面间谍的真实样貌》，独立作家2016年版，第126—127页。
② 参见王火《夏衍〈包身工〉的三种文本》，《中国现代文学研究丛刊》2015年第11期。
③ 参见孔刘辉《〈文艺新闻〉的终刊——从〈鲁迅全集〉一条注释说起》，《绍兴文理学院学报》（哲学社会科学版）2008年第4期。

国论坛》(China Forum)一段时间。袁殊在日记中写道:"有些记忆在回忆中逐渐出现了,如伊罗生和我合作,由我主编中文稿而由他主编英文稿,办了一个刊物《中国论坛》半月刊。但我不过编了两三期,即因其他任务离开了。……我和他的会面是在善钟路附近的史沫特莱家中。"[1]《中国论坛》的观点接近中国共产党的政治观点,尤其是上面刊载的《国民党反动的五年》(1932年5月)长文控诉了国民党的反动统治,立即引起了书刊检查的注意。[2]《申报》曾载文《共党袁殊侦查完毕》,其中有一段说:"被告号召为青年运动之力是愈大,遂为共产党组织所吸收,担任《中国论坛》周报华文总编辑。从事共产党宣传工作,并曾受特种训练。"从这段引文中可知,袁殊日记中的记述无误,而且所谓"其他任务"大概是指专心搞情报工作。

1933年《出版消息》第5—6期刊发一则新闻《袁殊从商》云:"前文艺新闻出版人袁殊,自文艺新闻停刊后,即束装北上,近任职天津某煤矿公司,久不与文化界通讯矣。"据袁殊日记中载:"1933年到上海的巴比赛反帝调查团来沪后即到满洲行动。宋庆龄曾往公和祥码头迎接,我以新声通讯社记者的名义,恰在宋的身后,宋行到直升轮船二楼舷梯的中层,突然跌倒,是经我手扶起她的。"[3]

这次实地采访是奉王子春的指示前去的,目的是要了解中国群众的反日情绪。巴比赛是英国工党派到中国的,但来的是马莱巴,巴比赛本人未来,马是英国工党,但代表团是世界反战大会派来的,不是工党派的。来华目的是出席远东太平洋反战会议。袁殊亲眼看到在码头迎接群众热烈欢迎的场面。群众高呼口号,鸣放鞭炮,显出了强烈的反日情绪。[4]

袁殊后来接任外论编译社副社长兼总编辑的工作后,有一次冯雪峰找袁殊请求帮助,说胡风要从日本回国。为避免反动当局的纠缠,请袁到码头迎接保护。当时冯雪峰和袁已不在一条战线工作了,但袁看到冯态度诚恳就答应下来。袁见到胡风后自我介绍说是外论编译社副社长,叫车把胡风送到旅馆,并没有发生意外。袁与进步力量打交道似多以外论编译社工作人员身份出现,后来,上海侦缉大队从怪西人案主角华尔顿的通讯簿中

---

[1] 曾龙:《我的父亲袁殊》,接力出版社1994年版,第142页。
[2] 参见〔美〕珍妮斯·麦金农、斯蒂芬·麦金农《史沫特莱:一个美国激进分子的生平和时代》,汪杉等译,中华书局1991年版,第197页。
[3] 曾龙:《我的父亲袁殊》,接力出版社1994年版,第144页。
[4] 参见曾龙《我的父亲袁殊:还原五面间谍的真实样貌》,独立作家2016年版,第184页。

发现袁殊姓名、单位，记载的也是外论编译社。①

办《文艺新闻》伊始，袁殊对新闻记者这一职业颇多颂词，"记者是无冕帝王""一支笔抵得过三千毛瑟枪"等常见于《文艺新闻》。但是，袁殊认为，旧社会的新闻记者绝大多数都有政治背景，许多人都兼搞情报活动或做某个集团的喉舌以领取额外的津贴，纯正清白的记者极少或没有，中外都是一样。②

为了拓宽各类新闻消息渠道来源，袁殊和新声通讯社编辑恽逸群发起举办每半月一次的"记者座谈"。恽逸群在《〈记者道〉序》中，把"记者座谈会"发起缘由和活动情形概括如下："在三年（1933年）的一个夏夜，上海霞飞路上一个小小的餐室里，偶然地聚集着几个职业记者，从闲谈之中发觉大家都有生活忙碌而缺失进修机会的共同感想，于是相互约定每星期聚谈一次，有时候肆无忌惮地分析时事，有时候肆无忌惮地探讨集纳理论，或批评任何一方面新闻纸上的言论编辑等等。这样经过几个月以后，又借得《大美晚报》一角，每星期出版'记者座谈'，一直到本年4月里（1936年）。……怀云君（袁殊）是座谈同人中最热心于集纳运动的一员，他在百忙之中，几乎每星期都为集纳座谈写稿译稿，我们——编辑委员会——在出版的前一晚，每逢到稿荒的时候，打一个电话通知他，他无论如何忙，不管一点钟二点钟甚而至于三点钟，一定当晚为座谈写稿或译稿，到出版的一天早上，一定有稿子送到报馆。就是他失去自由之后，他还是尽可能地为座谈写稿，他这样努力于集纳运动，使座谈同人——尤其是我们几个编委，非常感动和钦佩。"③ 后来"记者座谈会"扩大为"中国青年新闻记者学会"，袁当选为五位总干事之一，又被选为国民党领导的上海记者公会执行委员，袁殊一下子成了当时上海新闻界的名人。④ 袁殊办《文艺新闻》出了名，袁曾应邀去复旦大学新闻系兼课谈新闻理论，每星期一个钟点，坚持了三年余。当时讲课可能没有酬金，即使有也很少。袁当时经济收入颇丰裕，他讲课绝不是为挣钱糊口，而是出于提倡"集纳运动"的热心。

袁殊从日文翻译编写一些苏联新闻理论，并把它称为"新兴阶级的新闻科学"。他认为，校报可以影响学生思想并形成左翼舆论中心，后来这

---

① 参见曾龙《我的父亲袁殊：还原五面间谍的真实样貌》，独立作家2016年版，第185页。
② 参见曾龙《我的父亲袁殊》，接力出版社1994年版，第143页。
③ 袁殊：《记者道》，群力书店1936年版，序，第1—2页。
④ 参见《袁殊对〈文艺新闻〉及〈记者座谈〉的回忆》，载丁淦林《丁淦林文集》，复旦大学出版社2005年版，第37—46页。

为事实所证明。当时大学里，党团员是不少的。袁殊有一些批判旧新闻理论的著述，主要是一些学习新闻学的心得、札记，兼有批评当时新闻界的文字。[①] 袁殊的译著《美国报业大王哈斯特》是唯一不以赚取稿酬为目的的小册子，他翻译此书的动机是宣传世界报业名人。当时，袁殊十分推崇哈斯特的奋斗精神，曾想以其人其事为榜样来创出中国新闻学的新路，改造旧报业。这的确说明青年时期的袁殊有一种初生牛犊不怕虎的精神，诚如他自己所说："江湖走老，胆子走小，我年青时闯劲也大得很呢！"[②]

　　1934年，袁殊同恽逸群、陆诒[③]等新闻工作者，从每周聚餐、自由议论，发展为在《大美晚报》中文版上开辟《记者座谈》周刊。[④] 袁殊在这个周刊上发表了不少文章，后汇集成《记者道》一书。[⑤]《记者道》一书是袁殊根据发表的短文加以整理后成书的，分为恽逸群的序、职业与学术的素养9篇、新闻道德风纪7篇、人事记6篇、集纳杂钞10篇、新闻记者歌和后记。该书不仅介绍了当时各国的新闻检查法，而且对新闻学做了很深的学术研究。袁殊的这些作品，在中国新闻学发展史上具有一定的史料价值。

　　1934年夏，为纪念刚刚确立的"记者节"，作为新声通讯社记者的袁殊，创作《新闻记者歌》，初刊于《大美晚报》[⑥]，后经孙师毅（施谊）修改，交聂耳谱曲。[⑦]

新闻记者歌

　　从清晨到深宵，
　　　我们的职责：新闻报道。

---

① 参见《袁殊对〈文艺新闻〉及〈记者座谈〉的回忆》，载丁淦林《丁淦林文集》，复旦大学出版社2005年版，第37—46页。
② 曾龙：《我的父亲袁殊：还原五面间谍的真实样貌》，独立作家2016年版，第189—190页。
③ 参见李喜根《莫道桑榆晚——访老新闻工作者陆诒》，《新闻战线》1987年第6期；韩辛茹《陆诒》，《中外名记者丛书》，人民日报出版社1996年版；许光耀《〈往事〉记录战地记者陆诒传奇人生》，《解放日报》2012年1月5日；马文元《陆诒记者生涯60载》，《宁夏画报》1995年第2期。
④ 《记者座谈》专栏自1934年8月31日起，至1936年5月7日终，之间漏掉31期，并一直错号到休刊，故后编号为90期的《记者座谈》实际上只有59期。参见陈娟《中国青年新闻记者学会历史研究》，硕士学位论文，华中科技大学，2011年。
⑤ 参见袁殊《记者道》，群力书店1936年版。
⑥ 《大美晚报》是美国商人在华出版的英文报纸，1933年1月16日增中文版。
⑦ 参见丁淦林《袁殊的传奇式经历》，《新闻与写作》2007年第10期。

不问风霜寒暑，
在街头奔跑；
申诉人间苦难，
给社会知道。
今天的消息，不要疏忽了；
到处满灾荒，人们早受不了；
边疆沦落尽，敌人还在开炮。
快记录事实，把真相传报，
确实，详细，最要紧，莫造谣！
今天的消息，不要疏忽了；
新的战争，到处在炸爆，
民族自救的烽火，正在燃烧！
内勤、外勤，都一齐动员罢，
在职业前哨，也就是斗争的前哨。
今天的消息，不要疏忽了；
帝国主义者，大肚吃不饱；
社会恶势力，更在逞强暴。
打开镜箱，照出他们醉生梦死的微笑；
提起笔来，揭发那些蝇营狗苟的奸巧。
转轮机上，洪水般印出了我们的报，
转轮机上，洪水般印出了我们的报。
舆论的权威，要大众支持；
神圣的职业，是我们的瑰宝；
不准无耻的家伙，去卖身投靠，
万万千千的读者，要求着精神的面包。
莫自夸帝王无冕，我们要举起"集纳"的旗号！
大家准备起三千毛瑟，有笔如刀！[①]

作为一个新闻工作者，袁殊也是"青记"的发起人之一。

卢沟桥事变后，全面抗战爆发。为能如实报道当时淞沪会战的战况，快速向全国人民通报战争进程，同时也为了推进中国新闻事业的积极向前发展，上海的一些先进青年记者恽逸群、夏衍、范长江等感觉到有组织起

---

① 袁殊：《记者道》，群力书店1936年版，第149—152页。

来的必要,遂决定成立一个统一性的组织。

1937年11月8日晚7时,中国青年记者学会在上海山西路南京饭店成立,基本会员24人①,推选范长江、羊枣(杨潮)、恽逸群、碧泉(袁殊)、朱明为总干事,夏衍、邵宗汉为候补干事。上海、南京相继失守后,经商定将中国青年记者学会更名为"中国青年新闻记者学会",简称"青记"。② 这是在中共支持下由范长江和恽逸群等在国统区发起成立的一个合法团体,也是民国时期一个重要的新闻学研究组织和新闻行业团体。③ 据方汉奇的《党领导的人民进步新闻事业的发展》载:"随着抗战的爆发,上海新闻界'记者座谈'同人为了积极地推进中国新闻事业向前发展,为民族解放而努力,都感到有进一步组织起来的必要。1937年11月4日下午,长江、羊枣(即杨潮烈士)、夏衍、碧泉(袁殊)、朱明、逸群等一起商量,决定组织一个永久性团体,定名为'中国青年新闻记者学会',中国青年新闻记者学会于1937年11月8日晚上7时,在上海山西路南京饭店宣告成立,出席成立大会的发起人计有:羊枣、朱明、邵汉宗、章丹枫、长江、彭集新、付于琛、王文彬、王纪元、恽逸群、碧泉等15人。……通过简章之后,即推长江、恽逸群、羊枣、碧泉、朱明为总干事。"④

1937年11月12日,上海沦陷,成为"孤岛",但外国租界地区尚未被日军占领。袁殊受中共地下党组织的委托,筹备在"孤岛"上出版报纸。他很快利用英国人贝茨(Bess)作为发行人打开了创刊局面,12月9日,《译报》创刊,该报公开出版发行后,即由中共地下党员梅益接管主持,袁殊从此不过问了。⑤

青记成立大会暨第一届全国代表大会1938年3月30日在汉口举行,出席会议的除上海、武汉两地代表外,还有全国其他地区的部分代表,国民党宣传部长邵子力、监察院院长于右任,新闻界的一些知名人物如张季鸾、曾虚白、邹韬奋、潘梓年等也参加了会议。会议通过了《中国青年新

---

① 据恽逸群生前回忆,提供16个人的姓名:恽逸群、范长江、邵宗汉、夏衍、石西民、陆诒、刘祖澄、袁殊、杨潮、朱明、戴湘云、陈宪章、章丹枫、孟秋江、萧芳、金摩云。
② 参见曾龙《我的父亲袁殊:还原五面间谍的真实样貌》,独立作家2016年版,第190页。
③ 新中国成立后,"中国青年新闻记者学会"被"中华全国新闻工作者协会"取代。中华全国新闻工作者协会于2000年1月25日正式向国务院提出《关于确定"记者节"具体日期的请示》,国务院法制办公室的专家经过科学论证,报经总理、各位副总理圈阅并征得其他中央领导同志意见,国务院于2000年8月1日正式批复中国记协,同意11月8日为中国"记者节"。从此,新中国的新闻工作者有了自己的节日。
④ 方汉奇、张之华:《中国新闻事业简史》,中国人民大学出版社1983年版,第227页。
⑤ 参见丁淦林《袁殊的传奇式经历》,《新闻与写作》2007年第10期。

闻记者学会成立宣言》和学会《简章》，推选《大公报》的范长江、《扫荡报》的钟期森和《新华日报》的徐迈进为常务理事，朱明为秘书。4月1日，学会接到国民党中宣部"准予备案"的通知，自此，青记以合法团体开展活动。武汉沦陷后，青记总部迁往汉口，并在成都、长沙、广州、延安等地设立分会。

丁淦林和徐培汀教授在《二十世纪中国新闻界十件大事》中将青记的成立列为20世纪中国新闻界第四件大事。青记从成立到被非法取缔，前后共三年多。在这三年中，青记为抗日宣传工作做出了很大贡献，在中国历史上写下了浓墨重彩的一笔。[1]

袁殊得以在复杂的斗争环境中坚持出版《文艺新闻》：一方面，得益于袁殊和国民党当局有关人员很熟悉。袁殊曾说，国民党中央文艺科潘孑农，在《文艺新闻》创刊开始，是《文艺新闻》每周的座上客，"对他送来的广告，完全照登，以博取他的满意"[2]；国民党中央训练部部长方觉慧充当了袁殊的"保护伞"。[3] 另一方面，也表现了袁殊和三教九流、五花八门的各式人等周旋应付的特殊能耐，一些和袁殊接触的中共地下党员也感觉到袁殊具有很多才能。如于海就说袁殊"异常灵活而又神通广大"[4]，夏衍称誉袁殊能兼"写作"和"社会活动"方面的"二者之长"，"不止一次和冯雪峰、钱杏邨等人称赞袁殊的积极和能干"[5]，楼适夷也称赞袁殊是"天才的新闻人""不凡的头角"，有"相当的胆识"。[6]

---

[1] 参见陈娟《"中国青年新闻记者学会"历程回顾》，《传媒观察》2011年第1期。

[2] 袁殊：《关于〈文艺新闻〉》，载《袁殊文集》编辑组《袁殊文集》，南京出版社1992年版，第63—71页。

[3] 参见胡肇枫、冯月华、吴民《剑胆琴心：红色情报员袁殊传奇》，四川人民出版社1999年版，第6页；赵风《袁殊传略》，载《袁殊文集》编辑组《袁殊文集》，南京出版社1992年版，第7—39页。

[4] 于海：《我与〈文艺新闻〉的一段因缘》，《中国现代文艺资料丛刊》第6辑，第112页，转引自孔刘辉《〈文艺新闻〉的终刊——从〈鲁迅全集〉一条注释说起》，《绍兴文理学院学报》（哲学社会科学版）2008年第4期。

[5] 夏衍：《懒寻旧梦录》，三联书店2000年版，第135页。

[6] 适夷（楼适夷）：《记〈文艺新闻〉》，《读书与出版》（上海）第1年第1期，1947年1月15日，转引自孔刘辉《〈文艺新闻〉的终刊——从〈鲁迅全集〉一条注释说起》，《绍兴文理学院学报》（哲学社会科学版）2008年第4期。

第五章　情报入门

袁殊一生中最光辉灿烂的篇章，并不只集中在上述为"左翼"文化事业服务上，而主要体现在后来很长一段时间里极富传奇色彩、惊心动魄地为中国共产党从事秘密情报工作上。

袁殊创办《文艺新闻》的出色表现，使他这个崭露头角的年轻左翼文化人，突然一下子改变了人生的道路。[①] 也正是袁殊有了如此特殊的政治背景、灵活的应变能力以及左倾进步思想与表现，潘汉年才把刚加入左联的袁殊发展为中国共产党地下情报员。

中国"谍史"悠久，据《左传》记载，夏朝已出现"谍"："使女艾谍浇。"据说，这是中国有文字记录以来的第一个间谍。美国著名情报专家厄内斯特·沃克曼认为：间谍，又称特务、密探，是采取非法或合法手段、通过秘密或公开途径窃取情报，也进行颠覆、暗杀、绑架、爆炸、心战、破坏等隐蔽行为，被派遣或收买来从事刺探机密、情报或进行破坏活动的人员。[②]

中共特工——这是一个神秘的群体，在与日伪特务机关、国民党中统军统等特务机关的长期较量中，他们在保卫党中央各级机关、铲除叛徒内奸、策反、揭露日伪阴谋等方面，做出了基础的贡献。[③] 正如张桂华所说："半个世纪前的国共斗争，始终在两条战线上展开，一条是正面战场，一条是隐蔽战线。在地下隐蔽战线上，斗争形式多样，手段灵活，但无疑，间谍战是互相角力的最重要一环。在双方几十年斗争中，共产党打了几次漂亮的间谍战，最精彩的两次，其要角就是周恩来大为赞许的'前三杰'和'后三杰'。"[④]

[①] 参见胡肇枫、冯月华、吴民《剑胆琴心：红色情报员袁殊传奇》，四川人民出版社1999年版，第14页。
[②] 参见〔美〕厄内斯特·沃克曼《间谍的历史》，刘彬、文智译，文汇出版社2009年版。
[③] 参见叶健君、李万青《十大红色特工》，珠海出版社2009年版。
[④] 张桂华：《看不见的战线——国共两党间谍战评述》，《研究与交流》2001年第5期。

一 早期中共特工

1927年4月,中共五大开始认识到对敌情报工作的重要性。5月,在中共中央军事部长周恩来倡议及主持下,隶属于中央军事部的以情报和保卫为工作重点的机构——特务工作处在武汉成立,随即开展工作,并取得了很多成绩。当时的负责人周恩来、聂荣臻对此都曾有过回忆和充分评价。[①]

中共中央特科是土地革命战争时期建立起来的我党从事情报、保卫工作的专门组织。大革命失败后,中共中央机关迁至上海。为保卫党中央的安全,1927年11月,中央在上海正式成立政治保卫机构——中共中央特科,由周恩来直接领导。[②]

中央特科设四科:总务、情报、保卫和通讯科。总务科(一科)负责设立机关,布置会场和营救安抚等工作,科长洪扬生;情报科(二科)负责收集情报,建立情报网,科长陈赓;保卫科(三科,也称红队或打狗

---

① 有人把武汉特务工作处的建立,等同于中共中央特科的建立,比如:中共中央文献研究室编辑《周恩来年谱(1898—1949)》,中央文献出版社、人民出版社1989年版,第115页;许文龙《中共特工》,青海人民出版社1996年版,第8页;王铁群《话说中央特务科》,《党史文苑》1994年第1期。也有人认为中共中央特科建立于1927年9月,比如盖军主编《中国共产党白区斗争史》(人民出版社1996年版)第110—111页所载:"9月23日,中央政治局党委会决定成立中央'特别委员会'……受中央常委直接领导,即后来通称的中央特科。"只有开诚《李克农——中共隐蔽战线的卓越领导人》(中国友谊出版公司1996年版)第11页载"中共中央特科建立于1927年11月"之说准确。转引自薛钰《关于中共中央特科若干问题的探讨》,《中共党史研究》1999年第3期。

② 有关中共中央特科论述,参见薛钰《关于中共中央特科若干问题的探讨》,《中共党史研究》1999年第3期;盖军主编《中国共产党白区斗争史》,人民出版社1996年版;开诚《李克农——中共隐蔽战线的卓越领导人》,中国友谊出版公司1996年版;郝在今《中国秘密战中的中央特科》,《廉政瞭望》2005年第10期;建华《中共中央特科纪实——追杀》,伊犁人民出版社2000年版;罗道全《周恩来领导下的中央特科与我党早期的秘密工作》,《长白学刊》2001年第3期;穆欣《在革命风暴中诞生的中央特科》,《党史文汇》2002年第2期;穆欣《中共"特科"精英刘鼎的传奇经历》,《炎黄春秋》2002年第6期;苏智良《周恩来与中央特科》,《上海师范大学学报》1998年第2期;王铁群《关向应上海蒙难——中央特科的一次行动》,《党史纵横》1994年第3期;王铁群《话说中央特务科》,《党史文苑》2007年第4期;许俊《中共"特科"项与年的传奇生涯》,《党史纵横》2007年第1期;张蕾蕾《周恩来与中央特科情报工作》,《北京档案》2003年第11期;王兰洁《中央特科的重要人物——潘汉年》,《党史文苑》2009年第13期。

队①）负责保卫机关，镇压叛徒特务等，科长顾顺章（兼）；通讯科（四科），负责设立电台，培训报务员，开展与各地的通讯联络工作，科长曾培洪（李强）。②

1928年11月14日，为加强对中央特科的领导，中央政治局常委会议决定成立"特务委员会"（简称"特委"），由向忠发、周恩来、顾顺章三人组成。特委下设特科，特委是决策机关，特科是具体执行任务的机构，直接主持特委工作的是周恩来。中央特科的主要任务是保卫中央领导机关的安全，了解和掌握敌人的动向，营救被捕同志和惩办叛徒特务。③

中共中央特科经历了"三代"：

第一代：陈赓、李克农、钱壮飞、胡底等为代表。1931年4月24日，顾顺章叛变，原先中央特科主要人员都撤到了中央苏区。在这一阶段，中央特科在上海开展了大量卓有成效的工作，建立反间谍关系，为保卫党中央的安全发挥了重大作用。④

第二代：1931年5月，在周恩来的安排下，新的中央特科机构迅速改组重建投入工作，领导班子换上陈云、康生和潘汉年。为加强对中央特科的领导，派陈云、康生、潘汉年重组中央特科领导机构：由陈云总负责，兼任一科科长，二科科长潘汉年，三科科长康生（化名赵溶），原四科（通讯科）在1932年后交给中央。在情报科科长潘汉年主持下，首先在敌对营垒物色合适的策反对象，在租界巡捕房、国民党社会局、国民党上海市党部埋伏了自己的耳目，这样就能掌握叛徒秘密自首的情况，对特科准确地惩治叛徒起到很大作用。⑤ 由于"左"倾机会主义、冒险主义的影响和国民党军警的反复搜捕，潜伏于白区的中共党组织和工作遭到惨重损失，临时中央局也无法在上海站稳脚跟，被迫于1933年1月迁离上海，进入江西中央苏区。陈云于1933年1月17日陪同博古等临时中央负责人前往苏区，康生、潘汉年相继于1933年7月调离特科赴莫斯科和中央苏区工作。

第三代：武和景（武胡景）、王子春（欧阳新）、刘仲华（刘子华）

---

① 参见李鹏飞《信仰》，时事出版社2009年版。
② 参见游国立《中国共产党隐蔽战线研究》，中共党史出版社2006年版，第37—38页。
③ 同上书，第38页。
④ 参见吴基民《生死搏杀——周恩来率领的锄奸队》（又名《生死搏杀——周恩来和顾顺章》），作家出版社1993年版；游国立《中国共产党隐蔽战线研究》，中共党史出版社2006年版。
⑤ 参见薛钰《关于中共中央特科若干问题的探讨》，《中共党史研究》1999年第3期。

相继主持，直到 1935 年 7 月中央特科撤销。1935 年 9 月，当时特科的主要领导经过反复考虑，决定对特科机构缩编并安排分批撤离：部分由王世英率领向天津转移；不久，他们与北方局刘少奇取得了联系，建立了华北联络局，由王世英（陈酉生）负责领导，华北联络局是专门做上层统一战线工作和情报工作的秘密机构。① 部分被派往湖南、四川和莫斯科。上海只留一办事处，由丘捷夫（丘吉夫，化名小张）负责，办事处下设负责政治军事情报、警报关系和通讯联系三个组继续工作。11 月 19 日，上海特科办事处再次被破坏，丘吉夫等 10 人被捕，这个办事处遭重创。②

中央特科结束后，曾有人提议将特科留下的一些人代替上海中央局工作，但未被批准，这一决定使特科剩余力量得以保存。其后，上海和其他地方留下的一部分特科人员，仍顽强地坚持地下秘密斗争和情报工作。直至 1936 年 4 月，党中央派冯雪峰到上海恢复党组织，接收华中、华南的情报关系时，也没有重建中央特科。③

二　加入中央特科

加入"文总"之后，袁殊和时任中共江苏省委宣传部长朱镜我接触很多。1931 年 6 月的一天，袁殊曾口头对朱镜我提出加入中国共产党的申请，但朱镜我表示需要继续考察。④

1931 年 10 月的一天，中共中央宣传部文化工作委员会书记潘梓年通知袁殊，中午 12 点到静安寺路与爱文义路（今北京西路）交叉路口一家高级咖啡店，有人要找他谈话。袁殊到达指定地点后，发现咖啡店内除白俄女招待外，只有角落的一张桌旁坐有两个人，其中一人就是潘汉年。潘汉年此时刚刚转入中共中央保卫机关领导的地下情报系统，主要任务是收集战略情报。鉴于中央保卫机关骨干人员大多已转入苏区，潘到沪后着重物色新的情报人才。⑤

---

① 参见游国立《中国共产党隐蔽战线研究》，中共党史出版社 2006 年版，第 49—50 页。
② 参见陈养山《关于结束中央特科的一些情况》，载纪念陈养山文集编辑组编《纪念陈养山文集》，中国检察出版社 1993 年版，第 123—124 页。
③ 参见薛钰《关于中共中央特科若干问题的探讨》，《中共党史研究》1999 年第 3 期。
④ 参见曾龙《我的父亲袁殊：还原五面间谍的真实样貌》，独立作家 2016 年版，第 151—152 页。
⑤ 参见游国立《中国共产党隐蔽战线研究》，中共党史出版社 2006 年版，第 125 页。

潘见袁走进店内即招呼他过来坐，向袁介绍了王子春①，接着对袁说："中共党组织经过一段时间的考察后，同意吸收你加入中共，成为一名特别党员；同时决定同意你加入'前卫'组织，并参加中央特科工作。你加入的是秘密前卫组织，普通的组织成员是不知道你的身份的；你要做的工作是保卫组织的秘密工作。参加这方面的工作，一定要坚持到底，一定要保密。从今以后，你要慢慢褪掉红颜色，伪装成灰色小市民，再寻机打入敌人内部，为党收集战略情报。……只要始终守着信念，纵使牺牲也要无所顾忌，敌人现在有政权势力会使用金钱美女手腕，我们只有最坚强的马列主义，但是我们能挫败敌人对前卫的阴谋。历史上有许多可歌可泣的无名英雄，我们今后就是要做这样的无名英雄。"②

几天后，袁殊把这个消息告诉翁毅夫，当时，翁还不是中共党员，曾问袁："你跟定共产党了？"袁坚定地回答："当然跟定了。"后来，袁又向楼适夷暗示说："适夷，我可能有一天搞得身败名裂，那时你别忘记，我们还是老朋友。"从此，袁殊便以一颗赤诚之心，投入中共特殊情报战线工作中来了。

至于潘汉年为什么吸收袁殊加入中共中央特科，很多有关潘汉年的著述都没有细说，但我们可以从后来有关人员的回忆看出一些端倪。

可以这样说，潘汉年应该是通过多种渠道完全了解了袁殊所持的立场及其非凡的个人活动能力，尤其是袁殊在国民党上层方面具有一定的人脉关系。

王子春是袁殊情报工作入门课的第一任老师，在王子春的安排下，袁殊首先接受了秘密工作的正式训练：当时袁年方二十，此前从未接触特科工作，必须接受特工方面的基础训练。起初，袁由以"汽车修理工"身份为掩护的奥地利人司密斯训练特工技能，不久由姓赵的四川人和广东人陈女士负责培训，主要教授如何使用"密码联络"。③

---

① 王子春，又名欧阳新，真名欧阳忻。参见萨苏、老拙《东方特工在行动》，文汇出版社2011年版；穆欣《隐蔽战线的传奇人物欧阳新》，《党史文汇》2003年第7期；丁淦林《袁殊的传奇式经历》，《新闻与写作》2007年第10期。另，1981年，袁殊在香山南营告诉曾龙："王胖子在海轮上，被人塞进麻袋丢到海里去了，是克格勃干的。"参见曾龙《我的父亲袁殊：还原五面间谍的真实样貌》，独立作家2016年版，第154页。

② 曾龙：《我的父亲袁殊：还原五面间谍的真实样貌》，独立作家2016年版，第152—153页。

③ 参见胡肇枫、冯月华、吴民《剑胆琴心：红色情报员袁殊传奇》，四川人民出版社1999年版，第20—22页。

三　初试锋芒出险

白色恐怖下，为防止国民党军、警、特捕杀，中共隐蔽战线规定了特殊行文、接触代号和暗语，且经常变换，变换以后再及时通知，以保障情报工作的机密和安全。① 中共中央特科设在险象环生的上海，特科成员大都是单线联系，几乎用的都是假名字，也常更名改姓。

当时，袁殊事事都请示王子春。王规定袁每周到北四川路一个小弄堂内的一所房子中受训，看见窗外摆出花盆才能进去，并约定敲门三下为号，姓赵的四川人教给袁传递消息时如何识别数字加一减二的交替变化规则。② 经过两个月的培训，袁、王开始秘密接头。他们接头的时间一般是下午两三点或晚上八九点，这段时间内街面不是很热闹，也不过于冷清，便于谈话隐蔽。每次接头时间一般不超过15分钟，王子春穿着总是极为讲究。有一次，袁收到一张条子，上面用歪七扭八的字写着："你办的《文艺新闻》很有价值，我有个问题要请教，请某时某地相见，落款 SI-WITH。"条子是晚间送到《文艺新闻》办公处由小伙计小周转的。袁随即向王子春报告了这个情况，王当即表示可以见见这个外国人。袁见后方知，这个外国人是澳大利亚人，自称同情中国革命，有个中国女友，希望袁教他中文。王听了袁的汇报后，觉得这个澳大利亚人没有什么情报价值，让袁不再理他。

王子春又请袁殊继续想想"有没有可供利用的社会关系"。袁苦思冥想，不久想到一个叫张楚强的人，张自称是洪帮成员。其实，他是冒牌的，只是依凭同乡关系干些"工贼"之类的勾当。在王的指示下，袁和张楚强打了个把月交道，看看搞不出名堂，王就不让袁搭理张楚强了。③ 没有情报收集经验的袁殊，感到有点失落。

不久，袁殊终于想起以前的好友胡抱一，王子春也认为可以从胡那里寻找突破口。

胡抱一的人脉极广，和"暗杀大王"王亚樵是同辈兄弟。胡排行老二，人称胡二爷；王排行老九，人称王九爷。王和胡都是孙中山的学生队

---

① 参见费云东、余贵华《中共秘书工作简史》，辽宁人民出版社1992年版，第27页。
② 参见曾龙《我的父亲袁殊》，接力出版社1994年版，第116页。
③ 参见曾龙《我的父亲袁殊：还原五面间谍的真实样貌》，独立作家2016年版，第156页。

队员，都信仰无政府主义，故彼此熟知。不过他两人对无政府主义的信仰，仅限于知道代表人物的姓名和该主义的大致要旨而没读过无政府主义的书。不久，胡带着袁到法租界拜见王亚樵。

20世纪二三十年代是中国近代史上最动荡、最错综复杂的时代，从辛亥革命到袁世凯称帝，从军阀割据到北伐战争，从四一二政变到九一八事变，各种政治势力都在竞逐，参与方之多、局面之混乱，都是空前的。

当时的王亚樵在上海，"时而是阔佬，时而当瘪三（衣瘪、肚瘪、住瘪，几同窭人子也），当他'床头黄金尽，壮士无颜色'，朋友倒跟了一大群。不得开交的时候，也曾托钵杜门，请杜月笙帮过钱忙。但是他既不在清，又不在洪，今朝革命，明日反动，没有人摸得清他的底细，却仿佛他背后总有点政治关系，尤其此人心黑手辣，行动飘忽，胆大包身，天不怕来地不怕。"①除第十九路军和西南反蒋派外，也有些大资本家给王亚樵提供资金，王的回报手段是为资本家的走私活动杀出一条血路。杜月笙虽是上海滩著名的"闻人"，但对王亚樵这个亡命之徒也要忌惮三分。

早年，王亚樵和胡抱一都与戴笠有些联络。王亚樵是戴笠20世纪20年代后期的中尉副官，曾与戴笠是结拜兄弟。王亚樵后来和戴闹翻，自己另树一帜，成为"不拥共、不拥蒋"以暗杀为职业的一股力量。此时"戴笠大显身手地从事特务工作，他的名字具有很大威力，甚至哭着的孩子，只要一听到戴笠这个名字就会一声不响"。②"戴笠早年最使他感到头痛的劲敌，是在上海活动的安徽帮帮会首领王亚樵，这个人有群要钱不要命的亡命之徒，专干绑票、暗杀工作。以后一些反蒋人士便利用他的这一组织，进行暗杀蒋介石的活动，先后在庐山和上海法租界发生过谋刺蒋介石而未中的事件，便是由他主持的。"③

袁殊随胡抱一见到王亚樵后，王即表示说，既然是干新闻的还是吃新闻饭的，我这里正好有一份四开小报（毕瑞生负责的《公道日报》）要人帮忙。王子春再三叮嘱袁殊：一是要明确打入王亚樵集团不是目的，目的是利用王亚樵与戴笠、胡宗南、陈铭枢等人的关系，逐步潜入国民党中高层；二是要切记中共党组织不主张王亚樵集团那一套血腥暗杀活动，但赞同他们反蒋抗日的主张；三是请袁殊注意在和他们打交道的过程中，千万不要有意无意泄露出自己革命的倾向，尤其不能和中共地下党组织发生横

---

① 章君穀：《杜月笙传》第3册，陆京士校订，传记文学出版社1981年版，第92—93页。
② 〔日〕晴气庆胤：《沪西"七十六号"特工内幕》，朱阿根等译，上海译文出版社1985年版，第7页。
③ 沈醉、文强：《戴笠其人》，中国文史出版社2001年版，第9—10页。

向联系。当时，一二八淞沪抗战刚结束，而上海民众反日的爱国热情依然十分高涨，担任上海民众反日救国会（简称"民反"）秘书长的中共党员杨尚昆，正打算组织民众散发抗日宣传单，但此时国民党和租界当局严令各印刷所不得印制"非法出版物"，违者要被处以查封、罚款直至坐牢。

有一天，上海民众反日救国会的一位成员找到袁殊，请求帮忙印刷中共宣传抗日的材料，袁违反秘密工作原则，没有多加考虑，就应承下来。袁找到位于法租界圣母院路的《公道日报》承印单位公道印书社，这也是王亚樵买下来给韩国革命志士安昌浩等人秘密栖身之所，袁许以高价佣金和印毕即取走承诺请公道印书社印刷。但事隔不久，印好的传单被法租界当局查获，巡捕房迅随即关闭了公道印书社。王亚樵得知袁与中国共产党之间的秘密关系，王子春知道后，严厉批评了袁，并下令袁中止与王亚樵的联系。[①] 这下，袁殊的小报《公道日报》也办不下去了。[②]

王子春再三要袁殊仔细想想还有其他什么社会关系。袁殊想来想去认为没有了，后用梳理办法谈谈亲朋好友，聊天时无意中提到袁殊认为和自己毫不相干的大表兄贾伯涛。没想到王子春认为大有文章可做。

---

① 参见曾龙《我的父亲袁殊：还原五面间谍的真实样貌》，独立作家2016年版，第158页。
② 参见胡肇枫、冯月华、吴民《剑胆琴心：红色情报员袁殊传奇》，四川人民出版社1999年版，第34—35页。

第六章 卧底中统

1924年春，贾伯涛由袁殊的父亲袁晓岚、国民党中央驻上海代表田桐以及湖北省出席国民党一大代表张知本三人一起保荐投考黄埔军校，同年5月入黄埔军校第一期第三队学习，并于1925年3月1日卒业。贾伯涛一度成为蒋介石的嫡系人物。1926年4月，贾任黄埔军校入伍生部政治部代理主任，后参加北伐，任北伐东路军总指挥部上校参谋、南京黄埔同学会总会登记科上校科长、中央军校上校主任教官、军训部少将组长等要职。[①]

1931年4月，顾顺章叛变导致中共党组织遭到重大损失。为避免遭受毁灭性的打击，中共中央机关一方面紧急迁往苏区，另一方面组织红队，严惩叛徒，同时，加强对敌情报工作。王子春得知袁殊与贾伯涛有这层关系后，决定充分利用。

一　巧妙打入中统

中国国民党中央执行委员会调查统计局，简称"中统"，前身是1928年成立的国民党中央组织部调查科，是蒋介石政权特务情报机构之一。1932年，国民党中央组织部调查科扩编为特工总部。抗战全面爆发后，蒋为了缓和内部矛盾，将特工总部与复兴社特务处合并为国民政府军事委员

[①] 蒋把贾伯涛派到上海，公开职务是不显山不露水的小角色，实际暗中代表蒋介石和上海青洪帮的大亨们联系。贾和青洪帮大亨们发生矛盾，上海的大小八股党之流状告到蒋介石，蒋为保持青洪帮对自己的效忠，就把贾逮捕软禁到湖北保安处，一个月左右放了出来，从此蒋不再理贾。抗日战争时期，贾走何应钦的门路于1942年1月谋得个闽浙赣三省边区绥靖指挥部指挥官职务，最后的军阶是中将。贾负责的地界与汪伪地界相邻，贾派秘书戴春到上海找正在做"汉奸"的袁殊联络，袁殊把戴春介绍给梅机关，并出面担保发放到江西南城一列火车的棉纱布。贾伯涛骗取日本人的物资，用于抗日，无可非议。袁殊说贾伯涛作为统战爱国人士以终其生。参见曾龙《我的父亲袁殊：还原五面间谍的真实样貌》，独立作家2016年版，第160—161页。

会调查统计局（简称"军统"），特工总部编为该局第一处。1938年8月，第一处改名为国民党中央执行委员会调查统计局，先后由朱家骅、叶秀峰任局长，徐恩曾、郭紫俊、顾建中任副局长。① 起初，国民党中央组织部的调查科下设采访、整理两股，各设总干事一名，前者从事对外情报收集，后者专事整理分析，股下面还有干事、助理干事。助理干事虽说是最低一级，可一旦他们被派往地方上去调查，便如钦差，趾高气扬，成为不可一世的"中央大员"。采访股可以说是党务调查科的核心，位置十分重要。陈果夫、陈立夫兄弟安排张冲担任采访股总干事，可见陈氏兄弟对其器重。② 调查科办公场所原先在南京丁家桥国民党中央党部院内二楼西南角的两间办公室，属于半公开的秘密单位，后增设两个完全秘密的办公处所：一个设在南京新街口一家电器店楼上，拥有一部电台；一个设在中山东路305号，紧邻中央饭店的一栋二层楼内，门口挂"正元实业社"的牌子，以商务活动作掩护。③

国民党中央组织部调查科的骨干以CC系成员为主。1927年9月，国民党中央俱乐部（Central Club）成立，简称"CC系"。依据中国第二历史档案馆留存下来的原国民党中央党部档案以及大量CC系成员相关忆述资料，王奇生研究员认为："CC名称的来历缘起于1927年9月在上海成立的'中央俱乐部'（Central Club的简称）之说虽流传甚广，但除了一些口耳相传和间接的忆述文字外，从未得到有力的直接证实。'CC'一名最初虽源自Central Club，但后来之所以广为流传，在很大程度上是因其恰与二陈英文姓氏的简称相吻合，意含贬义且具浓厚'私性'色彩。……陈立夫在其晚年回忆录中，一方面否认CC系的存在，同时又谈到蒋介石曾令其兄弟组织过一个名叫'青白团'的组织。1938年后，有形组织的CC系虽已不存，无形组织的CC系势力则一直延续到1949年国民党败退大陆。"④

1931年4月，因顾顺章叛变，中共地下党急需重新安插新的情报人员打入国民党情报中枢系统，因此，王子春认真听了贾伯涛的情况介绍后，非常惊喜，认为应该充分利用这层社会关系。随即指示袁殊给贾写信，请求代为谋职。贾接信后很快回信邀请袁见面，见面就问袁："知道不知道

---

① 参见朱韬、时攀编《中统军统档案》，中国友谊出版公司2010年版。
② 参见杨者圣《特工老板徐恩曾》，上海人民出版社2011年版，第30页。
③ 参见马雨农《张冲传》，团结出版社2012年版，第67页。
④ 王奇生：《党的派系化与派系的党化：CC系的组织形态与政治理念（1933—1938）》，辛亥革命90周年国际学术研讨会论文，台北，2001年10月。

吴醒亚[①]这个人？愿不愿见见吴？"袁并没想到贾会帮忙求职，当即答应，愿见这位时任中国国民党上海特别市党部常务委员兼社会局局长的吴醒亚。王子春也认为机会难得，为袁见吴作了精心的谋划：王要袁见吴时，态度应不卑不亢、落落大方，言谈要讲国家大事。

贾伯涛带袁和吴醒亚见面没几天，袁要求贾再去见吴。贾回答说："不必我陪同你自己去就可以了，吴醒亚对你的印象很好，认为你年轻有为、精明能干。"为准备第二次见吴，王子春具体布置袁殊写了个人简历并亲自修改。简历的主旨是表明厌倦"左"倾活动，做普通市民的愿望。将简历寄给吴后，袁殊准备了一份工作意见书，王指示袁投吴所好，对吴提出"以团体对团体，以情报对情报"来镇压工学运动的工作建议。[②]

早先，袁殊表示："非常厌恶这些叛徒社会渣滓，和他们混在一起，实在太难受了，身上连一点人味也没有了。"王子春随即告诫袁："作为一个党的情报人员，必须是个'白皮红心萝卜'，社会化和反革命化是白色的皮，是你的伪装和保护色，但白色的东西只能限于这层皮，你的心，必须绝对的红，如果心也被白色的东西腐蚀了，你这个人也就变质了。"[③]

二　白皮红心萝卜

为了及时获得有价值的情报，王子春和袁殊制订了详细的行动计划，使袁殊顺利地取得吴醒亚的信任，进入其特工小组的核心。

九一八事变后，各地工运、学运风潮迭起，主要是抗议蒋介石国民政府推行"攘外必先安内"政策。此时的吴醒亚秉承当局之意，正为上海工运、学运浪潮而大伤脑筋。在第二次见到吴醒亚后，吴以月薪150元请袁

[①] 吴醒亚（1892—1936），湖北省黄梅县人，早年参加中国同盟会，后参加护法运动、北伐战争，历任国民革命军总司令部秘书、总政治训练部顾问、第31军政治训练部主任。1928年11月，任安徽省政府委员。1929年5月，任安徽省民政厅厅长，一度代行安徽省政府主席职务。1930年2月至1931年5月，任湖北省政府民政厅厅长。此后，历任中国国民党上海特别市党部常务委员兼社会局局长、全国经济委员会棉业统制委员会委员。1935年11月，当选中国国民党第五届中央执行委员兼组织部委员。1936年8月，吴醒亚去世。参见徐友春主编《民国人物大辞典》增订版，河北人民出版社2007年版；刘寿林等编《民国职官年表》，中华书局1995年版。

[②] 参见曾龙《我的父亲袁殊：还原五面间谍的真实样貌》，独立作家2016年版，第161—162页。

[③] 胡肇枫、冯月华、吴民：《剑胆琴心：红色情报员袁殊传奇》，四川人民出版社1999年版，第43—44页。

殊帮吴打听社会消息。由此，袁殊加入了吴醒亚的湖北帮。

吴醒亚为什么会任用一个在左翼文化活动中已有些知名度的青年人呢？

据袁殊回忆，原因大致有三：第一，当时贾伯涛是蒋介石的红人，贾引荐来的人吴不能不买面子；第二，王子春的精心策划和袁殊的精彩表演给吴留下了好印象，认为此人可用；第三，吴醒亚曾经受恩于袁殊的父亲袁晓岚。①

吴醒亚一手抓"工运"，一手抓"学运"。凡有工人运动出现，上海社会局均以"调解"劳资纠纷的名义出面镇压。其方法是由青帮大亨杜月笙出面"调停"，杜本人实际并不出面而多由他的徒弟陆京士出面处理。陆当时是上海淞沪警备司令部军法处处长，也是青帮小八股党的成员之一，后来成为军统重要分子，有一套抵制"工运"的流氓手段。吴接到陈立夫的指示，拉拢了樊仲云、萨孟武、何炳松、陈高镛等十名教授，纠合了一些反共分子成立了"力社"，该组织主要负责人是CC系的陈希曾。②

"力社"表面归国民党教育局长潘公展领导，实则受控于吴醒亚。1927年初，潘公展由陈果夫推荐去南昌见蒋介石，四一二政变后，历任国民党上海特别市党部常务委员、上海市农工商局长、社会局长、教育局长，1932年4月在沪创办《晨报》并自任社长。在学运、工运问题中，凡有关中国共产党的事宜，潘公展就请吴醒亚运用其得力组织"力社"施行严酷的镇压。湖北帮是吴醒亚的私人小团体，也可说是吴的特工小组。湖北帮中最重要的分子是黄宝石和方焕儒。黄宝石是湖北省的驻上海代表，扮演小团体参谋长角色。方焕儒是中国共产党的叛徒，留苏回国后曾担任中共汉口市委书记，被捕后写了反共自首书改名为方文奎，专门负责策反中共党员的工作。其他成员还有：吴大宇负责电台工作，廖云鹏负责学生运动，谢中杰负责工人运动，袁殊负责新闻工作。③

袁殊每次向王子春汇报湖北帮情况时，一谈到梅龚斌就被制止。王说，此人你不要管他，要注意其他人。其实，梅龚斌是中共情报史上"抗战三杰"中的"隐杰"（另有"怪杰"宣侠父和"英杰"陈希周）。直到

---

① 参见曾龙《我的父亲袁殊：还原五面间谍的真实样貌》，独立作家2016年版，第161—162页。
② 同上书，第163页。
③ 参见胡肇枫、冯月华、吴民《剑胆琴心：红色情报员袁殊传奇》，四川人民出版社1999年版，第40—45页。

1950年经过朱明的证实,袁殊方知梅龚斌在当时是中共秘密党员。①

袁殊和楼适夷早在1932年下半年即分赴不同的战线,楼对袁的信任是基于对袁殊的了解和依凭政治上的直感。即便在五十年后,袁殊遭难,楼老也明白地表示过"袁殊在政治上是一心向党的"。②

为拓宽情报的来源渠道,袁殊千方百计,广交各路朋友。

郑用之在上海时交往很广泛,在文学界有鲁迅、柳亚子等,在美术界有张光宇、叶浅予等,在电影界有明星公司的张石川、郑正秋,联华公司的罗明、孙瑜、黎明伟等,还有摄影家郎静山,无线电专家陶胜伯等。他还常去看望何香凝,因为廖仲恺曾是黄埔军校的党代表,因而他叫何香凝为师母。那时郑用之与一些中共党员来往也很密切,如中共上海地下党领导成员之一的上海有名的老中医李芸仙(四川人),他在上海就住在萨坡赛路232号郑用之家里,上海地下党电影小组成员之一的石凌鹤就常来郑用之家,并常在那儿吃饭和玩。袁殊主编的《文艺新闻》和郑用之③主编的《新大陆报》在同一个印刷厂印刷,两人经常在送稿校对时碰面,一来二往就熟识起来。袁殊向王子春汇报了有关郑用之的情况后,王认为此人可交,要袁推动郑加入国民党军队工作,从而多一条情报来源的渠道。

在袁殊的策划建议下,郑用之自费创办了以宣传"庐山军官训练团"受训的军人将领为主要内容的《军人画报》。郑的照相技术很好,每天除采访新闻外,随身背带照相机、闪光灯等器材,不但采访新闻,还随时拍新闻照,给有关报社发新闻稿,有时还发新闻照片。《军人画报》杂志中刊载大量国民党将领的照片,配有袁殊写的吹捧性的文字说明。为扩大影响,郑将《军人画报》广泛赠阅给他的黄埔校友,如此一来,郑引起了复兴社骨干贺衷寒的注意。贺长期主掌国民政府情报系统,被称为复兴社四大台柱之一。贺随即拉拢郑加入励志社为其所用,并帮郑谋到国民革命军事委员会总政治部宣传部电影股股长一职。为此,郑非常感谢袁殊。殊不知,郑用之交给袁殊的那些国民党将领的照片和有

---

① 参见曾龙《我的父亲袁殊:还原五面间谍的真实样貌》,独立作家2016年版,第164—165页。
② 同上书,第164页。
③ 参见孙晓芬《郑用之从影记》,《民国春秋》1994年第6期;冯俊锋《国民党当局在大陆时期对电影的管理与控制研究》,博士学位论文,四川大学,2006年;陈墨《据蔡楚生日记说大地影业公司始末》,《当代电影》2015年第12期;吴蔚云《抗战电影追忆》,《电影艺术》1995年第4期。

关资料，早已被袁交由王子春复制并转送至反"围剿"前线的中国工农红军那里。

为进一步刺探国民党方面军政情报，王子春要求袁殊进一步采取行动。于是，袁又推动郑用之成立一个专门报道军事新闻的中国联合新闻社。郑用之采纳了袁的建议，在上海大陆商场五楼租了一间房子办起了中国联合新闻社，专门报道军事讯息，郑用之自任社长并任命袁殊为副社长负责实际工作，经济事宜即经理的角色由吕奎文担任。中国联合新闻社除报道中国军人将领情况外，也发表种种反共之类的消息，消息由外勤人员采集，但郑用之本人从没发过国民党江西"围剿"红军的情况。

袁殊虽个头不高，但身材敦实、精力充沛、智力过人，尤其是头脑灵活、思维敏捷。他同时在新声通讯社、外论编译社、中国联合新闻社三个业务机关奔波，每天给新声通讯社编写一两则社会新闻，为外论编译社编译大量的时论通讯稿，在中联社他做一些内勤编辑工作。

吴醒亚了解到袁殊有一定的军方背景后，对袁很是欣赏，于是，开始重用袁，寻机安排袁到新闻记者公会里做执行委员，代表吴掌控上海新闻界的动向。吴特意给新闻记者公会每月补贴6000大洋。钱多好办事，袁用这些钱租下一个场所，成立记者俱乐部，设有台球桌、麻将室、餐厅、酒吧等休闲设施，记者们可以随意去享受，袁在这些记者的闲谈议论中获得了很多有价值的信息，并掌握了上海一些记者的政治倾向。比如，有一次袁听到《晨报》副刊《每日电影》主编姚苏凤①在俱乐部与人聊天，有人对姚说："共产党没一个好人，只有一个某某某可以交朋友。"袁立马将这个情报告知王子春，王随即提醒中共中央特科密切注意这个人。特科经过缜密侦查，结果发现此人果然是叛徒，立即对其采取果断处置，清除了这个毒瘤。②

三　干社情报股长

国民党中统特务组织及其活动，深刻影响着民国社会。③ 据王奇生研

---

① 参见张华《姚苏凤：1930年代影评活动的推手》，《电影艺术》2010年第4期；周允中《姚苏凤与我父亲周楞伽的友谊》，《钟山风雨》2009年第5期。
② 参见胡肇枫、冯月华、吴民《剑胆琴心：红色情报员袁殊传奇》，四川人民出版社1999年版，第55页。
③ 参见马振犊《国民党特务活动史》，九州出版社2008年版。

究，CC 系在 1933—1938 年确实存在过一个由"青白团""忠实党员同盟会"以及众多"活动集社"和外围团体所构成的多层级的金字塔形组织。CC 系"多层级的金字塔形"如下：顶层组织：青白团，内设中央干事会，由陈果夫、陈立夫、余井塘、张厉生、叶秀峰、徐恩曾、张道藩、周佛海、程天放等人组成。次级组织：中国国民党忠实党员同盟会，其中央干事和省级干事长一般由青白团团员兼任。中国国民党忠实党员同盟会有一个自上而下，从中央到地方的组织系统，其组织规模远超过青白团，是 CC 系在地方活动的组织主体。第三层级组织："活动集社"，著名的有上海的干社，北平、天津的诚社，江苏的励进社等。第四层级组织："外围团体"，CC 系的"外围团体"甚多，其中影响最大的当属中国文化建设协会，1936 年 12 月的统计显示，该会有会员 5142 人，是当时全国会员人数最多（中国佛教会除外）、声威最大的文化团体。[1]

当时，国民党上海市党部执委常委、组织部长吴开先[2]是上海市党部主要负责人，经常插手工运、学运，也有自己的小派系。

为争权夺利，吴醒亚着力于扩充个人势力、捞取政治资本，便以陈立夫亲信主将资格和上海社会局长的身份，谋划成立一个由自己全权掌控的小团体。袁殊"表现"得十分卖力，渐渐得到了吴的信任。起初，吴任命袁殊为"编外特别情报员"，专事收集社会情报。[3]

1932 年夏，在陈立夫、陈果夫的主持下，CC 系召开了一次"高干会议"，检讨工作，商讨如何整合上海的各方势力，以便国民党中央有效控制上海的学运和工运。会议决定将潘公展手下对付学运的力社与吴醒亚手下的湖北帮，加上海特别市党部书记吴开先所控的情报人员，全部统一起来，组成一个新组织。[4]

1933 年 5 月，吴醒亚成立以自己为首的小团体——干社，它属于 CC 系"第三层级组织——活动集社"，由陈立夫任社长，吴醒亚任书记长。其下设有一个干事会。干事会下设新闻、出版、教育、宣传、戏剧、电

---

[1] 参见王奇生《党的派系化与派系的党化：CC 系的组织形态与政治理念（1933—1938）》，辛亥革命 90 周年国际学术研讨会论文，台北，2001 年 10 月。
[2] 参见邵铭煌《战时渝方与汪伪的地下斗争——以吴开先案为例》，《抗日战争研究》1999 年第 1 期；杨天石、朱家骅《吴开先等与上海统一委员会的敌后抗日工作——读台湾所藏档案》，《民国档案》1998 年第 4 期；沈立行《吴开先捉放记》，《档案与史学》1997 年第 5 期。
[3] 参见尹骐《袁殊谍海风雨 16 年》，《炎黄春秋》2002 年第 12 期。
[4] 参见胡肇枫、冯月华、吴民《剑胆琴心：红色情报员袁殊传奇》，四川人民出版社 1999 年版，第 57 页。

影等事业设计组,其职责是向社长提供建议和参考意见,备社长咨询。干事会设干事长一人,由丁默邨担任;副干事长两人,由陶百川等担任(另一名不详)。①由方焕儒起草的《干社章程》中规定:社长实行集权领导,对社务具有最终决定权和人事任命权;干事长和干事会秉承社长之命处理社务;社员必须盲目、绝对地服从,入社之际,须宣誓"为主义奋斗,永远保守社内一切秘密,绝对不做危害和不忠实本社的行为"。社员资格,要求"从事文化事业,信奉三民主义,服膺法西斯精神,能接受本社纲领与决议",由两名社员介绍,经社长许可,方可入社。干社的一切活动绝对秘密,内部只有纵的隶属关系。每名社员均编有数目字的代号。②干社主要在文化事业领域展开活动。干社的创立趣旨和纲领明白规定要"以法西斯精神建设三民主义文化",树立"中心理论";联合、集中和指导、利用各种文化事业团体和个人,共同致力于"中心理论"的研究和宣传;在文化事业范围内,强化"革命势力"的基础;"以三民主义为体,以法西斯主义为用",从事三民主义文化建设。干社下属的文化事业有《晨报》《大沪晚报》《外论通讯稿》和《社会主义月刊》等报刊,直属的外围团体有上海工人运动促进会(代名"力社")、上海妇女协进会(代名"进社")、上海大学生联谊会(代名"青社")等组织,此外,还攘夺和掌控了上海国立暨南大学、私立上海江南学院、上海艺华电影制片厂等部门的人事和组织领导权。干社以上海为大本营,触角逐渐向全国各地扩展,先后在南京、江苏、浙江、江西、湖南、河北、陕西、云南、新疆、察哈尔、绥远等省市筹设分社。除文化事业外,干社还从事特务恐怖活动。③

干社下设四个股,分别是总务股长陈宝骅、行动股长李士群④、情报股长袁殊,还有文书股,黄敬斋曾任干社文书股主任干事。⑤

---

① 参见王奇生《党的派系化与派系的党化:CC系的组织形态与政治理念(1933—1938)》,辛亥革命90周年国际学术研讨会论文,台北,2001年10月。
② 同上。
③ 同上。
④ 李士群1927年末至1928年初曾受训于苏军总参谋部情报总局。据此,有人认为李士群也曾是苏联的"红色特工",其被派回中国后,安排在中共中央特科从事情报工作。参见施建建《多面间谍李士群真面目》,《传记文学》2012年第9—12期。
⑤ 参见黄敬斋《国民党CC系的干社》,载柴夫《CC内幕》,中国文史出版社1988年版,第106—109页,另见《文史资料选辑》第106辑,中国文史出版社1999年版。

1931年下半年，明耀五、孙师毅等人创办外论编译社。① 起初袁殊并未参加外论编译社工作。1933年秋，明耀五得一华侨的资助而开办了中外书店，便有意将外论编译社出让给袁殊。袁认为，若从改组派手中争得一块宣传阵地，岂不是可以让吴醒亚在陈立夫面前邀功？于是，袁就鼓动吴醒亚只花800元就买到了外论编译社。吴随即任命方焕儒为社长、袁殊为副社长兼总编辑。知道这事办成后，王子春极为高兴，因为可以充分利用公开合法的舆论机构去收集各国评价军政的情报了，这对于大部已迁入苏区的中共中央，无疑是个极为重要的情报渠道。②

起初，李士群一直向中共上海地下党组织隐瞒自己早已被捕叛变的事实，表面上依然接受中共地下党的领导。1933年6月，中共地下党要求李士群配合红队制裁叛徒丁默邨，而李士群用"李代桃僵"的办法，借中共红队杀掉史济美（马绍武）。一个月后，李士群又如法炮制，将中统特务股长陈静灌醉后带出，又遭到红队的伏击，陈静身受重伤未死。由此，李士群案发被抓。后来，李妻叶吉卿倾其所有，才把李救了出来。③

李士群在南京被关押期间给袁殊来过几次信，要求到外论编译社谋出路。袁把信拿给社长方焕儒看，方不理睬；袁把信交给王子春，王只笑笑说不要理他。④ 李搬起石头砸了自己的脚。袁殊作为干社的情报股长，实际只对吴醒亚一人负责，袁获得的情报都是直接交吴，别人无权查阅。1934年干社组织扩大了，成员有200多人，下设好几个委员会。

20世纪30年代初期，国共两党在沪宁线上的暗战，真可谓血雨腥风。中共中央特科保卫科专门设立红队，又称"打狗队"负责镇压叛徒特务。由此，要做好锄奸工作，必须先做好情报工作。王子春命令袁殊充分注意一些极度危险的中共叛徒的动向。

---

① 1931年九一八事变和1932年一二八事变发生后，日寇开始蚕食中国领土，激起了国人民族主义的爱国热情，大家都非常关注国际形势尤其是中日关系变化的时事新闻，对外国报刊中有关中日关系的报道和舆论颇感兴趣。有鉴于此，明耀五等一批爱国知识青年，创办了民间的外论编译社。该社每日编译上海各种外文报纸刊物上所载的有关消息和言论，然后以通讯稿形式供各中文报纸和机关订阅参考。有人认为，外论编译社政治背景隶属于汪精卫的改组派，改组派核心人物林柏生出钱资助过，但林柏生由上海调到南京后，外论编译社难以为继；另一说认为，外论编译社没有政治背景，完全是几个关心时事的青年知识分子组建起来的一个文化业务团体。据袁殊说，外论编译社中的俄、法、英、德、日编辑中有两三个共产党员。

② 参见胡肇枫、冯月华、吴民《剑胆琴心：红色情报员袁殊传奇》，四川人民出版社1999年版，第45—51页。

③ 参见曾龙《我的父亲袁殊：还原五面间谍的真实样貌》，独立作家2016年版，第167页。

④ 同上。

当时，人称黄大麻子的黄永华叛变后，在上海组织"铲共同志会"，穷凶极恶，大肆捕杀中共地下党员。为了及时消灭这个叛徒，袁按照王子春的指示，利用上海警察局特务股主任、侦缉大队副大队长刘槐的关系，详细调查了黄的家庭地址、相貌表征、座驾牌号和活动规律，不久，叛徒黄永华即被处决。①

1934年，袁殊以新闻记者名义，在日本作短暂的访问，访问期间觉察到日本国内正喧嚣着发动扩大侵华战争的社会舆论。袁回国后，立即向中共地下党组织汇报了这一严峻的形势。

---

① 参见胡肇枫、冯月华、吴民《剑胆琴心：红色情报员袁殊传奇》，四川人民出版社1999年版，第81—85页。

第七章　岩井机关

自明治维新后，日本就以对外扩张为基本国策，其侵略矛头直指中国。一部日本侵华史，也是一部日本间谍祸华史。[①] 近代中国历史上，日本的在华谍报活动非常猖獗。为掌握中国地形地貌、气象气候、物产地矿、军力军备及风土人情等情势，日本不断地向中国派遣各类间谍，并在中国各地设立间谍机构，其活动足迹遍布全国各地。[②]

已打入国民党中统内部、身为吴醒亚的干社情报股长的袁殊，在中共地下党的巧妙安排下，又成功打入日本在华重要情报机关——岩井机关。[③]

一　日谍潜伏中国

乐善堂汉口支店[④]主要创始人、东亚同文书院创始人荒尾精，是近代日本侵华间谍的鼻祖，由他一手在上海建立的日清贸易研究所是最早的日本侵华经济情报机关和间谍学校。东亚同文书院首任院长根津一是乐善堂的老牌间谍、日清贸易研究所首任所长（从其担任日清贸易研究所所长到同文书院院长，前后长达三十年），直接参加过甲午战争策划与作战，事

[①] 参见戚海莹《近代日本的对华谍报活动述论》，《理论学刊》2012年第1期；王希亮《近代西伯利亚和远东地区日本谍报活动述评》，《西伯利亚研究》2003年第2期；刘亦实《日本早期侵华活动的巢穴——汉口乐善堂内幕揭秘》，《湖北档案》2007年第Z1期；洪桂己编纂《近代中国外谍与内奸史料汇编——清末民初全抗战胜利时期（1871—1947）》，"国史馆"1986年版；吴童《谍海风云：日本对华谍报活动与中日间谍战》，中共党史出版社2005年版；洲汇《大清国遭遇日本间谍群》，解放军出版社2002年版；梅桑榆《刀光谍影——日本浪人对华谍报活动揭秘》，人民出版社2010年版。

[②] 参见戚海莹《近代日本的对华谍报活动述论》，《理论学刊》2012年第1期。

[③] 参见鲁南《中共地下党主持日特机关"岩井公馆"始末》，《春秋》2011年第3期。

[④] 参见刘亦实《日本早期侵华活动的巢穴——汉口乐善堂内幕揭秘》，《湖北档案》2007年第Z1期。

实上，日清贸易研究所的研究人员几乎都参与了侵华战争。上海东亚同文书院打着"研究"的旗号，借组织学生对中国进行实地调查，以获取各种情报。① 埃德加·斯诺曾指出："同文书院教给学生几年的奸细之术，然后把学生分配到政府机关或各个公司。有些人扎根于中国老百姓中，终身做奸细。"②

日本常常以"机关""公馆"之名在中国设立情报机构，以上海井上公馆为例，在日本军方授意下，日本浪人井上日昭利用经黑龙会③办的特务学校中训练出来的特务建立井上公馆，在中国刺探情报。井上公馆与上海黑社会土匪流氓组织安庆总会头子常玉清搞的黄道会狼狈为奸，接受黑龙会和日本东京大本营参谋本部的双重领导，在上海租界内外干暗杀、绑架、爆炸和恐吓等各种破坏活动。④

面临欧战的爆发，日本希图尽早解决中日战事。1939年9月23日，日本以大陆命362令废止原有中支那派遣军司令部，在南京设立支那派遣军总司令部，辖北支那方面军（多田骏中将）、第十一军（冈村宁次中将）、十三军（藤田进中将）、二十一军（安藤利吉中将），第三飞行团（木下敏中将）、二十一飞行队（石川爱上校），由西尾寿造上将担任总司令官，板垣征四郎为总参谋长。⑤

1939年10月1日，日西尾寿造总司令以"第三—第六号令"设立下列谋略机关：

1. 梅机关（担任汪精卫伪中央政府工作），机关长影佐祯昭少将；
2. 竹机关（担任吴佩孚工作），机关长川本芳太郎上校；

---

① 参见苏智良《上海东亚同文书院述论》，《档案与史学》1995年第5期；〔日〕薄井由《东亚同文书院大旅行研究》，上海书店2001年版；〔日〕薄井由《清末民初云南商业地理初探——以东亚同文书院大旅行调查报告为中心的研究》，博士学位论文，复旦大学，2004年；周杨《论东亚同文书院对日本侵华史的作用》，硕士学位论文，吉林大学，2009年；何民《别有用心的"研究"：看〈东亚同文书院大旅行研究〉》，《博览群书》2001年第12期。
② 〔日〕薄井由：《东亚同文书院大旅行研究》，上海书店2001年版，第232页。
③ 1901年2月23日，头山满、内田良平等人在原玄洋社基础上于东京组织成立黑龙会，目的在于谋取黑龙江流域为日本领土，其会名即从黑龙江而来。内田自任首任"主干"，聘头山满为顾问，创建会刊《黑龙》。早年目标是与俄国开战，霸占中国东三省，并逐步控制蒙古和西伯利亚。1931年九一八事变之后，黑龙会改组为大日本生产党，支持日本军部，鼓吹战争。1945年9月13日，黑龙会遭盟国占领当局解散。
④ 参见朱声昌《井上公馆和特务机关的内幕》，《文史资料选辑》第91辑，文史资料出版社1983年版。
⑤ 参见洪桂己编纂《近代中国外谍与内奸史料汇编——清末民初至抗战胜利时期（1871—1947）》，"国史馆"1986年版，第557页。

3. 兰机关（担任西南派将领工作），机关长和知鹰二上校；
4. 菊机关（担任福建省及华侨工作），机关长山本募上校。①

二 打入日谍机关

日寇铁蹄下的上海，汇聚着众多世界各地的情报机构，既有日本的梅机关，也有丁默邨和李士群的汪伪特工总部，还有国民政府军统局和国民党中统机关，租界区也潜伏着大量美、英、法、苏以及共产国际的情报人员。

1939年8月22日，日本在华的最高特务机关（驻华最高顾问部）宣布成立，因该机关选址在上海虹口日本侨民聚集区一座被称为"梅花堂"的小楼里，因此，日本内部把该机关代称为"梅机关"。② 机关长是影佐祯昭少将，其成员包括来自日本内阁陆军省、海军省、外务省和兴亚院③的代表，并有所谓的民间国会议员、新闻记者等30多人，其中干部阶层有犬养健（首相犬养毅的三子）、清水董三（日本大使馆书记官）、须贺彦次郎（华北日本海军特务部代理部长）、西义显（"满铁"上海事务所南京支所所长）等人。④ 1939年12月，梅机关代表日本政府与汪伪政府秘密签订了《日支新关系调整要纲》。⑤

最初，袁殊打入吴醒亚特工组织时，根本不知道提供给吴什么情报。王子春帮袁殊向吴提供了国民党西南派系联合反蒋的内幕消息⑥，情报价值虽不大，但吴借此可向陈立夫、陈果夫邀功。过了些时候，在王子春的指示下，袁殊利用胡抱一和王亚樵的关系，为吴和程潜驻沪代表搭桥引线，促成双方密谈，算是为吴立了一点"小功劳"。为有所突破，按照王

---

① 参见洪桂己编纂《近代中国外谍与内奸史料汇编——清末民初至抗战胜利时期（1871—1947）》，"国史馆"1986年版，第557—558页。
② 参见郭画《梅机关》，《民国春秋》1995年第4期。
③ 参见《日本兴亚院之成立与机构》，载新民会首都指导部《兴亚史料》第1辑，英华斋印刷部1939年版，第39—44页；〔日〕加藤阳子《从军事史研究的角度来看中日战争——关于兴亚院的历史定位》，《抗日战争研究》2014年第1期；臧运祜《"兴亚院"与战时日本的"东亚新秩序"》，《日本学刊》2006年第2期；郭雄《日本的对华侵略总机关——兴亚院》，载杨天石《民国掌故》，中国青年出版社1993年版，第323—325页。
④ 参见章绍嗣、田子渝、陈金安编《中国抗日战争大辞典》，武汉出版社1995年版，第420页。
⑤ 参见李华兴主编《近代中国百年史辞典》，浙江人民出版社1987年版，第574页。
⑥ 参见胡杨《民国时国民党主要派系的政治角逐》，《党史纵横》2007年第9期。

子春的指示，袁向吴要求获得一个新闻记者的身份，以便广结人脉、增加信源，吴遂把袁介绍给新声通讯社社长严谔声。严曾经常以"小记者"的笔名在报上发表杂文，在当时上海的新闻界名气很大。严所写的杂文已形成了一种独特的风格，如收集在《新文学大系·杂文》卷中的《变》就是他的代表作之一，从中可见一斑："谚云：'毛头姑娘十八变，上轿还要变三变。'天下有许多事，有许多人，往往会变得出人意料的。有的人，本来读书不多，但是一做了大官，就好像'慧随福至'，什么微言大义，圣经贤传，都能够讲得头头是道，一位大官，就变成了一位大学问家。也有人，本来会做文章，会发议论，但是一做了官，文章也做不出了，议论也不会发了，一双手，和一张嘴，除了'捧'之外，再不会有其他表现，一位大学问家，就变成了一个好官。人类之所以为万物之灵，也许就在这能'随机应变'上吧？"①

据金雄白回忆，袁殊能够抓住任何机会，利用每一个他所能接近的人。金雄白坦承也曾经于不知不觉中受过袁一度的利用："大约是在一二八淞沪抗战之后不久，有人把袁介绍给金，袁那时初到上海，还不过是严谔声所主办的'新声通讯社'的一名练习记者。相见之初，袁就着实恭维了金一阵，以后袁又常来看金，表面上是当金为新闻界的前辈，而向金虚心受教，金是太没有城府的人，而又犯了好胜与爱受恭维的习性，渐渐金与袁交上了朋友。一次当上海市新闻记者改选的时候，袁向金表示希望当选为执行委员，金想：爱出风头，是少年人的常情，绝不怀疑会有其他作用，论袁在新闻界当时的地位，无论如何袁是不可能当选的，而金竟为袁全力奔走，终于使袁如愿所偿，从此，袁在上海新闻界开始露头角。"②

值得一提的是，八一三淞沪抗战中国军队撤离上海时，留有谢晋元率领八百壮士坚守四行仓库，屋顶上仍高高飘扬着一面巨大的国旗。有资料说这面国旗为女童子军杨惠敏冒险由租界泅渡苏州河所献③，实则不然。据学者最新考证，杨惠敏所献国旗实为小幅国旗，只能挂在窗口，四行仓库屋顶上飘扬的大幅国旗，其实是上海市商会秘书长严谔声在接到谢晋元要求急送国旗的电话后，转市商会社令童子军战时服务团第50团团长叶

---

① 原载1936年2月2日《立报·小茶馆》（署名小记者）。
② 朱子家（金雄白）：《汪政权的开场与收场》第3册，春秋杂志社1965年版，第28页。
③ 参见肖思《泅渡苏州河献旗的杨惠敏》，载中国人民政治协商会议江苏省镇江市委员会文史资料研究委员会《镇江文史资料》第9辑，1985年7月，第11页。

春年等人不顾生命危险献去的。①

新声通讯社供给各报的稿件,有上海政治、经济、商情等方面的消息,还有国内各要埠电讯和国际消息。每天发稿两次,一次为中午 12 时到下午 1 时半,第二次为下午 3 时到午夜 2 时,有重要消息再增加一次发稿。凡有重要活动,新声社都派员前往采访。②

严谔声因吴醒亚的介绍不得不安排袁殊进入新声通讯社。袁殊有了记者身份的职业掩护便可以自由采访,他经常出席一些记者招待会,从而了解国民政府一些要人的内幕,由此结识了岩井英一。③

岩井英一在华从事情报工作,主要运用东亚同文书院的师生,但该书院中也有一批信仰共产主义、反对日本侵华的日本人,如安斋库治④、中西功⑤、西里龙夫⑥、手岛博俊、白井行幸⑦、水野成等人。

---

① 参见《四行仓库屋顶国旗是谁献的?》,《文汇报》1995 年 8 月 22 日;申公《严谔声献旗》,《姑苏晚报》1995 年 9 月 26 日。恒丰洋行一名职员、时任市商会童子军战时服务团第 50 团团长的叶春年 1966 年 2 月的回忆文章《给四行仓库送旗的经过》说明:一是 10 月 28 日上午四行孤军以电话和市商会联系要求送一面(大)国旗等;二是当天中午以前杨惠敏曾与守军联系后送去一面国旗,因旗较小而没有挂出来;三是当天晚上叶春年等人送去国旗及物资,次日(29 日)晨国旗升上仓库六楼楼顶;四是为了防止日本人报复,对外宣传报道只介绍是杨惠敏送的国旗。参见谢继民《我的父亲谢晋元将军》,团结出版社 2010 年版。另,2005 年,《我的父亲谢晋元将军》再版,以纪念中国人民抗日战争胜利 60 周年暨谢晋元将军诞辰 100 周年,该版增《谢晋元日记摘钞》。
② 1933 年 8 月 24 日,中国经济学社第十届年会在青岛举行。新声社派出恽逸群、朱圭林赴会采访,航寄稿件,沪、京、津各报都刊用。会上几个主要发言者由恽、朱全文发稿,各大报均刊用,由于内容重要,一时为之轰动。
③ 参见鲁南《抗战时期岩井公馆为中共"服务"秘闻》,《湖北档案》2011 年第 8 期;《中共地下党主持日特机关"岩井公馆"始末》,《福建党史月刊》2011 年第 9 期;《"岩井公馆"》,《文史月刊》2011 年第 5 期;《岩井公馆里的中共地下党:提供日军确定南进情报》,《文史月刊》2011 年第 5 期及《文汇报》2011 年 6 月 14 日。
④ 参见刘建平《苏联、斯大林与新中国初期的对日外交》,《国际政治研究》2008 年第 4 期。
⑤ 中西功 1929 年夏以"浪人"方式闯荡到上海,进入了同文书院,正好由王学文主持教学。中西功参加了由王学文指导、西里龙夫等前期同学为发起人而组织成立的中国问题研究会。随着对中国社会认识的深入,再联系日本国内巨大的贫富差距和阶级矛盾,中西功逐渐对马列主义产生了浓厚的兴趣。参见杨国光《经济学家王学文的传奇革命生涯》,《百年潮》2012 年第 7 期。
⑥ 西里龙夫 1930 年担任《上海日报》记者,结识了鲁迅、夏衍等人。不久回到日本,在东京加入共产主义青年同盟。1933 年再次到上海,任新闻联合社上海总局记者,后加入中共。
⑦ 参见程兆奇《六十余年前的特殊"口述历史"——〈中共谍报团李德生讯问记录〉书后》,《史林》2005 年第 5 期。

日本驻华使领馆特设情报部与其他侦察机关。① 日本各领事馆的随员都是日本特务，每年在中国所使用之机密费，近 1000 万元，岩井英一且有相当大的权力，每月可支配十几万元活动经费。1937 年，日本外务省亚洲司中国局之预算当中，机密费更逾千万元。上海为日本对华侦察重点，日人在该地建立的情报网络最为紧密。领事馆内侦测机关，直接受东京外务省之命，不为驻华大使统制。1938 年，岩井英一主要负责成都事务。后来，岩井转任驻沪副总领事、总领事，成为日本在华情报系统的重要成员。②

岩井英一交友甚广，有各种类型的"朋友"，尤善与中国左派人士接近，真可谓一个"活动能力强，很有个性，对人彬彬有礼"的中国通。③

九一八事变后，中日关系恶化，国共高层极度关注日方的一切动态。于是，王子春为袁殊精心谋划如何接近日人，设法引起日方人员的注意。有一次，日本领事馆召开记者招待会，袁殊遂带了一本日文杂志《中央公论》④，在记者招待会之前故意随手翻阅。负责招待记者的日本领事馆随员朝比索太郎被此吸引，他用中文向袁借阅杂志并问是否懂日语，袁则引而不发、笑而不答。朝比索太郎和另一个日本领事馆随员岩井英一交换了一下眼色。岩井英一走上前问候袁殊："你原来懂日文啊？先生贵姓？在何处供职？"袁殊随即很有礼貌地应答说自己曾留学日本，并递上自己"新声通讯社记者，外论编译社副社长，联合通讯社副社长，袁殊"字样的名片，岩井英一看惊喜地说："喔！了不起！中国懂日文的记者很少见。"就这样，袁殊和岩井英一开始相识。⑤

---

① 日本大使馆情报部，成立于 1932 年 10 月，主要通过驻外使馆和外交官，全面收集驻在国政治、经济、外交等方面的情报，驻外使馆官员都负有情报工作任务。
② 参见钟鹤鸣《日本侵华之间谍史》，华中图书公司 1938 年版，第 64—66 页，转引自长沙王乂《从袁殊到曾达斋从曾达斋到袁殊》学术论文，2002 年 5 月 4 日，授课老师冯锦荣，香港大学中文学院教授，该文其他信息不详。
③ 参见王朝柱原作、余亦麒提供《袁殊是潘汉年勾结日汪的关键人物》，《传记文学》第 409 期，1996 年 6 月。
④ 《中央公论》作为日本办刊发行时间最长的杂志，至今已存在 120 多年。其前身是创刊于 1887 年的《反省会杂志》，宣传禁酒和探讨青年的生存方式问题，其后改称《反省杂志》，1899 年正式更名为《中央公论》，转而向时政杂志方向发展。进入大正时代以后，泷田樗荫就任主编，提倡民本主义，同时刊载文艺作品。此后，《中央公论》又陆续刊载了一系列宣传自由主义的政论文章。1942 年"横滨事件"发生后，走中道路线的《中央公论》受日本军部法西斯指令被迫停刊，1946 年复刊。1999 年被读卖新闻社收购，改名为中央公论新社。
⑤ 参见曾龙《我的父亲袁殊：还原五面间谍的真实样貌》，独立作家 2016 年版，第 171—172 页。

第七章 岩井机关

袁殊第二次去日本领事馆时，岩井英一便主动前来攀谈。熟识后，岩井英一邀请袁殊去日本料理馆品尝一下日本菜。他们第一次去的是四川北路海宁路口的一家日本餐馆，岩井和朝比索太郎两人都去了，这是初交，因此以吃饭、闲谈为主。①

以后每隔几天，日本人就请袁殊到"三幸"料理馆吃日本菜，有时两个日本人同去，后来就岩井英一独自去了。②

王子春特别提醒袁殊"要投其所好，陪他吃喝玩乐，争取成为私交深厚的朋友"。于是，在上海的很多高档休闲场所，经常看到他们玩乐的身影。岩井似乎也特喜欢袁殊这个"朋友"。当时，岩井在上海有家，有老婆孩子，家住一所二层楼房。有一次，岩井还邀请袁到家里做客，作为回礼，袁也邀请岩井一家到袁家做客。③ 岩井能讲中国话，但当时讲得不是很流畅，袁殊当时的日语口语也不算精通，两人的交谈一般是半中文、半日文，交流不成问题。④ 随着他们的进一步接触和交流，岩井觉得，袁殊具备从事谍报工作的天然素养，各方面的消息渠道很灵通，两人彼此有共同的爱好，所以，两人很快成为至交。⑤

其实，岩井英一是通过自己的情报系统了解到袁殊的真实情况。1928年，同文书院毕业的陈彬龢与日本驻沪总领事馆的岩井英一拉上关系。1929年起，陈在岩井英一的支持下编辑出版《日本研究》。而陈对袁是有所了解的。原来，袁在日本留学期间曾利用暑假闲暇之余回到上海，带着《日本国对华政策》这部稿子到《日本研究》的主办人陈公馆去登门拜访。陈接待了袁殊，用30元买下了稿子。

起初，岩井和袁殊谈论的主要话题大多为新闻界方面的内幕或各种小道消息。随着交流的深入，岩井向袁殊打听起蒋介石国民政府高层人物的

---

① 参见曾龙《我的父亲袁殊：还原五面间谍的真实样貌》，独立作家2016年版，第172页。
② 参见胡肇枫、冯月华、吴民《剑胆琴心：红色情报员袁殊传奇》，四川人民出版社1999年版，第62—64页。
③ 据当时报刊所载，袁殊是当时南京、上海知名的春画（春宫画）收藏家，常常在家举办春画展览会，一些汉奸如陈群、周佛海、梅思平等，都是春画展览会的参观者，岩井英一、影佐祯昭等日本特务机关首长，时常前往捧场。参见许强《袁殊的春画展览会》，《文饭》1946年第31期；马上侯《袁殊之春画癖》，《新上海》1945年第2期；忆萍《袁逆殊的春画癖》，《海潮周报》1946年第7期；小白《小报八卦中的旧上海警察：无法确定的言辞黑洞》，《东方早报》2013年9月6日。
④ 参见曾龙《我的父亲袁殊：还原五面间谍的真实样貌》，独立作家2016年版，第173页。
⑤ 参见〔日〕岩井英一《回想の上海》，《回想の上海》出版委员会1983年版，第80—81页。

内幕，袁表示自己有办法，说自己认识上海新闻检查所主任陈克成①（此人属CC系、时任国民党上海市党部委员），可以看到被该所扣发的油印新闻材料。②

岩井机关不同于梅机关，岩井英一不直接参与政治、军事以及其他方面的策划，也不搞侦察、搜捕、关押等实际行动，他主要是搜集战略情报、组织文化舆论方面的宣传活动。他利用和袁殊的私交关系，为他网罗了一批文化人，伺机套取社会情报。③ 当时中日之间正进行货币兑换率和关税问题谈判，其内幕消息一时成为当时新闻界的热点。袁殊有岩井的渠道，又快又准地取得一些内幕消息，因此，袁殊在上海新闻界一下子又有点名气了。和岩井交往半年后的一次会面中，岩井突然说："袁先生和我交往许久了，对我们帮助很大，今后我要提供一点交际费，每月200元怎么样？"④ 岩井的话貌似很客气，实质是正式招聘袁殊为日本领事馆的秘密情报员。⑤

据袁殊回忆，陈彬龢是岩井英一的第一号情报员，而袁殊后来被发展为岩井英一的第二号情报员。袁殊打通了日本领事馆这一内幕消息的渠道后，吴醒亚非常欣赏袁殊的才干，开始重点起用袁殊。

就这样，袁殊成为具有中共、中统、日方岩井机关三重身份的秘密情报人员。袁殊的生活境遇也因此得到了很大的改善，据袁殊回忆，在当时的新闻界，他的收入是最高的，甚至超过某些国民党中委的月薪。袁殊当年月收入有600元以上，计有吴醒亚的150元、岩井英一的200元、外论编译社的40元、新声社的车马费150元，他不拿记者工会的钱，中国联合新闻社的钱也不固定，此外他还有稿费。⑥

当年的上海滩，月收入600元以上算是富人了，可袁殊每月把一半以

---

① 当时国民党上海新闻检查所设于南京路大陆商场（慈淑大楼）。史量才常谆嘱《申报》同人："人有人格，报有报格，国有国格，三格不存，人将非人，报将非报，国将非国。"据《新闻报》记者陆诒回忆，1933年春某天，为交涉《新闻报》被扣发一条有关东北义勇军抗日消息的稿件，史量才当即把当时国民党上海新闻检查所的主任陈克成找来，在《上海日报》办公室当面大声责问："时至今日，你们竟然还扣发东北义勇军抗日的消息，你们究竟还像中国人吗？"
② 参见罗孚《"汉奸"袁殊十四年周旋于日特之间》，《中外书摘》2011年第9期。
③ 参见王朝柱原作、余亦麒提供《袁殊是潘汉年勾结日汪的关键人物》，《传记文学》第409期，1996年6月。
④ 胡肇枫、冯月华、吴民：《剑胆琴心：红色情报员袁殊传奇》，四川人民出版社1999年版，第66—67页。
⑤ 参见尹骐《袁殊谍海风雨16年》，《炎黄春秋》2002年第12期。
⑥ 参见曾龙《我的父亲袁殊：还原五面间谍的真实样貌》，独立作家2016年版，第194页。

上的收入都交给王子春作为党费，表现了他对革命事业的忠诚与执着。

恽逸群曾告诉其外甥顾雪雍："日本领事馆的岩井英一虽信任袁殊，但对袁殊仍存有戒心，对袁监视和防范，因此，袁和他不能在'岩井公馆'内商谈机密的事，到外面去谈，袁外出总有日本特务跟着，为了安全，袁和他常到福州路'红灯区'会乐里的'长三堂子'（高等妓院）去，妓院的管事人见他们两个熟客来，就会高喊'袁先生、恽先生来了'，就派当红妓女招待。他们两人走进房间，关上房门，在床上并肩躺下，假装抽鸦片，在吞云吐雾中，商讨如何执行党的指示和其它机密事。岩井等见他们两人经常出入妓院，认为他们生活糜烂，思想堕落，不会怀反日的异志，就对他们更加信任了。"①

袁殊从事情报工作，始终坚持"不失原则，不为己甚，广交朋友，为我所用"的"十六字诀"。② 袁殊认为，不论是日本人、国民党人还是青洪帮，在政治上，一定要分清敌我，对他们各种有情报价值的动向，要冷静观察分析后及时向中共党组织汇报；但在生活上，要尽量和他们打成一片，攀结私情，极富人情味，善于人交，广结善缘，尽量做到如鱼得水、游刃有余，这对袁殊获取情报以及保护自身安全起到了很大的作用。③

1934年7月的一天，岩井英一突然问袁殊想不想到日本游玩顺便看看王莹，并表示愿意提供1000元旅费，让袁殊到日本游玩一个月。袁立即将此事报告给王子春，王子春随即指示袁："不管岩井英一目的何在，都应在中日关系紧张之际，亲自到日本了解社会情况。"④

王莹是当时上海滩著名演员，袁殊和王莹是好朋友，早在创造社、联合剧社活动时期，两人就非常熟识。1928年秋天，王莹为躲避军阀的追捕，在当时的中共地下党组织和阿英等人的帮助下从南京逃到上海。最初，王莹在浦东的一所小学任教，1928年10月，王莹加入由阿英、夏衍等人领导的上海艺术剧社，这是中国共产党在上海成立的第一个剧社。1930年，王莹加入共青团，同年加入中国共产党，积极从事革命活动，曾四次被捕。1932年，王莹参加左翼话剧运动，与袁牧之等著名演员同台演出，同年，加入明星影片公司。王莹因主演《女性的呐喊》（1932）、《铁板红泪录》（1933）、《同仇》（1934）这三部当时上海的明星电影公司的

---

① 顾雪雍：《真实的"伪装者"："五方特务"袁殊》，《东西南北》2016年第2期。
② 参见曾龙《我的父亲袁殊》，接力出版社1994年版，第154页。
③ 参见胡肇枫、冯月华、吴民《剑胆琴心：红色情报员袁殊传奇》，四川人民出版社1999年版，第72页。
④ 曾龙：《我的父亲袁殊：还原五面间谍的真实样貌》，独立作家2016年版，第174页。

经典影片而名声大噪，但她对电影界各种丑恶现象十分不满。1934年2月12日，王莹的好朋友艾霞因情感问题而吞烟自杀，这件事对王莹很是震撼，她表示非常阴郁。袁殊竭力鼓励王莹去日本留学以便远离是非，顺便散散心。袁殊对王莹说："中国许多戏剧界知名人士如田汉、夏衍他们都在日本学习，研究过戏剧，你去那里学习一段时间，定有好处。"[①] 1934年春，王莹经过一番思考后，发表《冲出黑暗的电影圈》一文，随即赴日留学。据袁殊回忆："岩井大概是通过陈彬龢知道我和王莹关系接近，他以王莹为诱饵要我到东京去目的是造成我们亲日地位，以巩固深化我和他的关系，我则借机到日本实地侦察是为我所用。"[②]

此时，中日关系因《何梅协定》刚签不久，情势十分微妙。吴醒亚也认为袁殊为其到日本实地调研，也是不错的，吴也提供给袁1000元旅费。[③]

于是，袁殊来到了日本。

到东京后，袁殊拿着岩井英一的名片，去拜访的第一批人包括日本外务省情报部门情报部长天羽英二和他下属的几个科长。这些人见面的第一句话都是，"已知道你要来日本了"。这说明，岩井安排袁殊日本之行确实很是周全。在日本外务省官员的介绍下，袁殊随即拜见了日军参谋部新闻班班长喜多诚一，喜多诚一对袁说："中国报纸要大大改进。"弦外之音是抨击中国报纸的反日宣传。袁还拜见参谋部中国班长今井武夫[④]，今井高喊所谓的"日满一体"侵华理论。袁殊随后访问了日本的一些新闻机构，如每日新闻社、朝日新闻社等，与这些新闻机构原驻上海的记者相见吃饭聊天，袁殊由此大致了解到日本新闻界对华的真实态度。当时，东京各大报纸赞同日本出兵侵略中国的头面人物、《日日新闻》主笔吉冈文六是岩井英一同文书院时的学生。吉冈文六煽动战争的言行格外疯狂，在日本有"戈培尔"之称，极具社会影响力。此时的日本报纸大多刊登以中国为攻击目标的长篇论文，猖狂地叫嚣"扩大侵华战争"，鼓吹"奠定东亚和平基础""大东亚共荣圈""大东亚新秩序"侵华理论。[⑤] 日本报纸经常出号

---

① 胡肇枫、冯月华、吴民：《剑胆琴心：红色情报员袁殊传奇》，四川人民出版社1999年版，第77页。
② 曾龙：《我的父亲袁殊：还原五面间谍的真实样貌》，独立作家2016年版，第174页。
③ 参见胡肇枫、冯月华、吴民《剑胆琴心：红色情报员袁殊传奇》，四川人民出版社1999年版，第77—80页。
④ 20世纪60年代，今井武夫撰写了自己的战争回忆录《今井武夫回忆录》《支那事变回忆录》《近代的战争——与中国的斗争》《昭和阴谋》《对汪兆铭运动的回忆》，详细描述了侵华战争期间"和平工作"情况，并附记其掌握的第一手文献。
⑤ 参见张榆芳《何谓新秩序？》，华中印书馆1943年版，第62—70页。

外详尽报道"华北自治运动",极力煽动日本国民形成侵华共识。战争气氛笼罩着日本的东京,街头游人稀少,时时可见日本国民"请愿"游行活动,游行者头缠白布条、手持白布横幅,写着"惩膺中国""出征去吧"之类的标语。东京繁华地带的楼堂馆所也是门庭冷落,饭菜极为简单,行人饭毕即匆匆离去。箱根一带有许多妇女拿白布针线祈求过路行人缝千人针①,以保佑她们在满洲作战的丈夫和兄弟平安。半个月后,袁殊转去京都旅游,京都是日本的文化城市,在京都袁殊欣赏了日本传统的大字节狂欢。后去大阪访问大阪的报社。

袁殊此次赴日,很多情况下摆出和王莹"休假旅游"的姿态,由王莹陪同在东京到处闲逛,给岩井英一在日本的耳目以假象,认定袁在为他们服务。袁也了解到王莹身处日本的难处,尤其是作为电影明星,经常受到骚扰和诽谤,甚至谣言传至国内,这让王莹很是烦恼。袁回国后,在《时事新报》上发表了《王莹在日本的动静》一文,以访问记的形式介绍了"刚从日本回国的袁殊"对记者发表的谈话:"王莹在日本,日常的生活很有规律,能刻苦耐劳。她在那边租了间小房子,做饭啦,洗衣啦、打扫屋子啦,以及其他家庭琐事,统统由她自己一手包办。同时王莹小姐也很节俭,没有像其他留学生那样的奢侈,我去看过她多次,有一回还看见她正饮薄粥呢!上海所传的王莹跟日本影片公司拍片,压根儿没有这回事,全是那些留学生追求不到王莹小姐而散布的中伤她的谣言……"

这篇访问记,一扫笼罩在王莹头上的阴霾,王莹在日本读到《王莹在日本的动静》一文后,对袁殊十分感激。②

回国后,袁殊立即把写好的长篇《东京报告》交给王子春,王子春连连表示赞赏,认为这份报告是份极其重要的战略情报,他说:中共中央远离大城市,对来自国外,尤其是来自日本的情报极缺,袁殊在报告中所得出的结论——"中日之间一场大规模的战争不可避免",对中共中央作出相应的战略决策很有帮助。③

---

① "千人针"指的是经"千人"之手用红线缝制的一条有文图的布带。当青年应征入伍时,藏于身上,以保平安,即使战死,也能转世再生。这一习俗与日本一个古老的传说有关。据说,有一青年为除掉危害本村落的吃人妖魔,访求智者。智者告诉他,若能拥有一千人缝制的一条布带,就能集中一千人的智慧和力量,便可打败妖魔。青年人照智者的话办了之后,真的打败了妖魔。于是"千人针"便成了胜利保障的象征,世世代代流传下来。参见孙蝶平《千人针:日本人的心灵避弹衣》,《文史博览》2011年第2期。
② 参见胡肇枫、冯月华、吴民《剑胆琴心:红色情报员袁殊传奇》,四川人民出版社1999年版,第80页。
③ 参见曾龙《我的父亲袁殊:还原五面间谍的真实样貌》,独立作家2016年版,第175页。

当袁殊把长篇报告抄写一份交给吴醒亚后，吴很是出了一阵风头，因为他受到了国民党高层的嘉奖，特别是对中日战争的预见性被国民党高层认为"很有见地，很有价值"，军统为此还十分眼红中统所取得的"成绩"。

1937—1938 年，袁殊的活动可以分为两个方面：一是军统活动；二是接近岩井英一收集日方情报。①

1937 年下半年，岩井英一又回到了上海，他在文师监路一所新建的五层楼房内的一个公寓里成立了日本特务机关"特别调查班"。袁殊参加"特别调查班"是潘汉年特意安排的，戴笠军统也有所知晓，实质上袁在从事反侦工作。

1938 年 3 月，岩井英一与袁殊进行了深入的交谈，双方对当时的中日关系形势作了分析，达成"一定的共识"。他们约定在河南路江西路口的大都会旅馆秘密会面。岩井首先拿来河相达夫著《东西之指标》小册子要袁译成中文。译好后付给袁 600 元稿酬（那本小册子仅 3 万字，以上海的译稿时价而记给 200 元算是最高的）。岩井问袁是否同意书中的观点，袁对岩井表示了如下的看法："中日关系发展到现在的态势，是令人感到非常不幸的，中日全面和平的目的若要达到的话，必须要开通有力的渠道谋求诸如蒋介石实力派开始新的谈判，可是，若香港搞全面和平接触，容易泄密，建议运用影佐祯昭到澳门和中国的实力派进行秘密商谈。"② 岩井英一对袁殊的"建议"非常欣赏。

其实，抗战全面爆发后，蒋介石政府一方面组织抗战，另一方面又和日本进行频繁的秘密"和谈"。③ 据《今井武夫回忆录》，卢沟桥事变后，中日双方高层已在秘密接触进行多层次深入的和谈，如 1938 年 1 月，高

---

① 参见曾龙《我的父亲袁殊》，接力出版社 1994 年版，第 194 页。
② 〔日〕岩井英一：《回想の上海》，《回想の上海》出版委员会 1983 年版，第 79—80 页。
③ 参见杨奎松《蒋介石抗日态度之研究——以抗战前期中日秘密交涉为例》，《抗日战争研究》2000 年第 4 期；杨天石《抗战时期与日本的秘密谈判》，《读书文摘》2007 年第 3 期；杨天石《卢沟桥事变前蒋介石的对日谋略——以蒋氏日记为中心所做的考察》，《近代史研究》2001 年第 2 期；杨天石《"桐工作"辨析》，《历史研究》2005 年第 2 期；杨天石《蒋介石对孔祥熙谋和活动的阻遏》，《历史研究》2006 年第 5 期；杨天石《蒋介石亲自掌控对日密谈判》，载《中国社会科学院学术咨询委员会集刊》第 2 辑，社会科学文献出版社 2006 年版；安成日、任龙哲《试论抗日战争时期蒋介石对日"和谈"问题》，《日本问题研究》1997 年第 2 期；安成日《试论抗战时期蒋日"和谈"问题》，《江桥抗战及近代中日关系研究》（上），2004 年；吕春《抗战时期蒋介石与日秘密谈判》，《文史春秋》2007 年第 4 期；沈予《日本侵华战争期间的"和平交涉"》，载《第二届近百年中日关系史国际研讨会论文集》，1993 年；杨凤霞《论蒋介石对日外交中的"和平"策略》，硕士学位论文，吉林大学，2004 年；彭敦文《中日"广田三原则"交涉中的国民政府的外交策略》，《民国档案》2001 年第 3 期。

宗武（国民政府外交部亚洲司司长）与日方已开始眉来眼去。① 对于抗战时期的"中日和谈"问题，中国社会科学院近代史研究所研究员杨天石曾撰文指出："抗战期间，日本帝国主义曾多次和蒋介石集团进行所谓'和平'谈判，这些谈判的策划者和出面者大多是日本军方或政府人员，但也有以'民间人士'身份出现的，例如莹野长知、小川平吉、头山满、秋山定辅等。他们都曾是孙中山的友人，有过支持中国革命的历史。同时，又和日本政府有着密切的联系，自称虽非代表，却是'代表以上之人'。"② 杨天石认为："中日秘密谈判可以说是抗日战争期间最诡异的事件，这不仅表现在中日双方，而且也表现在中国内部。蒋介石虽然屡屡对孔祥熙对日谋和活动加以阻遏，但蒋本人又亲自掌控过几次对日秘密谈判，说明蒋在宣称坚持抗战的同时，也对和平解决中日战争存有期待，这反映出蒋在对日抗战中的软弱一面。"③

三 提供战略情报

1941年6月22日，德国闪击苏联，而斯大林居然提前一天得到了这一情报。那么，斯大林是如何知道这一重大情报的呢？

抗战全面爆发后，八路军总部在全国主要城市南京、上海、西安、武汉、重庆等地设立公开、合法的办事机构。八路军办事处在中国共产党的领导下，在国统区积极开展抗日民族统一战线工作，宣传中国共产党的抗战方针、政策，开展八路军的抗战活动，向国民政府洽领军饷，筹集和转运军需物资，接待过往八路军人员，向延安和抗日前线输送革命干部和进步青年。④

---

① 参见〔日〕今井武夫《今井武夫回忆录》，天津市政协编译委员会译，中国文史出版社1987年版。
② 杨天石：《抗战前期日本"民间人士"和蒋介石集团的秘密谈判》，《历史研究》1990年第1期。
③ 杨天石：《卢沟桥事变前蒋介石的对日谋略——以蒋氏日记为中心所做的考察》，《近代史研究》2001年第2期；《"桐工作"辨析》，《历史研究》2005年第2期；《蒋介石对孔祥熙谋和活动的阻遏》，《历史研究》2006年第5期；《蒋介石亲自掌控对日秘密谈判》，载《中国社会科学院学术咨询委员会集刊》第2辑，社会科学文献出版社2006年版。
④ 参见唐振君《八路军办事处的主要任务》，《文史月刊》2013年第4期；林木《八路军、新四军驻各地的办事处》，《党史博览》2011年第9期；本刊编辑部《八路军、新四军驻各地办事处有哪些》，《党史文苑》2015年第3期。

1936年10月,潘汉年从陕北抵沪,担任中共上海办事处主任。随后,李克农也来到黄浦江畔,在福煦路多福里21号(今延安中路504弄21号)设红军驻沪办事处,对外称"李公馆",秘密开展工作。1937年8月,中国共产党根据抗战新形势建立八路军驻沪办事处(简称"八办")。第一任主任是李克农,不久,他离开上海,由潘汉年接任;刘少文担任秘书长;成员先后有赵瑛、向枫、孟进、王少春、张纪恩、朱志良、徐汉光等。1937年11月12日,日军占领上海,租界成为"孤岛","八办"迁至萨坡赛路264号(今淡水路192号)转入半公开和地下活动。[1]

1939年11月,潘汉年派刘人寿(杨静远)到"岩井公馆"当报务员。从1941年5月至12月8日太平洋战争爆发止,刘人寿遵照潘汉年指示,在辣斐德路(今复兴中路)1288弄1号3楼设专事向延安传递战略情报的电台、担任报务员兼译电员。[2]

据1996年人民出版社出版的尹骐著《潘汉年的情报生涯》一书介绍,从重庆发往延安的关于苏德战争即将发生的情报,主要是由中共秘密党员阎宝航通过和驻华使团的各类外交人员的深入接触所获得的。这时已经是6月中旬之末,周恩来为了不延误时间,直接用俄文拟了一份给斯大林的电报,要求延安总部当天转发莫斯科。潘汉年从一位留港要人的口中获悉美国方面已经作出估计:苏德战争即将爆发。于是当机立断,于6月13日向延安总部专门发出了一份"德苏战争一触即发"的情报。这份提前发出的战略情报,也在6月20日被及时地转告了苏联方面。1941年6月22日凌晨4时,德国果然如期向苏军发起了闪电式的攻势。苏联方面对于中国共产党向他们提供的情报还是比较重视的,赢得了24小时的准备时间,从而减少了因遭突然袭击而造成的损失。1941年6月23日,延安终于收到了斯大林给中共中央和周恩来的一份回电:"由于中国的情报及时,所以苏联红军提前准备了24小时……中共情报机关所做出的努力毕竟发挥了一定的作用,功不可没。"

据刘人寿回忆:"'德苏战争一触即发'的情报,是我在上海收到的。

---

[1] 参见朱少伟《八路军新四军驻沪办事处始末》,《联合时报》2015年7月23日;彭卫《秘密战场上的李克农》,《党史天地》1996年第11期;徐君华《上海是苏浙抗日游击战争最早策源地》,"新四军与上海"学术会议论文,2013年10月1日;王宝书、贾平、高主友《八路军、新四军驻各地办事机构在抗日战争中的作用》,《中共党史研究》1992第5期。

[2] 参见陈邦本《"全能特工"刘人寿和他的妻子》,《档案春秋》2010年第7期;丁群《潘汉年情报系统的主力刘人寿》,《文史精华》2001年第12期。

当时汉年在香港。6月20日中午12点整，是汉年约定同我通话的时间，我接到一个电话，用暗语约我火速到汉年设在一个游乐场的秘密联络点取文件。打电话人的声音是陌生的，但暗语是对的。我如约前往取回一个没有写收信人名字的白信封。拆开信封，见一张白色信笺上用毛笔写的情报：'获悉，德军定于6月22日凌晨向苏联发起进攻。'落款是我从未见过的代号，估计是汉年直接联系的人。事关重要，我当即全文发给在香港的汉年。事后听汉年说，他接到后，立刻用'小K'署名发给延安中社部，中共中央当天发往莫斯科斯大林。使苏联赢得一天的紧急备战时间。"①

苏德开战后，日军曾出现过"南进"和"北进"两种战略主张②，各方都极为关切。据抗战时期曾在延安总参谋部一局（作战局）任作战参谋的杨迪回忆："一局对日本侵略军是'北进'，还是'南进'的战略动向，作出了正确的判断，适时向中央军委提出了意见和建议。"之所以作出准确判断，完全是根据各方提供的战略情报分析而来。③

那么，潘汉年是如何获取日军"南进"这一精准战略情报的呢？事情还得从头说起。

1933年，随着国民党当局对中国共产党实施残酷的"白色恐怖"政策，以及"左"倾路线在中共党内的甚嚣尘上，中国共产党在上海的地下活动变得越来越艰辛。同年5月14日，因丁玲、潘梓年被捕，潘汉年奉命撤离上海，前往中央苏区。在江西苏区，潘汉年被选为中华苏维埃共和国临时中央政府委员兼任中央局宣传部副部长。

---

① 陈邦本：《"全能特工"刘人寿和他的妻子》，《档案春秋》2010年第7期。
② 孙少艾在《日本的北进南进策略与中国战场》一文中认为，1939年德国入侵波兰是日本由"北进"向"南进"战略转换的标志（《安庆师院社会科学学报》1995年第4期）；余子道在《中国抗战与日本的南进政策》中，将日本的"南进"政策划分为"择机南进—有限南进—优先南进—专事南进"等几个阶段（《江海学刊》1995年第2期）；黄光耀在《中国抗战与日本的南进政策的选择》中认为，日本"南进政策"的出笼是受中国战场胶着化的影响（《南京师范大学学报》2001年第6期）；喜富裕在《论日本"北进"战略实施中的大国外交》中认为，日本的"北进政策"发足于明治维新时期（《甘肃高师学报》2002年第4期）；黄生秀在《中国抗战与日本北进、南进政策》中认为1939年12月《对外政策方针纲要》的出台，是日本"南进"和"北进"战略转换的标志［《青海师专学报》（教育科学版）2003年第3期］。参见李小白、周颂伦《日本北进、南进战略演进过程述考》，《抗日战争研究》2010年第1期。
③ 总参谋部一局是中央军委指挥作战最重要的机构，中央军委的战略方针、战略意图，都是通过一局具体贯彻实施的。参见杨迪《抗日战争在总参谋部——一位作战参谋的历史回眸》，解放军出版社2003年版，第95—112页。

抗战全面爆发后，上海成为远东最大的情报活动中心，遍布着日、美、苏、英明里暗里相互渗透交错的各大情报机构。1939年10月，毛泽东发表《研究沦陷区》一文，指出，沦陷区中的敌人干了些什么并将要干怎么干这个问题，抗战干部中没有研究或没有系统研究的。而不了解敌人的情形，我们对付它办法是无从说起的。因此，系统地研究沦陷区问题，是搞好沦陷区工作之必需。①

1941年，堪称情报工作全球化的元年，全世界的情报机构都在追逐国际战略情报，一项是德国的战略动向，一项是日本的战略动向。1941年7月中共中央成立了以毛泽东为主任的中央调查研究局，可以说是毛泽东一生唯一同情报保卫工作相关的职务。中央调查研究局下属单位：中央社会部情报部门、中央军委二局，还有政治研究室、党务研究室。中央调查研究局还有四个不公开的分局：第一分局在晋察冀边区，负责调查华北和东北日占区大城市的情况；第二分局是潘汉年领导的情报系统，负责对欧美和沦陷区的调查；第三分局在重庆的南方局，调研南方敌后大城市和国统区各党派的情况；第四分局在陕甘宁边区，负责边区内部和周边的调查研究。②

1941年8月1日，以中共中央刊发《中央关于调查研究的决定》的文件为标志，中共情报工作由原来的局部职能上升到了关乎国家政治大局的全局职能，并通过有效的组织体系、科学的工作方法和先进的革命指导思想，为中国共产党随后的各类重大战略决策奠定了组织基础，为日后争得国内外军事斗争的主动权和解放全中国打下了关键的物质基础。如果说自中共建党始至《中央关于调查研究的决定》文件发布日止，该时期的情报工作属于一般的和经典的情报阶段的话，从该文件发布之日起，情报工作就进入了高级的和现代的情报阶段；如果说前一个时期属于战术性情报阶段的话，后一时期则进入了战略性情报阶段，即从组织局部的情报功能上升到组织全局的情报功能，将仅仅属于秘密的和具体的情报行动扩展为具有一般意义的和普遍价值的调查研究活动层面上去，使情报活动上升到了国家政治的层面。这在中国的情报历史上是独特而罕见的，在人类的情报历史上也是独特而罕见的，这是迄今为止出现过的动员人口最多、建设机构最完备、组织纪律最严密、工作方法最科学、调查内容最广泛而深入的

---

① 参见李蓉《试论抗战时期中共在沦陷区的工作》，《中共党史研究》1995年第4期。
② 参见郝在今《1941年：中共安全体系大调整》，《党史博览》2014年第10期。

国家情报体系。①《中央关于调查研究的决定》规定："（一）中央设置调查研究机关，收集国内外政治、军事、经济、文化及社会阶级关系各方面材料，加以研究，以为中央工作的直接助手。（二）各中央局、中央分局、独立区域的区党委或省委，八路军、新四军之高级机关，各根据地高级政府，均须设置调查研究机关，收集有关该地敌友我政治、军事、经济、文化及社会阶级关系各方面材料，加以研究，以为各该地工作的直接助手；同时供给中央以材料。（三）关于收集材料的方法。"②

1941年9月，中共中央决定成立中央情报部，作为中共中央和中央军委进行情报工作统一的军政战略情报机关，工作以日伪、国民党、欧美三方面为主要对象，调研其政治、军事、党派、人物、特务、社会情况，分陕甘宁地区、晋察冀地区、香港上海地区、晋绥地区、华中地区、重庆地区、西安地区，潘汉年任中央社会部副部长，专责对日伪的情报工作，主要活动地区是香港和上海。③潘汉年到沪后，迅速与打入岩井机关的袁殊取得了联系，并通过袁殊接近岩井英一。可是，在上海的中共地下党并不真正了解袁殊是"白皮红心"，据夏衍之子沈旦华回忆说："夏衍跟潘汉年争执得很厉害，他就说袁殊不能用，他不可靠，那个潘汉年就说只要他有利用价值，我们能拿到日本人的情报，我就可以跟他合作。"

美国著名情报专家厄内斯特·沃克曼认为："以传统观点来看，情报在三种层面上发挥作用：1.战略：其他国家的能力和意图，例如某国是否在秘密发展核武器；这类武器一旦研发成功，该国计划用它来做什么。2.战术：军事行动方面的情报，比如他国拥有的坦克数量或现役士兵人数。3.反情报活动：保护本国秘密不被其他国家的间谍部门窃取。"④

依据中共中央指示精神，鉴于国际反法西斯形势日趋严峻，当时最需要的是日军方面的战略情报。

1941年初，潘汉年再次找到袁殊，突然提出要面见岩井英一。袁殊一下子愣住了。袁问："岩井根本不知道你我之间的关系，你的身份能原原本本告诉他吗？"潘答："他不是在找拉拢全面和平的人吗？我当然不能公开自己的身份，我可以作为宋子文在野的朋友说明我对时局的关心，这样做是否合适？你介绍时可以说，这个人学生多，朋友多，蒋介石系统中能拉得起直接的和间接的关系。"袁殊这才明白潘汉年是有全盘打算的。潘

---

① 参见赵冰峰《情报论》，兵器工业出版社2011年版，第140—141页。
② 中共中央书记处编：《六大以来：党内秘密文件》（下），人民出版社1981年版，第245页。
③ 参见郝在今《1941年：中共安全体系大调整》，《党史博览》2014年第10期。
④ 〔美〕厄内斯特·沃克曼：《间谍的历史》，刘彬、文智译，文汇出版社2009年版。

指示袁说，要发展和岩井的关系，在香港也要拉起一条线。最后，潘和袁商定，潘化名胡越明，身份是"幕后活动人物"。但是，袁殊一开始就把"胡越明就是潘汉年"告知了岩井，而潘对袁的布置，是以宋子文的朋友、在野政客的身份见岩井，显然袁殊违反了潘汉年的指示，犯了一个大错误。①

1941年4、5月间，岩井英一、胡越明（潘汉年）和袁殊在北四川路日本料理东语餐馆见面，潘汉年是以中间派人士的身份出现。②

会晤过程中，岩井英一听得多，讲得少。胡越明（潘汉年）讲话大意是："愿为和平活动奔走效力，上海虽有各方面的人往来活动但因是日本占领区，不及香港自由方便，愿到香港奔走，了解一下各方面的内情。"袁插言说："希望岩井很好地和胡先生结识。"岩井英一竟然说了这样一句话："我们搞全面和平运动，最好见影佐阁下。"潘迟疑了一下。岩井英一又说："影佐对中国问题有发言权，见不见影佐阁下？"潘回答道："见见也好。"袁说："影佐阁下对中国问题很熟悉，他在背后支持岩井。"③

潘汉年提出在香港办一个公开刊物，作为活动据点定期收集情报，岩井同意了这个计划。据岩井英一回忆，岩井和潘汉年第一次会晤时，他给潘汉年的印象是沉稳、干练的知识分子。为避人耳目，潘戴的是墨镜，他们会晤过程中，潘一直没有摘下墨镜。会晤结束时，潘赠送了一支派克笔给岩井留作纪念。第二次会晤场所由潘指定，后来，每周联系一次，由田中信隆负责联络，会晤地大多在外国人经营的巧克力店。④

不久，一家名为《二十世纪》的杂志在香港创刊。这本刊物的主要工作人员恽逸群、郑森禹，后来被潘汉年发展成为中共特别党员，编辑部也就成为中国共产党的又一情报据点。

日本侵华期间，曾多次向中国方面"诱和"。其中，最为重视的是1940年铃木卓尔、今井武夫在香港与张治平、"宋子良"等人所进行的谈判，日方称之为"桐工作"。日军攻占武汉、广州之后，急于向中国方面"诱和"，展开所谓"桐工作"。双方曾在港澳多次秘密会谈。就中方说

---

① 参见曾龙《我的父亲袁殊：还原五面间谍的真实样貌》，独立作家2016年版，第339、348页。
② 参见胡肇枫、冯月华、吴民《剑胆琴心：红色情报员袁殊传奇》，四川人民出版社1999年版，第248—251页。
③ 曾龙：《我的父亲袁殊》，接力出版社1994年版，第245—246页；胡肇枫、冯月华、吴民：《剑胆琴心：红色情报员袁殊传奇》，四川人民出版社1999年版，第252—253页。
④ 参见〔日〕岩井英一《回想の上海》，《回想の上海》出版委员会1983年版，第157页。

来，这不过是军统特务为刺探情报而采取的权谋，其派出代表的身份、出示的蒋介石亲笔文件和转达的许多中方意见都是假的。而日方香港机关负责人为了诱惑重庆要人坐到谈判桌前，实现"巨头会谈"，也曾谦辞卑态，巧言相诳，哄骗中方。蒋介石最初以"先行解决汪逆"为谈判条件，其后逐渐认识到日方的"欺诱"和"儿戏滑稽"，主张"严拒"，同时下令审查参与谈判的军统人员张治平，但是为了阻挠日本对汪伪政权的外交承认，并没有立即关闭和日方的秘密谈判之门。① 据岩井英一回忆，日方通过潘汉年的关系，才确认"宋子良"确实是假冒的。②

岩井英一的回忆录里面有五个章节专门写他与潘汉年的交往，他在书中毫不掩饰地表达了对潘汉年的敬佩。"数日之后，岩井英一就约请潘汉年在虹口一家日本餐馆见面……席间，岩井向潘汉年询问了一些香港和重庆以及整个大后方的情况。潘汉年适度地讲了一些香港和内地的概况，包括国民党和共产党以及其他各党派的情况，还讲了一些苏联、美国和英国与蒋介石政府的关系。等等。岩井对这些情况显然很感兴趣。虽然其中并没有什么特别的机密信息，而大多属于新闻背景资料和时事观察分析，但潘汉年的侃侃而谈和独到的评述，还是令岩井听得津津有味。"③

按尹骐的说法，潘汉年是在用"没有价值的信息"从日本特务那里骗取"有价值的情报"。对此，学者王彬彬指出："这恐怕有点说不过去。日本人的'特务水平'之高、间谍技术之强，是世界公认的。中国现代杰出的军事学家蒋百里，堪称日本通，他曾说过，日本男人最适合当特务、日本女人最适合当护士。岩井英一是一个特务机关的首领，他的上司是影佐祯昭。他们怎么可能轻易被骗。如果潘汉年的确从他们那里得到了有价值的情报，他们也一定从潘汉年那里得到了他们所需要的东西，日本人不可能做亏本生意。"④ 尹骐也指出："岩井英一这个人是很值得注意的，他既然已经从袁殊的报告中知道'胡越明'的真实身份就是中共要员潘汉年，何以又会答应让袁、潘合作共同开展情报工作，并且一直不点破潘的真实身份，而且装出很相信'胡越明'是一位普通左派人士的样子，放手让袁、潘去从事情报活动呢？这正是岩井这个职业情报主管和普通日本特工

---

① 参见杨天石《"桐工作"辨析》，《历史研究》2005年第2期。
② 参见〔日〕岩井英一《回想の上海》，《回想の上海》出版委员会1983年版，第159—160页。
③ 尹骐：《潘汉年的情报生涯》，人民出版社1996年版，第109—110页；王彬彬：《潘汉年的百喙莫辩与在劫难逃》，《钟山》2011年第6期。
④ 王彬彬：《潘汉年的百喙莫辩与在劫难逃》，《钟山》2011年第6期。

人员的区别。"①

随后，岩井英一建议潘汉年与影佐祯昭见面。在六三花园饭店，潘汉年化名胡越明与影佐祯昭见了面，仍是袁殊当翻译。他们见面后对时局只谈了各自的一般分析就散了。潘汉年说的大意是："蒋介石依靠英美势力进行中国抗日的路线不易改变，蒋也依靠苏联但不会完全相信苏联。中日问题，战争发展到今天，大局不可收拾。个人作为中国人对现状很苦闷，希望找出和平办法来。"②

影佐祯昭表示同意，认为蒋一心投靠英美有长期对日作战的打算，但美苏的态度是把德国放在第一位，而日本对苏只处于警戒状态，等等。以后，通过袁殊告诉岩井，潘汉年"虽对政治有相当研究，但不易直接抛头露面，本人打算近日去香港，希望岩井安排潘的代表和香港日本人的联系。岩井安排了香港领事馆的小泉清一，和潘派的人陈曼云取得了联系"。③

1941年6月22日，德军突袭苏联，苏联最为担心的是日军"北进"与德军夹击苏军。为支撑苏联人民的反法西斯，中共中央安排专人全力收集国际军政方面的战略情报，毛泽东对潘汉年说："以后日寇哪个据点有几挺机枪，有多少驻军你不要报到我延安来，我不要这些战术情报，我要的是战略情报。要的是日本的战略动向，美国的战略动向。"

潘汉年肩负这个重大使命，深感压力巨大，着力开展艰苦的情报工作。他从各个渠道收集关于日本动态的信息，不断向延安报告。

潘汉年坚持不懈地安排多人对日本的军事后勤安排进行研究，并通过袁殊和夏衍等人的实地调研，进一步判定日军即将实施其"南进"政策。从1941年7月到9月间，潘汉年发往延安的电文中越来越肯定日军的战略动向，毛泽东接到情报后说：终于可以睡一个好觉了，而且还让康生给"小开"潘汉年回电，写一个最大的好。康生说，在电文里体现不出这个最大的好。主席说那你就写好好好好好，就五个好。④

香港沦陷后，潘汉年充分利用岩井英一的"特殊保护"在香港从事情报

---

① 尹骐：《潘汉年的情报生涯》，人民出版社1996年版，第111页。
② 胡肇枫、冯月华、吴民：《剑胆琴心：红色情报员袁殊传奇》，四川人民出版社1999年版，第254—255页。
③ 新中国成立后，潘汉年请袁殊、蔡楚生夫妇吃饭，潘指蔡的夫人陈曼云说，他就是当年和小泉清一联系的人。陈曼云在新中国成立后任华侨事务委员会办公室主任。参见曾龙《我的父亲袁殊》，接力出版社1994年版，第246页。
④ 卢荻：《袁殊："与狼共舞"的红色特工》（下），《党史纵览》2015年第7期。

活动。事实上,"岩井经过两年和潘汉年的交往,已经清楚潘汉年的特殊身份和他的不寻常的活动能量。他知道潘汉年在内地的情报班子和在上海的情报干部必将继续发挥作用,因此,他当即答复说:'我们欢迎胡先生继续和我们合作。就请胡先生给我们拟一份在上海开展工作的计划,我们仍将在经费上给予必要的支持。至于胡先生的安全问题,我们可以为你办一个特别证件,就不致引起麻烦了。'潘汉年当即表示同意。……第二天,潘汉年便拿到了一张由日本驻上海总领事馆签发的特别证件。上面明确写着:凡日本军、宪、警如对持证件人有所查询,请先与日本总领事馆联系。这就等于是一张'护身符'了。同时,岩井还以自己的名义在汇中饭店开了一个房间供潘汉年使用。这无疑为潘提供了一个既安全又方便的活动条件"。[1]

袁殊的情报工作,"为抗战事业作出相当贡献,这一点,日后也为中共承认。刘人寿原为潘汉年部下,总结抗日期间,潘汉年所得七项重大情报当中,德国侵苏后,日军动向为其中之一,潘汉年知悉的日军南进东南亚的消息,最早是由袁殊提供的"。[2] 可见,袁殊为潘汉年提供不少重要情报,为世界反法西斯战争的胜利做出了巨大的贡献。据刘人寿等人的回忆,潘汉年情报系统从岩井机关获得的重要情报主要有:(1)1939年英法企图牺牲中国对日妥协的远东慕尼黑活动。(2)1941年6月13日潘从香港签发的德苏战争一触即发令,南方局早几天亦有类似报告。为此,苏共中央曾向中共中央表示感谢。(3)德苏战争爆发后,日本动向是南进而非北进,以及日美谈判的情报。这是涉及苏联远东红军能否西调的事情,对国内的阶级动向也很有关系。这些情报的获得,也有袁殊的一份功劳。[3]

---

[1] 王彬彬:《潘汉年的百喙莫辩与在劫难逃》,《钟山》2011年第6期。
[2] 刘人寿、何荦:《记潘汉年对敌隐蔽斗争工作片断》,载中共上海市委党史研究室《潘汉年在上海》,上海人民出版社1995年版;曾龙:《我的父亲袁殊》,接力出版社1994年版;陈邦本:《"全能特工"刘人寿和他的妻子》,《档案春秋》2010年第7期。
[3] 参见曾龙《我的父亲袁殊:还原五面间谍的真实样貌》,独立作家2016年版,第255页;金秋《袁殊:一位红色情报员的传奇人生》,《钟山风雨》2004年第3期。

第八章 入青洪帮

青洪帮是青帮和洪帮的合称，其实是两支不同会党性质的民间结社组织，也是江浙地区乃至全国不容忽视的政治势力，为社会各方所畏惧、利用与争取。

清末民初，很多革命党人都曾入会或鼓动其力量参与推翻清王朝的革命活动，大革命时期，也有不少中共党员和社会名流加入这些帮会组织，以期在遭到政治迫害或歹徒绑票敲诈时得到某种"保护"。抗战时期，青洪帮成员角色各异，被各方所运用，各司其主。袁殊在结识岩井英一之际，为了增加自己从事秘密情报工作的"保护色"，利用机会加入了青洪帮。

一 青帮通字辈分

青帮是清初以来民间流行最广、影响至深的秘密结社之一，俗话说"瓶中太满水须走，青叶红花白莲藕"，即是意指"反对满清的帮会，有青帮、洪门、白莲教三大主力"。由于上海的特殊性，租界和革命党经常需要借助青帮的力量。[①]

史载，青帮原称"清帮"，为清雍正四年（1726）翁岩、钱坚及潘清所创，三人崇信罗教，远奉罗清为始祖。一说清帮之"清"即为纪念罗清之意，后因避讳，渐改为"青帮"，或说避免朝廷注意，改为"安清帮"。徒众皆以漕运为业，故称粮船帮，大江南北入帮者颇众。近代以来，大批青帮成员涌入上海从事各种行业，许多上海闻人及社会底层人员大多成为青帮成

[①] 清帮是大运河的漕运水手和罗教在杭州附近相结合的产物。近代上海商贸发达，五方杂处，是清帮最理想的温床，上海清帮势力大发展和租界当局以及国民党当局的腐败、官员的贪污是分不开的。20世纪二三十年代，上海清帮势力渗透到社会各界，成为黑社会势力。参见郭绪印《评清帮的发源和演变——在泛长三角地区的转化》，《上海师范大学学报》（哲学社会科学版）2010年第4期。

员，上海著名闻人黄金荣①、杜月笙②、张啸林③，国民党的陈其美、蒋介石，共产党的汪寿华皆是青帮人士。1927年4月11日晚，杜月笙诱杀了汪寿华，助力蒋介石发动四一二政变，大批工人和中共党员遭到屠杀。

国民党CC系重要头目、上海特别市社会局局长吴醒亚也曾是杜月笙的门徒，吴醒亚的社会局，四个科长中就有三个是杜月笙的门徒。考虑到吴醒亚的权势越来越大，精于世故的杜月笙感觉自己不便以师尊自居，便把吴醒亚的"门生帖子"退给吴醒亚。④

20世纪30年代初期，袁殊加入过青帮和洪帮连他的母亲贾仁慧和爱人马景星都不知道，但马景星似乎有所察觉。有一次，她在上海南京路买了些比较值钱的东西，还没回到家中就被扒手偷光了，她很着急。当晚，袁殊知道后，不在意地笑笑说："我打个电话，明天东西就会送回来。"第二天，被偷的东西的确完璧归赵，她心中一直很奇怪：袁殊为什么会有这样大的神通？⑤

其实，为了增添更多的保护色，经中共党组织批准，1933年，袁殊和恽逸群等十位新闻记者在《新闻报》高级记者杭石君的家中聚餐，成为十位"换帖弟兄"，其中就有杭石君、鲁风、章仙梅、陆诒、吴半农等。⑥ 恽逸群则是当时上海"海上三老"之首、"商界状元"闻兰亭帮派的"门生"。上海青帮的辈分，自1919年青帮在沪恳谈会时启用。当时最高的辈

---

① 参见苏智良、陈丽菲《海上枭雄：黄金荣》，团结出版社2009年版；费企和《旧上海青帮头子黄金荣的悔过书》，《科技文萃》1995年第6期；胡根喜《黄金荣与顾竹轩：旧上海帮派第一大案揭秘》，陕西人民出版社2010年版；万墨林《黄金荣和杜月笙》，《中外杂志》第17卷第4期，1975年4月。

② 参见沈云龙主编《近代中国史丛刊续编——杜月笙先生纪念集》，文海出版社1976年影印版；章君穀《杜月笙传》第3册，传记文学出版社1981年版；万墨林《黄金荣和杜月笙》，《中外杂志》第17卷第4期，1975年4月；万墨林《抗战期中的杜月笙》，《中外杂志》第19卷第6期，1976年6月；郭兰馨《杜月笙与恒社》，《上海文史资料选辑》第54辑。

③ 参见林藏编《张啸林全传》，武汉出版社2012年版；东郭牙《张啸林被杀真相》，《中外杂志》第19卷第4期，1976年4月。

④ 参见胡肇枫、冯月华、吴民《剑胆琴心：红色情报员袁殊传奇》，四川人民出版社1999年版，第67页。

⑤ 参见曾龙《我的父亲袁殊：还原五面间谍的真实样貌》，独立作家2016年版，第175—176页。

⑥ 参见顾雪雍《奇才恽逸群的崎岖人生之旅》（上、下），《上海滩》1996年第4、5期；顾雪雍《日特机关"岩井公馆"揭秘》，《民国春秋》1997年第1期；顾雪雍《真实的"伪装者"："五方特务"袁殊》，《东西南北》2016年第2期；姚吉光、俞逸芬《上海的小报（续）》，《新闻研究资料》1981年第4期；汪仲韦、徐耻痕《我与〈新闻报〉的关系》，《新闻研究资料》1982年第2期；路鹏程《1920—30年代的上海报人与帮会》，《国际新闻界》2015年第4期；马光仁《我国早期的新闻界团体》，《新闻研究资料》1988年第1期。

分为"大"字辈。那时,上海"大"字辈人物仅存 17 人。他们是:步章五、吴省三、高士奎、荣华亭、张蔚斋、李春利、龚谨成、梁绍棠、刘登阶、张树声、赵德成、曹幼珊、袁克文、周荩臣、李琴堂、阮慕白、程孝周。① 一天杭石君打电话给袁殊说:"曹老头子要收关山门弟子,我介绍了几个人,你也来吧。"没过两天,袁殊和杭石君、外论编译社资料科科长章某等几人一起拜"曹老头子"②为师加入了青帮。

而杭石君依仗曹老头子在青帮内的极高辈分,亦甘愿充当门生。他们分摊凑钱铸了一座"寸高金塔"作为拜师礼。行拜师礼的那晚,袁殊特地换上一套新西装,擦亮皮鞋、打好领带后赶到上海蒲石路曹家。按照规矩,新入山门的弟兄要先向"三清"跪拜,再向师父叩头,袁自认为自己身着西装,叩头不便,改用鞠躬行礼。没想到,曹幼珊劈头就问:"为什么穿西装?"杭石君赶紧叫袁殊退下,换了一套长衫布鞋行头,重入香堂,献上"押贴费",再行"拜师礼",就算正式入帮了。礼毕,其他门徒前来祝贺,说"你们今天入山门,明天就可开自己的山门收徒弟,你们成了'一步登天的大爷了'"。追问其故,方知曹老头子的辈分极高,故其弟子的辈分也很高。③

杜月笙、张啸林、黄金荣虽混迹青帮很久,是青帮头面人物,但正式入帮时间较晚,故帮内辈分确实不算很高。黄金荣从未拜过老兴子、开过香堂,是个"空子",他凭借势大力大自称"天"字辈青帮老大。当时,上海滩青帮最高辈分为"大"字辈。杜月笙因拜过"通"字辈人物陈世昌为老头子,所以只能算是"悟"字辈;张啸林曾投"通"字辈人物龚谨丞为师,所以也是"悟"字辈;还有人称"江北大亨"的是顾竹轩④,他拜

---

① 参见顾雪雍《真实的"伪装者":"五方特务"袁殊》,《东西南北》2016 年第 2 期。
② 曹老头子,本名曹幼珊,原籍山东,长期客居上海,是青帮"大"字辈以上的老头子。他大字不认几个,早年专门干拐卖妇女的勾当。当年是曹请张静江把流落在上海的蒋介石介绍给孙中山的,蒋见到他也礼让三分。曹年轻时候和一班地痞流氓打"江山",在苏北农村抢劫拐骗穷苦农家妻女,每人装货进木船府仓,由水路向北方运发。每到一站都有帮内人员接货转运,站站转发直至大连、海参崴之后卖到妓院了事。这帮人惨无人道,和官府衙役沉瀣一气,组织又严密。后来民国初年的政府又腐败无能,这班人从没失过手。曹在刁民悍匪之类的人渣中混了大半生挣了老头子的地位,晚年在上海坐享清福有门徒捧臭脚。
③ 参见曾龙《我的父亲袁殊:还原五面间谍的真实样貌》,独立作家 2016 年版,第 177 页。
④ 顾竹轩(1885—1956),江苏阜宁人,名如茂。1901 年到上海谋生。1904 年拜青帮"大"字辈刘登阶为师。1924 年江浙战争爆发,闸北士绅成立闸北保卫团,顾竹轩担任副团长。抗战期间,他拒绝投敌,为新四军和中共地下党提供了大量帮助。上海解放后,被邀请为上海第一次人民代表会议代表。1956 年去世。参见胡根喜《黄金荣与顾竹轩:旧上海帮派第一大案揭秘》,陕西人民出版社 2010 年版;赵光、胡根喜《黄金荣向顾竹轩忏悔》,《文史春秋》2004 年第 6 期。

的老头子是青帮"大"字辈的人物刘登阶。①

由此，袁殊在青帮内的辈分比杜月笙、张啸林高。袁殊后来和杜月笙很接近，那是1937年以后的事。袁殊第二次从日本留学回国后无职无业，采纳了冯雪峰的建议后给杜月笙写了一封信，杜很快转来一笔钱。袁用这笔钱办起了刊行社。②

有文章说袁殊是"青帮间谍"，这种说法是不正确的，参加帮会的人是没有向帮会提供情报的义务的。③ 不过，晚年的袁殊，在子女面前承认自己曾是"流氓记者"，其情报生涯曾得益于自己的青洪帮身份。

二　洪帮五圣山门

洪门是中国源于明末清初的一个秘密组织。洪门起源众说纷纭，较为流行的说法有：康熙清剿福建南少林寺，天地会总舵主陈近南收留了逃出来的蔡德忠、方大洪、马超兴、胡德帝、李式开（"少林五祖"），令其开设天地会的分支机构，即称为洪门。④

一种说法认为此五人是反清复明的大将，随史可法抵抗清军兵败后成立了洪门；另一种说法认为洪门是天地会（又称洪帮、三合会、三点会、三和会等），致公堂是洪门的一个海外分支机构，他们一致对外称天地会或洪帮，对内则称洪门。后随着清朝对天地会的镇压，洪门流传到港澳南洋，成为重要的华侨组织。洪门为推翻清王朝的革命做出了巨大的贡献。⑤ 辛亥革命领导人之一谭人凤在《社团改进会意见书》中写道："革命（辛亥革命）之成，实种于二百年于前之洪门会党。……在运动之初，惟洪门兄弟能守秘密。发动之后，亦惟洪门兄弟能听指挥。""人无论远近，事无论险夷，人人奋勇，个个当先，卒有武昌起义，各省响应，不数月而共和告成，军队之功，实亦洪门兄弟之功。"

---

① 有关青帮的辈分问题，可参见朱华、苏智良《杜月笙其人》，《历史研究》1988年第2期。
② 参见曾龙《我的父亲袁殊：还原五面间谍的真实样貌》，独立作家2016年版，第178页。
③ 参见顾雪雍《真实的"伪装者"："五方特务"袁殊》，《东西南北》2016年第2期。
④ 参见吴之邨《"洪门"考源》，《安徽史学》2003年第1期；吴之邨《洪门起源之谜》，《科学中国人》2002年第7期；马世长《明代天地会资料的新发现》，《文物》1996年第8期；董逢伟《洪门与洪拳渊源考究》，《中华武术》（研究）2014年第8期；胡晓军、刘菁、张敏《"洪门"起源悬疑获解》，《新华每日电讯》2000年11月23日。
⑤ 参见邱格屏《辛亥革命时期革命派对海外洪门的动员》，《山东大学学报》（哲学社会科学版）2011年第5期；陈立波、李海峰《致公堂与辛亥革命》，《春秋》2011年第6期。

袁殊加入青帮不久，杭石君又打电话给袁殊，说加入青帮还不够，要想在社会叫得响，还得加入洪帮。向松坡是洪帮"五圣山"开山山主，是上海滩出了名的"舵把子"，人称"大哥""山主"，在其山头，"兄弟伙"多半在军界、警界、商界有一定的地位和权势，于是杭、袁等人又拜洪帮向松坡为师。

袁殊把加入青帮、洪帮的事汇报给王子春。王子春笑说："做了'流氓'，好！"做秘密工作之初，王指示袁和自称洪帮的张楚强打交道，结果不得要领。一年之后袁成了"真正"的青洪帮成员，打进了反动势力的深处，故王说"好"。①

卢沟桥事变后，各种救亡团体在上海纷纷成立，各界群众，包括普通帮会群众，相继投入了各种形式的救亡活动。7月22日，上海市各界抗敌后援会正式成立，杜月笙担任该会主席团成员兼任筹募委员会主任委员，仅月余时间杜主持的筹募会就筹集救国捐款150余万元，有力地支援了前方的抗战。② 八一三淞沪抗战爆发后，戴笠即于8月15日夜间赶到上海，并立即与杜月笙商谈，计划成立一支别动队。③ 9月4日，蒋介石电令戴笠与杜月笙合作，限其一个月内成立一支1万人的抗日游击部队，以配合正规军作战，在敌前敌后进行骚扰、破坏、袭击，并肃清汉奸日谍的活动。④ 戴笠本人兼书记长负实责。⑤ 9月4日的电报代用韵目为"支"，戴便以奉到"支电"之日作为苏浙行动委员会成立和隶属于该会的别动队建立的纪念日。据乔家才回忆："构成苏浙行动委员会的委员为吴铁城、俞鸿钧、宋子文、贝祖贻、钱新之、杜月笙、杨虎、张治中、俞作柏、张啸林、刘志陆、吉章简、蔡劲军和戴笠。其中，戴、杜、刘为常委，戴为书记长，负实际责任。书记长下设机要、总务、侦谍、军事、技术、调查、交通通信、宣传等八个组，由潘其武、王兆槐、周伟龙、俞作柏、余乐醒、文

---

① 参见曾龙《我的父亲袁殊：还原五面间谍的真实样貌》，独立作家2016年版，第178页。
② 参见邵雍《杜月笙与上海抗日救亡运动》，《抗日战争研究》2000年第2期。
③ 参见黄寿东、苏智良《苏浙行动委员会别动队初探》，《档案春秋》1997年第3期，另载《档案与史学》1997年第3期；章君毂《杜月笙传》第3册，传记文学出版社1981年版，第193页。
④ 参见吴淑凤等编辑《戴笠先生与抗战史料汇编：忠义救国军》，国史馆2011年版；张衡《忠义救国军浮沉录》，南京出版社2012年版；何蜀《抗战初期的忠义救国军》，《文史精华》2000年第6期；李甲孚《戴笠与忠义救国军》，《传记文学》第67卷第3期，1995年9月；邢烨《戴笠与忠义救国军》，硕士学位论文，南京师范大学，2008年。
⑤ 参见沈醉、文强《戴笠其人》，中国文史出版社2001年版，第18—19页；何蜀《抗战初期的忠义救国军》，《文史精华》2000年第6期；张衡《忠义救国军浮沉录》，南京出版社2012年版。

强、张冠夫、陈旭东分别任组长。"①

这支仓促成立的苏浙别动队,在上海南市和苏州河两岸配合正规军与日寇作战,他们大多英勇顽强,作出了很大的牺牲。据事后统计,别动队战死士兵共1500人以上,受伤500余人。②

值得一提的是,1937年10月,时任上海市各界抗敌后援会主席的杜月笙应八路军驻沪代表潘汉年的要求,向晋北前线的八路军将士捐赠荷兰进口的防毒面具1000套,对共产党表示了合作的态度。③

另据吴淑凤等编辑的《戴笠先生与抗战史料汇编：忠义救国军》一书记载,1938年5月,别动队改编为苏浙行动委员会忠义救国军,戴笠兼任总指挥。9月,戴笠辞去兼职,由副指挥俞作柏升任。1940年3月,俞作柏调任军事委员会中将参议,由周伟龙接任总指挥。1942年6月周伟龙离职,由副总指挥阮清源代理职务,次年5月改派马志超任总指挥。1945年抗战胜利之际,忠义救国军奉命于京沪杭地区协助受降工作。次年1月忠义救国军与军委会交通巡察总队及中美合作所的教导营并编为交通警察总队。忠义救国军系以戴笠所倡"忠义救国"精神作为核心价值,强调"团体即家庭,同志如手足"的传统。主要任务是出没江南敌后,游击牵制日军与中共新四军。不过忠义救国军不仅从事游击作战,还有政治作战、经济作战与思想作战。其中就包括对汪伪政权部队的策动联络,以争取运用。因此就性质而言,属于抗战期间的一支敌后游击部队,同时也是一支情报工作部队。另外,1940年4月戴笠奉蒋中正指示,于各战区成立便衣混城队。次年便衣混成队改编为军事委员会别动军,受军统局指挥,目的在扩大对日游击战,并于1942年6月将忠义救国军总指挥周伟龙调任别动军总指挥。1943年中美合作所成立,军统局调派别动军与忠义救国军接受美国的训练总装备,提升两支部队的战力。④

---

① 乔家才：《戴笠将军和他的同志——抗日情报战》第1集,中外图书出版社1977年版；《戴笠和他的同志》,中外图书出版社1985年第2版；《浩然集》,中外图书出版社1981年版。
② 参见朱小平《杜月笙：抗日的流氓头子,蒋介石抛弃的夜壶》,《成功》2008年第5期。
③ 参铜陵邵雍《杜月笙与上海抗日救亡运动》,《抗日战争研究》2000年第2期。
④ 参见吴淑凤等编辑《戴笠先生与抗战史料汇编：忠义救国军》,"国史馆"2011年版,导言。

第九章　怪西人案

基于"世界革命"的理论，1919年3月，在列宁领导下，共产国际（第三国际）正式成立。列宁从一开始就十分重视共产国际的建设，"俄共（布）和共产国际的领导从共产国际作为'世界革命司令部'这种角色出发，开始积极利用'革命合理'的推断，将那些法律规范和其他规范视为'资产阶级的'、'阶级异己的'，甚至是敌对的规范，一概予以排斥。制定了'革命的权利'、'革命的合理性'、'革命的良知'等至高无上的观念，对于他们毫不客气地对待国界和民族关系有着重大影响。这也影响到如何为正在建立的各国共产党（共产国际在别国的支部）所展开的革命宣传等活动提供经费的问题。共产国际的目标：运用一切手段，甚至拿起武器，开展推翻国际资产阶级的斗争。"[1]

为保障红色政权、国家安全、世界反法西斯斗争以及推行"世界革命"理念的需要，苏俄及后来的苏联成立众多军政情报机关，对内清除政见异己分子，对外派出谍报人员。这些情报机构，最重要的是克格勃和格伯乌两大情报机构。[2]

1935年8月，上海各大报纸纷纷刊载新闻，大肆渲染一个蹊跷的间谍案件。据《申报》1935年8月24日报道："上海怪西人，又称神秘西人

---

[1]〔俄〕维克托·乌索夫：《苏联情报机关在中国：20世纪20年代》，赖铭传译，解放军出版社2007年版，第22页。

[2]《苏联情报机关在中国：20世纪20年代》作者叙述了苏联对外情报机关的形成过程，特别是与远东相关的那部分，介绍20世纪20年代在中国的情报工作（这一工作对那一时期同中国的关系状况有所补充），展示其复杂性和多面性及其成就和挫折。参见〔俄〕维克托·乌索夫《苏联情报机关在中国：20世纪20年代》，赖铭传译，解放军出版社2007年版。《20世纪30年代苏联情报机关在中国》引用大量第一手资料，如当年苏联情报工作内部密电、当事人回忆和现有的国际科研成果，披露了很多鲜为人知的细节，解开了一些过去人所不知的谜团，介绍了苏联在中国建立情报机构的过程，苏俄对中国共产党的资助，中共中央在上海时期与国际方面的联系情况。参见〔俄〕维克托·乌索夫《20世纪30年代苏联情报机关在中国》，赖铭传译，解放军出版社2013年版。

之约瑟夫·华尔顿，前因勾结刘思慕、萧柄实①、陆海防等组织机关，刺探中国关于政治上及军事上之秘密，报告第三国际案发，经淞沪警备司令部于本年五月五日派探将陆海防捕获，继由陆自首指供，先后捕获该西人等，分别以危害民国紧急治罪法起诉，开庭审判。"②

一 情报远东风暴

克格勃（KGB）即苏联国家安全委员会，前身是全俄肃反委员会（契卡），成立于1917年12月20日，捷尔任斯基为首任负责人。1923年7月，在国家政治保卫局（1922年2月成立，隶属于内务人民委员部）基础上组建国家政治保卫总局（OTTY），一直是苏联对外情报工作、反间谍工作主要负责部门。③

格伯乌（GRU），是苏联红军总参谋部情报部的简称。格伯乌借助共产国际（第三国际）的力量，在世界各地开展情报侦察活动。如1939—1942年，波兰共产党党员雷贝·多姆在欧洲建立红色管弦乐队秘密电台网；1933—1941年，佐尔格在日本东京建立拉姆扎情报小组；1932—1940年，中共党员杨奠坤、张逸仙等在东北建立满洲情报组；1937—1943年，日籍苏共党员武田毅雄在中国建立梅杰姆小组。④

拉姆扎情报小组，在佐尔格的领导下，开展对德、日法西斯的战略侦察活动。有资料显示，佐尔格小组有多名中国人成员，但与中国共产党没有直接的联系，佐尔格说："不能与中国共产党直接接触是莫斯科的严格命令。"⑤

佐尔格情报系统⑥
负责人：理查德·佐尔格（苏联）

---

① 实为肖炳实。
② 《申报》1935年8月24日。
③ 张晓宏、许文龙：《红色国际特工》，哈尔滨出版社2006年版，第1页。
④ 央视栏目《见证》曾播放纪录片《消失在1945》，片中许文龙讲述发现武田毅雄过程。不过，据萨苏等人的研究，武田毅雄不见于历史记载，武田毅雄（武田义雄、王毅雄）应该是个虚构的历史人物。
⑤ 程兆奇：《六十余年前的特殊"口述历史"——〈中共谍报团李德生讯问记录〉书后》，《史林》2005年第5期。
⑥ 张晓宏、许文龙：《红色国际特工》，哈尔滨出版社2006年版，第24页。

情报系统中国助手：方文、王如卿、吴仙青（女）①、章文先

联络员：蔡叔厚、张文秋②、老常

情报收集组：张文秋、吴照高

译报组：方文、柳忆遥、肖炳实、陆海防

华南站：董秋斯③、蔡步虚④（女）

南京站：方文、鲁丝⑤（女）

北平站：张永兴、于毅夫、张树棣

武汉站：刘思慕（燧元）⑥、黄维祐（君珏）、曾苑、陈绍韩、关允南、汪默清、胡克林、俞瑞允、蒋俊瑜

谍报员：约翰（波兰）

报务员：塞帕·魏腾加尔（德国）、马克思·克劳森（德国）

情报员：克拉斯·塞尔曼（爱沙尼亚）、柳芭·伊凡诺夫（苏联）、乌尔苏拉·汉布尔格（德国）⑦、尾崎秀实（日本）、方文（中国）、常同志（中国）

上面所提到的肖炳实⑧，又名肖项平（有的文章或书籍写作萧向平或肖向平，其实属于笔误）⑨，他具有三重身份，第一重身份是皋记商行经理，第二重身份是新疆督办边务处兰州办事处情报专员，第三重身份是中

---

① 参见吕永明《中共历史上第一位女市委书记陈修良》，《档案与建设》2012 年第 1 期；陈一鸣《对沙文汉、陈修良领导上海青年学生运动的历史回顾》，《上海党史与党建》2001 年第 5 期；丁群《为开辟第二条战线立下大功的陈修良》，《文史精华》2003 年第 5 期。参见张晓宏、许文龙《红色国际特工》，哈尔滨出版社 2006 年版，第 23 页。
② 参见晓农《张文秋与"国际红色间谍"佐尔格》，《党史天地》2003 年第 5 期；罗永常《毛泽东的双重亲家张文秋》，《党史纵横》2007 年第 12 期；陈仕文《世纪老人——毛泽东的双重亲家张文秋传奇》，《世纪桥》2001 年第 4 期。
③ 参见董仲民《忆我的父亲、革命文学翻译家董秋斯》，《纵横》2007 年第 1 期；刘彪《传承中国翻译理论的一代宗师——董秋斯》，《学理论》2009 年第 27 期。
④ 蔡步虚是董秋斯的爱人，原名蔡咏裳，与董秋斯一起翻译了海外著作。
⑤ 即薛萍，又名张露思、张鲁丝等，方文的夫人。
⑥ 参见田人仅《忆思慕》，《群言》1989 年第 9 期；樊斌《刘思慕打入国民党南京政府内政部始末》，《红岩春秋》2014 年第 7 期；刘良、杨荣彬《刘思慕 又一名"红色特工"》，《党史文苑》1998 年第 5 期；刘士昀《父亲的熏陶使我与新闻工作结缘——痛忆我敬爱的父亲刘思慕》，《新闻战线》1985 年第 4 期；厉华《学者的风范永恒的榜样——忆刘思慕先生》，《世界历史》2005 年第 6 期。
⑦ 参见〔德〕鲁特·维尔纳《谍海忆旧》，张黎译，解放军文艺出版社 2000 年版，"译者前言"。
⑧ 2011 年，吴申良记者在撰写《红色萍乡：永远飘扬的党旗》系列文稿时，市委组织部一位副部长郑重地向吴申良推荐，应该写肖炳实。
⑨ 参见苏媛《陈炳三：十年"解密"肖炳实》，《厦门日报》2004 年 7 月 17 日。

共秘密情报员。①

方文是佐尔格1930年6月在广州与史沫特莱②见面时认识的，后经董秋斯的介绍，方文赴上海成为佐尔格的第一个中国助手。③ 方文后来把进步学生柳忆遥④、肖炳实发展为小组骨干，方文夫人鲁丝也是小组成员。

陈翰笙是佐尔格中国小组的第二号人物。⑤ 潘维指出："把共产党的地下工作与学术生涯完美地结合在一起，陈翰笙是中国第一人。在日本被处死的世纪著名间谍佐尔格，获得了'苏联英雄'称号，却是翰老介绍去日本的。翰老在印度的研究工作卓有成效。他那时写的英文书，今天还在美国不少大学南亚课程的必读书单上。不仅如此，陈翰笙还是我们国家追随共产党闹革命的第一个洋博士。"⑥ 到1932年8月，佐尔格在中国的情报网已发展到近百人。⑦

为培养情报人才，中国共产党在西路军到达新疆的余部中，挑选人才赴苏参加训练。陈云和邓发从这400多人中挑选12人，送到苏联培训。后来，这些人被共产国际派到中国各地的沦陷区，秘密从事情报工作，为国际反法西斯战争做出诸多贡献。他们中的一些人主动与中共情报部门联络，为祖国提供抗日情报。⑧

二 卷入怪西人案

1935年初，袁殊"两次来到约定地点与中共上线联络，却两次不见

---

① 参见佘峥、王瑛慧《陶铸叶飞曾到厦大秘密据点开会》，《厦门日报》2006年7月2日；吴申良《"隐蔽英雄"肖炳实》，《萍乡日报》2011年8月27日；陈炳三《隐蔽战线之星肖炳实》，中央文献出版社2010年版。
② 参见孙丽柯《史沫特莱研究综述》，《北京党史》2015年第1期；张威《史沫特莱的若干历史悬疑》，《国际新闻界》2011年第6期。
③ 参见张晓宏、许文龙《红色国际特工》，哈尔滨出版社2006年版，第13—15页。
④ 柳忆遥是共产国际东方部成员、佐尔格小组译报组成员，浙江人，因工作关系与许多浙江派的国民党高官很熟，曾参与营救牛兰夫妇。
⑤ 参见于沛主编《革命前辈学术宗师——陈翰笙纪念文集》，中国社会科学出版社2008年版；陈翰笙《四个时代的我》，中国文史出版社1988年版；侯艺兵《世纪老人陈翰笙》，《教学与教材研究》1999年第2期；潘维《跨越世纪的精神薪火——忆先师陈翰笙》，《凤凰周刊》第208期，2006年1月25日；于光远《陈翰笙风云三世纪》，《炎黄春秋》2003年第12期。
⑥ 潘维：《跨越世纪的精神薪火——忆先师陈翰笙》，《凤凰周刊》第208期，2006年1月25日。
⑦ 苏智良：《谍影重重：上海左尔格小组情报网》，《世纪》2013年第5期。
⑧ 参见张晓宏、许文龙《红色国际特工》，哈尔滨出版社2006年版，第252—253页。

王子春。'断线'对于特工人员来说意味着'灭顶之灾',情急之下,袁殊不得不联系夏衍,请其为他转一封信给中共特工科。夏衍原先并不同意转信,因为作为当时中共驻沪的核心党员,他已知袁殊被剔除身份一事,之后勉为其难地将袁殊的亲笔信交给特工科负责人蔡叔厚"。① 早在1932年蔡叔厚由中央特科调入共产国际远东情报局(共产国际中国组)工作,先后隶属肖炳实、罗伦斯(约瑟夫·华尔顿)、史沫特莱领导,他曾搞到蒋介石的德国军事顾问拟订的"围剿"中央苏区的一份军事建议书,对此,共产国际中国组的领导赞扬说:"这样辉煌的成就应该颁发列宁勋章。"②

"文化大革命"时期,滞留大军山的袁殊给家人的信中曾说自己加入过共产国际中国组。③ 袁殊怎么会从中央特科又转到共产国际远东情报局(共产国际中国组)去了呢?

据夏衍在《懒寻旧梦录》中回忆:"袁殊在《文艺新闻》停刊后参加了特科工作,这是我知道的,他还一再要求我给他保守秘密,也有相当长的时期,我们之间没有来往。大概在1933年春,他忽然约我见面,说他和特科的联系突然断了,已有两次在约定的时间、地点碰不到和他联系的人,所以急迫地要我帮他转一封给特科领导的信。按规定特科有一个特殊的组织系统,为了安全、保密,一般党员是不能和特科工作人员联系的,因此我对他说,我和特科没有组织关系,不能给他转信。但是他说情况紧急,非给他帮忙不可,又说,把这封信转给江苏省委或者任何一位上级领导人也可以,当时白色恐怖很严重,他又说'情况紧急',于是我想了一下,就同意了他的要求,把他的信转给了蔡叔厚。我也知道,蔡这时已从中国党的特科转到了第三国际远东情报局,但他的组织关系还在中国特科(吴克坚),所以我认为把袁殊的信交给蔡转,是比较保险的,想不到那时国际远东情报局正需要袁殊这样的人,于是袁的关系也转到了远东国际情报局,当然这一关系的转移,蔡叔厚没有跟我讲,我是不可能知道的,当蔡叔厚告我袁殊的问题已经解决了之后,我就不再过问了。"④ 夏衍这段回忆录提到的1933年似为1935年之误,"1935年春王子春突然不露面",其实是王子春被派往苏联。1935年初,袁殊和王子春突然中断了联系,出于

---

① 黄恽:《袁殊与〈中国内幕〉》,载宫晓卫《藏书家》第15辑,齐鲁书社2009年版。
② 冯晓蔚:《中共特科的"蔡老板"》,《四川统一战线》2010年第7期;叶坤妮、叶功成:《左尔格在共产国际的中国战友》,《人民政协报》2010年11月4日第6版。
③ 参见曾龙《我的父亲袁殊》,接力出版社1994年版,第157页。
④ 夏衍:《懒寻旧梦录》,三联书店2000年版,第187—188页。

性急，袁找到夏衍，请夏衍帮他接上组织关系。①

正当夏转信给蔡叔厚之际，王子春的一位助手（当时化名陈某②、山东口音）和袁接上了关系。但不到10天，夏找到袁并指示袁立即中断和陈某的联络，另换一个接头人，甚至连接头地点和暗号也换了。③ 不久，一个学生打扮的、自称小李的年轻人和袁殊接上了头。小李只做交通工作不负领导责任。初次见面是袁在指定时间和地点问来人："你是复旦学生吗？"那人对上暗号就接上了头。实际上，这个小李属共产国际情报系统的，就这样，袁殊不明就里地成了共产国际的特工人员。④ 除了小李之外，袁根本不知道他的实际领导人是谁。⑤

为了增强情报的保密性，袁殊特意刻制了两枚玉石闲章：一枚曰"剑胆琴心"；一枚曰"流离载道"。袁殊交给小李的情报信件均署名荣均，并印上两枚玉石图章之一，袁殊向上级说明：只有见到加盖这两枚闲章的信件，才是他亲自提交的情报。⑥ 1935年4月，上海发生轰动一时的"神秘西人案"。⑦

据沈醉⑧回忆："当时轰动中外的第三国际中国情报总支部的负责人约瑟夫·华尔敦案（戴笠向蒋介石报功时一直称为远东负责人），便是军统特务逮捕的。这一案的线索是由军统湖北站发现而最后在上海破案的。……另一个被捕的袁×，又名袁××，是个左翼作家，他写的书和文

---

① 参见胡肇枫、冯月华、吴民《剑胆琴心：红色情报员袁殊传奇》，四川人民出版社1999年版，第85—87页。
② 新中国成立后，袁殊才知道那位临时联系人就是刘长胜（又名罗英、罗义隆、刘希敏、刘浩然），山东海阳县（今海阳市）孙疃村人，中国工人运动组织者和领导者、国际工运活动家。参见钱志勇《中共上海地下组织斗争史陈列馆施工和陈列布置概况介绍》，《上海革命史资料与研究》，2004年；《"中共上海地下组织斗争史"陈列馆对外开放》，《上海文博论丛》2004年第2期；曾龙《我的父亲袁殊》，接力出版社1994年版，第159页。
③ 参见尹骐《袁殊谍海风雨16年》，《炎黄春秋》2002年第12期。
④ 参见胡肇枫、冯月华、吴民《剑胆琴心：红色情报员袁殊传奇》，四川人民出版社1999年版，第87页。
⑤ 参见曾龙《我的父亲袁殊》，接力出版社1994年版，第159页。
⑥ 1935年7月1日《申报》第22335号第15页：该怪西人身上抄出袁殊用荣钧化名之亲笔信及住址等件，巡捕房认袁殊与该怪西人有重大嫌疑。
⑦ 参见胡肇枫、冯月华、吴民《剑胆琴心：红色情报员袁殊传奇》，四川人民出版社1999年版，第89—96页。
⑧ 参见沈醉《我的特务生涯》，中国文史出版社2005年版；沈醉、文强《戴笠其人》，中国文史出版社2001年版；沈美娟《戴笠主宰我父亲沈醉的命运》，《乡镇论坛》2010年第30期；刘通鸾《"检点生平痛不禁情真意切ները人深"——访沈醉先生》，《武汉文史资料》2004年第3期；李清华《沧海沉浮——沈醉回忆录》，《科技文萃》1994年第5期；叶祖孚《沈醉二三事》，《北京纪事》1996年第6期。

章都一起被抄,当时也受到优待。还有一个女的叫程×,又叫程××,绰号黑牡丹,四川万县人,留德学生。……华尔敦被捕后一直不讲话,不但他的住址没有查出,连国籍和真姓名也不知道,因他被捕时身上没有任何文件,连当时外国人随身起码要带的外侨身份证也没有。……在审讯他的时候,从他口中得不到一个字,当时报纸上只好称为'怪西人案'。……这位怪西人,直到解放后,我看到别人提供的材料,才知道他的真名叫罗伦斯。"①

沈醉所说的"第三国际中国情报总支部的负责人约瑟夫·华尔敦",实际上是共产国际远东情报局代局长(共产国际中国组)领导人约瑟夫·华尔顿(Joseph Waltom,又译华尔登)。②

约瑟夫·华尔顿仪表堂堂,为人机敏,会讲德、俄、英、法四国语言,1933年,他奉命前往上海接替前任佐尔格的工作。③ 当时,正值国民党军队集中全力"围剿"苏区红军,华尔顿组织中国人和在沪外侨,扩充了上海情报站的工作范围。经过一番努力,华尔顿打开了情报工作的新局面,情报网覆盖面包括中国、日本以及南洋,尤其是遍布以上海为中心的各大城市,甚至渗透到蒋介石的武汉行营、北平行营、南京警备司令部等要害部门。但是,由于情报工作的迅速发展,华尔顿情报网中鱼龙混杂、良莠不齐,最后出了一个给整个情报组织带来灭顶之灾的叛徒——陆海防。④

在陆海防接手的情报关系中,有一个极为重要的人物刘思慕。刘思慕

---

① 沈美娟:《沈醉回忆作品全集》,九洲图书出版社1998年版,第58—60页。
② 据台北"国史馆"档案称:吴铁城电蒋中正"称破获国际葛伯乌机关无国籍之西人共产党约瑟夫荣尔敷,并抄出与袁殊即袁学易往来信件及地址,将袁逮捕,并经讯供担任共党反侦工作不讳遂,将该犯等解送武昌法办有案,并有日报发表袁殊被捕,乃因亲日,已请日领转饬更正,并在中文报纸声明袁殊被捕经过详情"。参见《制造各地暴动(四)》,蒋中正总统文物/特交文电,1937年6月26日至1937年6月26日,台北"国史馆"藏,资料号:002-090300-00015-482。
③ 参见张晓宏、许文龙《红色国际特工》,哈尔滨出版社2006年版,第53页。
④ 有关"神秘怪西人案",可参考马长林《神秘西人案》,《上海档案》1989年第2期;于生《轰动一时的"神秘西人案"》,《文史精华》1996年第9期;张小鼎《"汉堡嘉夫人"与鲁迅——兼叙共产国际红色特工的传奇人生》,《新文学史料》2015年第1期;金志宇《苏联在华情报网的神秘"老陈"》,《党史纵横》2014年第12期;冯晓蔚《中共特科的"蔡老板"》,《四川统一战线》2010年第7期;晓蔚《中央特科的"蔡老板"》,《党史纵横》2013年第4期;晓农《战斗在敌人心脏的红色谍工》,《湘潮》2004年第3期;陈奇佳《夏衍与中共隐蔽战线关系述考》,《新文学史料》2015年第3期。

的公开身份是蒋介石武汉行营第二处上校法规专员,在行营政务处长甘乃光①手下任职。武汉行营是蒋介石"围剿"大别山区、洪湖地区、湘鄂赣边区各路红军的大本营,由于国民党正忙于对中共红色根据地展开"围剿",故武汉行营的国民党军队动向之军事情报价值十分巨大。1935年4月中旬,华尔顿让陆海防派交通员到武汉给刘思慕送信,为安全起见,信是华尔顿亲笔用德文写的。秘密交通是一项极重要机密的任务,而陆海防竟让自己的弟弟陆独步去完成。据方文回忆,陆独步曾是上海大学的学生,此人虽反对蒋介石政府,思想表现进步,但不像一个具有新思想的青年。他在旧社会受了士大夫气的感染,自命不凡,怀才不遇,不懂礼貌,不修边幅。他的形象和举动很易惹人注意。②

就在此前不久,国民政府军统湖北站刚刚在武汉抓获了中国地下党员关兆南,戴笠获知后,立即指派得力干将周养浩去武汉"加强工作"。软硬兼施促成关兆南叛变,随即,关兆南便引领军统特务诱捕陆独步。果然,陆独步一登上开往武汉的轮船便被特务跟踪,上岸后即被逮捕。他随身携带的那封德文信件也被特务搜出。在严刑审问下,陆独步供出了其哥哥陆海防,并和盘托出来武汉的任务和接头地点,但他只知接头人的代号,而不知接头人的真实身份和面貌。③

据台北"国史馆"所藏档案,戴笠称:"黄维祐供认暗助刘燧元(刘思慕)逃跑等事情,罪刑重大,已饬将其解送行营审讯等。"④

武汉行营的特务马上出动,严密监视接头地点——汉口太平洋饭店,准备搜捕接头人。刘思慕按约定时间来到太平洋饭店,发觉气氛有些不正常,茶房"伙计"贼眉鼠眼、面露凶相,遂生警惕,当机立断,销毁所带情报材料,撤出饭店,并立即电告上海的华尔顿。华尔顿接电后,凭着长期对敌斗争的经验,知道事情不妙,即派专人乘飞机去武汉,送给刘思慕350元做旅费,要他和家属马上转移。此时,由于中共上海地下党组织因

---

① 甘乃光是中国经济思想史第一人,著有《中山全集》《先秦经济思想史》《中国国民党几个根本问题》《孙文主义大纲》《孙中山全集分类索引》等书;译著有《美国政党史》《英国劳动党真相》等书。参见姚文秀《甘乃光与国民政府行政革新》《广西师范大学学报》(哲学社会科学版)2009年第2期;覃凤琴《历史局限与"种瓜得豆"——甘乃光与"文书档案改革运动"及其启示再探讨》,《档案与建设》2010年第4期。
② 参见方文《左尔格在中国》,国家安全部办公厅情报处办公室核定,北京时事印刷厂1988年版,第110页。
③ 参见赵风《爱拍苍蝇扫蠹鱼——袁殊的情报生涯》,《人物》1993年第4期。
④ 张学良等电蒋中正《一般数据——呈表汇集(二十八)》,1935年7月1日,台北"国史馆"藏,资料号:002-080200-00455-004。

李竹声叛变而遭到破坏，国民党由此得知刘思慕的真实身份，情况紧急，风声日紧。刘思慕幸运地得到了程其英的帮助，程其英因与王陵基的姨太太关系很好，便打着这个四川大军阀的旗号，巧妙地掩护了刘思慕一家。

而因为这些特殊关系，特务们虽然一度发现了刘思慕等人的行踪，最终还是让他们成功逃脱魔爪。几天后，刘思慕一家来到苏州，躲在朋友陈正飞家中。刘决定到太原投奔留德同学杜任之，让妻子曾菀（曾兆蓉）和孩子暂留苏州陈家等候消息。最后刘思慕夫妇在山东泰安投奔隐居泰山的冯玉祥将军而顺利脱险。①

程其英（程远）是何人呢？程其英就是沈醉回忆中所称的"程×，又叫程××"。关于程远，学者章立凡撰文指出："这位程远女士……是一位社交界的名媛，人称'黑牡丹'。程远是才貌双全的名门闺秀，四川万县人。……程远原名程其英，为家中长女，是学贯中西、才貌双全的名门闺秀，社交场上，不少名流趋之若鹜。……1935 年上海发生'怪西人案'，学者刘思慕（中共地下党员）被叛徒陆海防出卖，一家被军统追捕，走投无路逃到程府；程大小姐豪侠仗义，把他藏起来，掩护脱险，而自己却未及走脱，被沈醉率特务逮捕，囚禁了四个多月，释放后仍为抗战和民主运动做了大量工作。"②

刘思慕脱险后，刘妻带着三个孩子离开武汉去上海时，被特务盯上。刘妻抵达上海后，住进南京路上的东亚旅馆，特务随即监视这家旅馆。5 月 5 日，特务发现一个中年男子前去看望她，当即将这人逮捕。被捕者竟是陆海防。原来，陆海防在派弟弟陆独步去武汉后，一直未得到弟弟的音讯，放心不下，听说武汉情报网有人来上海，竟不顾秘密工作的基本原则，未经华尔顿批准，贸然前去探询，结果落入特务的魔爪之中。陆海防被捕后不久，在军统的种种威逼利诱下叛变，主动承认是共产国际的工作人员，并和特务一起去抓了华尔顿。华尔顿被捕后一言不发，敌人无计可施，只得称他为"神秘西人"。③

非常奇怪的是，当时戴笠和丁默邨就如何处理该案，产生隔阂。

---

① 参见李耀曦《冯玉祥与江涛声联手营救刘思慕》，《春秋》2014 年第 1 期；曾菀《只身入虎穴——记刘思慕从事革命地下工作的一段经历》，《群言》1985 年第 3 期。

② 章立凡：《文武二老——舒諲、文强印象》，《文史精华》2006 年第 5 期；《"程思远思程远"的对联旧事》，《北京晚报》2005 年 9 月 2 日；《君子之交如水》，作家出版社 2007 年版。

③ 参见叶坤妮、叶功成《左尔格在共产国际的中国战友》，《人民政协报》2010 年 11 月 4 日第 6 版。

第九章 怪西人案 107

据台北"国史馆"所藏档案，戴笠曾致电蒋介石，说查办刘燧元等案的时候，遭到调查统计局处处刁难。黄维祐为中共地下总交通，凡与西人有关之共产党员，黄均知之，供认确凿，关系重大。对于已逮捕的与袁殊有关的左倾电影女演员王莹，戴笠令上海警备司令部侦查队传讯。丁默邨遇事蛊惑陈立夫，认为王莹系电通公司重要演员，王莹被捕，该公司势将倒闭，因王莹情节不重，当予保释。戴笠抱怨，若不答应，被说成是刁难，不知是何用意？蒋介石批示：局中两处工作人员似颇有意气之争执，似应分别告诫而调恰之。①

华尔顿沉着、机智和勇敢，拖延了时间，保护了一大批情报人员和机密文件的安全。由于陆海防叛变，除华尔顿外，陈绍韩、黄维祐②、王墨磬（汪默清，黄维祐丈夫）、胡克林、俞瑞允等人也陆续被捕。

陈绍韩是个非常优秀的人，据陈绍韩儿子陈焜的研究，一些档案文件可以证明陈绍韩的革命事迹。如1935年6月3日，戴笠电蒋介石："据报陈绍韩系格伯乌组织派往刺探我军事秘密请饬王均迅予扣留交案以便根究"以及"侦讯第三军通匪参谋陈绍韩供情呈核"；6月4日，戴笠电蒋介石："请饬王均将陈绍韩交案法办"；6月5日，戴笠电蒋介石："查陈绍韩系柏格乌组织派以刺探军事机密及请饬王均将其扣留以便破案"等；6月6日，蒋介石电戴笠："已饬王均甘乃光等速缉陈绍韩及刘黄等犯"；6月13日，王均电蒋介石："逮捕审讯陈绍韩经过及仅知其涉共党嫌疑并愿负失察之咎及蒋中正电知戴笠"；1935年9月13日，陈普恩电蒋介石"遵由行营军法处主任办公处验明枪决关允南陈绍韩两犯"，随后，陈绍韩在武汉被国民党杀害。③

---

① 参见《戴笠电蒋中正调查统计局不遵令将共党嫌犯黄维祐解送行营审讯已由第三科签请张学良转知湖北高等法院提解》，《一般数据——民国二十四年（三十五）》，1935年，台北"国史馆"藏，资料号：002-080200-00233-051；《一般数据——民国二十四年（三十六）》，1935年，台北"国史馆"藏，资料号：002-080200-00234-061。
② 黄维祐后改名黄君珏，1942年6月2日，在山西辽县庄子岭反日寇扫荡斗争中跳崖壮烈牺牲。1942年11月4日，重庆《新华日报》刊登了《新中国女战士喋血太行》一文，并且配发了《为祖国流血——悼黄君珏女士殉国》的短评，指出："黄君珏女士殉国，正如左权、何云等同志一样，发扬我大中华民族正气，表现了中华民族优秀儿女，在民族解放斗争中的英雄气概。中华民族有这样坚贞不屈、英勇赴难的女儿，日本强盗永远征服不了中国。"参见鲁兮《血洒太行化碧涛——颂女杰黄君珏》，《文史月刊》2006年第4期；忠全、卫东、水成《报界抗战女杰黄君珏》，《中国老区建设》2005年第7期；程庆丰《与黄君珏在一起的日子》，《党史文汇》2006年第1期；李东光、魏淑琴《报界女杰黄君珏》，《湖南党史》1997年第3期。
③ 参见瀚海存真的新浪博客《纪念真正的潜伏英烈陈绍韩——瀚海存真》。

"怪西人案"发生后，中共中央也极为关注，当获悉日本情报系统已掌握此案内幕时，急派"左联"盟员关奚如等请鲁迅通过内山完造和其他日本友人了解案情。三天后，鲁迅即通过胡风向关奚如转告了有关案情。中共上海地下党组织随即采取紧急措施，使一部分情报人员及时转移，阻止了案情的扩大。

　　华尔顿被捕后，国民党费尽心机地对其进行侦讯，但未取得任何有价值的线索，便将他押解到武汉。① 1935年8月24日，湖北高等法院开庭审判此案，最后判处华尔顿有期徒刑15年。不久，抗战全面爆发，经中苏双方高层的磋商，1937年12月，华尔顿经新疆返苏。

　　1933—1935年，在短短几年里，由佐尔格创建、华尔顿一手发展起来的，深入蒋介石各军事首脑机关内部达数十人的国际情报组织，由于"怪西人案"而被敌人完全破坏，各大城市没有暴露的情报人员奉命秘密撤往莫斯科。建立五年之久的情报组织不得不全部停顿。这不能不说是共产国际情报史上一次不小的损失。②

三　首次锒铛入狱

　　袁殊一开始并不认为"怪西人案"与自己有关，案发没几天他得到夏衍的指示，设法通过关系打听这一案情。正在此时，军统局王新衡以朋友身份到外论编译社找袁殊。③

　　王新衡找到袁殊后，约袁到聚丰园四川饭馆吃饭。饭间，袁殊向王新衡询问"怪西人案"，王回答说："找你之前我已和办此案的翁光辉碰过了，那个外国人什么话也不肯讲，搞不清和共产党有没有关系，租界捕房又不愿秘密引渡给华界，所以才找你想法从新闻界了解情况，你可找翁光辉去，翁了解情况多，总之要你帮忙就是了。"④ 后来，王新衡又主动约见袁殊，说："翁大队长（翁光辉）掌握了新的情况，你去了解一下也许对

---

① 据戴笠称："因共党刘燧元（即刘思慕）案，在沪捕获一共党重要西人，但却遭法领署阻止引渡，请电外交部与法公使交涉，并电司法行政部勿使特区法院权限被外人侵犯。"参见戴笠电蒋中正《一般数据——呈表汇集（二十六）》，1935年6月12日，台北"国史馆"藏，资料号：002-080200-00453-013。
② 参见张晓宏、许文龙《红色国际特工》，哈尔滨出版社2006年版，第75页。
③ 参见曾龙《我的父亲袁殊：还原五面间谍的真实样貌》，独立作家2016年版，第198页。
④ 同上书，第199页。

你有帮助。"袁殊不知是计,急忙赶见翁光辉,没想到自己刚一坐定,翁就从口袋里掏出两张小照片放到袁殊面前说:"这是从'怪西人'随身带的笔记本上拍下来的,你如果不认识怪西人,他怎么会知道你的姓名、工作单位和电话呢?"照片拍的是笔记本的一页,上面的字样显然是外国人手写的,写着"袁殊,外论编译社"及电话。过了一会儿,翁带进一个人来,此人正是已叛变的交通员小李,袁殊随即被捕。历史转折关头,袁殊的政治品格和思想情操受到了严峻的考验。① 事后,袁殊承认当时"感到紧张,思想上有动摇心理"。②

袁殊被王新衡诱捕后接受讯问,曾涉及王莹。目前,有关"袁殊是否有意出卖王莹"问题,因缺乏档案资料,此处只能暂以报刊新闻和袁殊自己的说法为依据。③

袁殊自认为王莹不会受到案件牵连,便提议派部车子接王莹来接受询问。随后,王莹也被王新衡软禁了起来,一周后,王莹即被保释出去。王莹出去前,袁殊交给王莹两件事:"一是通知日本领事馆替岩井工作的小泉清一,让他们设法营救;二是告诉一些老朋友让他们避开。"④

其实,王莹已是中共秘密党员,王新衡对她也早已怀疑。袁殊的交代,正为军统提供了一个逮捕她的借口,而袁殊竟成了帮助军统诱捕王莹的工具。王莹被捕曾引起不少地下党员的紧张,夏衍就赶紧转移隐蔽起来。幸而王莹应付得体,又没有找到充足的证据,军统才不得不将这位著名演员释放。⑤ 据夏衍回忆,大概在5月下旬的一天,在电通公司拍戏的王莹转来一封袁殊给夏衍的亲笔信。第二天,孙师毅告诉夏衍,说他接到袁殊一个电话,袁殊暗示自己出事了。不久王莹被逮捕,王莹正拍《自由神》电影,她突然"失踪",引起上海小报刊载"自由神不自由"新闻,后蔡叔厚告知夏衍"怪西人案",当务之急是要救袁殊。夏衍也打算暂避一下,蔡叔厚告知如何妙计救袁殊,考虑到特务害怕日本人,只要日本人出面讲个话,就自然会释放袁殊。如何让日本人知道袁殊被逮捕的消息呢?不久,上海两家日文报纸《上海每日新闻》和《上海日日新闻》同时刊载袁

---

① 参见尹骐《袁殊谍海风雨16年》,《炎黄春秋》2002年第12期。
② 曾龙:《我的父亲袁殊:还原五面间谍的真实样貌》,独立作家2016年版,第205页。
③ 参见《落英缤纷:前办〈文艺新闻〉之袁殊本为共产党》,《社会日报》1935年6月28日;《落英缤纷:因袁殊而牵连被捕之影星王莹女士》,《社会日报》1935年6月28日。
④ 曾龙:《我的父亲袁殊:还原五面间谍的真实样貌》,独立作家2016年版,第205页。
⑤ 参见尹骐《袁殊谍海风雨16年》,《炎黄春秋》2002年第12期。

殊被国民党特务"绑架"的消息,并指出日本政府正考虑必要的对策。[1]

事实上,王莹事告一段落后,戴笠派徐业道来试探袁殊的态度。徐转达戴笠指示说:"你的事我们都知道了,等风波平息后你可以加入到我们的团体里来。现在对你也追不出什么来了,你还年轻,摆在你面前只有两条路,要么就此完结要么参加蒋委员长领导的抗日工作。"徐要袁明确表态是否愿意加入军统。考虑了一会儿后,袁殊写下大概这么一段话:"我不认识'怪西人',过去也不认识陆海防,但从事过共产党的秘密情报工作,现在中日两国的问题是抗日问题,希望蒋先生领导全国人民抗日。"[2]

不久,袁殊、陆海防和程其英等在一连士兵的武装押解下乘虞洽卿三北公司的"冯兴号"轮船被解送到了武汉。袁殊被单独解送到属于当地运输公司的一间破旧的又大又空的仓房内,在那里等待宣判,历时一个月左右。那个临时拘押地久无人迹,到处灰尘、处处秽物,肥大的蛆虫爬来爬去,蚊蝇日夜没完没了滋扰。伙食倒还可以,是看守从饭铺叫来的客饭,大概是拘押未判之故吧。看守仅一人,是刚刚从警官学校毕业的年轻人,两人没有任何话题,终日百无聊赖。那个看守看到袁殊手上戴了个钻石戒指,发生了好奇心,命令似的说道:"退下来给我看看。"袁殊亦不抗命,拿下来让他把玩一阵后再戴在手指上。过了一段时间后,那个看守又说出了命令式的话,于是重复了摘下—把玩—戴上的全过程。老是看个不停,当然是"爱不释手"了,因系要犯之物不能明敲竹杠只能老是"拿下来让我看看"。袁殊被缠得不耐烦了,遂心生一计说:"你要喜欢这个戒指就送你好了,不过你得给我弄一顶蚊帐来,我被咬得吃不消。"那个看守欢天喜地,弄了一顶蚊帐换了个钻石戒指。袁殊也很满意,那个钻戒是假货,不值多少钱,戴在手上倒不如弄顶蚊帐更实惠。

法院如期开庭审讯了,经过两次审判,仅以文化界思想犯论处判决监禁两年九个月,又托词"投案自首"(实为王新衡诱捕)减刑为一年三个月。[3] 袁殊被捕及审判过程,一直受到媒体的普遍关注,各路相关新闻不断。

---

[1] 参见夏衍《懒寻旧梦录》,三联书店 2000 年版,第 188—190 页。
[2] 曾龙:《我的父亲袁殊:还原五面间谍的真实样貌》,独立作家 2016 年版,第 205—206 页。
[3] 据 1935 年 7 月 24 日《申报》第 22358 号第 8 页载:"(二十三日专电)袁殊危害民国案鄂高院已判。(汉口)与上海怪西人有密切关系之袁殊(即袁学易)经逮捕解鄂。由法院审讯,现已于本月二十日判决,依危害民国紧急治罪法第十条,刑法五十六条前段处断,并依刑法五十九条减三分之一,又依六十二条再减二分之一,处有期徒刑一年三个月(二十三日中央社电)。"

例如，1935年6月26日《申报》第22330号第10页："共产党怪西人被捕续袁殊因同案关系被捕，其衣袋内抄出袁殊（即袁学易）与该约瑟夫·华尔顿来往信件住址，证明该袁殊系与国际葛伯乌机关有关。"

1935年6月26日《申报》第22330号第10页："破案后，发觉该袁殊有化名甚多，如袁学易、惠民等名字，皆为袁殊所用者。经吴市长查明袁学易袁殊，并将逮捕原因详告矣。市府负责人又称，查袁殊原为自首之共产党。"

1935年7月1日《申报》第22335号第15页："共党袁殊被捕真相，华东社云，关于共产党袁殊被捕一案，日前经市政负责人发表谈话，谓袁殊之被捕，系因怪西人身上抄出袁殊用荣钧化名之亲笔信及住址等件，捕房认袁殊与该怪西人有重大嫌疑，由怪西人发觉袁殊又与共产党发生关系，故将该怪西人及袁殊等一并解送武昌归案讯。"

1935年7月5日《申报》第22339号第9页："（中央社电）共党袁殊侦查完毕，鄂高检官起诉。西人同案关系被捕之袁殊，由沪解鄂归案讯办后，兹经探悉该袁殊供认，因思想左倾，为检察官起诉书。被告袁殊即袁学易，又名袁逍逸，男，年二十五岁。"

1935年7月18日《申报》第22352号第9页："（十七日专电）袁殊案已审讯终结。袁殊所选任之辩护人葛修键。"1935年8月10日《申报》第22375号第10页："同犯危害民国罪刑袁殊移送鄂反省院。"

袁殊如此从轻发落，是有些原因的，也可以说是机缘巧合。

首先是其父袁晓岚竭尽全力进行了营救。袁晓岚在得知袁殊被解到湖北后，马上请名律师为之辩护，并以老同盟会员资格给陈立夫写信，陈回信："令郎事知道了。"[1]

更重要的原因是，因河北事件，中日关系情势已很微妙。一二八事变后，中日情势陡然紧张，以至于上海市市长吴铁城电蒋中正："自一二八事件后，日本谋上海加剧，请示应否去职以稍和缓形势。"[2] 认为"河北事件后上海情势复杂，日方借故寻衅，请准辞市长一职，以缓和形势"。蒋中正回电称："上海与华北环境不同，不必多虑。"[3]

袁殊被捕后，日本驻沪领事馆随即就知道这一消息，并迅速作出反

---

[1] 曾龙：《我的父亲袁殊：还原五面间谍的真实样貌》，独立作家2016年版，第209页。
[2] 吴铁城电蒋中正：《一般数据——呈表汇集（二十八）》，1935年7月4日，台北"国史馆"藏，资料号：002-080200-00455-195。
[3] 吴铁城电蒋中正：《一般数据——民国二十四年（四十）》，1935年7月13日，台北"国史馆"藏，资料号：002-080200-00238-010。

应：各日文报纸报道国民党逮捕袁殊为蓝衣社白色行为。① 替代岩井英一职位的小泉清一召集一些日本记者在上海几家日文报纸刊载日方的所谓抗议信，蒋介石知道后，对此案有所顾虑。据岩井英一回忆，此时正值天津"胡、白刺杀案"处理期间，《国权报》和《振报》是天津主要的两份以亲满、亲日为论调的报纸。1936年1月底的一个深夜，其各自的社长胡思溥和白逾桓，在寓所被刺杀。胡死于枪击，白的脑袋则被利斧劈成了两半。5月，日军以此为借口侵入冀东地区，威胁平津。岩井委托山田纯三郎去上海市长吴铁城那里游说②，威胁吴铁城，若对袁殊处理不当，日方将援引天津案例，吴铁城只好就范。③

吴铁城电蒋中正，告知"上海市政府已请日本领事转饬各日文报纸，更正共党份子袁殊因亲日被捕言论，蒋中正回电表示知悉"。④

吴铁城电蒋中正："已函请日领转饬各日文报，更正并在中文报纸声明袁殊被捕经过详情等。"⑤ 吴铁城认为"关于袁殊被捕，各日文报仍为有组织之宣传，若由其放任中日关系必日趋严重"。⑥ 戴笠电蒋中正，告知"上海日文报纸对袁殊案颠倒是非，即将袁殊移解鄂高等法院审讯并公布袁确为共党之供词以抵制日人之宣传"。⑦

戴笠电蒋中正，称"日方对新生事件与袁殊被捕态度，为袁案采取不侵之态度，并取缔馆员再发表意见，及有吉明谅解叶楚伧意见"。⑧ 戴笠电蒋中正，认为"日本对袁殊被捕不重视，及叶楚伧对新生周刊事件意见表

---

① 参见吴铁城电蒋中正《一般数据——民国二十四年（三十五）》，1935年6月28—30日，台北"国史馆"藏，资料号：002-080200-00233-105。
② 据1935年6月26日《申报》第22330号第10页载："山田纯三郎君日前来府探询袁学易被捕情形。"
③ 参见〔日〕岩井英一《回想の上海》，《回想の上海》出版委员会1983年版，第81—82页。
④ 《一般数据——民国二十四年（三十五）》，1935年6月27—28日，台北"国史馆"藏，资料号：002-080200-00233-079。
⑤ 《一般数据——呈表汇集（二十七）》，1935年6月28日，台北"国史馆"藏，资料号：002-080200-00454-124。
⑥ 吴铁城电蒋中正：《一般数据——呈表汇集（二十七）》，1935年6月29日，台北"国史馆"藏，资料号：002-080200-00454-143。
⑦ 《一般数据——民国二十四年（三十六）》，1935年6月30日，台北"国史馆"藏，资料号：002-080200-00234-060。
⑧ 《一般数据——民国二十四年（三十九）》，1935年7月12日，台北"国史馆"藏，资料号：002-080200-00237-086。

示谅解"。①

因此,尽管湖北高检官的起诉书是以"危害国民紧急治罪法"对袁殊提起公诉,最终却对袁殊以"文化界思想风潮案"论处。判决当天,袁殊就被解送到湖北省第一监狱服刑。两天以后,法官徐业道前来探监,他说:"住在这个地方委屈老兄了,马上给你换个地方,你到黄宝石那里去住,那边待遇好一些。"于是,袁殊被解送到湖北省反省院,黄宝石就是前面提过的原湖北省驻沪代理人、吴醒亚湖北帮"参谋长"。②袁殊转解到黄宝石处,显然也有吴感化"旧部"的意思。黄见到袁后第一句话是:"老兄你来了,好好,只住8个月就出去。"于是,袁殊"过了8个月'老爷'生活"。③

令人称奇的是,袁晓岚在得知其子袁殊被关在湖北反省院后,"心中很是焦急,亲自去看了一趟,炎暑奔走之后,回京便病了,从此,时好时病"。1935年12月18日,袁晓岚因病去世④,袁殊居然可以出监为其父办理丧事,直到把袁晓岚灵柩送回湖北蕲春老家后,袁殊才回监。⑤

袁殊在湖北反省院期间,平日里就是读书、写字、打球,有时写点新闻学的短稿。后来,黄宝石决定办《诚化》半月刊,由袁殊主编。《诚化》文章大多是犯人们写的一些散文、历史掌故等,袁殊也在上面发表了一些文字。⑥当时联合新闻社的郑用之和主管该社经济的吕奎文⑦已移居武汉。他们两人定期轮换去看望袁殊,时时接济些零用钱。在一张旧照片的背后,袁殊当年写了一首短诗:"疑是阿福痴自欢,囚里光阴笑等闲。倦眼不观墙外事,此中乐亦似桃源?吕奎文兄为摄此影,作打油诗如上。"无可奈何的袁殊只能"痴欢自福"了,他似未颓废委顿下去,流露出"笑

---

① 《一般数据——呈表汇集(二十八)》,1935年7月13日,台北"国史馆"藏,资料号:002-080200-00455-169。
② 黄宝石的妹妹嫁给吴醒亚,回鄂后,黄宝石由此当上武汉汉阳县长兼湖北反省院院长。
③ 曾龙:《我的父亲袁殊:还原五面间谍的真实样貌》,独立作家2016年版,第210页。
④ 参见马超俊《袁晓岚同志事略——民国二十四年十二月二十三日中山文化教育馆纪念周报告》,《中山文化教育馆季刊》第3卷第1期,1935年1月10日。
⑤ 参见曾龙《我的父亲袁殊:还原五面间谍的真实样貌》,独立作家2016年版,第211页。
⑥ 参见袁殊《"瓦版读卖"与初期日本新闻:集纳日志"抄二则》,《诚化》1935年创刊号,第11—13页;袁殊《从理论与事实上证明民族意识超过阶级意识》,《诚化》1936年第7期,第2—4页。
⑦ 1939年7月,吕奎文在重庆被日寇轰炸时牺牲殉国。追悼会上,郭沫若在吕奎文遗像上题词:"美才出众,竺实可风,丁逢国难,竟捐尔躬。吕奎文同志千古!郭沫若敬挽!"

傲因阴"的豪情。① 此时的日寇侵华野心逐渐暴露，中日关系也日趋紧张。国民政府一方面继续奉行不抵抗政策，另一方面又通过宣传机器高调宣传抗战，即使在湖北反省院也不例外。所以，袁殊除编写一些有关抗日的文章外，还写点东西投向上海的报纸杂志。赵家璧主持的《良友画报》杂志曾刊载袁殊的《为了不忘却的纪念——〈难集〉题序》②，以及记者座谈会上袁殊的有些专题论文，就是这个时期的作品。③

---

① 参见曾龙《我的父亲袁殊：还原五面间谍的真实样貌》，独立作家2016年版，第211—212页。
② 参见袁殊《为了不忘却的纪念——〈难集〉题序》，《良友画报》第118期，1936年7月号。
③ 参见赵风《袁殊传略》，载《袁殊文集》编辑组《袁殊文集》，南京出版社1992年版，第7—39页。

第十章　消泯彷徨

1936—1938年，袁殊"一度产生过'两间余一卒，荷戟独彷徨'的苦闷思绪，后来在实践活动中，这种情绪也就自然地消泯了"。①

1936年5月的一天，黄宝石找到袁殊说："老兄恭喜，一两天之内就可以出去了，出去后你先休息几天再到我家来。"袁出狱当天住在郑用之家中，郑款待了袁，送给袁200元。袁又到黄宝石家里辞行，不想黄要袁到南京面见陈立夫并要送袁路费，袁说郑已给了钱，没接受黄给的路费。看来陈立夫在袁殊案件中起了重要作用，他们似仍要起用袁殊为其效力。②说来是有些奇怪的，袁殊的"左"倾面貌早已在社会亮相，又以吴醒亚的心腹干将抛头露面，"怪西人案"中他的"白皮红心"本质已完全暴露，可是，袁仍有机缘去"效力"国民党中统。

袁殊该何去何从呢？

一　寻找中共组织

尽管此时的袁殊，并不知道自己今后的前途如何，但他却毫不迟疑地在上船前给上海的中共地下党组织拍了封暗语电报："病愈出院，即将回沪。"③

对于国民党中统，袁以"外圆内方"态度，演尽了虚与委蛇之事。袁从一开始就没有打算到南京面见陈立夫，当前往上海的轮船停靠南京码头时，袁把帽子盖在脸上假装睡着了，一直等到轮船继续航行后才起来。④

---

① 曾龙：《我的父亲袁殊：还原五面间谍的真实样貌》，独立作家2016年版，第212页。
② 参见曾龙《我的父亲袁殊》，接力出版社1994年版，第174页。
③ 同上。
④ 参见李之《传奇式人物——袁殊》，载中国人民政治协商会议江苏省镇江市委员会文史资料研究委员会《镇江文史资料》第12辑，1987年。

当时，袁殊还有点担心路上有国民党中统特工的监视，结果没有出现。袁走到甲板栏边，面对滚滚东流的江涛思绪万千，暗自庆幸人身自由了，但他不甘心做反动势力忠实的鹰犬，作为一个劫后余生之人政治上又奔向何方呢？他写下一首短诗："今朝犹幸有归途，愧望长江水东流。落拓乡关非病死，朝晖重上劫余楼。"①

到上海的最初两三天，袁殊虽可重享天伦之乐，但发现原先的战友一个也见不到，他心急如焚。万分着急中，袁打电话给当时著名电影编剧、导演孙师毅②，请求约见。孙过去和袁私交甚好，孙如约到小咖啡馆，见到袁就问："你回到上海是帮助特务抓人的呢，还是来看望老朋友的呢？"袁连忙说："我回到上海来，就是要向老朋友请示今后个人行止的。"第二天，孙就将袁的情况如实告知刚从陕北来沪不久的冯雪峰。冯此次来沪的主要使命是开展抗日民族统一战线工作，他虽然已经从孙的介绍中知道了袁被捕后的一些"不好"表现，但出于团结一切可以团结的力量考虑，表示愿和袁殊一见。③ 于是，孙打电话给袁说："有个老朋友要见你，请约定时间地点。"袁选定第二天下午1点在北四川路海宁路"一茶"茶店见面。见面的时间、地点是有讲究的，下午1点是公开场合中私人谈话的好时间，北四川路是日本人的势力范围，国民党特工不敢轻易在此逮人。④

袁殊和冯雪峰见面时，袁向冯汇报了过去八个月监狱生活的真实情况，并请示今后怎么办。冯听完袁的自我说明后，一时无法决定袁何去何从，只是建议袁先找一个中学教师的职业避一避风头再说。袁觉得不是很安全，并表示请中共党组织允许他赴日留学。⑤

几天后，冯雪峰郑重地对袁殊说："我们同意你到日本住上一两年，国内时局若有重大变化你马上回来。"袁殊开玩笑地说："革命不成了，我也要考个文学博士回来。"冯雪峰附和道："时局如此之糟，也只好如此了。"⑥

---

① 曾龙：《我的父亲袁殊：还原五面间谍的真实样貌》，独立作家2016年版，第214页。
② 参见陈正卿《孙师毅：潜伏在陈布雷身边的红色高参》，《上海滩》2010年第8期；陈墨《孙师毅生平大事年表》，《当代电影》2008年第10期；朱天纬《孙师毅的电影歌曲歌词创作》，《当代电影》2008年第10期；陈墨《觉者迷踪：孙师毅先生的人生与影事》，《当代电影》2008年第10期；张丽敏《孙师毅的历史片断》，《当代电影》2008年第10期；黄克夫《记与周恩来有密切关系的张云乔孙师毅》，《世纪》1998年第2期。
③ 参见冯烈、方馨未《冯雪峰外调材料》（下），《新文学史料》2013年第2期。
④ 参见曾龙《我的父亲袁殊》，接力出版社1994年版，第175页。
⑤ 参见赵风《袁殊传略》，载《袁殊文集》编辑组《袁殊文集》，南京出版社1992年版，第7—39页；冯烈、方馨未《冯雪峰外调材料》（下），《新文学史料》2013年第2期。
⑥ 曾龙：《我的父亲袁殊》，接力出版社1994年版，第176页。

1968年5月23日，冯雪峰回忆："1936年8、9月间，袁殊刚从汉口监狱中出来，到上海来找关系。潘汉年这时怀疑袁殊替几方面做情报，他派我去同袁殊谈过一次话，记得谈的要点是，要他到当时他认为可以活动的关系方面去活动，并没有决定他同我们之间的确定关系，只答应他以后可以继续来联系。当时也给过一点钱，他当时很穷。我只记得这要点，同时我记得这都是根据潘汉年的意思对他说的。当时，例如袁殊在什么时候被捕，又怎样从汉口监狱出来；还有，潘汉年原是知道袁殊过去做情报工作的情况和所活动的情报关系方面的，这时除了怀疑袁殊替几方面做情报一点外，是否还怀疑其他的事情以及袁殊当时可能去活动的关系究竟是哪方面或哪几方面——国民党的哪一派哪一系？或者是日本方面？等等，虽然我记得潘汉年在派我去谈话之前是对我说过袁殊的情况，袁殊也一定对我说过一些，我现在都已记不起来。我去同袁殊碰头谈话可能是两次，即可能头一次是先去了解一些他的情况，过几天第二次去同他谈话是把我们的意见告诉他，并给他一点钱。"①

二　再赴日本留学

既然组织上希望袁殊暂时赴日避一避风头，袁联想到与岩井英一的私人友谊，于是到上海的日本领事馆找岩井。此时，接替日本上海领事馆岩井工作岗位的是小泉清一，袁向小泉说明自己打算去日本留学的意愿。小泉告诉袁，其实，在袁殊被捕后，小泉曾多次登门拜访吴醒亚，希望设法营救袁，但吴避而不见，小泉还在日文报纸上发了消息和抗议信，以示爱惜袁之才华。袁当即表示了"谢意"，心里也明白，小泉告诉他这些，无非是说日方对袁一直挺关心的，有进一步拉拢袁亲日之意。小泉很快地为袁办好了留学签证，赠送袁200元路费，并告诉袁，岩井英一现在东京，意思是袁去了东京有事，可以直接找岩井帮忙。②

不知何故，当时的报界有传言说袁殊"是因为失恋才赴日苦修的"。③

此时的日本社会，到处充斥着对华全面开战的嚣张气焰。袁殊此次赴

---

① 冯烈、方馨未：《冯雪峰外调材料》（下），《新文学史料》2013年第2期。
② 参见曾龙《我的父亲袁殊》，接力出版社1994年版，第176页；胡肇枫、冯月华、吴民《剑胆琴心：红色情报员袁殊传奇》，四川人民出版社1999年版，第114页。
③ 《袁殊作扶桑寓公，为了失恋于王莹而东渡，度着逆境中的苦修生活》，《社会日报》1936年12月27日。

日，心情之糟，可想而知。到东京后，袁立即拜见岩井英一，袁告诉岩井打算在日本学习历史，但尚无具体计划安排并且经济上可能发生困难，岩井答应每月为袁提供生活费 150 元，有了这一保障，袁从 1936 年下半年到 1937 年上半年差不多一年的时间里，还真学到了不少文化知识。①

岩井还介绍日本新闻记者椎原胜三郎给袁，委托外务省的小林事务官为袁安排留学事宜，小林介绍袁拜访了日本学界明代社会经济史研究的开拓者、早稻田大学研究院历史系清水泰次②教授。③清水教授要求袁写一篇历史论文，袁把平日所学的中国历史知识归纳了一下，写了一篇论文交了卷。清水看过之后认为袁殊的历史知识虽不全面系统，但有见地、可深造，于是袁殊便成为清水的学生。清水问袁要研究什么题目，袁说想研究秦汉以来的文字狱或明清时期秘密结社史。清水认为题目太大，他要求袁先看他的著作写笔记。于是，袁殊开始研读中国历史，除了每周一次或两次接受清水教授指点外，主要是靠自己自修萧一山④的《清代通史》。袁殊还主动拜访在日本的郭沫若，拜郭为师，习甲骨文，认得了 100 多个甲骨文字。⑤袁殊喜好文物，对古玩自有风雅的情趣。袁殊学习了中国瓷器、汉镜的一些知识，看了《古董琐记》、陆羽的《茶经》等书。袁殊也写过几篇文物、中国民间文艺的杂文，有的发表在留学生办的《留东日报》，有的寄回国内发表在上海半月刊《光明》杂志上。⑥袁殊对个人的学问根底是有自知之明的，袁殊只断续地读过私塾 3 年、高小 1 年、初中 2 年、新闻学 1 年，历史学 1 年，学历共计 8 年。他认为自己"充其量不过是个

---

① 参见胡肇枫、冯月华、吴民《剑胆琴心：红色情报员袁殊传奇》，四川人民出版社 1999 年版，第 118—119 页。
② 1915 年，清水泰次从东京帝国大学东洋史学科毕业以后，以教授的身份长期执教于早稻田大学。但在战后的五年间，一度转职于东京文理科大学（后改称为东京教育大学），后来他又回到早稻田大学任教。1960 年 3 月，因年满 70 周岁从早稻田大学退休。1961 年 2 月突然去世。参见山根幸夫《日本明代社会经济史研究开拓者清水泰次（1890—1961）》，《中国社会经济史研究》2002 年第 2 期。
③ 参见赵风《袁殊传略》，载《袁殊文集》编辑组《袁殊文集》，南京出版社 1992 年版，第 7—39 页。
④ 萧一山（1902—1978），江苏铜山人，原名桂森，字一山，号非宇。有"清史研究第一人"之称，与简又文、郭廷以并称当代著名研究太平天国史专家。
⑤ 参见曾龙《我的父亲袁殊》，接力出版社 1994 年版，第 178 页；赵风《袁殊传略》，载《袁殊文集》编辑组《袁殊文集》，南京出版社 1992 年版，第 7—39 页。
⑥ 参见曾龙《我的父亲袁殊》，接力出版社 1994 年版，第 178—179 页；赵风《爱拍苍蝇扫蠹鱼——袁殊的情报生涯》，《人物》1993 年第 4 期；赵风《袁殊传略》，载《袁殊文集》编辑组《袁殊文集》，南京出版社 1992 年版，第 7—39 页。

三脚猫式的文字工作者"①，但他博览群书、勤勉刻苦，知识面很广。

1936年12月12日，西安事变爆发，袁殊匆匆赶回国内。但鉴于当时的抗日形势不太明朗，冯雪峰要袁立即返日，等待时机。于是，袁又赴日继续学习。卢沟桥事变爆发前夕，日本当局即开始有计划地驱逐中国留日学生。

1937年4月的一天，日本警察突然来到东京千叶县船桥町袁殊住处，通知袁和同居的佐藤时子后天到警察所去接受问话。袁到时，两个日本警察横暴地把袁训斥了一番，呵斥袁殊非法和日本女人同居，破坏了日本国风俗，必须离开日本，等等。当时独居日本的袁认识了舞女佐藤时子并收留了她。1942年，袁殊作为汪伪政权的副代表（周佛海是代表）访日时，袁提出要见佐藤时子的要求。日官方在不暴露袁身份的前提下，安排了他们见面。袁当时要给佐藤时子一些钱，她居然不要，但表示很高兴袁不忘旧情。②

经过将近一年的学习，袁殊的日语读写说能力得到了很大的提升，而且，他对日本国情也有了进一步的认识，对日本军国主义的嚣张更有切身的体会，同时，他也掌握了一定的历史文化知识，这些对他日后从事情报工作，都是十分有益的。

三　妙带军用地图

有一天，袁殊看到东京大百货公司出售日本大正年间③绘制的东京、大阪一带的军事地图，袁殊认为这幅地图将来或可派上用场。于是，袁穿上日本学生制服，操着一口流利的日语，顺利地买到地图，然后把地图拆散，有的夹在旧书包杂志中，有的塞进雨伞把里。1937年4月，袁殊乘坐日本"旭光丸"号轮船由横滨回到上海，把这幅军事地图带回国。④

袁殊在日本期间一直和翁毅夫、冯雪峰等人保持通信联系，回沪后袁首先和翁、冯联系。袁向冯汇报了近一年在日本的情况，希望中共上海地下组织对他今后的行止有所指示。鉴于袁殊的情况是如此的特殊而又复

---

① 曾龙：《我的父亲袁殊》，接力出版社1994年版，第178页。
② 参见曾龙《我的父亲袁殊》，接力出版社1994年版，第180—182页。
③ 即1912—1926年，大正天皇（1879年8月31日至1926年12月25日），本名嘉仁，日本第123代天皇。
④ 参见曾龙《我的父亲袁殊：还原五面间谍的真实样貌》，独立作家2016年版，第222页。

杂，冯一时也不知道如何安排为好。当时一些在上海的中共地下党员认为袁早已是"转向"的人物，不能轻信，尤其夏衍更是心存芥蒂，冯只得让袁先利用旧关系找点事情做起来再说。①

当时，袁殊个人无固定的经济来源，和马景星的关系也是若即若离，生活困难。袁在新闻界一些朋友的接济下，买了船票把母亲和八岁的小女儿送回了蕲春老家。他自己住到一所给狗看病的医院亭子间里。翁毅夫当时住在法租界天台路杜月笙秘书张师石家中，寄人篱下，不得不做些奔走联络的事。冯雪峰认为袁殊回来后不如找杜月笙想想办法，于是，袁殊给杜月笙写信求援。杜马上托张师石转交袁殊2000块大洋，而张只交给袁500块大洋。杜还为袁殊提供中国银行大楼（中汇大楼）三楼的一间房子，作为袁创办《时事新闻》刊行社办公地点。②

《时事新闻》刊行社除编辑出版各种有关日本问题的小册子、加强对民众爱国抗日思想宣传外，还参加接待和收容被日本政府驱逐回国的中国留学生。当时国共两党都在争夺这些留学生，国民党方面由潘公展负责接纳并编入庐山训练团。袁殊积极努力把很多留学生妥善安置在上海、重庆等地开展地下工作，有的送往苏区参加革命，如张香山、魏晋以及刘仁、绿川英子夫妇等。③后来潘汉年不让袁继续办《时事新闻》刊行社，该社自然终结。

杜月笙见到袁殊后问："为什么不干了？"袁殊称说："钱用完了。"杜月笙吃了一惊："2000元用得那么快？"这时两人才知道张师石中饱了1500块钱。④由于是家丑，杜月笙就转移话题道："停办刊行社就算了，只是你下一步打算做啥呢？"杜月笙觉得袁殊是个人才，堪可大用。不久，就把袁殊介绍给了戴笠。

四 重回组织怀抱

抗战全面爆发前的国共关系，尤其是国共两党密使的接触和谈判是相当微妙的。人们通常以为，在红军长征时期，国共两党之间只有刀光剑影、炮火硝烟。其实，为谋划合作抗日，其间国共两党也曾派代表进行过

---

① 参见尹骐《袁殊谍海风雨16年》，《炎黄春秋》2002年第12期。
② 参见曾龙《我的父亲袁殊：还原五面间谍的真实样貌》，独立作家2016年版，第223页。
③ 参见赵风《爱拍苍蝇扫蠹鱼——袁殊的情报生涯》，《人物》1993年第4期。
④ 参见曾龙《我的父亲袁殊》，接力出版社1994年版，第183—184页。

接触和谈判。①

抗战初期，在纷繁复杂的上海政治舞台上，袁殊在潘汉年的领导下积极地参加了抗日工作。②潘和袁定期在善钟路拉斐德路口的一家高级咖啡店见面，每周最少见一次。有一次潘问袁，有什么可资利用的情报。袁想了一想说有，就把偷带回国的日本军用地图一事告诉了潘。两人计议后认为，地图对中国政府虽没有用处，但可通过国民政府转交苏联和英美，这些地图可能有用；这样做，也有利于推动国共两党合作抗日。于是，潘汉年翻拍了地图。据说，这些地图后来派上了用场。③

为推动国共两党的合作抗日，袁殊力所能及地做了一些奔走联络工作。潘带着袁拜见了陈铭枢、蒋光鼐等人。潘事先对袁阐述中国共产党对这些人的政策，见面时潘总是介绍说"这是和我们在一起的袁殊"，潘的用意是树立袁和中共在一起的社会形象。④但此时袁殊的"前卫"身份已被清零。他们的关系是潘汉年"运用"袁殊的关系，还是潘汉年领导袁殊进行情报工作的关系呢？袁殊认为，自己"事事请示潘汉年"，自然属于潘汉年直接领导下的共产党情报人员。⑤

袁殊也为潘汉年联系了一些国民党方面的人，如CC系的陈宝骅。陈派一个叫嵇希宗的人和袁联系。其实，陈宝骅起初对袁殊还是很不放心的，陈宝骅派徐恩曾的情报员顾建中和季苏时刻注视袁殊的日常行止。⑥潘汉年回到延安后，向中央社会部汇报了袁殊的情况，此时的中央社会部长是康生，潘、康等人商议后一致认为，可以利用袁在敌人营垒中建立中共内线，至于能够利用到什么程度，要看以后我们的工作和他自己的态度。⑦

---

① 参见孙蝶平、郭少丹《长征时期的国共谈判》，《老年人》2011年第5期。
② 参见王朝柱原作、余亦麒提供《袁殊是潘汉年勾结日汪的关键人物》，《传记文学》第409期，1996年6月。
③ 参见曾龙《我的父亲袁殊》，接力出版社1994年版，第185页。
④ 参见曾龙《我的父亲袁殊：还原五面间谍的真实样貌》，独立作家2016年版，第223页。
⑤ 同上书，第224页。
⑥ 参见曾龙《我的父亲袁殊》，接力出版社1994年版，第185页。
⑦ 参见王朝柱原作、余亦麒提供《袁殊是潘汉年勾结日汪的关键人物》，《传记文学》第409期，1996年6月。

第十一章　潜伏军统

国民政府军事委员会调查统计局（简称军统局或军统，英文名 Bureau of Investigation and Statistics，BIS），1938年1月成立。

抗战全面爆发后，袁殊在从事情报工作方面表现出来的特殊才能，引起了主持军统工作的戴笠的注意。戴笠亲自出马甄别、运用袁殊，并最终吸收袁殊加入军统。袁殊借机利用这一身份，一方面积极投身于抗日活动，另一方面为我党获取了大量的情报。

一　军统抗战管窥

1928年，康泽于苏联莫斯科中山大学毕业，回国后不久，他就建议蒋介石模仿苏联建立情报机关以保政权。1932年3月1日，中华民族复兴社在南京正式成立，蒋介石亲任社长。复兴社下设干事会和监察委员会，干事会的主要成员有胡宗南、桂永清、戴笠、康泽、郑介民、贺衷寒、刘健群、滕杰、邓文仪、萧赞育、梁干乔、曾扩情、酆悌，号称"十三太保"。有人将复兴社称为蓝衣社，起因是刘健群在1932年3月以个人名义编写《意大利黑衫党》小册子，主张中国革命须仿照意大利法西斯运动的精神成立一个新的组织，参加该组织的干部穿蓝衣黄裤制服。后小册子被泄露，"蓝衣社"之名不胫而走，传遍各地。其实复兴社筹组在前，刘健群这个小册子在后，况且刘是后来才参加这个组织，并担任其重要干部。"穿着蓝衣黄裤制服"这个建议，并没有被复兴社采纳，没有任何干部或工作人员穿着蓝衣黄裤制服。用穿蓝衣黄裤认定为"蓝衣社"，只是出于一种牵强附会。[①]

据蔡孟坚回忆，1931年12月15日至1932年1月28日，蒋介石第二

[①] 参见刘绍唐《蓝衣社·复兴社·力行社》，台北《传记文学》第274—275号。

次下野。1932年1月28日，蒋介石主持国民党临时中政会，决定任命汪精卫为行政院院长，孙科为立法院院长，仍由他自己担任政府主席和军事委员会委员长。蒋介石复出后深感需要一个自己秘密掌控的铁血组织的重要性，约1932年2月，在中山陵园一幢别墅内秘密宣布要执掌铁卫组织（仿墨索里尼黑衫队），蒋介石新侍从武官邓文仪奉命通知蔡孟坚参加。蔡孟坚回忆在场人有陈立夫、贺衷寒、邓文仪、康泽、戴笠、徐恩曾等高干。当时蒋介石即席致辞说："我们近年失败，就是干部没有组织铁血秘密团体，这几年来，除蔡孟坚同志在武汉破获几个大案值得奖励外，你们在各处有什么表现？"最后，蒋介石指示："自明日起，大家提出新秘密组织，由陈立夫秘书长作召集人，讨论一个结果报告我。"①

复兴社的外围组织有以黄埔军校学员为主的革命军人同志会，以潘佑强为书记，以及以其他学校学员为主的革命青年同志会，康泽任书记。复兴社成立后不久，便与CC系发生矛盾，被迫退出文化教育领域。此后，复兴社的活动归并为三个系统：贺衷寒的政训系统、康泽的别动总队，以及戴笠的特务处。1938年，复兴社宣布解散，其成员大部加入新成立的三民主义青年团。"旧的军统局第二处（特务处）发展至1937年底，直属工作单位，已增至6个区，20余站，100多个组队，编制工作人员达3600余人，并有电台约200座，配置于全国各地。其所掌握运用之公开部门，仅是警察机关，亦多至40个以上单位。而新增业务，纷至沓来，在在需要扩大与加强。"② 这一客观情势，是促成旧的军统局改组的直接原因。

1938年3月29日，中国国民党召开临时全国大会决议：（1）设立国民参政会；（2）授权国民党总裁；（3）设置三民主义青年团；（4）制定《抗战建国纲领》，确立国民政府施行战时体制。1938年8月，在陈立夫掌握下的军统局第二处升格为军统局，维持原名"国民政府军事委员会调查统计局"不变。③ 局长授中将衔，由蒋介石侍从室第一处主任、军委会办公厅主任贺耀组兼任，以后分别有侍从室第一处主任林蔚、钱大钧担任过局长一职，但他们都知道其中挂名的实际含义，一贯以戴笠为主持工作的副局长，实际掌握军统局全权。"在故旧记忆中，戴笠状

---

① 蔡孟坚：《蔡孟坚传真集》（传记文学丛刊），传记文学出版社1980年版。
② 良雄：《戴笠传》，传记文学出版社1990年再版，第153页。
③ 江绍贞以翔实的史料著书《戴笠和军统》，严谨细致地分析了戴和军统的发迹及结局，反映了内战、抗战时期国民党特务系统状况。与干社同时兴起的复兴社则是以刘健群为首的、以黄埔学生为班底的戴笠系统小派别。参见江绍贞《戴笠和军统》，团结出版社2007年版。

貌是：中等身材，体格强健，头部较发达，发际亦较高，显得天庭很饱满；眉浓而秀，眼大有神，当其逼视时，颇有威棱；鼻平直而端正；口阔醇厚，言笑很少露齿。在状貌上，他所予人印象，虽无俗气，却非伟岸。三十岁以前，他很瘦弱，以后才日渐健壮，显得很厚重。如果偶尔相遇，不通姓名，将会误认他是一位教书先生。"[1] 在军统内部，上下人等从来只知道戴是他们的最高负责人，习惯上称为"戴老板"。[2] "实际上，军统局自内至外，人人心目中，只知有一戴笠先生，局长为谁，是无关紧要的。他多年以来，一直是凭他个人威望，领导工作，不须官位以自重。在他升任代理局长以后，他的部属，亦从无人称呼他为局长。"[3] 戴笠成为军统的灵魂人物。

戴笠领导军统局之全貌[4]

情报：各区、站、组；各特别组；各流动侦查组；各直属工作员；各办事处；技术研究室及各侦查收台；各战区调查室；各谍报参谋及军事联络员；各省保安部谍报科股；部分驻外武官

行动：各行动队、组；各爆破队

电讯：电讯总台及分支台；各监察台；各航情台

安全警卫：特别警卫组；兵工署稽查处及各警卫部队；特务团

游击武力：忠义救国军；混城队及别动队；相关游击队与民团

检查：各航空检查所；各邮电检查所

治安：各警备部及稽查处；各警察局及侦稽队；中央警察总队

交通：水陆交通统一检查处及各站所；交通警备部及交警部队

财经：缉私署及所属处所；货运局及所属处队；税警各团营；经济研究室及各地专员；经济检查组及各经检队

防保：中央保防组；各地电监科；防共别站组

国际合作：中美合作所；各国合作所

民运及抗敌工作：抗敌杀奸团；华北督导团；部分党政军工作总队

---

[1] 良雄：《戴笠传》，传记文学出版社1990年再版，第139页。
[2] 马振犊：《国民党特务活动史》，九州出版社2008年版，第137页。
[3] 良雄：《戴笠传》，传记文学出版社1990年再版，第154页。
[4] 参见良雄《戴笠传》，传记文学出版社1990年再版，第162页；叶邦宗《戴笠和川岛芳子》，团结出版社2012年版，第8页。

训练：各公开与秘密训练班

军统局成立后，系统内形成对外业务五大组织：第一是特务总队，由张业、王兆槐、杨清植、张辅邦、王春辉、周伟龙等先后任总队长与团长；第二是军委会办公厅特检处，主要任务是负责海陆空交通邮电的检查工作，为军统侦探情报收集材料，扣留对当局不利的通信宣传品；第三是水陆交通统一检查处，主要是在水陆交通要道上设卡检查来往车辆船只，兼顾反共、防敌、缉私等工作；第四是兵工署警卫稽查处；第五是交通警察总队。①

抗战期间，军统局的正式在册人员和学员，抗战中牺牲者就有18000人以上，而抗战结束时全部注册人员为45000余人，如算上外围成员，殉国者超过10万人。② 对此，也有不同说法，认为军统所说的牺牲人员，很多是叛变投靠了日寇及汪伪政权。抗战期间，戴笠所领导的军统局成员曾深入日本占领区开展广泛的游击战，并多次刺杀投日的"大腕级"人物，

---

① 参见陈恭澍《军统第一杀手回忆录》，中国友谊出版公司2010年版；文思主编《我所知道的军统》，中国文史出版社2003年版；邓葆光《国民党军统对日伪的经济战点滴》，《江苏文史资料选辑》第13辑；黄康永口述、朱文楚整理《我所知道的军统兴衰——原国民党军统少将的回忆》，中国文史出版社2004年版；江山市政协文史委编《江山籍军统将领传略》，《江山市文史资料》第10辑，1994年；徐恩曾等《细说中统军统》，传记文学出版社1992年版；刘芳雄口述，裴可权笔录《抗日战争中军统局谋略战一例》，《传记文学》第39卷第2期，1981年8月；杨晖编《军统魔王——戴笠》，团结出版社2000年版；马振犊《国民党特务活动史》，九州出版社2008年版；干国勋《力行社与军统局》，《中外杂志》第31卷第1期，1982年1月；潘光祥《抗日战争时期国民党军统电台与汪伪特工电台的内幕》，《江苏文史资料选辑》第10辑；宋廷琛《回忆敌伪期间军统局上海站一段往事》，《传记文学》第42卷第3期，1991年2月；王安之《军统局策反汉奸周佛海的经过》，《文史资料选辑》第64辑；王方南《我在军统十四年的亲历和见闻》，《文史资料选辑》第107辑；吴淑凤等编辑《戴笠先生与抗战史料汇编：军统局隶属机构（电子书）》，"国史馆"2011年版；章微寒《戴笠与〈军统局〉》，《浙江文史资料选辑》第23辑；朱韬、时攀编《中统军统档案》，中国友谊出版公司2010年版；蔡伟、高恒、王明贤《军统在大陆的兴亡》，中州古籍出版社1990年版；薛萌《戴笠死亡之谜》，群众出版社2008年版；陈楚君、俞兴茂编《特工秘闻——军统活动纪实》，中国文史出版社2001年版；陈风《民国风云：军统完全档案》，九州出版社2010年版；江绍贞《戴笠和军统》，团结出版社2007年版；蓝波《军统魔王戴笠》，河南人民出版社1996年版；林阔编《戴笠全传——中国最刁辣的军统魔头》，中国文史出版社2001年版；马驰《戴笠全传——中国最刁辣的军统魔头》，中国文史出版社2007年版；年维佳《蒋介石的杀手锏——军统》，长江文艺出版社1997年版；沈醉《军统内幕》，新华书店1985年第2版；王铭鎏编《军统和中统秘史》，海南出版社2002年版，等等。

② 参见苏原《抗战中的军统》（上、下），《中国报道》2010年第9、10期。

如暗杀张啸林、唐绍仪。① 值得一提的是，1939 年 3 月 21 日，军统特工在越南河内刺杀汪精卫②，却"阴差阳错"误杀了汪精卫的亲信曾钟鸣③，曾仲鸣代汪精卫而死。这件事对汪的震撼很大，终使汪精卫彻底决定走向叛国之路。④

据阮大仁研究，当天蒋介石日记写道："河内刺汪，汪未死，不幸中之大幸。"那么是不是蒋介石下令去刺汪的呢？阮大仁依据《戴笠先生与抗战史料汇编：忠义救国军》中"戴笠电胡宗南请向蒋中正保举张允荣负责在直鲁豫边区组织游击队"电报（1939 年 7 月 5 日拟）中看到一句："惟尚须兄电呈校座力为保举，因弟自河内失败之后，校座对弟所言，恐不甚相信也。但弟当竭其忠贞以报国家与领袖也。"⑤ 阮大仁先生由此推断蒋介石日记有不正当的省略。⑥

抗战时期，蒋介石非常重视对日情报工作。1938 年 4 月，蒋介石决定在国民政府军事委员会下设立一个专门的对日情报机构最高调查委员会，蒋自任主任；委员会下设会务处，王芃生任处长。后因意见不一致最高调查委员会未能正式成立而改设国民党军事委员会国际问题研究所⑦，王芃生任中将主任。但蒋介石对他们的工作很不满意，据唐纵 1939 年 10 月 3 日的日记所载："日本问题研究专家王芃生，判断敌情，从未应验。如料敌不会在广州登陆，料敌在今年七月会崩溃。委座骂王芃生谓，你的言论有时比没有理智的还没有理智，比无常识的更无常识。其言虽苛，但不为过。"⑧ 但是，1941 年 5 月 20 日，王芃生准确地预见了一个半月后德国将

---

① 参见时任国民党军事委员会西安办公厅少将参议艾经武回忆《暗杀唐绍仪经过》，载陈楚君、俞兴茂《特工秘闻——军统活动纪实》，中国文史出版社 2001 年版，第 207—208 页。
② 参见王方南《抗战初期河内刺汪行动》，载陈楚君、俞兴茂《特工秘闻——军统活动纪实》，中国文史出版社 2001 年版，第 217—222 页。
③ 参见高伐林《汪精卫河内遇刺案之谜》，《报刊荟萃》2007 年第 5 期；谭天河《河内刺汪误中副车质疑》，《学术研究》1992 年第 3 期；高伐林《汪精卫的女儿女婿细述往事——河内遇刺，惊魂一夜》，《齐鲁晚报》2009 年 6 月 22 日。
④ 参见高伐林《汪精卫的女儿女婿细述往事——河内遇刺，惊魂一夜》，《齐鲁晚报》2009 年 6 月 22 日。
⑤ 吴淑凤等编辑：《戴笠先生与抗战史料汇编：忠义救国军》，"国史馆"2011 年版，第 139 页。
⑥ 参见阮大仁《蒋中正日记揭秘》，华文出版社 2012 年版，第 6—7 页。
⑦ 参见骆晓会《民国"日本通"王芃生和他领导的国际问题研究所》，《湘东文化》2010 年 3 月；万发真《抗战时期的王芃生与国际问题研究所》，《山东理工大学学报》（社会科学版）2008 年第 1 期。
⑧ 唐纵：《在蒋介石身边八年——侍从室高级幕僚唐纵日记》，群众出版社 1991 年版，第 101 页。

进攻苏联并向蒋介石作了汇报,蒋向罗斯福政府作了通报。后苏德战争于6月22日果然爆发。

有一种说法是,1940年4月,蒋介石为集中对日本军队电讯密码的破译力量,下令军统局特种技术研究应用处(军统局6处)(另一说为军事委员会技术研究室,而非军统局)加强对日情报工作。有资料显示,1941年5月始,军政部军用无线电总台第43台主任池步洲在破译的日本外交密电中,感到日本要对美国"采取断然行动",并判定日本对美进攻的地点可能是在珍珠港,发动战争的时间可能选择在星期天,但美方对中方所提供的这一情报并没有引起重视。①

史学界也有人质疑,抗战期间国军对日军的密码战一败涂地,几近单向透明,如一号作战之类的信息从来不曾事先掌握过,却能够破译日本最高级别的机密?有人感叹:"只能说池先生把精力都用在了国际反法西斯事业,对国内的事顾不上了。"② 有人还认为这对于中国当时的情报能力来说根本不可能。③ 也有人回忆说是张圣才最早获悉日本秘密策划偷袭美军太平洋军事基地的情报,他把这一看法秘密向国民政府军统局汇报并告知麦克阿瑟将军。④

抗战期间,身为国民党副总裁及国民参政会议长的汪精卫竟潜离抗战阵营,发表响应近卫声明的"艳电"⑤,进而在日人扶植下成立伪国民政府,以消弭中国人民的抗日意志。⑥ 由于汪伪政府控制范围是在沦陷区,躲藏在日军刀锋之后,故重庆国民政府无法以军事力量将之摧毁,于是舆论宣传与地下特工遂成为双方斗争的主要战场。战时宁渝的地下暗斗是目

---

① 参见池步洲《池步洲回忆录》(破译珍珠港密电的中统局少将的回忆录),载《福建省闽清县文史资料》第9辑,2001年;吴越《蒋介石的绝密王牌:池步洲传奇》,青岛出版社1996年版;李一匡《池步洲对国家的贡献及其劳改生活》,《传记文学》第427号,1997年12月。
② 俞天任:《有一类战犯叫参谋》,语文出版社2009年版。
③ 参见宁志一《中国曾破译日军偷袭珍珠港密码吗?》,《党史博采》2005年第2期。
④ 参见何水道《谁最早获得偷袭珍珠港的情报》,《鼓浪屿文史资料》第5辑,第22—24页,另载张圣才口述、泓莹整理《张圣才口述实录》,广西师范大学出版社2016年版,第290—294页。
⑤ 艳电,近现代史中,一般特指汪兆铭(汪精卫)于1938年12月29日由林柏生代为发表致蒋介石的电报式声明,表示其支持对日妥协的政策。声明称为"艳电",因29日的韵目代日为"艳"而来。汪精卫叛国"艳电"内容,参见《中国近代对外关系史资料选辑》,上海人民出版社1977年版。
⑥ 参见孙彩霞《蒋介石对汪精卫叛国投敌之处置》,《近代史研究》2010年第4期。

前研究双方关系者尚少关注的一环。①

当时国民党上海市地下党部的大部分委员在汪精卫的引诱拉拢下投逆，参加所谓"和平运动"。蒋介石对此极为震怒，下令重建国民党在上海的地下组织。1939年8月28日，国民党中央组织部副部长吴开先奉派赴抵上海，潜伏法租界，任务为重振趋于衰败的党务与地下工作。杜月笙事先为吴开先安排去上海的路线，指定在沪管家万墨林就地接应，并为吴提供住处和自备汽车。吴开先在上海住了半年，迟迟打不开局面。1940年夏，吴开先无奈返渝述职，途经香港，对杜月笙谈及国民党在沪派系众多协调不易，杜月笙当即提议中央设一总的机构，全盘负责上海的地下工作。蒋介石很快采纳了这一建议，决定成立以杜月笙为主任、吴开先为书记长的上海敌后工作统一委员会，以吴开先、杜月笙、蒋伯诚、戴笠、吴绍澍五人为常务委员，并任杜月笙为主任委员，吴开先为书记长。杜月笙和戴笠都不在上海，所以委员会工作实际由吴开先、蒋伯诚、吴绍澍负责，统一指导在沪的国民党、三青团、军统、中统以及帮会组织。②

据吴开先回忆，汪精卫自重庆出走在越南河内发表"艳电"，"至沪后，声言彼之主和，实得中央同意，如日本不接受伊之和平办法，则仍由蒋先生主持抗战到底。以此欺骗国人，使人认为可能确有此事，对中央之抗战决心发生疑虑"。蒋介石"认为汪如此造谣欺骗国人，使沪上工商各界人士莫知所从，对抗战前途影响甚巨，必须派人赴沪向工商各界人士切实说明汪之叛逆行为，实系国人所共弃，中央对抗战决心到底决不动摇，并且抗战之最后胜利必属于我，请沪上工商各界人士万勿听信汪逆谣言。旋即决定派余潜赴上海主持此项工作，并组织上海敌后工作统一委员会，由戴雨农、杜月笙、俞鸿钧、蒋伯诚、王新衡及余任委员，并指定余及戴雨农、杜月笙、俞鸿钧、蒋伯诚为常务委员，余又兼书记官驻沪，并指导上海及东南各省党务"。③

吴开先于1942年3月20日被捕，10月29日出狱，计系狱七月余。出狱后一个月，移居上海寓所，乘监视稍松弛时，于11月28日撰写一份

---

① 参见徐吉村《地下战场：战时重庆国民政府与汪政权的暗斗》，硕士学位论文，台湾政治大学，2004年。
② 参见邵铭煌《战时渝方与汪伪的地下斗争——以吴开先案为例》，《抗日战争研究》1999年第1期；杨天石《吴开先等与上海统一委员会的敌后抗日工作——读台湾所藏朱家骅档案》，《民国档案》1998年第4期。
③ 吴开先：《沪上往事细说从头——读汪曼云等〈捉放吴开先〉一文不得不写的一段回忆》，《传记文学》第51卷第6期。

被捕系狱经过报告，密交可靠的人送到重庆，呈给朱家骅部长。此份报告最为真实可靠，收藏于《朱家骅档案》中，现据以描述整个案情的梗概。①吴开先承认，杜月笙为了营救他"个人耗费三百万元以上"。深知杜月笙与蒋介石有着特殊关系的日本侵略者为了利用杜月笙，试图通过杜引诱蒋介石集团和谈，故意对杜月笙网开一面。万墨林和吴开先两人最后都是日本军方同意释放的。②

吴开先之所以被日军释放，颇有点传奇的味道。

据吴开先回忆："周佛海得到了我被捕的消息，就在上海派车到七十六号来接我到他家里去，因周是汪精卫之下最高地位的人，七十六号只好派人陪了我到佛海家。佛海与我私交很好，我做组织部副部长时，他是宣传部副部长，二人往来很多，所以一见了面大家感情冲动，彼此抱头大哭一场。周说你不必自杀，你我的交情，我无权放你自由，但我可以全力保护你的生命安全，至于你顾虑到我们要你参加我们的工作，我也可保证你决不使你参加我们的工作，你要好好的活着，我知道日本人方面很重视你，很想利用你的关系与重庆搭上线，谋全面和平，所以日本人也不会杀你，汪虽恨你入骨，但他也无权可以杀你，你我还保持过去私人的交情，你不要当我是敌人，我还是你的朋友，你的家属我可保证不会受到任何侵害，李士群方面我已招呼他特别照顾你。又谈了些重庆方面情形，他很坦白地说，抗战前途很有希望，他也告诉我，日本人已明白了汪精卫在中国起不了什么作用，所以并不重视他。谈了两个多钟头，他仍用车送我回七十六号。"③

吴被释放后，徐采丞即来吴家聚晤，徐告吴日方梅机关方面之板垣征四郎此次力主释吴，是以汪精卫虽不甚愿意，亦无力反对，板垣征四郎认为释吴回渝，告知蒋介石日方谋和之诚意，蒋介石能否接受固不可知，但希望吴将此意转达则是彼所希望也。吴认为，"只能接受，否则无返渝机会"。④

---

① 参见邵铭煌《战时渝方与汪伪的地下斗争——以吴开先案为例》，《抗日战争研究》1999年第1期。
② 参见邵雍《杜月笙与上海抗日救亡运动》，《抗日战争研究》2000年第2期。
③ 吴开先：《沪上往事细说从头——读汪曼云等〈捉放吴开先〉一文不得不写的一段回忆》，《传记文学》第51卷第6期。参见朱子家（金雄白）《汪政权的开场与收场》第1册，春秋杂志社1965年版，第149—150页；蔡德金编注《周佛海日记》（下），中国社会科学出版社1986年版，第669、759、767、821、836页。
④ 吴开先：《沪上往事细说从头——读汪曼云等〈捉放吴开先〉一文不得不写的一段回忆》，《传记文学》第51卷第6期。

实际上，据邵铭煌研究："周佛海是抓住日本希望与重庆国民政府和平的心理，向影佐祯昭再三建言释放的。但是，所以挺身保护吴开先，当然有其私下盘算：一、此时周佛海已经密委有关人员向重庆示好，如能斡旋释放吴开先，自属大功一件；二、利用吴开先向渝方传达他们的和平意向，寻求谅解。后来事实证明，周佛海作了有利于己的决定。吴开先幸赖周佛海这班人设法搭救脱险，否则以日本军宪对捕获之特务人员施予严厉处置之惯例，吴开先想脱离虎口恐难如登天。从这一点来观察，他们的出发点容或为了私利，但是搭救政府地下工作人员，乃是不争的事实。在媚敌之下，犹有其积极作用的一面。"[1]

早在汪精卫于河内发表"艳电"后，重庆国民政府与各路伪政权及汉奸除台面上相互指责外，也开展多方位的暗战。例如，河内击汪，给汪等人及其他日军正在拉拢的失意政客与旧军阀们心理层面的吓阻应该不小，而策动高陶出走，使《汪日密约》公布于世，对汪伪亦是一场严重的打击。[2] 此外，中统在北平成功阻止吴佩孚出山，使吴最终不能与汪合流，于低迷的军事形势下消解了一场政治上的危局，打乱敌人的算盘。汪伪也非总是处处挨打。当汪等人抵沪后，为与重庆特工对抗，即与为日人从事情报工作的丁默邨及李士群合流。丁、李二人与中共及中统有渊源，熟悉渝方的特工手法，双方随即在上海展开了一场你死我活的拼杀，重庆要暗杀汪政府要人，丁、李则亟于铲除沪区渝方的地下组织。虽然最后汪伪上海市长傅筱庵[3]、广东省长陈耀祖、特工总部主任李士群都被重庆直接或间接暗杀，其他的制裁行动也让汪政府要人人心惶惶，然而汪伪却也屡次破坏渝方军统上海区、南京区及上海特别市党部，这几个组织的地下人员死的死，逃的逃，最后甚至连重庆大员吴开先及蒋伯诚都双双被俘，导致渝方最大的地下组织上海统一委员会陷入停摆。[4]

---

[1] 邵铭煌：《战时渝方与汪伪的地下斗争——以吴开先案为例》，《抗日战争研究》1999年第1期。
[2] 参见黄先元《河内追杀汪精卫》，《人民公安》2008年第22期。
[3] 参见陈存仁《日伪上海市长傅筱庵及其他》，《传记文学》第59卷第1期，1991年7月；胡鲍淇《投敌附逆的傅筱庵》，《文史资料选辑》第106辑；肖力《汉奸的下场——大汉奸傅筱庵被杀记》，《文史月刊》2009年第4期；王昌范《傅筱庵贿选商会会长》，《世纪》2008年第4期；张艳《上海市伪市长傅筱庵被杀内幕》，《湖北档案》2003年第7期；张宗高《汉奸傅筱庵被杀内幕》，《文史博览》2000年第5期；张宗高《四杀傅筱庵内幕》，《民国春秋》2000年第3期。
[4] 参见邵雍《杜月笙与上海抗日救亡运动》，《抗日战争研究》2000年第2期；徐吉村《地下战场：战时重庆国民政府与汪政权的暗斗》，硕士学位论文，台湾政治大学，2004年。

二　戴笠起用袁殊

一天早晨8点左右，袁殊和马景星住所前大门处响起喇叭声，来了一辆小汽车，下来两人，袁一眼就认出其中一人是戴笠，惊讶道："戴先生亲自光临敝舍真是没有想到，请里边谈，请里边谈。"戴没有立即回答，他打量了那座小楼一番后说："你过的生活蛮不错嘛！今天我没空，明天早上九点你来找我。"旁边的人告知明日见面的地址后，两人就上车走了。与戴同来的人是军统局上海区的区长周伟龙（周道三）。戴、袁谈话不过几分钟光景，袁极感意外，事体重大，立即联系潘汉年，请示处置办法。潘认为机会难得，要袁勿失良机，先答应戴的一切要求，然后见机行事。第二天袁提前赶到戴指定的地点。袁看到戴的接待室中满屋都是国民党的高级将领，戴正与人谈着话。除了吴醒亚的女婿孙元良外，袁一个也不认识。此时，吴已去世，袁便走过去与孙元良寒暄。过了一会后，戴笠和周伟龙走了过来。戴一句客套话没有，劈头就问："你现在靠什么生活？"袁说："我表面上过得还可以，其实是靠老婆生活。"戴说："那你就给我做事，一个月300元够不够？"袁马上说："一个月300元很够了，不知道戴先生要我做什么事？"戴说："现在是抗战时期，留日学生不做抗日工作做什么？现在我就委任你为军统局上海区少将独立情报员，你的主要任务是搜集日本方面的情报，不管局势怎么变化，你都要作为潜伏人员留下来，具体计划由周伟龙和你一道研究，今后你的一切行动就听他指挥。"戴简捷地交代了任务后说："我很忙，以后你一切听周伟龙区长的指挥。"说毕，戴就和别人谈话去了。这次戴笠的召见，前后谈话不过10分钟。袁殊一跃成为军统局上海区国际情报组的少将组长。虽说少将军衔只是戴笠口头所封，但在当时的军统局里，少将却是最高军衔了。[①] 其实，戴笠本人也只是个少将军衔，只是其死后才被追封为中将。可见袁殊的少将军衔，也许只是口头意义上的级别，不是真正意义上的军衔。

至此，只有二十多岁的袁殊具备了从事情报工作的"五重身份"。

袁殊不是黄埔学生，与军统基本没有关联及人脉关系，戴笠为什么如此器重袁殊呢？

---

① 参见曾龙《我的父亲袁殊：还原五面间谍的真实样貌》，独立作家2016年版，第227—229页。

原来，抗战全面爆发后，国民政府军事委员会对日情报工作任务急剧增加。由于平日准备不足，戴笠一时找不到熟悉日本问题又有相当日本关系的人。此时，戴正利用杜月笙帮会势力展开地下抗战运动，杜认为袁殊是个人才，于是向戴推荐了袁，并说："袁殊曾两次留学日本，和日本外务省官员岩井关系密切，为人十分机灵，实为难得之精英。"这让戴认定袁的后台是杜月笙。

杜月笙为什么会想到推荐袁殊呢？

20世纪30年代初，杜曾接济过袁。袁殊的好朋友翁毅夫当时住在张师石家，当时袁、翁二人与杜月笙、张师石、黄金荣等青帮大亨非常接近。办时事刊行社期间，杜还曾介绍袁去见国民党中宣部部长邵力子，但只见到邵的主任秘书徐蔚南。袁说现从事民间抗日宣传工作急需经费，希望政府支援，徐拿出200元说："先拿去用，等邵部长回来后会统一筹划民间抗日事业。"由于上述种种，杜脑中有袁这么个人，所以，举荐袁也是顺理成章的事。①

不久，袁向周伟龙提出："要开展地下情报工作以及准备长期潜伏下来，必须有个公开的职业掩护。"②周不知如何，袁接着建议办一个编译社，以便从各国时评中了解一些军政信息，再办一个只谈历史掌故和时髦文学的灰色杂志，以增加社交范围，拓宽情报消息来源渠道。周听完后，连声说好，并答应军统上海区每月出资500元成立上海编译社、出版一本名为《杂志》的杂志。③

创办于1938年5月的《杂志》是上海的一份重要刊物，在1942年8月第二次复刊后，《杂志》由半月刊变成月刊，虽然同名，而实际上是性质不同的两种刊物。《杂志》当年被公认为是"汉奸"刊物，许多不明内幕的有良知的作家都耻于与其来往。《杂志》成了展示沦陷时期上海文化人文艺活动的重要窗口，表面上是日本帝国主义和汪伪政权的宣传工具。

---

① 参见曾龙《我的父亲袁殊：还原五面间谍的真实样貌》，独立作家2016年版，第228页。
② 李之：《传奇式人物——袁殊》，载中国人民政治协商会议江苏省镇江市委员会文史资料研究委员会《镇江文史资料》第12辑，1987年；胡肇枫、冯月华、吴民：《剑胆琴心：红色情报员袁殊传奇》，四川人民出版社1999年版，第128—132页。
③ 周楞伽《关于〈文艺新闻〉》（载《古旧书讯》）一文所述"袁殊于1937年'八一三'抗战爆发后就变节投敌，早在太平洋战争爆发前就主编伪《新中国日报》，并盗用抗战前期有相当声誉的集纳刊物《杂志》名义出版趣味性刊物《杂志》"。"盗用"一词不甚妥当，其实，战前的《杂志》也是袁殊办的，不过袁殊当时的化名叫袁立达。

第十一章 潜伏军统　133

据台湾刘心皇所著《抗战时期沦陷区文学史》一书所载："《杂志》①：系月刊，为新中国报社社长袁殊主办，吴江枫主编。该刊在上海战事之初已出版，中间停刊，于民国30年（1941）恢复。其特点是无政治、外交等硬性文章外，包括各类文字。其中现地报告与人物评述，以及不时有特辑与座谈会的记录。撰稿者为苏青②、予且③、黄果夫、金性尧（文载道）④、张爱玲、柳雨生等。"

事实上，《杂志》是被中共地下组织利用的敌伪刊物之一，时为上海中共地下"文委"负责人的黄明回忆说："上海沦陷后，地下'文委'决定利用敌伪刊物，发表一些有社会意义乃至知识性、趣味性的文章，以占领其战地，冲淡其毒素；同时，通过交朋友的方式更广泛地开展文艺抗日民族统一战线。"⑤

提及上海沦陷时期的杂志界，郑逸梅在《书报话旧》中说："当时上海的杂志有三个型式，一是《万象》型、二是《杂志》型（《杂志》是一种月刊的刊名）、三是《古今》型。那《古今》的形式和取材，竟成为一时的风尚。"⑥

《杂志》是一本在"抗战前期有相当声誉"的"集纳刊物"，上海沦陷时期除了《文艺生活》《千秋》等杂志曾偶尔刊登过报告文学作品外，其他期刊的报告文学创作基本阙如。作为文学中的"轻骑兵"，它能"迅捷而正确地记录着演进中的事实，用简单、明了而有力的文学形式来反映

---

① 淮阴师范学院文学院李相银指出：《杂志》是上海沦陷时期"别有隐衷"的代表。由于特殊的政治背景，它成了展示沦陷时期上海文化人文艺活动的重要窗口，而事实上它又是中共地下组织用来传达文化使命的重要渠道之一。身处日本军刀威逼之下的《杂志》成功利用了战争的缝隙，辛勤培育了属于中国人的文学。它倡导推动了上海沦陷时期的杂文、文艺批评与报告文学的创作，而对于张爱玲的刻意栽培则创造了现代传媒的奇迹。参见李相银《行走在政治与文学之间——上海沦陷时期的〈杂志〉研究》，载胡星亮《中国现代文学论丛》第5卷，上海人民出版社2010年版。
② 参见高郁雅《"文化汉奸"谁之过——抗战时期上海女作家苏青的崛起与没落》，《辅仁历史学报》2006年第18期。另参见刘心皇《抗战时期沦陷区文学史》，成文出版社1980年版，第118—126页。
③ 参见中国现代文学馆编《予且代表作：浅水姑娘》，华夏出版社2008年版；吴福辉《予且小说论》，《中国现代文学研究丛刊》1993年第1期；罗贤龙《昙花一现的四十年代新市民文学——以东方蝃蝀、张爱玲、予且等为研究对象》，硕士学位论文，苏州大学，2007年。
④ 参见董瑞兴主编《文以载道——金性尧先生纪念集》，上海古籍出版社2008年版。
⑤ 黄明：《上海沦陷前后地下党的文艺工作》，《新文学史料》1996年第1期。
⑥ 郑逸梅：《书报话旧》，学林出版社1983年版，第172页。

并批判现实"。① 《杂志》由此成为上海此时报告文学创作的大本营。

表面上看,《杂志》是没有政治倾向性的自由主义文化刊物,主要是摘录日本报纸杂志新闻。实际上,袁殊办《杂志》和上海编译社的真实目的,是以职业文化人的身份来了解日方情况,也从日本驻沪记者口中了解日方种种秘密传闻,以刺探日本的军政动态。②

《杂志》为扩大影响,曾推出一些著名的文化人。陈子善认为:"张爱玲在《杂志》上发表小说和散文,在杂志社出版《传奇》初版本,就都与袁殊有关,而且,不是一般的有关,都应该是袁殊拍板决定的。"③ 袁殊与当时日本共同社记者山上正义和村上谦混得很熟。山上正义是日本共同社上海分社的社长,早在办《文艺新闻》时期由郑伯奇介绍袁殊就认识了山上正义,村上谦是留美学生,不太懂中国问题,他当时和袁殊相约互教中日文,袁帮助他们把鲁迅的《阿Q正传》译成日文。④ 袁殊还使用纯粹特工手段收集中小国家对中日问题的看法,方法是收买各使馆的博依(boy)⑤,用高价收买使馆字纸篓的废纸,用高价收买电话接线员,用这些方法可收集到一些内幕情报。⑥

由此,一般认为沦陷期《杂志》的主要负责人是打入敌内的中共地下党员,刊物不仅没有被敌伪控制,反而起到了为我所用的宣传作用。但也有人认为,《杂志》自1942年再度复刊后,完全是为敌伪服务的。从《杂志》月刊所选的大多数作品来看,或者是赤裸裸地替敌人作政治、文化宣传,或者表现手法比较隐晦,不易被轻易发现,或者文章是由当时和敌伪有染的"不洁文人"写的,起到的是替日本人和汪伪政权宣传的作用。至于一些文学爱好者发表的作品,也不过是满足了敌伪为掩饰其残酷管制下的文学艺术的惨淡和苍白,起到了点缀升平的效果。《杂志》"为办杂志而办杂志"的宗旨本来就很含混,它所鼓吹的"纯文艺"刊物,是不可能实现的事情。虽然在沦陷区上海,《杂志》是数一数二的文学期刊,但从《杂志》所选作品的亲日亲汪的政治倾向看,它完全就是敌人的政治和文艺宣传工具。在每期上万册的销量下,其负面宣传作用非常有害,对中国

---

① 刘丰:《报告文学与报告文学者》,《文艺生活》创刊号,1944年1月。
② 参见曾龙《我的父亲袁殊:还原五面间谍的真实样貌》,独立作家2016年版,第230页。
③ 参见陈子善《中国现代文学史实发微》,新加坡青年书局2014年版。
④ 参见于振铎《〈阿Q正传〉的译者山上正义》(下),《鲁迅研究动态》1988年第12期。
⑤ 这里指侍应生。
⑥ 参见曾龙《我的父亲袁殊》,接力出版社1994年版,第191—192页。

人民，特别是沦陷区人民起到了精神鸦片的作用。①

不管如何评价《杂志》这份刊物的内容与性质，我们都可以看出，袁殊通过上述渠道获得的大量信息或情报，一方面随时提供给潘汉年，另一方面也选取一些信息，由周伟龙呈交给戴笠。② 这对袁殊巧妙地潜伏下来，是相当有利的。

三 抗日铁血锄奸

袁殊始终认为，他潜入国民政府军统，投身于抗战，是无愧于中国人民的抗日事业，他把所做、所知的一切都及时、完整地报告给了潘汉年，他也感到自己是无愧于中共党组织的。当年，除刺探日方情报外，袁殊也非常积极地投入了抗日锄奸的暗杀活动中。

袁殊身材矮壮结实，圆头阔脸，不仅外貌像日本人，日语讲得也和日本人没有多大差别。1937 年八一三淞沪抗战期间，袁殊不顾生命危险，化装成日本学生模样，深入日军阵地亲自侦查日本军队、兵车的调动情况，顺利完成了实地侦察任务，提供了重要的抗战军事情报。③

如何更有效地开展工作呢？此时的袁殊想到了王铁民。早年，王亚樵成立了"铁血锄奸团"，王铁民是该团干部。王亚樵已于 1936 年 10 月在广西梧州被戴笠所派特务刺杀，此时，群龙无首、各干各的。于是，袁殊便以军统局"少将"名义成立了以王铁民为首的抗日秘密行动小组，袁殊只与秘密行动小组长王铁民一人联系，其他几个组员仅知道军统是他们的后台老板，而不知这一组织实际由袁殊所操控。④

起初，袁殊指挥王铁民领导的行动小组袭击日军的散兵游勇，被发现后，日军就采取疯狂的报复手段："每杀死一个日本兵，他们就要杀死十几个乃至几十个中国平民来抵命。"袁殊遂命令王铁民停止这种使中国平民遭到无谓牺牲的行动，袁对王说："以后不要这样干了，即使兄弟们再干，我也不会转报上峰代为领奖了。"⑤

---

① 参见晋毓龙《沦陷区〈杂志〉研究》，硕士学位论文，上海外国语大学，2008 年。
② 参见胡肇枫、冯月华、吴民《剑胆琴心：红色情报员袁殊传奇》，四川人民出版社 1999 年版，第 135 页。
③ 参见曾龙《我的父亲袁殊》，接力出版社 1994 年版，第 192 页。
④ 同上。
⑤ 参见胡肇枫、冯月华、吴民《剑胆琴心：红色情报员袁殊传奇》，四川人民出版社 1999 年版，第 142—145 页。

日寇侵华同时千方百计扶持各类伪组织。袁殊觉得，行动小组当前的迫切任务是锄奸。

1938年春，王铁民行动小组策划伏击了伪江苏省省长陈则民。当时，陈则民家住上海，省政府所在地却在苏州，所以，陈则民每星期都要往来于苏州和上海的公路上。有一天傍晚，王铁民行动小组对陈则民所乘的汽车发动了伏击，虽没打中陈则民，只打伤了伪大民会①的会长冯心如，但对震慑汉奸起了一定的作用，也鼓舞了民众投身抗日的信心。为此，军统局发给狙击手顾纬20万元奖金。②

顾纬是袁殊领导的、王铁民负实际责任的抗日秘密行动小组成员，八一三抗战后，顾纬参加忠义救国军阮清源部，除打伤伪大民会会长冯心如外，1940年，发生于苏州浒墅关的"天马号"爆炸事件也是顾纬策划并指挥的，顾纬由此获得"苏州壮士"的称号，被破格提拔为军统苏州站站长，年仅23岁。③

1938年夏，袁殊领导策划王铁民行动小组烧毁位于上海虹口的日本海军一座军火仓库。

这个日本海军军火仓库设在日商本田纱厂后院，四周有高墙和电网，每天24小时有警卫巡查，对进出仓库的每一个人都仔细盘问，戒备森严。袁殊派人侦察后，发现只有一个当伙夫的中国人可以自由出入。于是，袁就派王铁民化装成黄包车夫，以帮助买菜为名出面与那个伙夫搭讪，得知这名伙夫是位名叫曹得富的苏北人，与王铁民的家乡安徽其实很近，王就想方设法与他套近乎，并时不时地关心他的生活，动之以情、晓之以理地讲些爱国抗日的大道理。过了不久，曹就把日军军火库地形图和房屋结构图画成一张草图，交给王和袁。一天，袁将事先准备好的定时炸药交给王，王将烈性炸药藏在送给曹买菜用的菜筐内，由曹带进库房，并约曹"晚上务必出来去喝酒、相亲"。待到深夜，一声巨响把日海军仓库引爆，冲天大火划破夜空。

虹口日本海军"军火库爆炸案"震惊了上海滩，这一行动狠狠打击了日寇的嚣张气焰。为此，远在重庆的戴笠决定重奖有功之臣，军统局给袁

---

① 伪大民会的前身为兴亚会。八一三淞沪抗战后，日本特务机关利用一批汉奸，在上海租界组织了东亚会，继而又组织了兴亚会、东亚黄道会、反共联盟等团体。后因工部局干涉，这些团体被迫停止活动。1938年7月15日，在日本特务机关策划下，兴亚会改为大民会，继续公开活动，会址设在日租界新亚酒店。该会的中央机关为总本部，下设总务、组织、宣传三部，各设部长一人。同年10月，该会中央机关由上海迁至南京。
② 参见曾龙《我的父亲袁殊》，接力出版社1994年版，第193页。
③ 参见曾龙《我的父亲袁殊：还原五面间谍的真实样貌》，独立作家2016年版，第236页。

殊记一次大功并发给奖金 30 万元。①

如何分派这些巨额奖金？拿到奖金后，袁殊把收条和钱都交给王铁民，说："我这里先放下 1 万元，其余的你拿去论功行赏，放在我这里的 1 万元，弟兄们以后要用钱，也可随时来取。"王非常感动，表示愿意死心塌地地跟着袁继续干。但军统上海区区长周伟龙对袁心怀嫉妒，又存戒心。为压制袁殊，周故意安排军阶仅为中校的刘芳雄去领导上海区少将行动组组长袁。袁根本不在乎这些，因为他知道，他是为中共党组织而卧底的，岂能计较这些鸡毛蒜皮的小事情。

为了做好情报工作，身为多重特工身份的袁一直是以"不失原则，不为己甚，广交朋友，为我所用"的十六字原则行事的。有一天，刘芳雄不知为何事得罪了法租界巡捕房，法国人以"带枪在租界行走"为由拘捕了他。当时，袁接到周伟龙电话指示后，二话没说便寻机救刘。袁通过上海青帮潘梓新的关系找到负责巡捕房的法国人，于是，刘芳雄被放了出来。②

袁殊自认为参加军统后的工作是十分勤勉的。但据陈恭澍回忆，军统"情一组"还负责联络"上海区"直属的几个特殊工作关系，其中一人就是袁殊，是上级"交联"的还是就地"吸收"的已无从查考。此人出身新闻界，政治关系非常复杂，他所提供的情报，大半是题目惊人而内容稀松的一些东西，不但不具价值，而且徒增困扰，可是突然间又有一件非常吸引人的题材，会使人觉得他仍是一块有用之材。到了李士群做了汪伪政权江苏省主席的时候，袁殊则以"教育厅厅长"姿态出现，不过他仍然与"情一组"保持着若即若离的关系，我们发给他的"活动费"依然照收不误。全盘检讨下来，他在工作上并无特色表现。③

是什么驱使袁殊这样做的呢？袁殊后来回忆说："当时军统的工作紧张冒险而有刺激性，我以为所做的事都是抗日的事，所以态度积极。"④

四 赴港多方领命

因袁殊抗日有功，1939 年 5 月，戴笠电召袁殊到香港参加军统骨干会议。同时，居港的杜月笙让潘梓新随同袁殊赴港。到了香港码头后，杜派

---

① 参见曾龙《我的父亲袁殊》，接力出版社 1994 年版，第 194 页。
② 同上。
③ 参见陈恭澍《军统第一杀手回忆录》，中国友谊出版公司 2010 年版。
④ 曾龙：《我的父亲袁殊》，接力出版社 1994 年版，第 195 页。

人接走了潘梓新。有个陌生人问："哪位是袁先生？"随即叫车把袁送到了六国饭店。第二天，王新衡（时任军统局香港区区长）、刘芳雄（时任军统局香港区副区长）来见袁殊，表示要送钱给袁用，袁谢绝了。

军统局骨干会议开场了，先是戴笠训话。据说，一般情况下，戴喜怒不形于色，性情很难捉摸；有时他让人感到和蔼可亲、平易近人，有时则声色俱厉、满脸杀机，令人不寒而栗。戴笠先是表彰了军统人员的抗战功绩，不一会儿，从腰间掏出一把加拿大造的最新式无声手枪往桌上一拍，说道："你们每人可以带回两把这种新式手枪，可以用它杀敌，但是——"戴话锋一转，望着袁说："谁要是对党国和团体不忠，搞两面三刀，也可以用这个来制裁他！"袁殊表面镇静自若，心里明白这话是对他说的。①

会后，戴单独召见了袁殊，特别嘉奖了袁的抗日功绩。袁详细地汇报了相关工作，重点汇报了他与岩井英一的关系，以及在岩井机关的工作情况。戴听后高兴地说："你在上海干得不错嘛！情报工作，行动任务，都完成得很好。所以请你来香港参加这次军统高级别会议，开完会，我会派人陪你好好玩玩。"

随后，戴笠给袁殊5万元情报活动经费，并指派王新衡陪袁在香港、澳门好好玩几天再回上海。为避免怀疑，袁也顺势在港澳豪华赌场、风月场所潇洒了一番。

袁殊在港期间，曾与潘汉年有过多次的秘密接触与交心。

为扩大中共抗战宣传、争取各界友好人士的支持，增强中共战时情报来源，1938年1月，廖承志和潘汉年作为八路军、新四军的代表前来香港工作。② 潘汉年来香港指导中共地下党的情报机关在香港如何有效地开展

---

① 参见曾龙《我的父亲袁殊》，接力出版社1994年版，第198页；胡肇枫、冯月华、吴民《剑胆琴心：红色情报员袁殊传奇》，四川人民出版社1999年版，第155页。
② 八路军驻香港办事处于1938年1月正式成立，1942年1月取消（当时，日军已侵占香港）。办事处的工作人员除交通和机要人员外，均来自香港和广州的中共组织，办事处受中共南方局的直接领导。在四年内，办事处的工作方式随环境变化而有所不同。办事处设在皇后大道中18号2楼，工作多以公开方式进行。从体谅港英当局的特殊地位着眼，中共代表表示，成立驻港办事处后，将不公开挂"中共驻港办事处"牌，办事处只挂"粤华公司"牌号，对外声称经营茶叶批发生意，不影响港英政府的"中立"地位。英国方面接受了这一请求。日军袭扰华南后，港英当局鉴于日军压境，遂公布紧急法令，禁止集会、游行和具有煽动性的组织，对中文报纸、布告和小册子实施检查制度。1939年春天，日方再次向港英当局施加压力，港英政府为了安抚日本，对香港六个抗日团体采取行动，进行突击检查。办事处也在这次行动中遭到检查，工作人员被逮捕关押。由于新的形势已经不适宜开展公开活动，办事处撤销了粤华公司，不再设立固定的办公地点，其活动改以零散、隐蔽的方式进行。香港《大公报》2011年6月29日刊发文章向读者介绍了中国共产党在香港的最早机构。

情报工作。其中一个任务是与胡鄂公交换情报。[①] 为避耳目,潘汉年与袁殊接头地点是海边的下等妓院区。潘袁二人从晚上9时一直谈到凌晨3点,他俩谈了什么呢?

潘汉年对袁殊说:"你这次来开会,说明戴笠待你不错,他们对你的行动也很信任。现在虽说是国共合作时期,但本质上两党是对立的,一个人的前途是在关键时刻决定的,向右,你可以跟着他干下去,成为他的红人。但我看你成不了戴笠的红人,军统的人是清一色的黄埔派,现在看你自己怎么决定吧。"[②] 袁殊听了潘汉年的这番话,产生了迷惑,感到了渺茫,心想:"是你让我加入军统的,我的全面活动你都知道,怎么现在讲出这种话,我实际是跟着你干的呀。"[③] 谈到今后的前途,袁殊猛然联想到个人的组织问题悬而未决,询问潘汉年怎么办。潘不作声,临分手时对袁殊表示"将来再说就将来再说"。[④]

其实,此时的袁殊,内心是极其苦闷的,国共双方对他都表示了"既信任又不信任"的态度。自感"两间余一卒,荷戟独彷徨"的袁殊,在政治上何去何从呢?袁殊自认为"在日后的现实斗争洗练中,自然地消泯了",在潘汉年的领导下,他置个人荣誉、前途于度外,为反法西斯战争贡献了自己的力量。

事实上,潘汉年在动身赴上海之际,把起用袁殊的设想报告了上级,同时也咨询夏衍的意见。夏深知袁的为人,也清楚潘感情色彩太重,又容易轻信的性格弱点,当面建议潘不要用袁。但是,潘没有接受夏的建议。[⑤]
为什么后来潘汉年果敢起用袁殊做我党地下情报工作的呢?据有人分析:其一,潘汉年认为"我们有敌人所没有的政治优势:真理与正义在我

---

① 胡鄂公是一位革命元老,人脉关系很广,尤其是与国民党高层有密切联系。后在潘汉年领导下,胡从事秘密战线工作,1930年在上海与宋庆龄、鲁迅、田汉等人组织"自由大同盟"。1932年一二八淞沪抗战后,经金融界冯耿光介绍胡认识孔祥熙,为孔刺探日军情报,为抗日做出秘密贡献。1933年,胡被捕,次年出狱后宣布脱离中国共产党。1937年抗战全面爆发后,胡出任孔祥熙私人政治经济顾问,经国民政府允许,胡曾六次秘密地与日本陆海空军方面进行谈判,其间与潘汉年有联系,成为资历很高的"潜伏"者。胡鄂公著有《五十家论文书牍》《古文辞粹》《原农》《原林》《辛亥革命北方实录》《胡鄂公节略》《武昌首义三十三日记》等。参见王炳毅《隐入历史帷幕的风云人物——胡鄂公》,《钟山风雨》2007年第2期。
② 曾龙:《我的父亲袁殊:还原五面间谍的真实样貌》,独立作家2016年版,第238页。
③ 同上。
④ 曾龙:《我的父亲袁殊》,接力出版社1994年版,第199—200页。
⑤ 参见王朝柱原作、余亦麒提供《袁殊是潘汉年勾结日汪的关键人物》,《传记文学》第409期,1996年6月。

们方面","我们既可以用实际的利害关系去动摇那些可能成为两面分子的人物,还可以用民族大义和人民愿望去感召一些良知尚未泯灭殆尽的人物"。另外,潘汉年当年在中央特科曾经积累过这方面的经验,自视能把握住袁殊。其二,袁殊虽在1935年被捕自首过,"但按照党的政策和策略,对袁殊这样的人应当努力争取过来为我所用,袁殊同各方面都有联系,他又主动提出来要为革命效力,就没有理由不用他"。[①]

---

① 参见王朝柱原作、余亦麒提供《袁殊是潘汉年勾结日汪的关键人物》,《传记文学》第409期,1996年6月。

第十二章　打入汪伪

抗战全面爆发后，日本一方面以大规模军事行动打击蒋介石国民政府的抗日意志，另一方面采用"以华制华"政治策略，不断扶植汉奸傀儡政权，先后成立了一系列的地方伪政权，残酷奴役、杀害中国人民，疯狂地掠夺中国资财。

日本在中国占领区扶持傀儡政权的目的是通过"以华制华"的策略来维持占领区的统治秩序，进而达到"以战养战"的目的。金雄白曾指出："汪政权的建立，是我自己的悲剧，朋友们的悲剧，也是时代的悲剧，而最后，这一幕悲剧，也终于成为中国近代史上最大的悲剧。但，这岂是汪周等之始愿；又岂是汪周等之始料所及？"[1] 为掩盖汉奸傀儡政府的实质，汪伪政府成立时以战前南京国民政府合法继承者的身份建立了财政体系，这是它与别的伪政权不同之处。[2] 骨子里，汪精卫集团就是个出卖中华民族利益的汉奸集团。

汪伪政权，是在日本中国派遣军扶持下，1940—1945年在南京统治的伪中华民国国民政府。[3] 汪伪政权成立之初，仍奉重庆国民政府主席林森为政府主席，汪本人自称代主席兼任行政院长及中国国民党总裁，而林森在1943年车祸身亡后，重庆国民政府由军事委员会委员长蒋介石继任国

---

[1] 朱子家（金雄白）：《汪政权的开场与收场》第1册，春秋杂志社1965年版，第92页。
[2] 参见潘健《汪伪政府财政研究》，博士学位论文，复旦大学，2008年2月。
[3] 关于汪伪政权研究，参见黄美真编《伪廷幽影录——对汪伪政权的回忆》，东方出版社2010年版；黄美真、张云编《汪精卫国民政府成立》，上海人民出版社1984年版；黄美真、张云《汪精卫集团投敌》，上海人民出版社1984年版；黄美真、张云编《汪精卫集团叛国投敌记》，河南人民出版社1987年版；费正、李作民、张家骥《抗战时期的伪政权》，河南人民出版社1993年版；汪朝光《抗战时期伪政权高级官员情况的统计与分析》，《抗日战争研究》1999年第1期；何德廷《汪精卫汉奸集团繁衍中的裙带关系》，《孝感学院学报》2004年第2期；朱子家（金雄白）《汪政权的开场与收场》第1—5册，春秋杂志社1965年版。

民政府主席，汪同时始在南京"真除"伪国民政府主席。①

一 周佛海的一面

汪伪政权主要活动区域是江、浙、沪一带，其中的伪江苏省政权，是抗战时期江苏沦陷区的汪伪政府省级政权，伪江苏省政府主席高冠吾，任职时间为1940年6月20日至1943年1月20日，省长及任职时间分别为：李士群（1943年1月20日至9月9日）、陈群（1943年9月9日至1944年11月2日）、任援道（1944年11月2日至1945年5月3日）、项致庄②（1945年5月3日至8月伪省府废止）。③

世人皆知周佛海是巨奸，殊不知，周在当时是各方政治势力竭力争取的对象。有资料显示，他有鲜为人知的另一面。

周佛海早年曾留学于日本第七高等学校，且于此时接触共产主义理论。1921年，他以中共一大代表身份出席会议并担任记录员。据周回忆：在中共一大最后一天的会议上，除通过党纲和党的组织外，还选举了陈独秀为委员长，周佛海为副委员长，张国焘为组织部长，李达为宣传部长。在陈独秀未到上海的时期内，由周佛海代理。④

1924年5月底，周佛海回到广州，就任国民党宣传部秘书，月薪200块大洋。同年9月，时任广东大学校长的邹鲁又聘请他兼任广东大学的教授，别的教授月薪是220块大洋，邹鲁给周月薪240块大洋。照当时中共党组织的规定，周应按累进额每月交纳党费70多元，杨淑慧认为丈夫辛辛苦苦赚钱不容易，每月交这么多钱太可惜，就鼓动周脱党。于是周就给中共广州区执行委员会写信，要求脱离中国共产党。当时任黄埔军校政治

---

① 参见问昕《关内伪政权的合流与派系斗争》，硕士学位论文，河北师范大学，2005年；伊胜利《日伪政权的建立及其演变》，《理论探讨》1988年第1期；费正、李作民、张家骥《抗战时期的伪政权》，河南人民出版社1993年版；黄美真、张云编《汪精卫国民政府成立》，上海人民出版社1984年版。

② 参见尤燮方《我所知道的项致庄》，载中国人民政治协商会议镇江市委员会文史资料研究委员会《镇江文史资料》第21辑，1991年，第115—116页。

③ 参见余子道《汪伪政权全史》，上海人民出版社2006年版；费正、李作民、张家骥《抗战时期的伪政权》，河南人民出版社1993年版。

④ 据中共一大代表包惠僧回忆："李大钊、周佛海当选为候补中央委员。"一大代表陈潭秋也回忆说："周佛海、李汉俊、刘仁静为候补中央委员。"看来周佛海有可能被选为"候补中央委员"，不是"为副委员长"。一大代表张国焘回忆说："在陈先生没有返沪以前，书记一职暂由周佛海代理。"包惠僧也回忆说："陈独秀没回上海以前，书记由周佛海暂代。"

部主任、广州区委执行委员的周恩来曾经多次找周佛海做思想工作，都被周佛海拒绝。1924年秋，中共中央接受了周佛海提出的退党要求，准其脱党。从此，周佛海把戴季陶、邹鲁视为知己，对二人言听计从，并在思想上追随其后。邹是西山会议派的核心人物，戴是反共派的代表人物。孙中山去世后，戴抛出了他的"戴季陶主义"，为反共分子提供了理论上的依据。脱党后的周佛海走上了反共的道路，并成为国民党右派营垒中的干将和蒋介石的心腹。① 但在抗战全面爆发后，身为蒋介石侍从室副主任、中国国民党中央宣传部副部长、代理部长的周佛海与汪精卫沆瀣一气，1938年9月，与汪精卫夫妇一起投降日寇。1940年，汪伪政府成立后，周出任汪伪行政院副院长兼财政部长、中央政治委员会秘书长、中央储备银行总裁、上海市长、上海保安司令、物资统制委员会委员长。

金雄白指出，罗君强②有过这样一句话："只要有三个中国人在一起，一定分成两派。"③ 汪伪政权中，各派明争暗斗，各自为政，党外有党，党内有派。随着世界反法西斯战场形势的变化，周佛海渐显其投机本色。周佛海一方面积极与戴笠军统人员秘密接触，另一方面也试图接近中共地下组织。

抗战后期，周佛海不放过任何一个可与中共党员进行秘密接触的机会。主要通过三条渠道，中共地下党组织趁机派人打入了周佛海系统④，如百变刺客华克之⑤。1939年，经廖承志、潘汉年介绍，由毛泽东亲自批

---

① 参见苗体君《解密：周佛海在党的一大前后》，《湘潮》2012年第6期。
② 参见韩文宁《自诩为一条恶狗的罗君强》，《钟山风雨》2003年第3期；杨寔《我所了解的罗君强》，《钟山风雨》2001年第6期。
③ 朱子家（金雄白）：《汪政权的开场与收场》第1册，春秋杂志社1965年版，第53页。
④ 有关抗战后期周佛海是否反正及其思想心态变化情况，参见张祖涛《民国乱世"千面人"周佛海》，《文史天地》2012年第4期；刘诚龙《看周之友写他爹大汉奸周佛海》，《文史天地》2007年第10期；范长琛《军统策反周佛海始末》，《钟山风雨》2004年第4期；张宗高《抗战时期中共对周佛海的策反揭密》，《党史文苑》1997年第5期；石剑峰《档案解密：大汉奸周佛海、丁默邨均为军统卧底》，《党史纵览》2011年第12期；马振犊《再论抗战后期周佛海思想之变化》，《学海》1994年第4期；张生《周佛海日记透露的内心世界》，《钟山风雨》2006年第5期；祝彦《朝秦暮楚周佛海》，《党史文苑》2006年第5期。
⑤ 华克之，原名华皖，1934年11月在南京设晨光通讯社并自任社长，化名胡云卿。1935年11月1日，国民党四届六中全会召开，华克之派孙凤鸣伪装成记者进入会场图谋暗杀蒋介石，结果误打汪精卫，此事也得到王亚樵的资助。1939年加入中国共产党。1955年5月21日，华因潘汉年案被捕，后判刑11年，刑释后被监督改造10年。1963年获释后下放到徐州当图书资料管理员。1980年平反后，华以一个报社编辑平凡地过了余生，新华社发表他逝世消息，用的是"张建良"这个名字。参见尹骐《六十年前谋杀蒋介石案的策划者华克之》，《炎黄春秋》1994年第11期；曾龙《我的父亲袁殊：还原五面间谍的真实样貌》，独立作家2016年版，第159页。

准，华加入中国共产党，并成为中共秘密战线上的一位斗士。① 1942 年冬，潘从新四军军部来到上海要求华打入汪伪周佛海系统，不断获取机密情报，供中共中央决策时参考。1945 年初春，通过其知交任庵获取的蒋介石"特任周佛海为京沪保安副总司令"绝密情报，将该情报上报潘汉年转延安，中共中央即在报刊公开揭露蒋、日、汪的勾结阴谋，使蒋方大为震惊。② 周佛海儿子周幼海③回忆说："我的外祖父杨自容，20 年代曾去长沙明宪女中教书，他很喜欢一个女学生，名叫杨宇久。杨并认我外祖母为干妈，我母亲杨淑慧就成了她的干姐姐了。……杨宇久经常出入周家……那时，我们都知道杨宇久是刘少奇的表外甥女……抗战以后，周佛海做了汉奸，任命杨宇久的亲弟弟杨叔丹为伪财政部警卫队队长，兼管周家警卫。周之所以任命中共党员杨宇久的弟弟为自己的警卫队队长，是有其政治用意的。因为，我们那时都知道杨宇久在苏北新四军工作。……有一天晚上，周佛海、杨淑慧、杨惺华就和杨宇久、杨叔丹进行了一次长时间的谈话。周佛海、杨淑慧首先问杨宇久，为什么到南京来？她还是重复杨叔丹说的那一席话。周说：'你是共产党员，共产党绝不会仅仅为了替私人的朋友，且早已死去了的丈夫修墓，而批准自己的党员到日本军人控制的心脏——南京来冒这个风险的。你可以瞒过别人，但瞒不了我。你此行一定有其他的目的。'杨淑慧也说：'你尽管说，我们是老姊妹，在任何情况下，我保证你姐夫绝不加害于你。'杨叔丹也在旁帮腔：'既然这样，你就说了吧！'杨宇久这才把她来南京的目的说了出来。原来杨宇久是奉新四军政委刘少奇的命令，到南京来的。她想通过周佛海的妻子和周见面，了解周当了汉奸后有何打算，并探询今后能否保持联系。……周佛海就对杨宇久谈了自己的想法。他说：'我自从脱离共产党后，在国民党内也当了十几年官，但一直不得意。关于抗日问题，我有不同看法。因此，这次汪先生搞和平运动，我也跟了出来，想从另外一个角度来解决中日战争。但是，到了南京以后，觉得日本人远不是他们自己所讲的那样，什么共存共荣等等，特别是日本军人。日本军国主义的对华政策，既不统一，朝令夕改，上下左右互相排挤，人事调动频繁，事情很不好办。前途究竟怎样？我自己心中也没有底，只好走一步是一步，走了再看。至于和共产党，我当然希望保持一个联系，何况有你在其中说话。你这次来，我保证绝对安

---

① 参见华克之《风雨话当年》，载中共上海市委党史研究室《潘汉年在上海》，上海人民出版社 1995 年版，第 133 页。
② 同上书，第 138 页。
③ 参见沈立行《父子冤家——记周佛海之子周幼海》，《纵横》1997 年第 11 期。

全，你随时都可以回苏北.'"①

1942年春、夏之间，汪伪特务机关"七十六号"的二处处长胡均鹤，侦知潘汉年匿居在上海静安寺百乐门大饭店，便去和潘汉年做了一次秘密谈话，劝说潘和李士群见面，潘同意了胡的要求。②1942年2月，在上海愚园路李士群寓所，潘、李有了第一次见面。这次见面时，李指定手下的胡均鹤负责与潘联系。据张云《潘汉年的一生》中说："胡均鹤还是东北抗联名将赵尚志的妹夫。赵尚志的父亲是胡均鹤的岳父，胡均鹤对老丈人的生活多有照顾，也直接帮助过东北抗联。"③

潘到了苏州后，李立即将此事报告给周佛海，并陪潘一起到了南京，会见了周。《周佛海日记》中也载有与潘汉年有关的内容，如1943年3月2日："筱月来，谈共产党不满渝方，欲与我政府合作。前曾派潘汉年在沪与李士群接洽，嗣因李政治上无力量，改派筱月之戚来此，与余相见等语。因身体不适，后改期再谈。"④3月8日："六时，筱月带冯龙来见……渠言来沪系奉毛之命令，仅其最上层三四人知之晤余，甚快即当返回延安报告等语。谈一小时辞去，其用（意）何在，殊难揣测，当一面与之周旋，一面监视其发展也。公博对此事亦颇注意，允与冯晤谈。"⑤8月13日："邵式军来，谈冯龙联络问题。"⑥

从周佛海的日记看，当时中共地下党策反汪伪要人，并不只有潘汉年这一条线。筱月即邵式军，是周佛海的亲信、伪财政部税务司长。渝方即重庆国民政府。邵式军有个亲戚叫冯龙（冯少白），时任新四军司令部参谋处科长。抗战时期，戴笠也以各种手段"策反"周佛海，最终，周成了军统"高级卧底"。⑦据金雄白披露：周佛海既与重庆有默契、有谅解，与重庆的两大特务组织有深切的关系，非迫不得已，即明知为渝方特务，

---

① 程舒伟、郑瑞峰：《汪精卫与陈璧君》，团结出版社2004年版。
② 参见尹骐《胡均鹤在谍报漩涡中浮沉》，《炎黄春秋》2000年第1期；马林《胡均鹤与情报委员会》，《炎黄春秋》2000年第6期；赵先《所谓"镇江事件"的始末》1982年9月29日，载《上海文史资料选辑》第41辑；周军《潘汉年——隐蔽战线上的传奇人物蒙冤"镇江事件"》，《文史月刊》2007年第12期；王勇《胡均鹤的荣辱人生》，《党史纵览》2004年第10期；〔日〕晴气庆胤《沪西"七十六号"特工内幕》，朱阿根等译，上海译文出版社1985年版；马啸天、汪曼云遗稿，黄美真整理《我所知道的汪伪特工内幕》，东方出版社2010年版。
③ 张云：《潘汉年的一生》，上海人民出版社2008年版，第160页。
④ 周佛海：《周佛海日记全编》下编，张德金编注，中国文联出版社2003年版，第713页。
⑤ 同上书，第716页。
⑥ 同上书，第784页。
⑦ 参见王安之《军统局"策反"汉奸周佛海的经过》，载陈楚君、俞兴茂《特工秘闻——军统活动纪实》，中国文史出版社2001年版，第359—366页。

亦决不予以捕杀。① 如其 1940 年 4 月 20 日日记云："晚，约陈肖赐来谈。陈为重庆任情报，因系老友，故大胆来此。"② 又如 5 月 20 日日记："（陈）警洲报告，在沪晤戴笠由港来沪之代表张某。"③ 又 9 月 9 日日记云："士群引见陆大槐，甫由闽逃来之渝方特工要员也。"④ 而丁默邨则为中统创办时的第二处处长（戴笠为第三处处长），李士群留俄回国后，也一直担任着中统的中级干部，而投日靠汪以后，尽管一面与重庆方面，以枪还枪，大杀特杀，但与戴雨农氏之间，仍有电台联络，如周佛海日记 9 月 20 日日记云："返寓后，接士群电，称：戴笠来电，谓不敢将余致蒋电呈蒋。"⑤ 所以在民国二十八、二十九两年（1939、1940），上海虽然表面上杀来杀去，而背地里则声气互通，汪方特工，既要祛除日人的疑心，又要获得重庆的谅解，被杀者并非一定是国贼，或是顽敌，而只是行动人员的工作表演而已，此其所以为悲剧、为滑稽剧、为奇迹也！⑥

金雄白曾总结说："汪政权的一幕，是时代的悲剧。而重庆与汪伪的特工战，非但是悲剧中之悲剧，却又是悲剧中的滑稽剧。双方的同室操戈，流血五步，不论基于何种目的，在文明社会中，以暗杀为制裁或为报复的方法，总是太不光明与值得诟病的事。"⑦

周佛海为了与重庆国民政府联络，于 1943 年 3 月，"派程克祥去重庆国民党军统局带去一封信，这封信并不是冠冕堂皇的一封信，而是日记本上撕下一页纸，上面用毛笔行楷，寥寥几句，主要表示他悔悟前非，意立功赎罪，听候驱策。1943 年 4 月，戴笠任命程为军统南京区区长，自重庆回南京，带去报机密本、电台和文书、译电、报务员各一人"。⑧ 2011 年 10 月 8 日公布的《戴笠与抗战》，证实了周佛海在 1943 年被戴笠吸收进入军统，成为国民政府在汪伪政权中的卧底。⑨

---

① 参见朱子家（金雄白）《汪政权的开场与收场》第 1 册，春秋杂志社 1965 年版，第 63—64 页。
② 周佛海：《周佛海日记全编》上编，张德金编注，中国文联出版社 2003 年版，第 283 页。
③ 同上书，第 297 页。
④ 同上书，第 347 页。
⑤ 同上书，第 353 页。
⑥ 参见朱子家（金雄白）《汪政权的开场与收场》第 1 册，春秋杂志社 1965 年版，第 63—64 页。
⑦ 同上书，第 61 页。
⑧ 王安之：《军统局"策反"汉奸周佛海的经过》，载陈楚君、俞兴茂《特工秘闻——军统活动纪实》，中国文史出版社 2001 年版，第 361—362 页。
⑨ 参见杨必军《中共一大代表周佛海的不归路》，《世纪风采》2011 年第 11 期；王安之《军统局"策反"汉奸周佛海的经过》，载陈楚君、俞兴茂《特工秘闻——军统活动纪实》，中国文史出版社 2001 年版，第 366 页。

二　汪伪特工总部

日寇为实施"以华制华"战略,在军事侵华同时,到处扶植各类亲日政权。为组织统一其占领区的各种伪政权,1938年6月,日本军部成立对华特别委员会,调中将土肥原贤二负责之,称"土肥原机关",在上海设办事处称"重光堂"。① 该特务机关成立后,在土肥原的主持下,先后对唐绍仪、吴佩孚、靳云鹏做工作,但并未取得成效。② 据汪伪政权日本军事顾问晴气庆胤回忆:"土肥原贤二这个名字,按中国的发音,听起来则成为土肥原,他从中国的军阀时代到满洲事变初期,是一个凶恶的谋略家,在中国,人们害怕他,凡是从传闻中听到过他那阴险毒辣手段的,都把他看作为恶魔一样,大家咒骂他,憎恨他。"③

1939年2月,丁默邨、李士群二人在日本驻沪领事馆书记官清水董三引荐下,与日本军部代表土肥原会面,丁提出《上海特工计划书》,得到影佐祯昭的重视。据晴气庆胤回忆:丁后来与晴气庆胤面谈,提交了由李调查得来的《上海抗日团体一览表》,详细说明了在上海的各抗日团体尤其是国民党上海特别市党部活动情况,以及为数众多的各民间抗日团体,如青年抗日会、妇女抗日会、抗日锄奸团以及中共系统的抗日救国会、人民战线等有关抗日活动情况。④ 随后,丁又拿出《上海特工计划书》说打算组织情报网,但因经费不继而停顿下来,后来面见了土肥原,土肥原表示支持。⑤

2月10日,日本参谋总长发布《致晴气少佐训令》:"一、大本营确定,将援助丁默邨一派的特务工作,作为对付上海恐怖活动对策的一个环节;二、你在上海应与丁默邨进行联络,援助特务工作,协助华中派遣军推行其对付租界的对策,并处理土肥原机关所遗留的工作。分派塚本城宪

---

① 位于现在的上海虹口东体育会路七号,这所房子在淞沪战争时被毁,后来重新修好,土肥原用作宿舍,取名"重光堂"。
② 参见吴根梁《日本土肥原机关的"吴佩孚工作"及其破产》,《近代史研究》1982年第3期;另参见《土肥原机关的崩溃》,载〔日〕晴气庆胤《沪西"七十六号"特工内幕》,朱阿根等译,上海译文出版社1985年版,第8—16页。
③ 〔日〕晴气庆胤:《沪西"七十六号"特工内幕》,朱阿根等译,上海译文出版社1985年版,第18页。
④ 同上书,第39页。
⑤ 同上书,第41—43页。

兵大尉和中岛信一少尉，作为你的部署；三、在援助特务工作时，宜就下列事项与丁默邨进行联络：（一）专事杜绝在租界内发生反日活动时，尤应避免与工部局发生摩擦；（二）不得逮捕与日本方面有关系的中国人；（三）与汪兆铭的和平运动合流；（四）三月份以后，每月贷与30万日元，借与枪支500枝，子弹5万发以及炸药500公斤。"[1]

这个训令，对丁默邨和李士群来说，无疑是绝境逢生。据晴气庆胤回忆："丁默邨是个很有理性的人，他冷静而自重，在某种程度上，更是一个腹中作文章而不露声色的人。然后，他得知日本将要援助特工时，却似乎失去了自制力，高兴得热泪直流，并紧握晴气庆胤的双手放声痛哭起来。李士群似乎有这种习惯：一旦非常激动起来，就情不自禁地用拙劣的日语来说话。他也热泪盈眶地伸出手来。"[2]

由日军一手扶持的特务工作，从1939年3月1日正式开始，决定丁负责市党部工作，李负责对付国民政府军统的工作，并计划在3月15日配齐有关人员300多人，7月底前发行一种有影响的机关报，以便控制上海的舆论界，对国民政府军统积极发动实力进攻，4月中旬过后就迅速开展起来。[3] 事实上，汉奸陈箓之死，才促使汪伪特工总部"七十六号"正式诞生。[4]

为反击国民政府军统对汪伪汉奸的一系列暗杀行动，经汪伪国民党召开的六届一中全会决议，1939年9月5日，汪伪中国国民党中央执行委员会特务委员会正式成立，特务委员会下设特工总部，以丁默邨为主任，李

---

① 〔日〕晴气庆胤：《沪西"七十六号"特工内幕》，朱阿根等译，上海译文出版社1985年版，第53页；黄美真、张云编：《汪精卫集团叛国投敌记》，河南人民出版社1987年版，第230—231页；黄美真：《76号魔窟：汪伪特工总部内幕》，载安慧《梦幻石头城：汪伪国民政府实录》，团结出版社1995年版，第145—146页。

② 〔日〕晴气庆胤：《沪西"七十六号"特工内幕》，朱阿根等译，上海译文出版社1985年版，第60页。

③ 同上书，第66页。

④ 参见〔日〕晴气庆胤《沪西"七十六号"特工内幕》，朱阿根等译，上海译文出版社1985年版；马啸天、汪曼云遗稿，黄美真整理《我所知道的汪伪特工内幕》，东方出版社2010年版；马啸天、汪曼云遗稿《汪伪特工内幕》，河南人民出版社1986年版。据吴开先回忆：《汪伪特工内幕》系汪曼云、马啸天二人遗稿，内容叙述汪伪政权中人各分派系相互争权夺利，特务工作亦派系纷繁确是事实。唯《捉放吴开先》一文，可确信非汪曼云、马啸天二人所作，以推想系出自汪伪特工总部（所谓"七十六号"）机要秘书傅也文手笔或由其改作。汪曼云无此笔墨，马系南京特工站站长，地位甚低，不能参与汪伪机要事项，更无法详知"七十六号"内幕情形。傅系共产党重要分子，与李士群有特殊关系，而共产党在汪伪各组织中潜伏人员甚多，各机关中均有，所以傅所知必在汪、马之上，曼云在士群前介于朋友与部属之间，除与李关系较深外，对汪伪内部之纠纷争夺所知亦有限。此为推断，虽不中亦不远矣。参见吴开先《沪上往事细说从头——读汪曼云等〈捉放吴开先〉一文不得不写的一段回忆》，《传记文学》第51卷第6期。

士群、唐惠民为副主任。此前,丁、李即在日本指使下建立了特工组织,机构设在上海大西路七十六号,后经晴气庆胤中佐选定,将极司菲尔路七十六号原安徽省主席陈调元公馆①作为丁、李特务组织的驻地。由此,汪伪特工总部,人称"七十六号"。

丁默邨,心狠手辣,人称"丁屠夫",大肆捕杀我抗日人士,连日本记者都称之为"婴儿见之都不敢出声的恐怖主义者"。作家张爱玲的短篇小说《色·戒》②,被认为是丁默邨与郑苹如③、胡兰成④与张爱玲两对人物原型的投射。作家龙应台撰文指出:丁默邨自1941年起接受国民党元老陈立夫招降,成为国民政府在敌营的内应。并通过戴笠、顾祝同向蒋介石保证:"决心以原样的浙江归还中央,决不让共产党抢去。"陈立夫及军统高层戴笠均曾保证丁的生命安全。但后来丁在狱中生病、保外就医。根据陈立夫的回忆,丁在其间顺道游览玄武湖,被中央社记者认出,遂采写报道《丁默邨逍遥玄武湖》一篇登于报纸。这一报道被蒋介石看到。蒋极生气,说:"生病怎还能游玄武湖呢?应予枪毙!"丁遂遭枪毙,时年46岁。⑤ 据金雄白(朱子家)揭露:在汪伪政权中,太多醇酒妇人之道,而"七十六号"的特工首领丁默邨,尤其是一个色中饿鬼。他虽然支离病骨,弱不禁风,肺病早已到了第三期,但壮阳药仍然是他为纵欲而不离身的法宝,他当年与女伶童芷苓⑥的缱绻,早成公开秘密。⑦

---

① 陈调元公馆房屋建造得并非华丽精致,但所占据的地方却相当广大。就在抗战前两三年,陈调元曾在那里为他的母亲祝寿,那时宾客如云,连天的盛大堂会,为上海少有的豪华场面。
② 参见张爱玲《色·戒》,北京十月文艺出版社2007年版。
③ 参见《最高法院特种刑事判决》(1947年5月1日),载南京市档案馆《审讯汪伪汉奸笔录》,凤凰出版社2004年版,第825—835页;边芸编《喋血刀锋:民国杀手的人生沉浮》,团结出版社2008年版;许洪新《真实的郑苹如》(上、中、下),《档案春秋》2008年第4、5、6期;徐洪新《一个女间谍——电影〈色戒〉女主角原型档案揭秘》,上海辞书出版社2011年版。
④ 参见张桂华《胡兰成传》,北方妇女儿童出版社2010年版;陈昶《胡兰成研究综述》,《文学界》(理论版)2011年第11期;一默《书本身是无罪的——再议胡兰成其人其书》,《同舟共进》2006年第4期;倪弘毅《胡兰成二三事》,《钟山风雨》2001年第4期;王巧凤《论张爱玲与胡兰成之恋》,《西南民族学院学报》(哲学社会科学版)1999年第S1期。
⑤ 参见《陈立夫回忆录》第232页,转引自龙应台《侧记"色戒"——贪看湖上清风》,《中国时报》2007年9月17日。
⑥ 参见王永运《多才多艺童芷苓》,《中国京剧》2007年第4期;王家熙《忆童芷苓》,《中国京剧》2007年第4期;黄正勤《忆童芷苓》,《中国戏剧》1995年第11期;俞宗莹《怀念童芷苓老师》,《安徽新戏》1997年第3期。
⑦ 参见朱子家(金雄白)《汪政权的开场与收场》第1册,春秋杂志社1965年版,第58页。

丁默邨表面上是"七十六号"大老板，实权却掌在李士群手里。据丁默邨在1947年2月3日交代："所谓伪特工总部完全由李士群一手组织，一手扩大，一手控制，大小之事均李指挥，他人无从过问。"[①]

无孔不入的李士群把注意力转向表面看来地位很高，但因身居毫无实权的立法院院长这个闲职而遭到冷遇的陈公博身上，把陈公博的爱妾莫国康安排在"七十六号"里掌管总务，予以优待，通过她，也同陈公博结成了家庭般的亲密交情。[②] 李妻叶吉卿曾就读于复旦大学，也是中国共产党的叛徒。"面容姣好，有个小酒窝，给人以深刻的印象，身材小巧、肤色白净的美人，脑筋很灵活，但看起来感到有一种凶相。"[③] 叶与中统人员勾结，暗中运动，李乃自首得释，住南京板桥。经陈立夫同意，李开始在南京当个盯梢的小特务，专在日本领事馆附近盯梢（当时驻南京总领事是须磨弥吉郎），看有什么人进去。[④]

汪伪特工总部"七十六号"除了丁、李而外，有主任秘书黄敬斋，办公厅主任兼机要处处长傅也文，其下的所谓行动大队，有投顺的军统大将林之江、王天木[⑤]、陈恭澍[⑥]、万里浪，中统的胡均鹤等，有原来公共租界的特别警察潘达、戴昌龄等，也有帮会中人夏仲明、杨杰、吴四宝[⑦]等。

吴四宝，原是一个流氓，识不了斗大几个字，但其有魁伟的身体，体重150磅以上。据晴气庆胤回忆：吴四宝"是一个壮汉，黑黝黝的胖脸，

---

① 南京市档案馆编：《审讯汪伪汉奸笔录》，凤凰出版社2004年版，第811页。
② 参见〔日〕晴气庆胤《沪西"七十六号"特工内幕》，朱阿根等译，上海译文出版社1985年版，第160页。
③ 同上书，第36页。
④ 参见袁殊《放眼亭畔话往事——忆打入汪伪的四年》，载政协苏州市委员会文史资料研究委员会《苏州史志资料选辑》第3辑，1986年，第5页。
⑤ 王天木，原名王仁锵，军统特工，曾与沈醉、陈恭澍、赵理君并称军统的四大金刚。1932年为军统天津站首任站长，曾与时为北平站长的陈恭澍联手除掉汉奸张敬尧。1939年，王天木调任上海站长，刺杀了伪维新政府之外交部长陈箓。1939年夏末被汪伪特工总部"七十六号"逮捕，却在受到相当礼遇之后被放出，后变节投敌。1941年后，历任汪伪特工总部华北工作团副团长兼天津站站长、华北工作团副团长和团长、中央监察委员会委员、江苏镇江地区行政督察专员等职。抗战后，王天木藏于北平西山，后去台湾。参见陈恭澍《记暗杀前湖南督军张敬尧》，载陈楚君、俞兴茂《特工秘闻——军统活动纪实》，中国文史出版社2001年版，第209—217页。
⑥ 陈恭澍著述颇丰，主要有《蓝衣社内幕》（国民新闻图书印刷公司1941年版）、《上海抗日敌后行动》（传记文学出版社1984年版）、《河内汪案始末》（传记文学出版社1983年版）、《军统第一杀手回忆录》（中国友谊出版公司2010年版）、《抗战后期反间活动》（传记文学出版社1986年版）、《上海抗日敌后行动》（传记文学出版社1984年版）等。
⑦ 也有的写成吴世宝或吴世保。

油光满面，令人讨厌。他那浑浊的双眼游移不定，手指上戴着金光闪闪的大戒指，胸前挂着金光闪闪的锁片，显现出一副贪得无厌的样子。他提心吊胆而又低三下四，一举一动却流露出一副飞扬跋扈、盛气凌人的凶相，一看就知道是个愚笨无知的暴力集团的大头目"。① 1942年春，吴四宝因恐吓嫌疑被日本宪兵队逮捕。不久被李士群保释出来，当晚吴吃了李送来的一顿丰盛中国菜，结果一命呜呼。② 也有人说，吴四宝死于日本军医的毒针剂。③

为在社会上制造恐怖气氛，仅1939—1943年，"七十六号"制造的暗杀、绑架事件就有3000余件，每年近1000起。仅仅1939年8月30日至1941年6月30日，上海报人遭暗杀的就有《大美晚报》朱惺公、程振章，《大美报》张似旭，《申报》金华亭。还有积极主张抗日救国的其他报人，如李驳英、邵虚白、赵国栋、冯梦云、周维善等。为了推行伪币，在银行制造血案，如1941年3月21日，在霞飞路（现淮海中路）1411弄10号，用机枪扫射，当场打死6人，打伤5人。次日在中国银行宿舍绑架员工达128人。3月24日，又在中央银行和中国农民银行门口放置定时炸弹。"七十六号"对共产党人更是穷凶极恶，百计千方，不择手段。如1939年12月12日，暗杀茅丽瑛而引起社会公愤。④

三　与李士群暗斗

袁殊从香港回来后，根据戴笠的指示：一方面继续和岩井英一保持联系；另一方面积极策划干掉李士群的工作。

李士群曾在上海社会局局长吴醒亚组建的干社任行动组长，袁殊时任情报组长，两人可算是"老相识"。李士群与国民党中统和军统特工在沪宁一带展开的恶斗，导致军统上海区区长陈恭澍、南京区区长钱新民、第四战区少将参议戴星炳、国民党中央组织部部长吴开先等人先后被捕；在

---

① 〔日〕晴气庆胤：《沪西"七十六号"特工内幕》，朱阿根等译，上海译文出版社1985年版，第69—70页。
② 同上书，第163—165页。
③ 参见天子第一号手《七十六号本纪》，青年文化出版社1948年版，第37页。
④ 参见谢黎萍《党和群众的利益高于一切——记茅丽瑛、徐belief梅》，《上海党史研究》2000年第1期；钱丽君《我爱母亲，我更爱祖国——记上海妇女运动的杰出领袖茅丽瑛》，《上海党史研究》1997年第6期；刘勇《舍身"义卖"为抗日》，《共产党员》1998年第5期。

李士群的软硬兼施下，不少军统、中统特务倒向了汪伪政权。① 对此，戴笠和陈立夫曾命令手下特务不惜一切代价除掉李士群，都因种种原因没有得手。根据戴笠在香港给袁殊下达的指令，袁加快了除掉李士群的步伐。

沪西极司菲尔路七十六号有一座洋楼、一座新式平洋房和一个很大的花园。袁殊亲自侦察地形，发现"七十六号"大门前是马路，屋后有一大片菜地，菜园住一老汉。袁殊一看，计上心来，与王铁民合议，策划先租下老汉的小屋，然后安排人员从老汉的小屋里挖掘一条约50米的地道，直抵"七十六号"魔窟老巢底部，计划用爆炸的方式送李士群上西天。

袁殊先把策划暗杀李士群的详细计划提交军统局上海区区长王天木，批准后便展开暗杀行动。可是，正当袁挖好地道、等待王天木通知去取炸药前，意想不到的事情发生了。

有一天，李士群给袁殊打电话，请袁到静安路一个叫"DDS"的小咖啡馆喝咖啡聊天。袁心想正好见见，于是便先到了那家小咖啡馆。袁意外地碰到楼适夷，袁告诉楼："以后有事可通过关露找他。"② 就在此时，"七十六号"来了三四个彪形大汉，把袁殊抓了起来。③ 原来，军统上海区的王天木和何天风被捕叛变了，袁暗杀李士群的计划破产了。但袁淡定地说："干我们这行就和打仗一样，打仗总是有胜有败的，今天我失败了，听凭你处置！"随后便一语不发。李换了副面孔说："你这事太糟了，我只能给你两三天的时间考虑，你违背了我们两人的私人约定，我也无法向日本人交代。"李拿出了日本宪兵司令部的通知给袁看，上面写道："凡有武力反抗日本皇军占领者，一律就地处置。"袁殊拿日本人来恐吓李说："你给日本人办事，我就没有日本关系了吗？"李当时不清楚袁和日人的关系，但在干社共事时知道袁有很多日本情报方面的关系。李怔了一下，没有说话。袁接着说："我一要洗澡吃酒，二要从家中取换洗衣服，三要老吴（指吴四宝）把我的汽车开来。"李一时摸不着头脑，对上述三条完全照办，李妻叶吉卿亲自到袁家取衣物，并把袁被扣的情况告诉了马景星。马随后把这一消息转告潘汉年，潘听后却不慌不忙地说："没事。"随后，潘

---

① 参见《南京对重庆的特工战——汪伪政权黑幕之三》，《文史杂志》1988年第1期。
② 曾龙：《我的父亲袁殊：还原五面间谍的真实样貌》，独立作家2016年版，第246页。上海"孤岛"时期的1938年，约30岁的袁殊身材矮胖结实，神采奕奕。来看他的人很多，可见他交际广袤，而一个20多岁的摩登女郎则是常客，她是女作家关露。参见顾雪雍《真实的"伪装者"："五方特务"袁殊》，《东西南北》2016年第2期；萧阳文《一个不该被遗忘的女作家关露》，《新文学史料》1983年第2期。
③ 参见胡肇枫、冯月华、吴民《剑胆琴心：红色情报员袁殊传奇》，四川人民出版社1999年版，第167页。

写了个电话号码给马,要她赶紧给岩井英一打个电话。① 岩井接到电话后,马上与李士群通了话,约定第二天在"七十六号"旁一所日本人住宅内和袁殊见面。同时,岩井又与影佐祯昭联系,影佐表示一定亲自过问此事。影佐回到上海后,以袁殊本系外务省情报人员,当由外务省侦察后处置为由,把袁引渡给岩井。岩井随即秘密派日本特工、有点武功的武井龙男把袁"保护"起来,要袁先休息几天再说。② 袁殊觉得,必须马上联系潘汉年,商讨下一步如何行动。袁随后让武井龙男接来妻子马景星,嘱咐马赶紧找到潘汉年。马通过孙师毅、兰馥清夫妇和潘联系上后,袁派武井龙男把潘接来见面,袁立即向潘请示下一步的行动方案。③ 潘给袁分析说:"日本人内部闹派系闹得很厉害,许多日本人批评汪精卫软弱无力,没带出一个好兵来,岩井很可能要你公开出面做汉奸,你一切听岩井的安排。"潘说了一句意味深长的话:存在就是发展。权衡全局,作为中国共产党在日伪从事秘密工作直接负责人的潘汉年,果断授意袁殊打入汉奸内部——岩井机关。④

事实上,潘汉年来到上海从事地下情报工作前,就已经得到中央的指示:"凡在敌占区的隐秘系统,都应派人打入敌伪组织,掌握敌方动态,以配合正面斗争,利用敌方力量,掩护革命工作,保护革命力量。"⑤

潘汉年同意并支持袁殊打入岩井机关是中共整体对敌作战的一种战略部署。以后的事实证明,潘的谋略完全有利于抗日斗争。⑥ 李士群被日人毒杀的真正原因是什么?学界一直争论不休。据唐生明回忆:关于李士群的结局,主要是因为李士群在汪伪政权中,与周佛海明争暗斗,也不肯归附戴笠的军统,戴笠便决心除掉他,乃命周佛海执行,周便假借日人之手将其毒杀。⑦

又据徐吉村的研究:"李士群之死最关键因素,是重庆军统假借周佛海之手,转送给日军一份有关李士群与中共勾结的资料,再加上当时日方

---

① 参见曾龙《我的父亲袁殊》,接力出版社1994年版,第210—211页。
② 同上书,第211—212页。
③ 参见胡肇枫、冯月华、吴民《剑胆琴心:红色情报员袁殊传奇》,四川人民出版社1999年版,第186—187页。
④ 参见顾雪雍《奇才恽逸群的崎岖人生之旅》(下),《上海滩》1996年第5期;曾龙《我的父亲袁殊》,接力出版社1994年版,第212页;顾雪雍《真实的"伪装者":"五方特务"袁殊》,《东西南北》2016年第3期。
⑤ 中共上海市委党史研究室编:《潘汉年在上海》,上海人民出版社1995年版,第42页。
⑥ 参见刘波《潘汉年:主动结交日本情报头子》,《环球时报》2005年8月26日第23版。
⑦ 参见唐生明《我奉蒋介石命参加汪伪政权的经过》,《文史资料选辑》第40辑,第63—71页。

急于与重庆谋和，于是使李士群最终能在重庆、日本政府、汪伪政府要人合作下被毒死，李士群之死让中共藉由李士群于战后掌握所谓伪军，掌控京沪区的图谋破灭，对于国民政府战后顺利接收京沪是一大关键。"①

果真如此吗？

在汪伪集团内，由于地盘狭小，真正为汪伪所控制的不过江南数省，伪江苏省主席成为群奸互相争夺的头等肥缺。当时，李士群手中掌握有特工势力，是汪伪中的"实力派"，日寇要利用他，在清乡运动中进行"剿抉"活动，加上李的后台是土肥原贤二、影佐祯昭等"大人物"，汪精卫没有办法，只好把高冠吾调往安徽，把江苏省主席的位置让给李士群，李遂于 1942 年 1 月就任伪江苏省主席（1943 年改称省长）。②

李士群以一身而兼任伪江苏省长、清乡委员会秘书长、驻苏办事处主任、特工总部主任、督政部部长、调查统计部部长等数职，真是权势显赫，不可一世。李不仅善于抓权，且和其妻叶吉卿一起，也很善于搜刮。当时，正值日本大肆扩展军备，陆海军为了弥补国内分配的物资不足，在上海抢购非金属和油脂之类的物资，叶从国民政府控制区购得大批钨、桐油转手销售给日本陆海军，从中牟取暴利。③ 据说叶的金刚钻，多得要用秤来称；李在苏州有三处房子：一是在鹤园；二是在道前街的 73 号（或 72 号），这是李的私产；三是护龙街（现人民路）饮马桥一幢中国式的老楼房，这是汤卓然、陆翥双等伪县长买了送给他的。④

李士群这个人面和心恶，手段残忍、毒辣，杀了很多人，但据袁殊个人认为，李却没杀过真正的共产党人。⑤ 有一个日本情报机关的头面人物就当面对袁说过："李士群现在看看很了不起，但是他没有公开杀过一个共产党。"边说边朝袁看，袁知道这也是故意说给他听的。⑥

李士群为什么如此对中国共产党？

袁和李私人相识得很久，本质的政治关系是敌对的，长期以来公开的

---

① 徐吉村：《地下战场：战时重庆国民政府与汪政权的暗斗》第四章"重庆的霹雳行动"之第二节"铲除李士群及其中共路线"，硕士学位论文，台湾政治大学，2004 年。
② 参见袁殊《放眼亭畔话往事——忆打入汪伪的四年》，载政协苏州市委员会文史资料研究委员会《苏州史志资料选辑》第 3 辑，1986 年，第 4 页。
③ 参见〔日〕晴气庆胤《沪西"七十六号"特工内幕》，朱阿根等译，上海译文出版社 1985 年版，第 167—168 页。
④ 参见袁殊《放眼亭畔话往事——忆打入汪伪的四年》，载政协苏州市委员会文史资料研究委员会《苏州史志资料选辑》第 3 辑，1986 年，第 6—7 页。
⑤ 同上书，第 6 页。
⑥ 同上。

政治关系也是对立的和分属不同派系的。1932年，袁殊奉命监视《社会新闻》时，就侦知该刊物发表的中共12个半明星的材料是李士群找来的。李在南京坐监时求救于袁，袁没有理睬。李回到上海后，袁帮助过李。李逐渐"得势"时极力拉袁而不成。直到袁"接受"李的"清乡"任命之后，袁和李表面上算是"走到一起了"。① 清乡机构苏州党务办事处主任一职原有多人争夺，结果因李的推荐，袁担任了此职。② 袁指派戴湘云做主任秘书，负实际责任，而戴和中国共产党有些关系。③ 由此说明，袁、李二人的关系复杂微妙。另据施建伟的《多面间谍李士群真面目》一文（载《传记文学》2012年第9期），认为李士群1928年学成回国，到中共中央特科工作，实质上他是苏军情报总局的外籍情报员。

随着太平洋战争的爆发，李士群急觅个人出路。李士群所雇秘书关露，实际上是潘汉年安插在李身边的中共特工，李也因此与中国共产党保有某种"特殊关联"，李曾秘密安排潘汉年与汪精卫会面。④ 此时的李士群很可能是国民党和中国共产党的双料特工。据袁殊回忆：曾亲眼见李士群弄了一大箱炸弹藏起来，说要去炸陈立夫。以后李士群又同"打狗队"一起打了叛徒陈均，被国民党查出逮捕，坐黑牢八个月，看守李的特务就是苏成德（后任汪伪上海警察局长）。⑤

1943年7月的一个晚上，李及其妻叶吉卿一起到江苏镇江伯先路1号的袁殊住所，对袁谈了一夜话。开始时，李反复追问袁有没有和江北联系的路子，表明要和江北新四军方面搭关系的愿望，袁假意说自己过江的办法一点没有。午夜过后，李一会儿说到日本考察，一会儿说乱世出英雄，必要时可进军到南京，李自吹关于前途办法多得很。袁则表示自己毫无办法。李没有政治信仰，只有政治野心，他的人生哲学是"人不流芳百事，也要遗臭万年"。潘、袁二人谈论李时，认为李有很大的疯狂性，但须胆

---

① 参见曾龙《我的父亲袁殊》，接力出版社1994年版，第236页。
② 参见《党务办事处奉令改组，改隶中央执委会，袁殊任主任后大椿任副主任》，《江苏日报》1942年1月29日。"李士群电汪兆铭，拟推袁殊为清乡地区党务办事处主任，后大椿、陆友白为副主任。"参见《民国三十一年各方为"清乡工作"致汪兆铭之函电（一）》，1942年1月24日，台北"国史馆"藏，资料号：118-010100-0017-003。
③ 参见曾龙《我的父亲袁殊》，接力出版社1994年版，第237页。
④ 参见尹琪《一桩历史谜案——潘汉年会见汪精卫》，《炎黄春秋》1993年第7期；王伟《潘汉年会见汪精卫之谜》，《党史文苑》2005年第15期；胡清风《关露的悲剧》，《同舟共进》2014年第1期；史思清《潘汉年的"南京之行"》，《钟山风雨》2002年第2期。
⑤ 参见袁殊《放眼亭畔话往事——忆打入汪伪的四年》，载政协苏州市委员会文史资料研究委员会《苏州史志资料选辑》第3辑，1986年，第5页；曾龙《我的父亲袁殊：还原五面间谍的真实样貌》，独立作家2016年版，第166—167页。

大、心细地对其加以利用。①

据袁殊回忆,有以下一些因素:第一,李士群所重视的是戴笠的军统,而较轻视中共地下力量。李妻义父青帮头子季云卿、特工总部无线电台台长余阶等都被军统暗杀。李士群、吴四宝曾费尽心机抓了大批军统人员,比较彻底地破坏了上海的军统组织。他曾经对袁殊讲:"对共产党用不着抓很多,他们都是些穷孩子,只会捣捣乱,就像我们年轻时一样,没有什么了不起。"第二,李士群手下侦察中共地下情报力量不强。他的第一号助手吴四宝不识几个大字,只能充当打手。还有一个得力助手是唐惠民,无锡人,曾混入中国共产党,1932年或1933年时向国民党自首叛变,当了中统特务。此人早已臭名昭著,找不到中共地下党的线索。李士群在苏州的特务组织还有特工总部苏州清乡实验区,区长是苏州人胡均鹤,下辖特工站,站长似是李×(无锡人),副站长葛天民(嘉兴人)。葛原是中共××省共青团书记,后投降陈立夫,抗战后又归顺李。这些臭名昭著的癞皮狗,都难以发现中共地下党组织。另外,当时苏州一带中共地下力量也比较弱。第三,李士群野心勃勃,因此同汪精卫、周佛海有矛盾。他曾对袁殊讲过,"我有远大的计划,我们有远大的前途","要进军南京"!实际上就是想取而代之。李的消息也很灵通,并不迷信日本在太平洋战争初期表面上的胜利。战争开始后不久,他就知道日海军中最精锐的以"大和"为旗舰的舰队已被美国打沉在海底了,空军更不能与英美抗衡,随着中国人民抗日力量的壮大,他更感到前途不妙。有一天,李同袁殊谈了一夜,说:"战事不利,我们怎么办?弄个什么考察团的名义到日本去吧!你也不要干了。"他在日本买了一些产业,准备到日本流亡做寓公。又曾派人到香港去找中共党组织拉关系,结果空手而返。李还几次要袁殊去找中共地下党组织。②

戴笠通过各种渠道侦知李士群暗中勾结中共情报人员后,大为不满。为防患于未然,戴决计对李实施"定点清除"。周佛海接到戴下达的"除奸令"后,制订了杀死李的三个策略:"上策"是利用日本侵略势力,即日人和李之间的矛盾杀死;"中策"是利用李与其他汉奸的争斗除掉;"下策"就是直接派军统特务搞暗杀。经过反复比较,最终军统采纳了"上策",要借日本人之手除掉。恰在这时,李的后台晴气庆胤奉调离开,晴

---

① 参见曾龙《我的父亲袁殊》,接力出版社1994年版,第237页。
② 参见袁殊《放眼亭畔话往事——忆打入汪伪的四年》,载政协苏州市委员会文史资料研究委员会《苏州史志资料选辑》第3辑,1986年,第6页。

气的继任柴山兼四郎中将对李不听使唤早就不满意。李深感恐惧,于是写信给晴气,表示:"一切都陷入了僵局,为了自己也为了部下,希望能暂时流亡日本。"①

就在此时,李士群"掩护军统特务余祥琴逃脱之事"被日本军部查知。周佛海乘机找到日本上海宪兵队特高课课长冈村适三少佐,请他帮助除掉李,冈村满口答应下来。②

1943年9月6日晚,李士群到冈村少佐在上海百老汇大厦的家里赴宴。李士群本来心里有戒备,看见别人吃过的菜,他才品尝。最后,冈村夫人给每人端上一碟牛肉饼,李士群看到冈村、熊剑东和夏仲明三人把面前的牛肉饼吃了,李也吃了三分之一。两天后,李突然感到不适,上吐下泻。③经查,李士群中了阿米巴菌毒!④李知道自己是中了毒,痛苦地对叶吉卿说:"我悔没听啸天的话,事事防范,不料我做了一生的特工,现在却落在人家陷阱里,一世英名休矣!所以还是让我自杀的好。"⑤据金雄白回忆:"李士群屡次要求家人给他一支手枪让他自杀,家人除了劝慰也别无他法。后来又请了平时为他治病的储麟荪医生为他诊治,竟然不知患的是那一种什么病症,无从下药,只有灌注盐水治标之计。一天多时间的辗转床褥,直至体内的水分排泄尽了,才一瞑不视,整个躯体缩得又小又瘪,变成一个孩子模样了。"⑥

李士群中毒后还和袁殊谈过话。袁殊从镇江出发去苏州前,曾见到汪曼云,告诉汪要去苏州看看李。因为听说李"病很重",汪曼云感到很奇怪,便说:"昨天他和我回苏州时还很好,怎么会病得很重。"袁殊回答:"我也不知道。"⑦

李在冈村家中毒后,当天午后1点袁到李处时,李已喊肚子疼了。袁

---

① 〔日〕晴气庆胤:《沪西"七十六号"特工内幕》,朱阿根等译,上海译文出版社1985年版,第197页。
② 参见洪桂己编纂《近代中国外谍与内奸史料汇编——清末民初至抗战胜利时期(1871—1947)》,"国史馆"1986年版,第679页。
③ 此段描述,也可参见马啸天、汪曼云遗稿,黄美真整理《我所知道的汪伪特工内幕》,东方出版社2010年版,第156—157页。
④ 马啸天、汪曼云遗稿中称之为阿尾巴菌。参见马啸天、汪曼云遗稿,黄美真整理《我所知道的汪伪特工内幕》,东方出版社2010年版,第156页。
⑤ 马啸天、汪曼云遗稿,黄美真整理《我所知道的汪伪特工内幕》,东方出版社2010年版,第159页。
⑥ 朱子家(金雄白):《汪政权的开场与收场》第1册,春秋杂志社1965年版,第145页。
⑦ 马啸天、汪曼云遗稿,黄美真整理《我所知道的汪伪特工内幕》,东方出版社2010年版,第154页。

2点离去返回镇江，晚9点接到电话得知李已于下午5点死去。袁晚11时赶回苏州，到李处看到了李的尸体。此时，李妻叶吉卿跪在地下哭求袁殊保护好李家的财产，袁没有理睬。①

对于李士群之死，周佛海在抗战后被捕审判时说："李士群替敌人做爪牙，危害中央工作人员很多，戴局长通知我铲除，使中央工作人员减少困难和危险。我便和罗君强、熊剑东磋商，历时四月之久，费款千多万，终把他毒死。这个人一死，中央在东南秘密的抗战工作，才能够顺利进行。"② 而据1944年5月1日的唐纵日记谓："军统局均谓系彼等所为，据此皆蒙混冒功。"③ 对此，江绍贞认为："李士群暗中与军统勾结，又不顺从日本军方的旨意，也就导致了被害的结局。戴笠指令周佛海将李铲除，只不过适逢其会罢了。据冈村的顶头上司、原中国派遣军宪兵司令部特高课长大冢清后来说，所使用的毒药是一种化学毒剂，是由多摩部队所属的玉部队（生化部的代号）提供的。"④

四　卧底"清乡"运动⑤

抗战时期，日本侵略者为强化对华中地区的治安，纠合汪伪政权在华中占领区实行一种残酷的"清乡"运动。日伪"清乡"活动，是日本帝国主义妄图灭亡中国，进而实现其"大东亚共荣圈"的狂妄野心，在中国沦陷区推行"以华制华""以战养战"政策的产物。

---

① 参见曾龙《我的父亲袁殊》，接力出版社1994年版，第237页；袁殊《放眼亭畔话往事——忆打入汪伪的四年》，载政协苏州市委员会文史资料研究委员会《苏州史志资料选辑》第3辑，1986年，第7页。
② 周佛海：《简单的自白》，《周佛海日记》，中国社会科学出版社1986年版，第1285页。
③ 唐纵：《在蒋介石身边八年——侍从室高级幕僚唐纵日记》，群众出版社1991年版，第428页。
④ 江绍贞：《戴笠和军统》，河南人民出版社1994年版，第292—293页。
⑤ 有关袁殊参与汪伪"清乡"工作，当时的报刊新闻甚多，如：《一年来之清乡教育概况》，《江苏日报》1942年7月8日；《大东亚战争后的清乡运动》，《江苏日报》1942年12月8日；《清乡区的政治与党务》（上），《江苏日报》1942年12月25日；《清乡区的政治与党务》（下），《江苏日报》1942年12月27日；《争取最后的一着》，《江苏日报》1943年1月15日；《清乡委会令委张北生袁殊等为苏北、镇江地区清乡主任》，《江苏日报》1943年3月3日；《尉往成林》，《江苏日报》1943年3月12日；《镇江地区清乡主任袁殊氏定期就职》，《江苏日报》1943年3月12日；《袁殊张修明谢启》，《江苏日报》1943年3月17日；《镇江地区清乡工作之拓展》，《江苏日报》1943年7月1日。

第十二章 打入汪伪 159

1940年12月15日，汪伪国民党在南京召开六届三中全会，会期三天。会议最终决定成立党务、政治、军事、教育四委员会，指定徐苏中、陈群、鲍文樾、樊仲云分别为各委员会主任委员；增加缪斌、陈孚木、袁殊、夏奇峰、孔宪铿为中央执行委员。[①]

1941年5月11日，汪伪政权"清乡"委员会在南京宣布成立，汪精卫兼任委员长，陈公博、周佛海任副委员长，李士群任秘书长并负责主持苏南地区的"清乡"工作，声称清乡的目的是"肃清匪共、安定民生"。[②]"清乡"期间，日伪不仅疯狂地进行"军事清乡""政治清乡""思想清乡"，大肆屠杀抗日军民，破坏抗日民主政权，散布奴化思想，而且通过"经济清乡"从多方面掠夺"清乡"区的物力、财力和人力。[③]

袁殊俨然成为"清乡"专家，1941年11月，他在日本《东亚论丛》发表《清乡政工论》的长文，而其"不仅要同英、美、苏以及蒋政权、赤色政权的近代基本阶层势力争斗，而且还要同几千年来的残余的封建古代基本层势力作战"，"我们的主张是：不要同日本抗争，以和平为宗旨，互相采长补短，中日两国共存在，共发展，救中国，救东亚，只有这样真正的三民主义才能存在"等言论，使其在汉奸中呈现出很有理论深度的面貌。[④] 据袁殊回忆："1941年3月的一个晚上，潘汉年同志到上海百老汇饭店（现为上海大厦）我的房间里来秘密相见。这时我刚收到李士群的一个电报，电文大意是，'奉主席（指汉奸汪精卫）谕，委兄为清乡政治工作团团长'。我知道这意味着敌人的清乡就要开始了，便立即告诉了潘。潘即指示我打进去。在此以前，我原是表示不同汪精卫合作的，汪曾给我一个'宪政实施委员会委员'的虚衔，我没有睬他。[⑤] 后来我就在上海办《新中国编译社》作为掩护，暗地搜集情报，直接汇报给潘汉年同志。而当潘汉年同志做出打入汪伪的指示后，我即复电表示接受清乡政治工作团

---

① 参见《兴亚建国运动的发生与经过》，《兴建月刊》第1卷第6号；石源华《汪伪时期的"东亚联盟运动"》，《近代史研究》1984年第6期。
② 参见汪曼云《惨不忍睹：千里哀鸿说"清乡"》，载安慧《梦幻石头城：汪伪国民政府实录》，团结出版社1995年版，第222—223页。
③ 参见翁复骓《日伪"清乡"期间的经济掠夺》，《苏州大学学报》1987年第2期。
④ 参见《清乡政工论》（1941年11月），载中央档案馆等编《日汪的清乡》，中华书局1995年版，第519—535页，转引自张生《日伪关系研究》，南京出版社2003年版，第318页。
⑤ 不过，可以查到袁殊曾发表过有关宪政的文章，如袁殊《宪政问题》，《宪政月刊》1940年第1期。

团长之职。"①

当时，潘汉年对袁殊作了三点原则性指示："1. 政治工作团不做危害人民的事；2. 注意收集有关清乡方面的敌方情报；3. 对无组织关系的被俘地方干部要尽量解救。"②

在中国共产党的领导下，我抗日军民进行了英勇顽强的反"清乡"斗争。1943年3月，我华中局党委和新四军总部制定了反"清乡"斗争的方针，即"坚决依靠人民，正确执行党的政策，动员我之军事、政治、经济、文化等各方面力量，将武装的与非武装的、公开的与秘密的、合法的与非法的各种形式的斗争结合起来，因地制宜，灵活运用，积极顽强地坚持斗争"。③

为及时获取日伪动态情报，暗中掩护中共抗日活动，袁殊奉命"加入"汪伪政权并"卧底"汪伪"清乡"运动。

那么人们不禁要问：袁殊是否遵守了潘汉年的约法三章了呢？除在3月袁把"清乡"的消息当面告诉潘汉年外，袁殊在"清乡"中确实救过几位地方被俘人员。

7月，在苏州大石头巷一所民房——原为女作家张爱玲的老家——成立了"清乡"委员会政治工作团，团长袁殊，秘书叶德铭④，日本顾问广濑进。⑤ 广濑进原是日本拓殖大学学生，专攻马列主义，故以国事犯的罪名被判20年监禁。拓殖大学以汉语学习为外语学习语种，学生都有些中文基础。日本发动侵华战争后缺少懂中文的知识分子，就把关在旅顺监狱的广濑进放了出来。那时广濑进已被关了14年，思想委顿了，日特把他分配到上海梅机关。袁殊很善于应付有如此经历的广濑进，为他找牙医，送他香烟和钱（梅机关的一般人员几个月才领一次特别费），广濑进实际不起什么作用。⑥

据袁殊回忆说："日寇汪逆把清乡区划为一、二、三期，每期清乡时

---

① 袁殊：《放眼亭畔话往事——忆打入汪伪的四年》，载政协苏州市委员会文史资料研究委员会《苏州史志资料选辑》第3辑，1986年，第1页。
② 曾龙：《我的父亲袁殊》，接力出版社1994年版，第217—218页。
③ 刘其奎：《抗战时期的"清乡"和反"清乡"斗争》，《复旦学报》（社会科学版）1985年第5期。
④ 参见林益《在敌人刺刀上跳舞的无畏战士——叶文津传奇》，《广东党史》1999年第4期。
⑤ 参见《政工团长袁殊今午宴新闻界》，《苏州新报》1941年7月9日；姚福申、叶翠娣、辛曙民《汪伪新闻界大事记》（上），《新闻研究资料》1989年第4期。
⑥ 参见曾龙《我的父亲袁殊》，接力出版社1994年版，第219页；胡肇枫、冯月华、吴民《剑胆琴心：红色情报员袁殊传奇》，四川人民出版社1999年版，第232—235页。

间为两三个月;第二期清乡地区为无锡、常熟、江阴一带。在第三期清乡中,是镇江、常州、江阴一带。在第三期清乡中,袁殊成为清乡中的重要人物。"①"清乡"政治工作团共三四十人。下设几个分团,做清乡宣传工作,张贴标语,开会讲演,表面大轰大嚷,骨子里不起什么作用。10月,"清乡"在江苏的吴县、昆山、太仓、常熟四县正式开始。②

1943年3月,镇江地区开始全面正式的"清乡"运动,一直持续到1944年10月。镇江地区的"清乡"运动,涉及镇江、丹阳、扬中三个县和武进、金坛、无锡等县各一部分,全地区总计面积3200平方公里、190多万人口,政治和军事上的地位很是重要;尤其是镇江一带,地处大江南北的出入要冲,北靠长江,与我苏北根据地隔江相望,南临新四军茅山根据地,因而成为革命力量贯通南北的交通要道。③ 3月1日,镇江地区"清乡"主任公署(简称"主任公署")成立④,4日,汪伪"清乡"委员会秘书长李士群与现地日本军最高指挥官山内正文签订《关于镇江地区清乡工作之中日协定》。

1943年3月,袁殊被汪伪中央政府委任为镇江地区"清乡"公署主任。据当时媒体报道,袁殊本来定于3月12日就职,但鉴于这一天是孙中山先生逝世纪念日,所以就确定延期至3月15日举行就职典礼,汪伪中央政府将派大员来镇江监督。⑤ "镇江地区清乡主任公署主任袁殊、副主任张修明,3月15日10时在该署大礼堂举行宣誓就职典礼,伪国民政府行政院特派内政部长陈群、清乡委员会特派副秘书长汪曼云、李士群、省长特派代表黄敬斋到场监督,来宾计到有山内师团长、广田特务机关长、新国民运动促进委员会副秘书长戴英夫及镇、丹、扬三县党政军警各机关长官代表等。"⑥ 到了9月,因汪伪政府"清乡"委员会撤销,各地"清乡"改由各该省市政府自行办理,镇江地区"清乡"公署机构改称为"江

---

① 曾龙:《我的父亲袁殊:还原五面间谍的真实样貌》,独立作家2016年版,第266页。
② 参见袁殊《放眼亭畔话往事——忆打入汪伪的四年》,载政协苏州市委员会文史资料研究委员会《苏州史志资料选辑》第3辑,1986年,第2页。
③ 参见余子道、刘其奎、曹振威编《汪伪政权资料选编:汪精卫国民政府"清乡"运动》,上海人民出版社1985年版,第473页;余子道《日伪在沦陷区的"清乡"活动》,《近代史研究》1982年第2期。
④ 参见《镇江地区保安司令清乡委会派袁殊氏兼任》,《江苏日报》1943年3月21日。
⑤ 参见《袁殊延期就职》,《新闻报》1943年3月11日第2版。
⑥ 《袁殊张修明宣誓就职》,《新闻报》1943年3月16日第2版。

苏省第二区清乡督察专员公署"（简称"专员公署"），袁殊依然兼任专员。①

有资料显示，袁殊因情势所需不得不在表面上"积极指挥"镇江的"清乡"工作②，曾与日军配合从事扫荡作战500多次，给我抗日部队造成一定损失。据《扫荡作战——镇江清乡地区军事报告（1943年10月10日）》载《本地区保安队清剿匪共战果统计（自3月1日至7月31日）》：逮捕新四军46人、忠义救国军2人（交日军讯问），击毙31人（掩埋），重伤155人（伤重毙命者12人），还有一些武器弹药和其他战利品。③

汪精卫曾几次到苏州"视察清乡工作"，为应付起见，袁殊曾陪同汪精卫视察。据袁殊回忆有两次：第一次是在1942年春天，汪精卫来苏住护龙街李士群宅，系专为视察"清乡"，到苏州后即去常熟等地。第二次，他同陈璧君和女儿一起来的，曾到光福邓尉，并去司徒庙看"清、奇、古、怪"四棵柏树。当时，汪怕丢掉了性命，从公路到光福镇上，两侧布满岗哨。玩过以后汪未回苏州，直接乘车去了无锡。后来袁殊还见过一次，是在镇江，汪精卫要接见什么"清乡"中的"俘虏"，袁殊在镇江忙得很，这次汪精卫当天即回南京。④

汪精卫第二次视察镇江的"清乡"工作是1943年夏，当时，袁殊是镇江地区"清乡"公署主任兼保安司令，袁殊当然必须陪同。⑤ 但据汪曼云1962年相关回忆和其他资料：1943年7月，新四军的镇丹县长包建华因患肺病到上海就医。袁殊知道后，就派手下李子明与日军宪兵队一军曹去上海寻找包建华，后在汪伪行政院副秘书长巫兰溪家中找到。经过一番密谋策划，包建华伙同原镇句办事处主任巫孔玺公开叛变投敌。不久，包被委任为镇江"清乡"公署特别行动队总队长，积极搜罗地痞流氓，拼凑

---

① 参见《张北生袁殊等任清乡专员》，《新闻报》1943年9月28日第2版；余子道、刘其奎、曹振威编《汪伪政权资料选编：汪精卫国民政府"清乡"运动》，上海人民出版社1985年版，第192—194、488页。
② 参见维子《袁殊与镇江清乡》，《吉普》1946年第8期。
③ 参见余子道、刘其奎、曹振威编《汪伪政权资料选编：汪精卫国民政府"清乡"运动》，上海人民出版社1985年版，第475、479页。
④ 参见袁殊《放眼亭畔话往事——忆打入汪伪的四年》，载政协苏州市委员会文史资料研究委员会《苏州史志资料选辑》第3辑，1986年，第9页。
⑤ 参见《汪政府各项会议与典礼》，1943年8月28日，台北"国史馆"藏，资料号：118-030200-0001-073；《汪兆铭校阅及巡视》，1943年8月28日，台北"国史馆"藏，资料号：118-030300-0003-050。

汉奸特务武装，为虎作伥，千方百计破坏新四军在镇丹、镇句地区的抗日军政要害部门，大肆搜捕革命领导干部和政工人员。1943年夏，汪精卫"巡视"镇江"清乡"工作，亲自接见了包建华。①

五 潜伏"兴建运动"

日本侵华一向采用"分而治之"的策略，既要扶植汪精卫，又担心汪精卫势力坐大会"奴大欺主"、不听指挥，因此需要有另外一股力量来进行牵制；又因汪是日本军方扶植的，日本外务省的一派在中国沦陷区没有获得多少权益，就想自己扶植一股势力来为他们争得权益，这就是"兴亚建国运动"（"兴建运动"）出现的深层次的原因。②

"兴建运动"主干袁殊在当时其实只是一名普通新闻记者，在社会上是没有什么地位的，论他的资格，更绝不配搞什么政党，但岩井英一知道袁殊的情报来源渠道广泛，涉及中共、军统、中统、汪伪以及上海青洪帮，觉得袁可以大干一场，岩井全力支持袁开展工作。军方影佐祯昭特务机关也做了一些幕后协助工作，岩井以总顾问名义实际指挥，更由岩井的拉拢而予以支持的日人，尚有千原楠藏③（被称为"中国通"的朝日新闻

---

① 参见余子道、刘其奎、曹振威编《汪伪政权资料选编：汪精卫国民政府"清乡"运动》，上海人民出版社1985年版，第490—491页。另外，1944年1月，中共镇句县委通过内线关系，策动白兔据点暴动，包建华在混战中窜逃。6月，包以300万元（中储券）重金贿赂，谋取了伪句容县县长兼保安大队长职务。他死心塌地与人民为敌。1945年2月，句容游击区人民对包建华的罪行提起控诉、声讨。《苏南报》1945年2月13日第293期载文揭露包建华强迫缴纳粮、钱、物，随时随地摊派杂捐，借定罪，敲诈勒索，枪杀人民，强奸妇女等罪恶。抗战胜利前夕，包建华自知末日来临，化名潜逃。抗战胜利后，国民党政府曾以汉奸罪通缉在案。参见颜诚《丹阳陈志虎穴潜伏记》，《铁军》2010年第7期；张馥赓《茅山反清乡期间三件事》，《老兵话当年》第4辑，2003年6月；范征夫《试论茅山地区反"清乡"斗争》，载《上海市新四暨华中抗日根据地历史研究会第五届年会纪念特刊》，1997年。
② 在北京图书馆长期从事日文档案整理工作的房建昌研究员发现了很多兴亚院驻华机构的档案和上海日本总领事馆特别调查班（简称"特调班"）的档案文献，对兴亚建国运动有所研究。参见房建昌《从日文档案看"岩井机关"与兴亚建国运动始末》，《档案史料与研究》2002年第3期。
③ 日本"沪友会"编著"近代日本人禹域踏查书系"之《上海东亚同文书院大旅行记录》一书，其中《滇云蜀水》一章记载：上海东亚同文书院第18期毕业生千原楠藏、森利嗣、山根正直组成的三人团队于1920年9月下旬从越南进入云南，绕昆明、东川、昭通，进入四川乐山，然后抵达军阀战火中的成都周边，再转往重庆作考察旅行。

记者，为前副首相绪方竹虎亲信之一。战时回日，以反对东条政策而瘐死监狱）、儿玉誉士夫①（与自由民主党要角河野一郎有密切关系）、武井龙男（大川周明的学生）、岩田幸雄（后任广岛竞艇协会会长）、高桥忠作（战后在日成立亚细亚恳话会，自任理事长）、富冈天行（第二次世界大战后曾访问中国大陆）。②正是在这种复杂的背景下，袁殊化名严军光主持的"兴建运动"，势头越来越大，似乎要与汪伪政权形成分庭抗礼之势。柯灵在《上海抗战期间的文化堡垒》一文中写道："八一三抗战初期，胡愈之办过一张日报（报名已忘），袁殊和我都是记者，但才出几天，就因为国民党军队撤退而烟消火灭，上海沦为'孤岛'，一时乌云密布，天地变色，陷入彷徨无计的困境。那时我住在蒲石路（今长乐路）蒲石里，一天外出，刚出弄口，劈面遇见袁殊，他立即从黄包车上下来，悄悄告诉我说，胡愈之还要办刊物，约我参加，我十分高兴，巴望他的消息，但从此没有下文。我参加《文汇报》不久，忽然看到一份所谓'兴亚建国运动'的宣传品，64开本，薄薄的小册子，这个团体的地址，标明是在百老汇大厦（今上海大厦），那是日本侵略者直接控制的地方，这个'运动'的主持人严军光，是一个完全陌生的名字，但在宣言中用锌版制成的签名式，却是我熟悉的，赫然是袁殊的笔记。我满腹疑云，不知是怎么回事，后来他公然出任'南京政府'的'江苏教育厅长'，同时在上海办了两种伪政府半官性质的报刊，《新中国报》和《杂志》（月刊），我判定他是落了水。但1949年5月，我从香港回到解放不久的北平，在北京饭店的电梯里忽然看见了他，久别重逢，心里的疑团才最后打开，把'落水'的想法推翻，听说他现在还在担任党内的工作。"③

其实，袁殊公开出面假装当"汉奸"是1939年9、10月间的事，做汪伪高官则是一年以后的事了。袁是在急迫的情势之中，接受了潘汉年的指示才"钻了狗洞"的，真可谓"剑胆琴心""白皮红心"。④

早在1939年4月，袁殊就向岩井提交了他的组党方针："1. 加入新党

---

① 参见吴玲《儿玉誉士夫与战后日本右翼》，《外国问题研究》1997年第1期；俞天任《日本政界"黑幕重重"：儿玉上海敛财助力战后政治》，《中国经营报》2012年3月19日。
② 参见房建昌《从日文档案看"岩井机关"与兴亚建国运动始末》，《档案史料与研究》2002年第3期。
③ 柯灵：《上海抗战期间的文化堡垒》，《人民政协报》1985年4月19日；曾龙：《我的父亲袁殊》，接力出版社1994年版，第202—203页；李之：《传奇式人物——袁殊》，载中国人民政治协商会议江苏省镇江市委员会文史资料研究委员会《镇江文史资料》第12辑，1987年。
④ 参见曾龙《我的父亲袁殊：还原五面间谍的真实样貌》，独立作家2016年版，第242页。

的应该是有些名望的人且有广泛的大众基础；2. 立志于促成处于战火中的中日关系走向和平亲善，再建中日合作、共存共荣的新关系；3. 新党活动范围扩大到非占领区；4. 着力在广大民众间广泛宣扬和平口号，尤其是抗战地区；5. 只要赞成以上旨趣的，不管你以前的出身是不是蓝衣社成员、CC系成员、其他政党关系者、官僚出身者、共产党转向者，都可以加入。"[1]

"兴建运动"，是日人掣肘汪伪政府的一个新型组织，这无异于汪精卫派系的一根肉中刺。袁殊在为岩井英一谋划"兴建运动"的同时，还在执行戴笠"诛杀李士群"的命令，不料因叛徒出卖，而被汪伪特工总部秘密逮捕。据金雄白回忆：袁殊被捕的时机，太有利于他了，刚好在他接受岩井委托筹组"兴建运动"之后。那时，他每天与岩井见面，忽然有一天在约定的时间袁例外的不曾去。经岩井分别向各方面查问，才知已被"七十六号"所拘捕，岩井正在需要用他的时候。于是以袁被捕消息报告了影佐，要求影佐向"七十六号"疏通，同时更迫不及待地直接去了"七十六号"看丁默邨，以及日宪派驻在那里为联络官的冢本中佐，请求把袁释放。被丁默邨与冢本拒绝以后，岩井改变说法，说有一项重要任务正交给袁办理，尚未终结，必须由他出来完成。岩井最后的要求，是借用两星期，以当时日人的声势，"七十六号"终于不能不予以同意。岩井把袁殊从汪伪特工总部解救出来后，就把袁殊藏在虹口外白渡桥北堍的礼查饭店[2]，对面就是日本驻沪总领事馆。[3]

为了保障袁殊的安全，防止汪伪"七十六号"特工总部丁默邨夺回袁，岩井特意安排"特调班"成员武井龙男与袁同吃同住[4]，做袁殊的保镖。岩井命令武井"要对袁先生的安全绝对负责，袁先生走到哪里，你就要随从到哪里"。[5]

岩井要袁殊写一些有关中日关系问题的文章，袁只用了几天就完成

---

[1] 〔日〕岩井英一：《回想の上海》，《回想の上海》出版委员会1983年版，第104页。
[2] 礼查饭店（Astor House）是19世纪和20世纪上半叶上海的主要外资旅馆之一。1959年以后改名为浦江饭店。
[3] 参见朱子家（金雄白）《汪政权的开场与收场》第3册，春秋杂志社1965年版，第29页。
[4] 参见〔日〕岩井英一《回想の上海》，《回想の上海》出版委员会1983年版，第114—115页。
[5] 1945年日本战败投降后的一个多月之内武井还是愚忠如故紧跟。10月袁殊到解放区两天后，武井因为在上海找不到袁殊而急急地去向岩井报告"袁先生不见了"，早已知情的岩井狠狠地打了他一个耳光把他关押起来了。参见曾龙《我的父亲袁殊》，接力出版社1994年版，第194—195页。

《兴亚建国论》[1]一书，概括了他和岩井"商谈"的关于中日大局的"意见"，大意是说："如何应与日本协力，早日回复全面和平等一派极端亲日的言论，并且声明先要推动兴亚运动，俟发展到一定阶段时，将成立政府。"[2] 岩井交影佐过目后派人译成日文在各中日报纸发表了。当时，袁决定以后使用"严军光"这一化名，上海地区"严"与"年"谐音，"军"表示"军统"，这个化名的含义就是表示袁殊受潘汉年的委派打入敌伪，为河山重光而努力。后来，在袁不知道的情况下，李士群把袁的真名公开，从此，袁殊真名就传开来了。[3] 也有人认为，"兴建运动"取消后，袁殊自然恢复原名。[4] 况且还有签名手迹是许多人熟悉的，从此大家都知道袁"落水"了。岩井对袁的这个化名表示认同，并称赞袁文章的观点很有见地。[5] 后来，袁殊以严军光之名又发表了一系列的著述。[6]

经中共情报部门的特别批准，袁殊在上海宝山路天通庵车站对面的938号挂上"岩井公馆"的招牌。[7] 当时影佐机关的海军方面参加代表为须贺彦次郎海军少将，岩井在日占上海前曾在酒席上与其有过交往，岩井就去见了他，要求提供日本海军陆战队所占的一处房子。须贺马上与陆战队本部商量，于是提供了管理下的闸北东宝山路938号四栋二层一组的白垩祥房（那里原为新华储蓄银行高级职员宿舍），因外有围墙，便于保护，可供数十人常驻，岩井十分满意。本部就设在这里，但挂的牌子不是什么"兴亚建国运动本部"，而是"岩井公馆"，又称"岩井机关"，也是通信地址。[8] 据岩井回忆："岩井的酒友、日本海军少将须贺彦次郎以影佐祯昭情报机关海军代表的身份，与日本海军陆战队商议，提供其扣押的、位于

---

[1] 参见严军光（袁殊）《兴亚建国论》，兴建月刊社1939年版。
[2] 刘心皇：《抗战时期沦陷区文学史》，成文出版社1980年版，第84—85页；朱子家（金雄白）：《汪政权的开场与收场》第3册，春秋杂志社1965年版，第29页。
[3] 参见袁殊《放眼亭畔话往事——忆打入汪伪的四年》，载政协苏州市委员会文史资料研究委员会《苏州史志资料选辑》第3辑，1986年，第1—2页。
[4] 参见天子第一号手《七十六号本纪》，青年文化出版社1948年版，第16—17页。
[5] 参见曾龙《我的父亲袁殊》，接力出版社1994年版，第212页；胡肇枫、冯月华、吴民《剑胆琴心：红色情报员袁殊传奇》，四川人民出版社1999年版，第190页。
[6] 参见严军光（袁殊）《最近的时局与我们的态度》，兴建月刊社1940年版。
[7] 1984年4月袁殊重返就地，停留片刻，引起许多遐思。他说："这里曾是我在潘汉年同志直接领导下，利用合法身份，从事党的情报工作的地方。建国以后，潘汉年冤案发生，当年随我在这里参加工作的许多人都受到了株连。……回顾这段历史，真是感慨万千。"见袁殊《屐痕重印江南路——南游杂记》，载《袁殊文集》编辑组《袁殊文集》，南京出版社1992年版，第464—476页。
[8] 参见房建昌《从日文档案看"岩井机关"与兴亚建国运动始末》，《档案史料与研究》2002年第3期。

闸北宝山路上的四栋二层洋楼（原新华银行职员宿舍）给袁殊作为兴亚建国运动本部办公场所，这四栋二层洋楼四周有高高的围墙便于开展情报工作，房间也足够兴亚建国运动本部职员们居住和工作，但这一场所在日本军事警备区域内，而且日本海军陆战队本部就在附近，每天常有中国人进出兴亚建国运动本部，容易引起日本军方的各种警觉和检查，产生很多误会，也使参加兴亚建国运动本部活动的人感到恐慌和不安，为此，袁殊建议在场所大门口挂上'岩井公馆'的招牌。"①

1939年12月24日，"兴亚建国运动"在上海召开了第一次代表大会，宣告"兴亚建国总部"成立，以"拥护和平救国运动，彻底实行中日亲善，反对共产党及共产主义"为三大要旨。"兴建运动"最初主要干部的人选，是由袁殊作出主要决定，当然是经过岩井英一同意的。"兴建运动"下设委员会以及组党准备委员会。

张资平是文化委员会主任，负责汉奸刊物《兴建月刊》。

翁毅夫负责实业委员会，下属建国印刷厂、建国书店、苏州的新国民书店、街灯书报社等十几个企业机构；王铁民负责特种委员会；专门委员会；劳动委员会；唐巽负责青年委员会。②

"兴建运动"本部设五个科：总务科长余某；情报科长郑某某原为大晚报编辑，是恽逸群介绍来的；编译科是第三科，出版科长是刘祖诚，原为新闻记者；交通警卫科长沈千里，副科长是日本人岩田幸雄，因所在地是日人势力范围，故用日人对付日人。③

从事"兴建运动"的人员涉及社会的方方面面，包括一般青年学生、劳动者、文化工作者、青帮和红帮黑社会势力以及经济界人士。④ 在"兴建运动"的幌子下，袁殊曾策动沪宁一带包括知识界在内的社会各阶层民众约40万人，几乎达到威胁汪伪政权能力的程度了。⑤

岩井从香港找来地位比袁殊高的陈孚木做"兴建运动"主任。⑥ "兴建运动"还有几个委员，如：彭希民原是北洋政府时期的国会议员、北洋政府司法部长，抗战前在上海做律师，是老牌政客；周伯甘，原系滇军师

---

① 〔日〕岩井英一：《回想の上海》，《回想の上海》出版委员会1983年版，第116—117页。
② 参见《兴亚建国运动的发生与经过》，《兴建月刊》第1卷第6号。
③ 参见曾龙《我的父亲袁殊》，接力出版社1994年版，第213—214页；〔日〕岩井英一《回想の上海》，《回想の上海》出版委员会1983年版，第118—123页。
④ 参见〔日〕岩井英一《回想の上海》，《回想の上海》出版委员会1983年版，第121页。
⑤ 同上书，第82页。
⑥ 参见林益《在敌人刺刀上跳舞的无畏战士——叶文津传奇》，《广东党史》1999年第4期；陈晓平《陈孚木：潜伏在汪伪心脏的中共特工》，《南方周末》2015年6月11日。

长，做蒋介石的侍卫长时曾吃过蒋的耳光。这些人后来的出路如何呢？据金雄白回忆，这些人包括：翁永清（时任"兴建运动"机关报《新中国报》经理。战后重回中共工作，在石家庄因所乘汽车出事身死）、刘慕清（那时易姓名为鲁风，为《新中国报》总编辑。太平洋战争发生，兼任新闻报总编辑。战后重回中共工作。新中国成立后任上海市公安局长扬帆的主任秘书，"三反五反"后扬含冤入狱，刘亦失踪）、陈孚木（陈铭枢任交通部长时之政务次长，后任招商局总办。抗战胜利后转入新四军根据地，再赴大连。解放战争时期任国华银行董事长。1951年赴港，旋被解除国华银行职务，闲居多年。据传他之所以参加"兴建运动"，系奉廖承志之命，此去为结束这一段公案，向中国共产党作一交代，后因心脏病死于广州）、张资平（著名三角恋爱小说家，曾与郭沫若、郑振铎等合办创造社）、彭义明（北京国会议员，北洋政府法部次长。战前在沪与章士钊合作执行律师职务。参加汪伪政权后，一度任上海市陈公博之秘书长。胜利后赴日，在东京病死）、汪浩然（洪帮有力分子）、周伯甘（旧云南军人，后在港办《周末报》）、张修明①（汪伪政权时曾出任县长）、唐巽（CC系）、白星州（军统人员）、汪馥泉（大学教授），以及费一方等。就这张名单而论，形形色色的人物，杂凑在一起，已极光怪陆离之至。实际上，一切的实权由袁殊秉承了岩井的命令执行，而左辅右弼则是中共地下党员翁永清与刘慕清，以日人的傀儡组织为形式，而其实是中共在沪的地下活动机构。②

其实，参与"兴建运动"的主要骨干之人选，大多由潘汉年幕后秘密选派，如主任陈孚木是潘通过何香凝出面请来的统战人士，副主任由袁殊（化名严军光）担任，协助袁总揽人事、财务大权的翁毅夫（化名翁永清）、负责新闻出版编译工作的恽逸群（化名恽介生）、鲁风（化名刘祖澄）、秘书周静（化名唐埙）、电台负责人刘人寿（化名杨静远）等均是我地下党员。③

岩井公馆的活动，可概括为四方面：政治、情报、文化、武装，四个部门的工作人员分别在岩井公馆的四幢楼房内工作，互相交叉沟通。有一幢房屋是上海编译社的所在，它是新闻、文化、教育、出版事业的总汇，

---

① 即张平，江苏川沙县（今上海浦东新区）人，曾任伪镇江清乡公署专员。
② 参见朱子家（金雄白）《汪政权的开场与收场》第3册，春秋杂志社1965年版，第30—31页；刘心皇《抗战时期沦陷区文学史》，成文出版社1980年版，第85页。
③ 参见林益《在敌人刺刀上跳舞的无畏战士——叶文津传奇》，《广东党史》1999年第4期；陈晓平《陈孚木：潜伏在汪伪心脏的中共特工》，《南方周末》2015年6月11日。

由编译社社长恽逸群、副社长袁殊主持；还有一幢房子是自强学院的所在。自强学院是岩井用来培养专门从事情报工作的青年干部的，学员大都是从青帮、洪帮等黑社会组织挑选而来。1942年6月，自强学院第一期学生毕业，大部分应汪精卫的要求，入"清乡"区袁任副主任的党务办事处、任团长的政治工作两机构。1943年6月，自强学院第二期学生毕业。这期学生全从上海招收，也是31名，毕业后大多为我所用；此后因日本战局不利，学院未再招生，牌子改成了自强学院附属中学和自强学院附属小学。① 自强学院的学院毕业后，除保卫岩井公馆外，还组成一支由袁殊率领的武装队伍，执行"特种情报"任务。②

看到岩井公馆的文武事业日益兴旺壮大，岩井非常高兴，更加信任和依赖袁，每月拨给袁大量"军票"（日本侵略者专门在沦陷区发行的一种没有准备金的纸币，以搜刮中国人民的血汗，供应日本部队和机关的开支）。岩井公馆经费充足，翁毅夫就每月拨出一笔钱送交潘汉年，做其活动经费。

据岩井回忆，为了保障"兴建运动"主干袁殊的人身安全，岩井特地为袁购置了一辆价值两万美元、装有电流控制的防弹别克车。当时，普通防弹车如雪佛兰车也仅两千美元而已，由此可见当时"兴建运动"本部即岩井公馆之豪势。③ 有趣的是，岩井公馆的各个办公室里，都悬挂着袁手书的"忠诚"二字。在这之前，潘汉年已派关露打进"七十六号"，再由袁殊等人进入日本人的活动圈子，对获取情报也就更加有利。④ 在岩井公馆及"汉奸"外衣的掩护下，袁殊、恽逸群、翁毅夫等中共党员冒着极大危险，将一份份重要的战略情报从敌人的心脏发送到了延安。其中有：日伪内部的人事更迭；苏南日军的兵力部署、"清乡"行动⑤；建立通往根据地的秘密交通路线；救援被俘的我方人士，包括袁殊亲自救出的鲁迅夫人许广平，掩护潘汉年、范长江、邹韬奋等进入根据地；由于情报及时，粟

---

① 参见房建昌《从日文档案看"岩井机关"与兴亚建国运动始末》，《档案史料与研究》2002年第3期。
② 参见〔日〕岩井英一《回想の上海》，《回想の上海》出版委员会1983年版，第266—268页。
③ 同上书，第123页。
④ 参见胡清风《关露的悲剧》，《同舟共进》2014年第1期。
⑤ 有关日伪"清乡"活动，参见余子道《日伪在沦陷区的"清乡"活动》，《近代史研究》1982年第2期；钱根娣《汪伪上海地区清乡条规章则选》，《历史档案》1984年第1期；丁兆东、陈谦平《略论伪南京市自治委员会的统治》，《民国档案》2004年第2期。

裕部队迅速跳出了日伪合围的"篱笆墙"。①

岩井英一还一手促成汪伪政府委派袁担任伪中央宣传部副部长、江苏省教育厅厅长以及镇江地区"清乡"公署主任兼保安司令等职②：一则袁本是报人出身在上海新闻界有一定影响；二则因袁殊可列席汪伪政权的最高会议。袁殊实际没有管伪中宣部的事，他每两周参加一次汪伪最高会议，从而对汪伪的大动向了解得很清楚。他把这方面的情况既告岩井英一也汇报给潘汉年。③

袁殊深得汪精卫的信任，如陈公博曾致函汪精卫，称"特工归市府指挥似无必要，关于上海教育，袁殊似不相宜，请再考虑人选"。④ 汪致电陈，称"国防会议讨论上海各学校精神教育问题，觉得上海教育局长非换人不可，如以为然，袁殊可继任"。⑤

日本号称公元前660年由神武天皇开国。1940年春节前后，陈孚木和袁殊等五人作为"兴建运动"代表到日本参加所谓"纪念日本建国2600年"庆典活动。⑥ 他们除了拜访岩井英一的旧居，并到一些休闲娱乐场所玩乐外⑦，也面见日本天皇裕仁，陈孚木一行还受到日本阿部信行首相，近卫枢密院议长、外务省大臣野村吉三郎及参谋本部有关人员的接见。当时日本外务省顾问石岛敏夫（原驻意大利大使）以及外务省大臣野村吉三郎在接见陈、袁两人时都谈到日本国策是准备诱降蒋介石，准备建立以日本国为主体的"大东亚共荣圈"，以及日军打算实施其"南进政策"。⑧ 袁

---

① 参见曾龙《我的父亲袁殊》，接力出版社1994年版，第214—215页。有关"由于情报及时，粟裕部队迅速跳出了日伪合围的篱笆墙"史实，又见通讯员鞠永平、记者张凌发的《镇江版"锋刃"中的"沈西林"袁殊》（载扬子晚报网2016年1月20日讯）载："由于情报准确及时，活动于茅山地区的新四军主力十六旅（粟裕的部队）迅速跳出了日伪'清乡'合围，先后攻克了西旸、包巷、延陵、丁庄铺等日伪据点，并发动民兵烧毁了敌人用以封锁我军民行动的竹篱笆墙120余华里……"还需进一步的考订。
② 参见《清乡委会令委张北生袁殊等为苏北镇江地区清乡主任》，《江苏日报》1943年3月3日；《镇江地区清乡主任袁殊氏定期就职》，《江苏日报》1943年3月12日。
③ 参见曾龙《我的父亲袁殊》，接力出版社1994年版，第217—218页。
④ 《陈公博致汪兆铭函电（一）》，1943年8月28日，台北"国史馆"藏，资料号：118-010100-0045-017。
⑤ 《汪兆铭致陈公博函电》，1943年9月26日，台北"国史馆"藏，资料号：118-010100-0044-022。
⑥ 参见房建昌《从日文档案看"岩井机关"与兴亚建国运动始末》，《档案史料与研究》2002年第3期。
⑦ 参见陈晓平《陈孚木：潜伏在汪伪心脏的中共特工》，《南方周末》2015年6月11日；〔日〕岩井英一《回想の上海》，《回想の上海》出版委员会1983年版，第134—135页。
⑧ 参见〔日〕岩井英一《回想の上海》，《回想の上海》出版委员会1983年版，第125—126页。

殊等人回国后，继续大张旗鼓地宣传"兴亚建国运动"。①

1941年1月，日美关系开始恶化，野村吉三郎任日本驻美大使，与美进行了45次的谈判，为日本发动太平洋战争争取了时间。袁殊从日本外务省得知野村吉三郎正和罗斯福进行谈判，探明日本海军陆战队准备开往南方和英美军队作战。袁殊又对日本军队的动向加以分析，最终判断了日军准备南进的战略动向。②

潘汉年在1941年前后去香港之前，布置了两件事：第一件是找任庵（又名张子羽、张叔平）的人帮助袁殊到重庆去沟通与戴笠的关系。袁殊表面上成为受人唾弃的"汉奸"，为避免军统误杀袁殊，潘汉年要华克之请任庵把袁殊写给戴笠的一封信送到重庆，交给戴笠，表示不变为抗战效力的初衷，"落水"是有不得已的苦衷。袁殊给戴笠的信主要内容有："……睽违多时，濡慕至深。忆昔香港受命，未敢一日懈怠，不料王天木叛卖，以致功败垂成，陷弟于九死之地。万般无奈，违心偷生，然李陵岂敢忘汉室？弟初衷未改，兹趁友人入川赴渝之便，书此数行以达左右，区区微忱，尚祈见谅，如有驱使，敢不肝脑涂地以赴？……言不尽意，敬请赐示为祷。"③ 第二件事，潘汉年还出奇制胜地在岩井公馆内部安设了和延安联系的电台，袁殊设法配齐全套电讯器材后，平时不过问电台的事。④ 两个月后任庵带回来戴笠的亲笔回信，慰勉袁殊继续为军统效力，此后袁殊和重庆方面一直保持电台联系。⑤

周佛海是敏感的，他并不认为"兴建运动"是日本政府或军方鼎力支持的组织，认为该机构已被中共地下党组织所控制。周佛海6月3日日记载："下午，晤日人岩井及袁学艺，兴亚建国运动之主干也。拟组大众党，为余所阻，今日不期而遇，托余帮忙。余意，与其逼其为敌，不如联之为友，因允援助。渠等亦满意。"该日记7月18日记载："返寓后，接见岩井、袁殊，兴亚建国本部之分子，予以奖励，并允月给三万。今后此一部

---

① 参见"兴亚建国运动"本部编《兴建第一年》，"兴亚建国运动"本部1940年版。该书共三部分：第一部分为画页；第二部分收《兴建第一年》（陈孚木）、《致兴建运动同志书》等14篇纪念文章；第三部分收《我们的信念》（严军光）、《告同志书》等19篇，书后有日、英文对照的《兴亚建国运动的发生与经过》。
② 参见曾龙《我的父亲袁殊：还原五面间谍的真实样貌》，独立作家2016年版，第253页。
③ 曾龙：《我的父亲袁殊：还原五面间谍的真实样貌》，独立作家2016年版，第252页；胡肇枫、冯月华、吴民：《剑胆琴心：红色情报员袁殊传奇》，四川人民出版社1999年版，第210页。
④ 参见曾龙《我的父亲袁殊：还原五面间谍的真实样貌》，独立作家2016年版，第252页。
⑤ 同上。

人，至少不至反对吾辈也。"8月14日记载："旋岩井英一来见，谈兴亚建国同盟与国民党关系。"9月22日记载："岩井英一来，谈兴亚建国运动，拟网罗之。"①

周佛海反对"兴建运动"力图组党的消息传到岩井耳中，岩井深感事态严重，于是赶紧通过日本驻华大使馆二等书记官清水董三约见周佛海。清水董三是上海总领事矢野和影佐祯昭的协力参与者，周佛海不可能不给面子。清水董三亲往位于沪西愚园路1136弄的周佛海家里，当面解释具体情况，全力为岩井和袁殊等辩护。②

周佛海与岩井只作了假意的周旋，但并未改变应付他的决意。因为袁殊被"七十六号"拘捕后，岩井当时出面要求"借用"，约定以两星期为期，周所采取行动的第一步，由丁默邨交涉，向冢本诚少佐提出要岩井负责将袁殊交还。岩井既有影佐为之撑腰，当然置之不理，而袁又经常躲在日军警备的虹口地区，"七十六号"更无法将之实施拘捕，迫使周不得不直接向影佐责问。当时周的态度相当严厉，周向影佐祯昭作了抗议性的说明："加入日本在汪政权下要扶掖一些背景复杂的人另树一帜，公开活动的话，汪政权即停止组织。"③

周佛海的抗议，迫使影佐不能不让步，在"兴建运动"发起后的第二年，即1940年3月，影佐找岩井到他家里，严令解散"兴建运动"。岩井不能不同意，袁更自然不得不同意。1940年3月，"兴建运动"宣布解散。"兴建运动"的名称虽宣告死亡，但袁等人的活动却并未终止，他们决定改用思想文化运动为形式，进行他们预定的工作，并以袁为主干，负责领导。1940年6月，汪伪政府发表袁为"宪政实施委员会"的委员，袁没有理睬。

1940年7月，由岩井、袁殊、陈孚木三人往南京与周佛海商谈，周佛海答应每月给予5万元的津贴作为经营文化事业的经费④，并把袁殊补为

---

① 房建昌：《从日文档案看"岩井机关"与兴亚建国运动始末》，《档案史料与研究》2002年第3期。
② 参见〔日〕岩井英一《回想の上海》，《回想の上海》出版委员会1983年版，第110—112页。
③ 曾龙：《我的父亲袁殊：还原五面间谍的真实样貌》，独立作家2016年版，第256页。
④ 周佛海函汪兆铭，"由大民会基金项下支付发给兴建本部遣散费，交袁殊具领"。见《周佛海致汪兆铭函件（五）》，1940年12月28日，台北"国史馆"藏，资料号：118-010100-0035-008。另，周佛海函汪兆铭、岩井及袁殊，"谈云组党业已停止，但愿在政府指导下，作民众运动并请每月补助五万元"。见《周佛海致汪兆铭函件（五）》，1940年7月19日，台北"国史馆"藏，资料号：118-010100-0035-062。

汪伪政权国民党的中央委员，以为"兴建运动"解散的交换条件。①

"兴建运动"本部结束后，1941年，"兴亚建国"本部结束委员会编写《兴建运动》，该书分7辑，收80余篇文章，其中有《我们的信念》（严军光）、《历史观的兴亚建国论》（鲁风）、《兴亚建国之另一解》（彭义明）、《中日合作论》（陈孚木）、《中日文化结合论》（冈岛永藏）等。②

"兴建运动"停办后，1940年11月7日，袁殊创办了《新中国报》③，地址在上海河南路汉口路转角，每月从周佛海处领取3万元的经费，袁推周为报社董事长，实际上除利用日本人以外，更利用周为掩护。该报以袁为社长、翁永清任经理、刘慕清为总编辑。《新中国报》创刊号发表了《新中国报之诞生》特稿，表面上提出办报宗旨："遵守亲日之前提，以研究真正与日本亲善合作之方法，当为吾人今日之当务之急。"④其实，该报是在袁殊的主持下，明为敌伪喉舌，实则发表真正汉奸报刊所不能发表的报道和文章，变相宣传中共抗日主张和抗日形势，宣传蒋介石开始抗日是被中国共产党逼迫所致，帮助沦陷区群众丢掉对蒋介石的幻想。同时，袁殊利用报刊社长的身份，经常出没于日伪和汪伪政权的上层，同日本驻上海总领事馆副总领事岩井英一、汪伪最高军事顾问影佐祯昭、汪伪江苏省省长高冠吾、被蒋介石黜免的侍卫长周伯甘等打得火热，袁殊常常旁敲侧击，多方打探日军和汪伪的动向，并及时告知潘汉年。⑤

为增加日本军方公开支持力度，袁殊"拉大旗扯虎皮"，请影佐祯昭亲笔为《兴建》月刊题写"兴建"二字。⑥他们推出的《蓝衣社内幕》等书，曾行销一时。在沦陷时期，崛起了几个女作家，如周炼霞、苏青、张爱玲等。张爱玲是前清显宦张佩纶的后裔，自称有贵族血统，有些恃才傲物，但她一面与汪伪政权宣传部次长胡兰成秘密同居，一面开始写作，倒是被"兴建系"的《新中国报》与《杂志》所捧红，其《倾城之恋》等长篇小说，就是在那时发表的。除此之外，在他主持之下的新中国报社还

---

① 参见刘心皇《抗战时期沦陷区文学史》，成文出版社1980年版，第85—86页。
② 参见"兴亚建国"本部结束委员会编《兴建运动》，"兴亚建国"本部结束委员会1941年版。
③ 1945年8月15日日本正式宣布投降的晚上，国民党中统地下工作人员就派人去接收了，16日又有吴绍澍系的地下总部去接收，出版《正义报》。
④ 朱子家（金雄白）：《汪政权的开场与收场》第3册，春秋杂志社1965年版，第32—33页。
⑤ 参见徐林祥《一个长期做国民党和汪伪特务的人——记秘密战线上的中共地下党员袁殊》，《党史纵览》1994年第6期。
⑥ 参见〔日〕岩井英一《回想の上海》，《回想の上海》出版委员会1983年版，第108页。

推出了多册本的《中国内幕》。①

至于袁殊此时的私生活,据金雄白称:"他的私生活的浪漫,也不改战前故态,为了要抛弃发妻,另娶新欢,不惜报告日宪兵说其发妻是重庆分子而拘捕受刑;曾经为杜月笙宠眷的'花国副总统'含香老五,与他生过一个男孩子;影星英茵的自杀,外面只知道她因旧情人重庆的地下社会局长平祖仁被'七十六号'枪毙而以身殉情,实际上为袁殊始乱终弃而怨愤自尽;他又曾想与某政要的'敝眷'结婚,其'敝眷'提出先要试婚,在苏州同宿两宵,嫌他鼾声太重,扰人清梦而告吹,此事曾一时喧传于沪宁一带。"② 金雄白此处所言"与某政要的'敝眷'"一事,很难确证,不过当时的报刊也有所闻,大多提及是袁殊与蓝妮的事情。③ 战时蛰居上海的郑振铎在回忆战争生活的《蛰居散记》里有一篇题为《记平祖仁与英茵》的文章,披露了国民政府在上海的特工人员平祖仁被捕牺牲后,女明星英茵为其料理后事,最后刚烈殉情的故事。这篇文章最初于1945年发表于《周报》,"英茵之死"曾是沦陷后的上海大刊小报争相报道的轰动性新闻。④ 杜云之是电影史学家,他在《中国电影七十年》中特别指出:"在平祖仁被捕后,英茵千方百计营救。有个伪江苏教育厅长袁某,追求英茵已久,自言能救平祖仁出狱,不过要英茵嫁他做条件。那时英茵救爱人心切,再加本身也有暴露身份之危,遂不惜自我牺牲,委身袁某,结果平祖仁仍被枪决。"⑤

时人一般认为,"影星英茵在国际饭店自杀的确是与营救平祖仁烈士有关"。⑥ 但究竟为何自杀?众说纷纭。有关英茵为救平祖仁而委身袁殊一说,多无直接史料佐证,戏说成分居多。⑦ 英茵服毒之前,留有一封遗书给合众电影公司的陆洁。遗书中的"我因为……"这一句,在1946年春就有很多版本的猜测。其中之一,与前引杜云之所述基本一致,"在平祖

---

① 参见黄恽《袁殊与〈中国内幕〉》,载宫晓卫《藏书家》第15辑,齐鲁书社2009年版。
② 朱子家(金雄白):《汪政权的开场与收场》第3册,春秋杂志社1965年版,第34页。
③ 参见小慧《袁殊蓝妮的试婚笑话》,《海燕》1946年第6期;《争夺蓝天使:蓝妮浪漫成性,袁殊计擒钱旦》,《精华》1946年革新第2卷32期,第3页;大祝《蓝尼艳闻补志:袁殊钱旦吃醋斗法》,《东南风》1946年第2期;洁辉《袁殊蓝妮大闹清乡馆》,《凤鸣无线电新闻周报》1946年第2期。
④ 参见郑振铎《记平祖仁与英茵》,《蛰居散记》,福建人民出版社1982年版,第107—109页,转引自陈雁《性别与战争:上海1932—1945》,社会科学文献出版社2014年版,第228页。
⑤ 叶孝慎:《民国疑案》,中国青年出版社2008年版,第211页。
⑥ 天子第一号手:《七十六号本纪》,青年文化出版社1948年版,第22页。
⑦ 参见殷登国《民初奇女子》,大村文化出版事业有限公司1992年版,第191页。

仁被捕后,英茵千方百计营救,找到伪江苏教育厅长袁殊。袁殊追求英茵已久,自言能救平祖仁出狱,不过要英茵嫁他做条件。那时英茵救爱人心切,再加本身也有暴露身份之危,遂不惜自我牺牲,委身袁某。结果平祖仁仍被枪决,英茵既痛惜爱人惨死,又羞愤遇骗失身,就在上海国际饭店自杀以示清白"。[1] "英茵在上海的活动,颇有成绩。她有个工作同志平祖仁,是当局派在上海地下抗日工作的重要人员,1944 年 4 月遭日本宪兵逮捕,解送到沪西极司斐尔路'七十六号'特务机关,翌年 1 月 8 日殉难。在平祖仁被捕后,英茵千方百计营救。伪江苏省教育厅长袁殊,追求英茵已久,扬言能救平祖仁出狱,先决条件要英茵嫁给他。那时她救人心切,再加本身亦有暴露身份的危险,遂不惜自我牺牲,委身袁殊。结果平祖仁仍被枪决,英茵既痛惜心上人的惨死,又羞愤遇骗失身,在上海国际饭店顶楼自杀殉情,时年 26 岁。"[2] "多年后英茵的男友平祖仁被捕,她设法营救,将自己结识的头面人物数来数去,突然想起袁殊和她说过:他和上海著名的极司菲尔路 76 号大人物、杀人不眨眼的李士群是莫逆之交。她救人心切,去找了袁殊。袁殊看到美人主动上门,笑了,说:'没事,有我呢。你就安心在我这里住些天吧,我好给你压压惊。'英茵住下来,一住就住了几个月,但是最终,她的桃花梦破了。"[3] "英茵在上海的各项活动颇有成绩,是得到肯定的。她的工作同志平祖仁也是派在上海进行地下抗日工作的重要人员,1944 年 4 月遭到日本宪兵逮捕。英茵千方百计地进行营救。伪江苏省教育厅长袁殊,以救出平祖仁为交换条件,要自己追求已久而不得的英茵嫁给他。英茵为了心上人的安危,救人心切,遂不惜自我牺牲,做出一个女人最难的选择,委身袁殊。英茵本以为自己的行动可以换来平祖仁的释放,但是她的'天真'让她受尽了打击。平祖仁仍然被枪决了。英茵既为心上人的惨死而痛心,又羞愤自己遇骗失身,她的意志力被摧垮了,终于在上海国际饭店顶楼自杀殉情,追随爱人而去,给后人留下了一段可歌可泣的爱情悲剧。"[4] "1942 年 1 月,日寇侵占上海租界。她的爱人平祖仁因身份暴露而被捕,英茵想方设法企图营救。江苏省伪教育厅长袁殊,追求英茵已久,自言能救平祖仁出狱,不过要英茵委身下嫁做条件。英茵救爱人心切,再加上本身也已经暴露身份。遂不惜自我牺牲,

---

[1] 淳子:《英茵之死》,《档案春秋》2010 年第 10 期;《民国风雅——民国风云往事》,安徽文艺出版社 2013 年版,第 9 页。
[2] 南洋编:《老影星·老影片》(上),中国电影出版社 1998 年版,第 267 页。
[3] 陶方宣:《花样年华——海上女星罗曼史》,漓江出版社 2012 年版,第 264 页。
[4] 方明光编:《海上旧梦影》,上海人民出版社 2003 年版,第 146 页。

委身袁殊。结果平祖仁仍被枪决。英茵一痛国破家亡，二痛爱人惨死，三痛遇骗失身，四则是身份暴露后如不叛变，也必遭受苦刑，因此就在上海国际饭店顶楼壮烈自杀，自我捐躯。1942年1月24日，孤岛电影界为英茵举行了隆重的葬礼，成为继阮玲玉之后，又一次盛况空前的明星出殡。留居孤岛的影剧界同仁费穆、朱石麟、卜万苍、岳枫、张善琨、顾兰君、王熙春、李绮年、童月娟、夏霞、蓝兰、王丹凤、孙景璐、黄河、顾也鲁、李英、屠光启、韩非、严俊等约70人参加了追悼会。新华影业公司还派来摄影师，拍摄了实况新闻片。英茵的自杀，等于为孤岛电影正式划上了一道终止符。"① 也有一种说法认为英茵并非自杀，而是被日伪特务杀害于国际饭店，因为彼时国际饭店已是德、日、伪三方之情报特务总网，"英纵欲自杀，何能辟室其间？据确讯亦为日伪所绑害也"。这篇自称是平祖仁生前朋友的作者所撰追忆文章中称，英茵纵非平祖仁同事，至少也对其秘密抗日工作助力颇多："先生奉调赴苏未久，英女士亦即旋归孤岛，可见其深谊之一斑。姑不论女士之是否亦曾正式参加我方工作，但于先生之助，可断言厥功必不在小。因是亦早启敌伪注意。平氏伉俪既遭捕，人成畏日伪之残毒，未敢探视，当斯探狱重任者，仅女士耳。先生既身殉，女士即萌离沪意，敌固料及之，乃加绑捕。初冀软禁骗取口供，女士一如先生，虽无一言，继以施刑威吓，女士乃决然以身相殉矣。"②

1944年时，岩井机关对外称为"日本大使馆特别调查班"，地址在上海江西路181号建设大厦三层303—310室。全部人员共27人，包括：班长：岩井；事务长：平田达雄；主任嘱托：刘屋久太郎；嘱托：大泽康男、武井龙男、中辉雄、柳生卯三郎、前泽吉卫、宫岛英三、藤村正辉、林宁寿、高田尔郎、津田六郎、田泽武、丰田隆生、木村英夫、高桥忠作、古贺义秋、广濑兼子、原治子、渡边和子、中村光、大泽恒、尾崎津子、小山八千代、大町丰子、饭田菊雄。③

后来，鉴于周佛海的反对，以及"兴建运动"早已解散，为避人耳目，岩井英一将其情报机关岩井机关所提供的情报称为"一〇一情报"。④

---

① 李姝林编：《电影造星渊源考》，京华出版社2008年版，第281页。
② 俞蟾子：《追忆平祖仁烈士殉国始末》，《复苏》第1卷第6期1942年版，转引自陈雁《性别与战争：上海1932—1945》，社会科学文献出版社2014年版，第230—231页。
③ 参见房建昌《从日文档案看"岩井机关"与兴亚建国运动始末》，《档案史料与研究》2002年第3期；〔日〕岩井英一《回想の上海》，《回想の上海》出版委员会1983年版，第112—114页。
④ 参见〔日〕岩井英一《回想の上海》，《回想の上海》出版委员会1983年版，第212—214页。

第十三章 秘密通道

1941年7月到1943年底，袁殊先后担任汪伪"清乡"委员会政治工作团团长、"清乡"区党务办事处主任、镇江地区"清乡"公署主任兼保安司令以及镇江地区物资调查分会委员长①等职。袁殊充分利用其公开身份，为大批中共地下党员往来苏南苏北提供了秘密交通渠道，他及时准确地提供有关日伪活动的秘密情报给中共抗日武装，在反日伪的武装斗争中争取了主动，贡献极大。

一 智救地下党员

中共地下党组织曾指示袁殊要利用一切机会营救被俘中共地下党员和抗日志士。袁殊所管辖的政工团成立不久，就带着一行人视察常熟东塘区的"清乡"活动。东塘区顾姓区长向袁殊汇报："一是日军逮捕的一个青年，被日寇的一个排长用刀活活腰斩；二是有两个女俘关在西尾中队，不知是不是中共秘密党员、新四军战士，被日军吊起来毒打了两天，但她们始终未招，她们的真实姓名叫吴中、史征。"②

袁殊觉得，必须尽快营救她们。他援引《清乡工作条例》中"凡属中国抗日人员，被俘者一律交政工团处理"的条款，与西尾中队交涉。袁知道日军下级军官骄横自大、喜欢拍马屁，去时穿一身中山装，见面即脱帽鞠躬，一边递过名片一边说是前来配合工作的，一点不摆"伪官架子"。

---

① 参见《镇物资调查分会袁殊出任委员长》，《江苏日报》1943年10月29日。
② 1984年，袁殊在上海还专程到其中一位（用"女主人H"代替）家里做客，袁殊回忆说："万万想不到，当年出生入死的共产党员，今日竟有这样的好手艺。……昔日的铮铮铁骨，只有从当年受到日寇严刑拷打的一些后遗症上尚可找到。"袁殊《履痕重印江南路——南游杂记》，载《袁殊文集》编辑组《袁殊文集》，南京出版社1992年版，第464—476页。

西尾称赞袁殊日语说得很地道,袁告之在日本留过学。谈了一阵,西尾的态度随和了,但只字不提"公事"。袁殊知道日军下级很讲纪律和服从,就主动转到正题:"听说前天你们抓了个女的,可是新四军早走了,中国人管中国人的事可能好办些。"对于袁殊委婉地要求接收女犯,西尾仅说"那个女的什么也不肯讲"就没有下文了。袁殊再三强调"清乡"条例中的规定:军事归日方负责,政治归中方负责。西尾翻出了日文条例看到确实如此,说:"还要审一下,下午送团部。"袁殊无奈,激了一句:"一个女的没什么了不起,我们不要了"。袁殊回去后,马上安排陈介立前去交涉,终于将吴中解救了。[1]

奉蒋介石之命打入汪伪政权的唐生明当时是"清乡"保安处长,袁在唐处挂了个中将参谋的虚名,袁、唐二人关系不错,唐只知袁和军统有联系。[2] 几天后,常熟浒浦伪保安处也抓到五六个被俘的新四军抗日人士,唐把这几个人也交给了袁,袁殊把他们都留下来了。袁指派叶德铭(叶文津)招待他们,让他们洗脸吃饭,吴中仍一言不发。这些人经袁殊接管后都可自由行动,几个男的经吴中鼓动都乘机跑脱到苏北解放区或浙东纵队去了。只有两个女的,即吴中、史征没有脱走。[3] 吴、史两人为什么不跑呢?

原来李士群听说抓到两个新四军女俘,马上赶到政工团对吴、史两人大吹大擂了一个晚上,要她们写自传登报宣传。她们两人所写的是假自传,一句不利于抗日的话也没有。袁殊考虑到这两人已为李士群和日军所重视,敌人意在拿这两人做"清乡"成果的宣传品,因此,若没有袁殊几句敷衍的话,这两人必遭杀身之祸,就自己添加了几句亲日的话,让李士群拿去发表了。[4] 既已登报,就不能眼开眼闭地放走了。袁殊后来找吴中谈话,要她到教育学院做学生指导员。吴中采取的是一言不发、神情冷淡的敌对态度。袁突然说:"抗日工作是非常复杂的事,难道就你有爱国心?你的事什么都不要说,现在派这个工作给你,只要你鼓励学生爱国就行了。"从一个"汉奸"口中讲出这样的话自然有些奇怪,吴中抬起头望了

---

[1] 参见曾龙《我的父亲袁殊:还原五面间谍的真实样貌》,独立作家2016年版,第267—268页。
[2] 参见刘立勇、朱与墨《湖南一师校友唐生明的传奇人生述略》,《湖南第一师范学报》2009年第1期。
[3] 参见袁殊《放眼亭畔话往事——忆打入汪伪的四年》,载政协苏州市委员会文史资料研究委员会《苏州史志资料选辑》第3辑,1986年,第2页。
[4] 参见吴中《清乡区域共党女干部之转向》,《东亚联盟月刊》第1卷第4期,第83—84页。

望袁殊。袁殊坚定地重复了三个字："爱国心。"①

史征则被安排到教育学院搞财务工作，袁殊的想法是：共产党的人不会贪污。② 吴中的党籍成了多年的悬案，是因为她的履历登了汪伪的报纸。但吴中的履历是假的，袁殊加上几句亲日的话是为救吴中，这反倒使吴中蒙受了多年不白之冤。如果袁当时不那样做，吴势必遭到杀害，这笔账怎样算才好呢？过了几个月，政工团又开到了镇江。日方提出，让袁殊手下的沈千里当"清乡"委员会政治工作团团长，但袁殊仍掌握指挥之权。沈是个糊涂蛋，只晓得弄钱找女人；加上被袁殊留下来的两位女地下党员的影响，政工团逐渐对"清乡"消极怠工，仅做些表面文章，因而这个机构实际上不起什么作用了。③

另据赵如宝教授回忆，袁殊曾告诉赵，1940—1945年，袁殊从汪伪政权手下救出了多名新四军女战士，但具体人名没有提及。④

1982年暑天，年过六十、毫无老态的吴中从上海到北京专程看望寓居香山南营、尚未平反的袁殊，当时曾龙也在场。吴中是苏州人，被日寇逮捕时仅二十出头，当时她是苏州共产党宣传部长，潜伏在常熟东圹乡村做抗日宣传工作。吴中告诉袁殊，她被转到政工团后又与地下党取得了联系。这个情况袁殊当时根本不知道。吴中走后袁殊对曾龙说："你看这就是共产党人的精神。"⑤

二 为党培育英才

1941年下半年，周佛海又派人找袁殊到南京会面，要袁殊当伪江苏省政府民政厅长。袁殊得知后，便赶回上海向潘汉年报告，恰巧潘不在，就与潘派来的翁毅夫商量。翁是浙江慈溪人，那时改名翁永清，做袁殊的助

---

① 参见曾龙《我的父亲袁殊》，接力出版社1994年版，第221页。当时也有报刊造谣说袁殊和她俩关系非同寻常，其实是子虚乌有。参见均人《伪组织里"红人"袁殊·蹂躏女性的魔王》，《风光》1946年第22期。
② 参见胡肇枫、冯月华、吴民《剑胆琴心：红色情报员袁殊传奇》，四川人民出版社1999年版，第238—240页。
③ 参见袁殊《放眼亭畔话往事——忆打入汪伪的四年》，载政协苏州市委员会文史资料研究委员会《苏州史志资料选辑》第3辑，1986年，第2—3页。
④ 参见《孙宝根采访袁殊女婿赵如宝教授记录稿》，2012年8月29日于北京。
⑤ 曾龙：《我的父亲袁殊：还原五面间谍的真实样貌》，独立作家2016年版，第269页。

手，名义上是新中国编译社的秘书。① 潘派来的另一个人是恽逸群，当时恽用"介生"的名字写文章和编印杂志，有时也代袁殊写稿。翁认为袁殊应该乘机打入汪伪省政府，但民政厅长不起什么作用，还是当教育厅长，可以接触影响一部分青年，并可控制部分财源。这样，汪伪就于1941年10月任命袁殊为伪教育厅长。袁殊"上任"以后就住在伪江苏省政府所在的拙政园中，前后在苏州有四年左右。②

那时伪江苏省主席是高冠吾，当过贵州军阀王天培的副师长，后来又任过徐州警备司令、伪南京市政督办等职，同汪精卫的关系很深。汪向日方提出，以高取代原江苏省长陈则民。陈和日寇的关系很密切，因为他的妻子是日本人。但当时日寇为敷衍汪精卫，也就同意了。③

伪江苏省政府里大都是贪污腐败的官僚。伪建设厅长廖家楠专靠修公路"刮地皮"，伪财政厅长董修甲整天动脑筋捞钱，苏州人给他起外号叫作"总搜括"。④ 省长高冠吾同伪民政厅长蔡洪田相勾结，看谁的钱多，就给谁当县长。像吴县、无锡这样的大县，要价至少伪币几百万元。伪吴县县长陆粤双也是贪污成性的旧官僚。日本人也认为这些汉奸是不入流的，看不起他们，只让他们捞钱，实权则不叫他们掌握。⑤

前面提到翁毅夫一度住在张师石家中，翁不愿寄人篱下讨生活，袁加入军统后托袁找工作。1938年，黄琪翔组建政治部缺人手，袁把翁毅夫介绍了去，翁自此离开张师石。黄的政治部没有组织起来，翁转到战地服务大队担任大队副，大队长是袁文彰。战地服务大队在随国民政府撤退的同时也做抗日战地服务工作。长沙大火期间，翁表现了抗日倾向，被国民党扣押起来，后被田汉保释出狱，于1938年加入中国共产党。翁转到桂林后经李克农安排，担任《救亡日报》经理。翁为买印刷厂设备到上海见袁殊，袁问翁有钱没有，翁说一个钱没有，袁交给翁5万元日本军票（日本人发的"兴建运动"经费，一元军票相当于5元旧法币）。翁到香港买了机器后回到桂林，把多余的钱交给了李克农。潘汉年要袁殊放手大搞时，

---

① 参见袁殊《放眼亭畔话往事——忆打入汪伪的四年》，载政协苏州市委员会文史资料研究委员会《苏州史志资料选辑》第3辑，1986年，第3页。

② 参见《昨行政院会议通过张仲环调长民厅，袁殊任本省教育厅长》，《苏州新报》1941年10月8日；《教育厅长袁殊昨宴宣传人员》，《江苏日报》1941年11月27日；《恭贺新喜：江苏教育厅厅长袁殊鞠躬》，《江苏日报》1942年1月1日。

③ 参见袁殊《放眼亭畔话往事——忆打入汪伪的四年》，载政协苏州市委员会文史资料研究委员会《苏州史志资料选辑》第3辑，1986年，第3页。

④ 同上书，第3—4页。

⑤ 同上书，第4页。

问袁需要什么人做帮手，袁提出了翁毅夫和恽逸群二人，潘即把这两个中共党员调到上海工作。潘还调来其他一些中共党员参加了岩井公馆的工作，如鲁风等人。①

由于袁殊曾到日本留学两次，懂得日本的历史文化，有许多日本朋友，因而日本人对袁殊比较"重视"和"信任"，这也有利于袁殊的长期隐蔽。但是袁殊在教育厅还是受日特机关派来的拓务大学学生前田的监视，也不能自由支配人事。吴县、无锡、常州等地都有大量学田，收入很多，不向上报账，往往由县长和教育局长瓜分，所以教育局长都由各县县长力保心腹担任。②

担任伪教育厅长的袁殊为影响一部分青年，办起了江苏省教育学院，并自任院长③，汪馥泉任副院长，院址在苏州拙政园内。④ 江苏省教育学院开学典礼那天，袁殊发表讲话。当时正值太平洋战争爆发后不久，日军气焰极为嚣张，但袁殊一不讲政治，二不讲形势，只讲"教育救国、纯正做人"，他还为教育学院题写了含有深意的"忠诚"二字校训。⑤

当时这个学院设在原专区医院的地方。原来学生都是自费，自袁殊任院长后即改为师范学生待遇，学生伙食费都由公家负担，每人每年还发两套衣服，这对一些贫寒子弟无疑是个喜讯，后来袁殊从该院选拔了若干纯洁的青年。⑥

袁殊还利用职权，救济教师。如"鉴于战时物价高涨，民生日艰，尤以教育界同人最为清苦，而所负责任至巨，1943年4月29日，镇江清乡主任袁殊，特手谕拨款10万元救济教师，该款分配办法：无锡5千元，武进1万元，丹阳25000元，扬中1万元，镇江3万元，另以2万元提充特殊奖金，奖励本地区内连续在教育界服务十年以上，及协助清乡有特殊

---

① 参见曾龙《我的父亲袁殊》，接力出版社1994年版，第223页。
② 参见袁殊《放眼亭畔话往事——忆打入汪伪的四年》，载政协苏州市委员会文史资料研究委员会《苏州史志资料选辑》第3辑，1986年，第4页。
③ 参见李士群电汪兆铭，"查袁殊在乡休养病已稍好，苏教长职当可往就"。见《民国三十一年各方为"清乡工作"致汪兆铭之函电（二）》，1941年10月7日，台北"国史馆"藏，资料号：118-010100-0018-038。
④ 据汪新泉著《关于我的父亲汪馥泉》一文指出，江苏教育学院的前身是江苏文理专科学校，汪馥泉先在那里当了半年校长。
⑤ 参见胡肇枫、冯月华、吴民《剑胆琴心：红色情报员袁殊传奇》，四川人民出版社1999年版，第247页。
⑥ 参见袁殊《放眼亭畔话往事——忆打入汪伪的四年》，载政协苏州市委员会文史资料研究委员会《苏州史志资料选辑》第3辑，1986年，第4页。

功绩者，准由各教员专文呈请发给"。①

　　这些学生中，有些在 1940 年初就过江投奔到革命队伍中去了。如海军退休干部、中共党员林辰夫就是其中一个。当年思想进步的学生胡肇枫、梅丹馨等人都先后加入了中国共产党。还有的于新中国成立后在河南大学、文学出版社、农业部等单位工作。根据原教育学院的一些学生回忆，他们当时明显地感到袁殊和其他伪官不一样，袁不仅没有伪官的架子，而且讲话总有些朦胧的意味。他还安排学生参加体力劳动，男生一律赤背，只穿一条短裤，他本人也是如此，在植物园内拔草植树，这在当时的环境中，的确是非常独特的举动。肖非（胡肇枫）的《难忘的记忆》中有这样一段记述："我对老师印象较深的，是另外一件事，那时我年轻不懂事，只知读书，不问政治，对老师在敌人营垒做'官'所遭到的非议，并不关心。一天，我在一座藏书楼上，找到一本题为《哲学的贫困》的课本……如获至宝，马上读将起来，正在这时，老师来了。他忽然问道：'你在读什么书？'我几乎没加思索，便冲口回说：'在读马克思的《哲学的贫困》。'话一出口，又后悔起来。因为我虽不关心政治，但却知道马克思是德国共产党人，他的译著在敌占区是列为禁书的。老师既是敌人营垒的一个'官'，我怎能这样和他对话呢？出乎意料的是，老师并没有为难我，反而微笑地说：'这本书太深了，有一本艾思奇的《大众哲学》是他为初学马克思主义哲学的人写的入门著作'，只觉得老师明明在做敌人的'官'，却不禁止自己的学生读马克思的书，也明明知道在敌占区获取一本艾思奇著作和一本马克思译著有同样困难，却仍然鼓励我去寻找和学习这样的书。真是不可思议！"②

　　在当时，袁殊的真实面目，不为人知，由此产生过很多误会。据沈位回忆说："四十多年前，我作为一个中学生，曾经在今市一中进门的操场上听过一次演讲，题目是《青年的使命》。讲的是青年要认真读书，要奋发上进等。当时，我们认为这是一派胡言。"③

　　当时日本人每月给"兴建运动"支付 15 万元军票，汪精卫给《新中国报》提供 5 万元经费（一说是 3 万元），加上教育厅和教育学院的经费共计 40 万元左右，这些钱完全由翁毅夫一手经管。④ 袁只对翁交代：老严

---

① 《镇江清乡主任袁殊，拨款救济教师》，《申报》第 24809 号，1943 年 5 月 2 日，第 2 页。
② 曾龙：《我的父亲袁殊》，接力出版社 1994 年版，第 225—226 页；胡肇枫、冯月华、吴民：《剑胆琴心：红色情报员袁殊传奇》，四川人民出版社 1999 年版，第 248 页。
③ 沈位：《谈谈袁殊》，《苏州报》1984 年 7 月 3 日。
④ 参见曾龙《我的父亲袁殊》，接力出版社 1994 年版，第 227 页。

（潘汉年）要用钱，要多少支多少。部分钱财事实上成为潘领导的秘密抗日活动的经费。[1]

潘汉年也明确指示过，把钱变作不动产做长远打算。袁殊和翁从六执行了这个指示，在几年之内陆续购买了上海市内100亩的地产，又在上海郊区买进一个有几十亩地的小农场。由于选用了一个有各种关系背景的人胡慧奇做不动产登记人，因此在日寇投降后国民党没有没收这些财产。胡慧奇是上海的名媛，人脉很广但无任何政治倾向。袁殊在汪伪时期的很多不动产都是以胡慧奇的名义置办的。新中国成立初期，袁殊把这些不动产交给潘汉年。潘汉年退还给胡慧奇5万美元，作为1946—1950年的财产管理维持费（地税）。胡慧奇带着这笔钱去了美国，终老在美国。[2]

三 地下交通要道

中国共产党的交通线在新民主主义革命战争的不同阶段，对沟通各地革命组织机构及其人员的联系，争取更多情报、资源以及人才等方面发挥了很大的作用。特别是上海与华中抗日根据地的地下交通线，坚决执行党中央关于支援新四军和华中抗日根据地指示的重要表现，是党中央"巩固华北，发展华中"战略的具体实践，更是整个抗日战争中不可或缺的重要组成部分，对于抗日战争的胜利起了重大作用。[3]

1938年8月22日，为扶植、监护汪精卫集团，日本参谋本部成立以影佐祯昭为首的最高军事顾问团，影佐对汪伪的工作被称为"梅工作"，该机关被称为"梅机关"（华中日本特务最高机构的代号），总部驻南京，上海、苏州、杭州都有分部。

梅机关负责督导汪伪特工总部（"七十六号"）工作的是晴气庆胤，他手下的中岛信一（先为少尉，后升中尉）为苏州梅机关（在十梓街信孚里）的实际主持人，负责监督"清乡"委员会及其驻苏办事处，手下还有小笠原、有吉、椋木、川村敬三、宫前贤二、永野等。日人在苏州还有一个地方特务系统，即以金子俊治（先为中佐，后升大佐）为首的"金子机关"，属驻上海日本第十三军。这个机关掌握苏州地方政权的人事管理，

---

[1] 参见曾龙《我的父亲袁殊：还原五面间谍的真实样貌》，独立作家2016年版，第274页。
[2] 同上书，第274、276页。
[3] 参见刘丽梅《上海与华中抗日根据地的地下交通研究（1937年—1945年）》，硕士学位论文，华东师范大学，2010年。

控制物资供应，筹措军粮等，其下分四科：第一科科长佐藤，第二科科长望月，第三科科长山本，第四科科长伊藤，各县都派有特务机关（后改称联络官）控制伪县政府。①

通过袁殊提供的秘密情报，中共华中抗日武装对日寇苏南军事部署情况完全掌握：

苏州驻小林信男师团部（驻城外的一个学校）②及一个团，常熟一个团，无锡一个旅，旅长姓堤。负责苏州太湖地区、昆山、太仓、吴县、嘉兴等地水面"清乡"的日本海军头子是一个大佐，他们军事行动很机密，常在夜间调动，对中国人防范很严。袁殊只与那个大佐有过几次官场往来。苏州还驻有日本宪兵队，部队在城外，它的行动消息从不透露，同汪伪机关、军、特完全隔绝。它逮捕的人很多，实际上捉的真正中共党员却很少。此外，在南京有一个师团，浦口一个团，镇江一个团，丹阳一个营，都属下村定指挥。镇江还有日本一个骑兵团，养了很多马，供给南京附近及华中等地作战马，长官是岩崎大佐。镇江的海军港口司令是龙田大佐，他同袁殊相处较好，有时可利用他的炮艇往来。日驻华派遣军总司令畑俊六、海军军令部长吉田善吾大将都到镇江视察过，袁殊曾陪他们视察并游览名胜。③梅机关和金子机关经常发生摩擦，摩擦的结果是梅机关得胜。"清乡"时期地方特务机关也归梅机关领导。李士群暴死后，"清乡"慢慢停止，苏州梅机关的工作遂失去了业务内容，在苏州的日特全归金子机关指挥。④

1941年12月太平洋战争爆发后，上海的租界被日军全部占领，中共地下党组织处境危险，中共中央指示他们撤出上海到淮南新四军抗日根据地，但风险也很大，需要经过汪伪设立的大量检查站。为保障安全，潘汉年秘密安排了两条地下交通线：第一条是通往苏北华中局的；第二条是通往皖中新四军第七师驻地。

通往苏北华中局的交通线必须经过镇江，作为镇江地区"清乡"公署主任兼保安司令的袁殊自然很方便地协助潘汉年建立起一条由镇江中转并

---

① 参见袁殊《放眼亭畔话往事——忆打入汪伪的四年》，载政协苏州市委员会文史资料研究委员会《苏州史志资料选辑》第3辑，1986年，第9页。
② 日军第60师团（警备两旅团制）1942年2月2日在华中以重组的独立混成第11旅团为基干组建，历任师团长小林信男、落合松二郎，编入第13军担任苏州地区警备，日本战败投降后在苏州缴械。
③ 参见袁殊《放眼亭畔话往事——忆打入汪伪的四年》，载政协苏州市委员会文史资料研究委员会《苏州史志资料选辑》第3辑，1986年，第10页。
④ 同上书，第9页。

通向苏北解放区的秘密交通线。在这段时期内，袁殊在同敌伪头子来往时了解的情况，诸如汪伪内部派系、日方特务组织情况和日军部署等都设法及时报告潘汉年，提供了不少战略情报。①

1942年11月，鉴于上海的形势严峻，江苏省委及其下属机构的骨干根据中央要求，分批撤退到解放区。最后一批奉命撤离的有省委书记刘晓、省委组织部长王尧山、学委书记张本和赵先。恰巧，潘汉年也奉命撤退，于是他建议五人一起撤离。②

行前，潘汉年通过胡均鹤找到汪伪汉奸集团的特务头子李士群，告诉李他准备到淮南新四军那里去一趟，同时还有几名"商人"同行，希望李能够提供方便，并保证他们的安全。原来，为了解敌情，潘汉年经组织同意，通过袁殊开始和李士群、胡均鹤交往。已升任汪伪特工总部副厅长兼江苏实验区区长的胡均鹤作为李士群的助手，专门负责李士群和潘汉年之间的联系。接到潘汉年要求协助撤退的要求，袁殊立即和李士群取得联系，并着手分头安排。③ 一方面，李士群指定胡均鹤专程到镇江与特工总部设在镇江的特工站站长刘毅④相商，对潘汉年一行经镇江渡江北上之事作具体的布置。另一方面，袁殊也特地叮嘱镇江特工站站长刘毅（刘毅是在胡均鹤的操作下接替吴强华就任汪伪特工总部镇江站站长一职）说，自己有个朋友要往返苏北，让刘亲自陪他去。⑤ 经过几天的舟车劳顿，11月6日，潘汉年一行到达淮南根据地。这次能够顺利抵达根据地，如果没有潘汉年的情报网所建立的特别路线，几乎不可能通过敌伪控制区。⑥

1943年初，汪伪的"清乡"转向苏南镇江和苏北地区。3月1日，成

---

① 参见曾龙《我的父亲袁殊》，接力出版社1994年版，第229页。
② 参见胡肇枫、冯月华、吴民《剑胆琴心：红色情报员袁殊传奇》，四川人民出版社1999年版，第271页。
③ 参见尹骐《胡均鹤在谍报漩涡中浮沉》，《炎黄春秋》2000年第1期；马林《胡均鹤与情报委员会》，《炎黄春秋》2000年第6期；赵先《所谓"镇江事件"的始末》，1982年9月29日，载《上海文史资料选辑》第41辑；周军《潘汉年——隐蔽战线上的传奇人物蒙冤"镇江事件"》，《文史月刊》2007年第12期；王勇《胡均鹤的荣辱人生》，《党史纵览》2004年第10期。
④ 参见殷止庵《汪伪镇江特工站"九十四号"的由来与组织演变》，载政协丹徒县文史资料研究委员会编《丹徒文史资料》第3辑，1986年8月，第156—157页。
⑤ 参见袁殊《放眼亭畔话往事——忆打入汪伪的四年》，载政协苏州市委员会文史资料研究委员会《苏州史志资料选辑》第3辑，1986年，第12页。
⑥ 参见赵先《所谓"镇江事件"的始末》，1982年9月29日，载《上海文史资料选辑》第41辑；郝在今《秘密战线（连载四）》，《神剑》2005年第5期；王勇《胡均鹤的荣辱人生》，《党史纵览》2004年第10期；周军《潘汉年——隐蔽战线上的传奇人物蒙冤"镇江事件"》，《文史月刊》2007年第12期。

立镇江地区清乡公署,直隶于清乡委员会,袁殊任镇江地区清乡公署主任,张修明任副主任(1944年4月,就任机构改称为"专员公署"的专员),在包括镇江、扬中、丹阳三县全部和武进、无锡两县的3200平方公里区域内实施"清乡"①,这样更有利于袁殊从事地下交通与情报工作了。

有一次,影佐祯昭来见李士群,袁殊当翻译,他们谈到要把"清乡"行动扩大到苏北,这也是很重要的情报。像广濑进等人透露的零碎材料,他还不大重视。如前面提到的开始"清乡"的情报,潘得悉后即电告中央。中央通知了新四军,在"清乡"重点地区的一支部队,随即在群众的协助之下,准备了大量的方桌和门板,在夜里从桌板上跳过竹篱笆撤离了。②金子俊冶有一次同袁殊谈得兴高采烈,无意中透露了苏州日军将调往越南等地的消息。③

这一时期,潘汉年上报给中共中央的重要情报有:(1)1939年,英法企图牺牲中国对日妥协的远东慕尼黑活动。(2)1941年6月13日,潘从香港签发的德苏战争一触即发电,南方局早几天亦有类似报告,为此,苏共中央曾向中共中央表示感谢。(3)德苏战争爆发后,日本动向是南进而非北进,以及日美谈判等情报。这是涉及苏联远东红军能否西调的事情,对国内阶级动向也很有关系。(4)李士群提供了日军要"扫荡"苏北盐阜区即新四军军部所在地区的信息。(5)周佛海设电台与重庆通报。(6)重庆对日谋略活动者与日海军和近卫的接触等。(7)某战区关于敌情和"匪情"的通报等。④

还有三件事,值得一提:(1)1942年夏,潘部在上海的电台处被搜查,因收藏良好,敌人未查到机器。当时有人主张撤退干部,潘认为敌人既未找到证据,一撤反而暴露,势必牵连住房的保人等,坚持不动声色,待风平浪静后,终于安全撤退。(2)皖南事变后,新四军秘书长李一氓,

---

① 参见费正、李作民、张家骥《抗战时期的伪政权》,河南人民出版社1993年版,第282页。

② 参见袁殊《放眼亭畔话往事——忆打入汪伪的四年》,载政协苏州市委员会文史资料研究委员会《苏州史志资料选辑》第3辑,1986年,第11页。

③ 参见曾龙《我的父亲袁殊:还原五面间谍的真实样貌》,独立作家2016年版,第279页。一说是苏州日本特务机关头子重诏大佐无意中向袁殊透露了苏州即将调出一部分日军前往缅甸、越南等国以扩大侵略战争的计划。参见徐林祥、方劲松《抗日战争时期中共对日军的情报工作》,《党史纵览》1995年第6期。

④ 参见刘人寿、何荦《记潘汉年对敌隐蔽斗争工作片断》,载中共上海市委党史研究室《潘汉年在上海》,上海人民出版社1995年版;陈邦本《"全能特工"刘人寿和他的妻子》,《档案春秋》2010年第7期;丁群《潘汉年情报系统的主力刘人寿》,《文史精华》2001年第12期。

转移到香港，潘电告了中央，并陪他到澳门看望叶挺夫人，然后送他回沪，经新四军驻沪办事处送回新四军。(3) 为了配合整风学习，淮南根据地和上海情报单位之间曾经有过秘密交通，传递党的整风文件。潘汉年为此设计了一个"障眼法"，将党的文件密封后伪装成汪伪镇江特工站致汪伪上海特务头目的亲启公文，由交通员何荦安全通过几个关卡，胜利完成任务；同时，刘人寿也将从党中央留存在上海的秘密文库中取出的重要历史文件拍成照相底片，塞在干电池中，由何荦带到根据地，并由华中局情报部用放大镜阅看底片，逐字抄录后电报中央。①

1943 年，中共华中局决定成立以潘汉年、赖传珠、胡立教为委员的华中局情报委员会，以潘为书记（主任）；同时成立以潘为部长的华中局情报部，先后以徐雪寒、于毅夫等人为主要助手，继续领导上海、南京等敌后地区的情报工作。徐雪寒在与潘共事过程中，深切地感觉到潘"用干部非常放手，非常信任。潘部上海单位 1940 至 1941 年由乔犁青负责，1942 至 1947 年由张唯一负责。南京有徐楚光、马蕴平、白莎、吕一峰等，由华中局情报部直接联系"。②

袁殊就任伪镇江地区"清乡"公署主任兼保安司令期间，利用各种便利，做了大量有益于抗战的事情。

有一次，他发现监狱里关着十几个新四军战士，以"查无实据"为由，嘱咐县政府把这些人放掉。镇江地区"清乡"公署内设有封锁主任之职，专管"清乡"区的封锁事项，领导车站、码头、交通要道的检问所，与日本人直接接触的机会也多。袁殊就采取"轮换制"策略，一个月换一个人，不等封锁主任弄清地形、人情，就调离此职，使当地人民和抗日力量少受其害。日军还以为袁殊办事认真呢！③

袁殊还设计灭掉了两个汉奸，一个姓巫，一个是扬中县的密探。邹韬奋、范长江到上海，以及梁国斌、李亚农经过镇江出入根据地时，袁殊都派人在暗中照顾和保护。④ 楼适夷也回忆了一件当年的往事："楼住在上海孤岛时期，住址非常保密，平日深居简出。有一天突然接到四马路书店的

---

① 参见刘人寿、何荦《记潘汉年对敌隐蔽斗争工作片断》，载中共上海市委党史研究室《潘汉年在上海》，上海人民出版社 1995 年版。
② 同上。
③ 参见李之《传奇式人物——袁殊》，载中国人民政治协商会议江苏省镇江市委员会文史资料研究委员会《镇江文史资料》第 12 辑，1987 年。
④ 参见袁殊《放眼亭畔话往事——忆打入汪伪的四年》，载政协苏州市委员会文史资料研究委员会《苏州史志资料选辑》第 3 辑，1986 年，第 12 页。

一个老板打来的电话,约楼写文章。楼适夷心想糟了,日本的汉奸特务知道了住址。那个老板原是个文化特务。楼适夷找到《杂志》编辑吴露说有事要见袁。吴露约好时间地点后,楼在上海孤岛第二次见到袁。袁问有什么事,楼说:'巴林那个家伙不知道怎么知道我的地址了。'袁说:'没关系,我关照一下就行了。'后来那人果然没再和楼纠缠。不久,楼即投到新四军根据地去了。"①

袁殊一位朋友给曾龙的来信中记述了这样一件事:"记得在无锡,袁殊巧妙地抵制汉奸教育局长沈某的'涮新教育',果断地排难阻险,支持无锡工商人士的抗(敌伪)税活动,机智地恢复了商会主席陈××的自由;在我鼓动县中学生去苏北参加新四军后,被汉奸县长告密苏州日报梅特务机关时,袁矢口否认,并以生命财产保释脱险等等。至今仍记忆犹新,常萦于心。乡亲老年人,也常以此为美谈!"②

谈及袁殊任镇江地区"清乡"公署主任兼保安司令时的"清乡"活动,王惠农写道:"在清乡区,袁殊以政工人员为中心,经常派出政工分队、宣传队下乡,开大会,贴标语,表面做得热闹,骨子里虚张声势,主要是为苏北清乡、夺取权力作陪衬。"③

1944年的一天,袁殊从上海日本海军报道部得悉:"日军已深入贵州境内,但因兵力不足,难以为继,即将后撤。"袁殊立即告知潘汉年。驻守当地的倭寇有一个步兵联队,一个骑兵联队,属下村定师团。袁殊上任前曾在南京拜访该师团团长下村定,下村定曾把镇江地区五个县的军事地图给袁殊一份,袁即拍了照片给潘汉年。④ 几年中,袁殊供给潘汉年大量活动经费(由翁毅夫经手),一次就给翁25万元法币,作为《救亡日报》购买印刷器材的费用,当时桂林八路军办事处主任李克农深知内幕。⑤

---

① 曾龙:《我的父亲袁殊》,接力出版社1994年版,第243—244页。
② 同上书,第244页。
③ 王惠农:《汪伪清乡见闻》,《文史资料选辑》1982年4月。
④ 参见袁殊《放眼亭畔话往事——忆打入汪伪的四年》,载政协苏州市委员会文史资料研究委员会《苏州史志资料选辑》第3辑,1986年,第11页;胡肇枫、冯月华、吴民《剑胆琴心:红色情报员袁殊传奇》,四川人民出版社1999年版,第274—276页。
⑤ 参见袁殊《放眼亭畔话往事——忆打入汪伪的四年》,载政协苏州市委员会文史资料研究委员会《苏州史志资料选辑》第3辑,1986年,第12页。

第十四章　幕后英雄

　　1995年，著名历史学家唐德刚撰文指出："一个社会，纵在异族和暴君统治之下，也不能无文艺，因此在敌人豢养之下的汉奸报刊崛起之后，另一种作家艺人也就应运而生。这种作家艺人的作品，一定要有个大前提——那就是他们作品的内容和风格，一定要为凶残的异族统治者，和无耻的本族汉奸所接受。换言之，这是一种'顺民文学'、'皇民文学'，写得好的，也颇能承继战前'性灵文学'的技巧；写起男情女爱来，也颇能惹出读者一掬眼泪，一声叹息，一丝微笑……这种作品兜来转去，只在个人情感小圈圈内，装模作样，惹人怜惜；山鸡野狐，终非上品——这就是张爱玲了。"[①]

　　袁殊充分利用自己的便利条件和文学才情，制造了许多"文化传奇"，也拯救了一批文化精英。

一　超级文化推手

　　张爱玲[②]迅速走红上海滩，堪称20世纪40年代上海文坛的一个"奇

---

① 转引自吴江《张文达先生谈张爱玲》，《炎黄春秋》2004年第9期。
② 参见李振声、张新颖编《张爱玲作品欣赏》，广西教育出版社1994年版；王光东主编《解读张爱玲经典》，花山文艺出版社2004年版；陈永健《初挈海上花：评张爱玲国译本〈海上花列传〉的小说艺术》，台湾大地出版社1997年版；林幸谦《从女性主义视角重读张爱玲的小说》，博士学位论文，香港中文大学，1996年；林幸谦《荒野中的女体：张爱玲女性主义批评》，广西师范大学出版社2003年版；黄德伟编《阅读张爱玲》，香港大学比较文学系1998年版；刘绍铭、梁秉钧、许子东编《再读张爱玲》，香港牛津大学出版社2002年版；刘锋杰《想像张爱玲：关于张爱玲的阅读研究》，安徽教育出版社2004年版；王朝彦、鲁丹成《苍凉的海上花：张爱玲创作心理研究》，中国地质大学出版社2001年版；周芬伶《艳异：张爱玲与中国文学》，远流出版社1999年版；陈子善《沉香谭屑——张爱玲生平和创作考释》，上海书店2012年版；陈子善编《张爱玲的风气：1949（转下页）

迹"。那么,到底是什么原因,使得一个只有 20 多岁的青年女作家,如此神奇、迅速红遍"上海滩"呢?①

为此,吕志伟介绍了三种看法②:第一种观点是柯灵的"时代造就说"。③柯灵认为,张爱玲的出现在文坛并非偶然,是时代环境造就了她。柯灵时任《万象》④杂志主编,对张爱玲知之甚深,犀利的评论道出了张爱玲成名的社会原因。有许多学者,如蔡登山在《张爱玲传奇未完》⑤、任茹文、王艳在《美丽与苍凉——张爱玲画传》⑥,齐卫平等人的《抗战时期的上海文化》以及熊月之主编的《上海通史》第十卷《民国文化》、陈伯海主编的《上海文化通史》等著作中论及张爱玲在 20 世纪 40 年代走红的原因时都引用了柯灵的观点。杨照《在惘惘的威胁中——张爱玲与上海殖民都会》一文认为:战争为张爱玲创造了机会。⑦第二种观点认为,张

(接上页)年前张爱玲评说》,山东画报出版社 2004 年版;陈子善《看张及其他》,中华书局 2009 年版;陈子善编《私语张爱玲》,浙江文艺出版社 1995 年版;陈子善编《作别张爱玲》,文汇出版社 1996 年版;陈子善《研读张爱玲长短录》,台湾文津出版社 2010 年版;郑树森编选《张爱玲的世界》,台湾允晨文化实业股份有限公司 1989 年版;子通、亦清主编《张爱玲评说六十年》,中国华侨出版社 2001 年版;于青、金宏达编《张爱玲研究资料》,海峡文艺出版社 1994 年版;陈子善编《说不尽的张爱玲》,三联书店 2004 年版;苏伟贞主编《鱼往雁返:张爱玲的书信因缘》,台湾允晨文化实业股份有限公司 2007 年版;刘澍、王纲编《张爱玲的光影空间》,世界知识出版社 2008 年版;符立中《上海神话——张爱玲与白先勇图鉴》,台湾印刻出版社 2009 年版。

① 参见蔡登山《张爱玲文坛交往录(1943—1952,上海)》,《新文学史料》2011 年第 1 期;沈立行《四十年代初的张爱玲》,《档案与史学》1996 年第 2 期;庄俊芳《"张爱玲现象"的历史考察》,硕士学位论文,东华大学,2006 年;吕志伟《20 世纪 40 年代张爱玲走红上海滩的历史考察》,硕士学位论文,东华大学,2007 年;于亮《1943:张爱玲与海上文学杂志》,硕士学位论文,吉林大学,2010 年;张英《张爱玲接受史论》,硕士学位论文,辽宁师范大学,2005 年;张廷山《张爱玲现象之解读》,硕士学位论文,郑州大学,2005 年;余建荣《论张爱玲的文化历史意义》,硕士学位论文,华侨大学,2005 年;张起、陈雨晴《张爱玲早期创作发生之"气场"》,《成都大学学报》(社会科学版)2010 年第 4 期。
② 参见吕志伟《20 世纪 40 年代张爱玲走红上海滩的历史考察》,硕士学位论文,东华大学,2007 年。吕志伟从历史的角度聚焦 1943 年 7 月到 1945 年 8 月张爱玲迅速走红上海滩,叙述其走红的表现,分析其走红的原因,并通过揭示张爱玲走红的原因来判断张爱玲是否为"文化汉奸"。
③ 参见柯灵《遥寄张爱玲》,载子通、亦清编《张爱玲评说六十年》,中国华侨出版社 2001 年版,第 377 页。
④ 《万象》是一份商业性的、面向都市大众的综合性文学月刊,创刊于上海孤岛末期的 1941 年 7 月 27 日,由陈蝶衣编辑,万象书屋出版,上海中央书店发行,发行人为平襟亚。
⑤ 参见蔡登山《张爱玲传奇未完》,云南人民出版社 2004 年版,第 6 页。
⑥ 参见任茹文、王艳《美丽与苍凉——张爱玲画传》,团结出版社 2004 年版,第 128 页。
⑦ 参见陈子善编《作别张爱玲》,文汇出版社 1996 年版,第 40 页。

爱玲之所以能在 40 年代红遍上海滩，应归因于文学上的独特风格。王巧凤就认为："张爱玲适逢其时，适逢众刊，被推举为红得发紫的作家，是她的才华所致。"① 胡凌芝曾指出："《传奇》开拓了都市文学的新局面，使张爱玲独占鳌头。"② 第三种观点认为，张爱玲的成名与有汪伪背景的《杂志》和胡兰成等汪伪官员的"大力吹捧"有关，炒作起了重要作用。③ 张爱玲在1943—1945年最重要的发文刊物是《杂志》，张均指出：正是《杂志》不惜血本，为她迅速出版作品集，包括召开多种形式的张爱玲作品座谈会，终于使张爱玲青云直上，红遍上海滩。1944 年，张爱玲与胡兰成结婚，扩大了特殊的社交圈。④ 郭太风指出："张爱玲在上海沦陷时期名声突起，更为重要的是不少汪伪官员附庸风雅，给她捧场。"⑤

事实上，张爱玲之所以能迅速走红，正是由于袁殊的精心打造与幕后炒作。

战时沦陷区的作家大都集中于上海、南京和北京三地，袁殊与这些著名文学作家的交往非常广泛，一方面是出于增加情报工作信息源的需要，另一方面是出于其自身对文学的兴趣爱好。袁殊充分利用自己的"权势"，广交文化界朋友，甚至成了一个"超级文化推手"。

创办《新中国报》《杂志》等报刊，显然是袁殊为了掩人耳目以文化人姿态从事政治活动，更重要的是，他安插了一些中共地下党员在其中做秘密情报工作，为中共地下党在沦陷区的情报工作做出了杰出的贡献。1992 年 8 月，南京出版社出版的《袁殊文集》在介绍其风云诡谲的生平时特别指出："袁殊在中共党组织授意下串演反派角色，还主持一报——《新中国报》和一刊——《杂志》。这一报一刊虽同属汉奸性质，却为中共地下党员所掌控，在宣传上起到了真正汉奸报刊所起不到的作用。"⑥

1943 年 7 月，张爱玲的小说《茉莉香片》在袁殊主办的《杂志》上

---

① 王巧凤：《〈古今〉、〈天地〉与张爱玲的性别意识》，《山西师大学报》（社会科学版）2005 年第 5 期。
② 胡凌芝：《张爱玲的小说世界》，《抗战文艺研究》1987 年第 1 期。
③ 参见张均《光下的悲凉——张爱玲传》，花城出版社 2001 年版，第 119 页。
④ 参见胡兰成《今生今世》，中国社会科学出版社 2003 年版；陈子善《张爱玲的风气》，山东画报出版社 2004 年版；张子静《我的姊姊张爱玲》，学林出版社 1997 年版；吴江《张文达先生谈张爱玲》，《炎黄春秋》2004 年第 9 期；陈娟《对张爱玲研究史料的两点疑问》，《武汉科技大学学报》（社会科学版）2011 年第 4 期。
⑤ 郭太风主编：《民国名人未解之谜》，文汇出版社 2006 年版，第 355 页。
⑥ 赵风：《袁殊传略》，载《袁殊文集》编辑组《袁殊文集》，南京出版社 1992 年版，第 7—39 页；《爱拍苍蝇扫蠹鱼——袁殊的情报生涯》，《人物》1993 年第 4 期。

刊出，直至 1945 年 6 月，与张爱玲合作最久、投稿数量最多的刊物是《杂志》。据沈鹏年回忆："袁殊看到《紫罗兰》发表张爱玲《沉香屑——第一炉香》，顿觉眼睛一亮，像在群马中发现了骅骝。他便驱车静安寺路常德路的公寓楼上，向这个可以做他女儿的小姑娘移樽就教。张爱玲当然不会知道，此人竟是中共地下党员。张爱玲本来都是自己投稿的，这一次，《杂志》创办人却来上门约稿了。《茉莉香片》是张爱玲在《杂志》上发表的第一篇小说，从此以后，《杂志》上几乎期期有她的文章。《倾城之恋》脱稿，袁殊他们连声叫好。……因此说，张爱玲的成名，最初是靠了中国共产党的地下党员苦心扶持所致。"①

1944 年 3 月，袁殊在其江苏教育厅官邸——拙政园宴请沪宁一代著名的作家，苏青等十几人应约前往。② 苏青曾在《续结婚十年》一书中以"郑烈"人物的塑造来描述袁殊："宴客就在郑先生的上海公馆里，他的正式太太已死去了，但却有不少女朋友，一个人占住一个公馆，他也毫不顾忌地带着她们进进出出的，而且公开告诉人家说这位小姐是我的姘头。女人自然啐他，却也没奈何他，他不相信爱情之类，老实说中年人的'恋爱'自然是金钱与美貌的结合。他是一个特工头子，据说。……我与潘子美并肩而入，只见客厅的墙壁四周都漆作玫瑰色，陈设除沙发外，橱桌椅几等一律都是乌漆描金的，看去觉得别有风味。我们（指苏青与柳雨生）进去后在室内稍站住，就有一个剃光头穿着蓝布长衫的矮胖男子迎上来道：'这位就是苏小姐吗？'我茫然不知所措，他就露齿笑道：'我叫做郑烈。'……"③ "剃光头穿着蓝布长衫的矮胖男子"，这句确实抓住了袁殊的外貌特征，这样的描写也给读者留下了深刻印象。④ 据黄恽考订："不过《续结婚十年》这书出版的时候（1947 年 2 月初版），袁殊早已经在上海失踪了，变成了新四军中的曾达斋，与关露（书中称秋韵声小姐）在一起。这是苏青不知道的，所以她会大胆地说这样的真相。苏青还写散文《苏游日记》记录这次的苏州之游，同游的还有金性尧（文载道）（撰有《苏台散策记》）⑤、关露等（详细情况可参见 1944 年《杂志》的《春游苏州》专辑），张爱玲借口容易感冒，婉拒了春游苏州的邀约。这次招待是

---

① 沈鹏年：《共产党慧眼识真才——记袁殊与张爱玲的成名》，载沈鹏年《行云流水记往》，三联书店 2009 年版。
② 参见黄恽《袁殊与〈中国内幕〉》，载宫晓卫《藏书家》第 15 辑，齐鲁书社 2009 年版。
③ 苏青：《续结婚十年》，四海出版社 1948 年版，第 78 页。
④ 参见黄恽《袁殊与〈中国内幕〉》，载宫晓卫《藏书家》第 15 辑，齐鲁书社 2009 年版。
⑤ 参见董瑞兴主编《文以载道——金性尧先生纪念集》，上海古籍出版社 2008 年版。

袁殊在任上与文人作家两次有名的交往之一。是年秋天,在南京召开第三届大东亚文学者报国会,正值汪精卫去世,会后,袁殊又在苏州作了一回东,招待的却是来自北平与东北的作家。"①

1944年8月15日,上海杂志社出版张爱玲的小说集《传奇》,令作者与《杂志》社称奇的是:小说集《传奇》销路很好,发行四天后,初版便已售光。1944年8月26日,在中共地下党员鲁风和吴江枫的主持下,《杂志》社主办"《传奇》集评茶会",这次茶会,固然有批评的意见,但褒扬更多。② 月后,《传奇》随即再版,再度热销。在《杂志》社的推动与策划下,张爱玲就此成为上海沦陷时期的"传奇"。

陈子善对此认为:"《传奇》初版本被列为'杂志社丛书'之一,足见当时袁殊、鲁风等中共地下党人对张爱玲文学才华的赏识,小说创作成就的器重。"③ 也有学者指出,"张爱玲传奇"的诞生,有很多期刊推波助澜,如《紫罗兰》曾郑重推荐张爱玲小说处女作;《天地》作为一个女性主编的杂志对张爱玲非常器重;《万象》更是推波助澜;《古今》则挖掘张爱玲家族背景;《杂志》发表了大量张爱玲的作品和绘图,展示了张爱玲多方面的才华,经常邀请张爱玲参与杂志举办的各项活动,还为她的作品举行专门的评论会。④ 这些期刊一同制造了一位有天赋、有品位、很贵气、最时尚女青年作家的靓丽形象,迅速推动张爱玲红遍上海滩。

《新中国报》和《杂志》公开是有日伪政治背景的,由此,许多作家是耻于与其勾连的。为减少负面政治影响,编辑们向可靠的作家表明自己的身份。如作家胡山源曾回忆:"抗日战争时期,吴江枫为《杂志》来向我征稿,一再声明,这是共产党内地下工作者奉命办的,表面是汉奸刊物,其实不然。"⑤

张爱玲的成名及对其作品之评价,真可谓见仁见智。刘心皇在《抗战时期沦陷区文学史》一书中曾指出:"关于她张爱玲的散文和小说,可以说是文情并茂,毛病甚少。可悲的是她在抗战时期,没有到大后方,而留在沦陷后的上海,又偏偏没有和从事抗战工作的人员有联络,而终日和伪组织的高级人员混在一起,又和他们之中的一个同居,这是特别令人注意

---

① 黄恽:《袁殊与〈中国内幕〉》,载宫晓卫《藏书家》第15辑,齐鲁书社2009年版。
② 参见《〈传奇〉集评茶会记》,《杂志》第13卷第6期,1944年9月。
③ 陈子善:《1945—1949年间的张爱玲》,《南通大学学报》(社会科学版)2007年第3期。
④ 参见吕志伟《20世纪40年代张爱玲走红上海滩的历史考察》,硕士学位论文,东华大学,2007年。
⑤ 胡山源:《文坛管窥——和我有过往来的文人》,上海古籍出版社2000年版,第189页。

的。她虽然在文字上没有替他们宣传，但从政治立场上来看，不能说没有问题。国家多难，是非要明，忠奸要分。不能因为她有天才，有文采，便可以对如此的大事，也予以曲谅。现在的青年，没有经过抗战时的熬煎，对人物的评论，或许忽略了这一点。"①

《新中国报》和《杂志》基本由中共地下党掌控，张爱玲多少知道一点，日本投降后袁殊奉命安全撤到淮阴我解放区任中共华中分局联络部的工委主任。有学者指出：《杂志》是我党抗日民族统一战线的产物，张爱玲在《杂志》上写文章，不能说是汉奸。② 事实上，张爱玲是知道袁殊真实身份的，1976年4月22日，张爱玲在给宋淇的信中说："袁殊自命为中共地下工作者，战后大摇大摆带着厨子等一行十余人入共区，立即被拘留。"③

二　智救鲁迅夫人

上海沦陷后，为保护鲁迅的文化遗产，鲁迅夫人许广平不顾个人安危，携带体弱的周海婴留居上海。太平洋战争爆发后，日军立即侵占上海租界，许广平突遭劫难，被日本宪兵队捕去，受了酷刑，后被解救出来。④

那么，许广平是怎么被捕的？为什么被捕？到底是谁解救出来的呢？

---

① 刘心皇：《抗战时期沦陷区文学史》，成文出版社1980年版，第130—131页。
② 参见沈立行《四十年代初的张爱玲》，《档案与史学》1996年第2期。
③ 宋以朗：《〈小团圆〉前言》，载张爱玲《小团圆》，十月文艺出版社2009年版；杨卫民：《摩登上海的红色革命传播——以中共出版人的社会生活实践为例（1920—1937）》，博士学位论文，上海大学，2013年；韦魏：《袁殊的新闻活动——新闻理念、报刊实践、新闻团体建设研究》，硕士学位论文，安徽大学，2013年5月；张晓欧：《中国话剧演员文化研究（1907—1949）》，博士学位论文，上海戏剧学院，2015年；蔡登山：《张爱玲文坛交往录（1943—1952，上海）》，《新文学史料》2011年第1期；谢其章：《袁殊和〈拙政园记〉》，《东方早报》2010年3月14日；杜国亮：《从〈杂志〉看上海沦陷时期的文学》，硕士学位论文，厦门大学，2007年5月。
④ 关于袁殊如何营救许广平这一部分，主要参见吴䎗《沦陷时期许广平罹难的若干史实》，《鲁迅研究月刊》1989年第9期；江榕惠《许广平在日本宪兵队总部的日子里》，《福建党史月刊》2003年第2期；黄栋法《许广平同日本宪兵的较量》，《中华魂》2003年第4期；刘皓《我所了解的许广平及其心目中的鲁迅》，《鲁迅研究动态》1988年第10期；陈漱渝《许广平的一生》，天津人民出版社1981年版；范志亭《鲁迅与许广平》，河南人民出版社1992年版；张恩和《鲁迅与许广平》，湖北人民出版社2008年版；倪墨炎、陈九英《鲁迅与许广平》，上海书店出版社2009年版。

1947年，许广平曾著《遭难前后》[①]详记其经过：1941年12月7日，太平洋战争爆发。12月15日凌晨5点，一个名叫佐佐木德正的戴眼镜的日本宪兵带着10多名宪兵队的便衣和若干旧法租界巡捕房直辖人员，气势汹汹地冲进了许广平的住所。经过长达两小时之久的抄家之后，他们把许广平押上了一辆无篷的空货车。被捕的头4天，日本宪兵奥谷军曹对许广平轮番施展了"欺、吓、哄、诱"种种手段，却没能从她嘴里得到任何信息。到了第5天，奥谷开始动武了。他先是恶狠狠地用拳头猛击许广平的头部，接着又用他那黄皮马靴死命踢，甚至还强迫许广平脱掉外衣，只剩下小衫裤，用皮鞭狠狠地抽打她。到了第8天上午，敌人采用更为严酷的电刑。第10天夜里，许广平被转押到稍宽松的一号囚室里，但审讯却没有放松。1942年1月下旬，许广平被转到另外一间旧式楼房改建的囚室。2月27日，许广平被带到一个叫"调查统计局驻沪办事处"的汉奸特务机构，交给了一个身穿黑长袍的"小胖子"。"小胖子"先叫许广平在一张表格里印上手印，拍照之后，问她："你有没有熟识的店铺可以担保？"许广平心想，中国店铺不适合到这种地方担保，于是回答说："我在上海这些年最熟悉的是内山先生，他可做担保吗？""小胖子"说："最好不要东洋人做担保，你再想想。"许广平尽管很想尽快离开这地方，可是为了不牵连同胞，仍回答道："想好了，还是只有内山先生，我一个女人家，认不得几个商店。""小胖子"没有办法，只好让她与内山书店通了电话。2月28日下午，"小胖子"又一次来叫许广平，说是对保。办完保释手续后的第二天下午，被关押了76天的许广平终于恢复了自由。

然而，出面逮捕她的是什么机构？为什么被囚两个多月又转到汪伪特工总部——"七十六号"？只隔两天便"交保释放"了？"小胖子"究竟是谁？这些是许广平当时毫无所知的，许广平所著书的记载也不太详明。

据吴舸、江榕惠等人的研究，我们大致可以看到如下事实：

关于许广平的获释：《许广平的一生》记述她于1942年2月27日被转移到"七十六号"，3月1日被"交保释放"；《鲁迅与许广平》所载："敌人遭到一次又一次失败，他们看到选择的突破口实在无法突破，不得不将她释放。按照日本宪兵部的要求，释放前必须请一家店铺作保。许广平请老友内山完造先生作她的保人。"似乎是"日本宪兵部"直接释放她

[①] 参见景宋（许广平）《遭难前后》，上海出版公司1947年版；袁殊《放眼亭畔话往事——忆打入汪伪的四年》，载政协苏州市委员会文史资料研究委员会《苏州史志资料选辑》第3辑，1986年。

的；刘皓的《我所了解的许广平及其心目中的鲁迅》文中忆述许广平于1954年的谈话，其中说："我受过电刑，遭过毒打，这大大损害了我的健康，使我过早地出现白发，牙齿也松动了。是党的地下组织营救了我，使我重新获得自由。"

许广平的《遭难前后》没有说明是在何时、从何处得到"党的地下组织营救了我"的历史材料。而袁殊写过一篇文章《放眼亭畔话往事——忆打入汪伪的四年》①，回忆他奉命打入汪伪，担任伪江苏省政府教育厅长时曾暗中营救许广平。

这段回忆，不仅与许广平的有关自述合榫，而且使前面的一些疑问冰释了：第一，逮捕许广平的，不是日本宪兵队总部，而是沪西宪兵队。因此，他们需要把许广平带到金神父路的日本宪兵队总部去办理捕获登记的一定手续，然后关押在沪西宪兵队。第二，是袁殊向李士群建议引渡，然后释放许广平的，而李士群也知道许广平的身份（不是中共党员），他答应了。因此，她被转囚到"七十六号"后只两天就得到释放，铺保不过是例行手续而已。第三，许广平在1954年所说的"党的地下组织营救了我"，是在新中国成立以后获知的，以前并不知道，因而在《遭难前后》里没有一点暗示，不论她是否仅知一个大概，但这句话是有根据的，是确凿无误的。这些史料，使我们弄清了有关史实，理清了这一事件的头绪。②

袁殊究竟是如何巧妙地营救许广平的？

原来，1941年6月18日日本登集团军参谋长和李士群订立的《关于苏州地区清乡工作之日华协定》，第十条中规定："中国方面军队等，在清乡区内捕获间谍或俘虏时，由中国方面处理，而通知日本方面。日本方面捕获间谍或俘虏等，由日本方面作必要之处置后，以引渡中国方面为原则。"③ 袁殊曾利用这一条文巧妙保释了二三十名被日军捕获的中共党员和进步人士。这次，袁殊仍利用这一条文向李士群提议："鲁迅留学东瀛，日本朋友极多，在彼邦颇有名望。鲁迅本人已去世几年，折磨其夫人妇道人家，影响不好，且有损中日邦交。关押许广平没有用，反而在文化界引起很大反响、不合算，不如放了。"④ 于是，李士群同意把许广平从沪西宪

---

① 参见袁殊《放眼亭畔话往事——忆打入汪伪的四年》，载政协苏州市委员会文史资料研究委员会《苏州史志资料选辑》第3辑，1986年。
② 参见吴舸《沦陷时期许广平罹难的若干史实》，《鲁迅研究月刊》1989年第9期。
③ 余子道、刘其奎、曹振威编：《汪伪政权资料选编：汪精卫国民政府"清乡"运动》，上海人民出版社1985年版，第187页。
④ 曾龙：《我的父亲袁殊：还原五面间谍的真实样貌》，独立作家2016年版，第296页。

兵队引渡至"七十六号"。与此同时，袁殊迅速将此信息透露给内山完造，内山于是出面将许广平保释。①

汪伪时期袁殊的秘密工作，总的来说还是比较顺当的，但也有一次差点出事。驻苏州日本宪兵队长松田（中佐）很有一套特务手段。②他从20世纪20年代的资料查起，追查中共地下党组织的线索，查到恽逸群是1927年入党的中共老党员，就把恽抓了起来。恽在狱中坚贞不屈，没有供出任何人。袁殊几次去和日人交涉，派日本留学生严某（无锡人）专门交涉此事，说恽是袁的人且在报上发表过许多"亲日"文章，等等。恽还是被日军关押了十个月，由于未查到现行线索，又因袁殊力保，日军最后不得不把恽逸群放了。③

三 转移滞港精英

1934年9月，港英政府破获在香港秘密领导两广革命运动的中共香港工作委员会，致使中国共产党自1921年以来在香港组建的各级党组织及其策动的华南革命斗争遭受重挫。然而抗战接踵而至，给中国共产党在香港的重新扎根与迅速壮大带来崭新生机。④

抗战全面爆发后，香港成为国内与海外联系的重要枢纽。在中共中央南方局、八路军驻香港办事处和广东地方党组织的领导下，香港的抗战文化活动十分活跃。中国共产党在香港的抗战文化活动大致可分为1937—1940年与1941年两个时期，以1941年为重点。⑤周恩来非常重视香港在联系海外华侨、国际友人扩大抗日民族统一战线及国际反法西斯战线的特殊作用。1940年8月7日，周恩来在中央政治局会议上作报告发出"香港这块地方我们不能丢，国外工作以香港为中心，由廖承志管筹捐，刘少

---

① 参见《袁殊营救许广平》，《鲁迅研究月刊》1996年第10期。
② 参见袁殊《放眼亭畔话往事——忆打入汪伪的四年》，载政协苏州市委员会文史资料研究委员会《苏州史志资料选辑》第3辑，1986年，第14页。
③ 参见曾龙《我的父亲袁殊：还原五面间谍的真实样貌》，独立作家2016年版，第295—296页。
④ 参见莫世祥《抗战初期中共组织在香港的恢复与发展》，《中共党史研究》2009年第1期。
⑤ 参见黄建新、莫振山《中国共产党在香港的抗战文化活动》，《中共党史研究》1988年第6期。

文①管统战，潘汉年管情报、文化"这一战略指示。②

1937年11月底，潘汉年撤离上海后，刘少文继任八路军驻沪办事处主任，开始主持办事处的全面工作，广交朋友，扩大抗日民族统一战线，把上海和国内外捐款、物资运往八路军根据地，组织出版《译报》《团结周报》《西行漫记》《长征画册》等进步书刊。1939年底，刘少文回到延安。1940年7月，刘由中共南方局派往香港，任中共港澳工作委员会委员兼中央交通处港澳办事处处长，负责交通联络、机要、电台和经费工作，除保持了同上海、韶关、桂林、海南岛等地联系外，还与海外一些地区建立了独立的交通联系。其间，刘还和潘汉年等对日军进行了鲜为人知的情报战。

中国共产党在香港主要通过自己创办新闻机构或派人进入其他新闻机构来进行新闻宣传。这些新闻机构主要有：国际新闻供应社（1937年9月18日成立于上海，由胡愈之创办，主要向海外华侨报刊供稿。同年11月迁往香港，由恽逸群负责。该社1939年2月与国际新闻社合并）、国际新闻社（1938年10月20日成立于长沙，不久迁往桂林，由胡愈之、范长江创办。该社最初为国民政府军委会国际宣传处服务，向该处发稿，不久，两者中止关系，该社自立。1939年2月与国际新闻供应社合并，仍称本名，社长刘尊棋，副社长范长江，总编辑黄药眠，经理黎澍，秘书长邵宗汉，设有重庆、香港分社，分别由于友、恽逸群负责）。③

1940年，潘汉年来到香港，传达党中央已确定的"必须打进日伪搞出情报"的方针，该方针是经毛泽东同意、康生主持的。之后，潘汉年领导的机构开始有意识地同日本在香港的特务机构进行接触，潘亲手搞了一些假情报——主要是报纸剪贴，来换取日方情报。为慎重起见，每次出"货"（指假情报）之前，潘汉年都先和廖承志、刘少文一同审核。④

1941年2月，周恩来在重庆与茅盾谈话时讲到"现在香港有了很大的

---

① 原名刘国章。
② 参见蔡惠尧《周恩来对日本南进战略的认识与香港秘密大营救》，《中国国家博物馆馆刊》2015年第7期；王卫国《抗日战争时期香港的统战工作》，《铁军》2009年第8期。
③ 参见王晓岚《抗战时期中共在香港及海外的新闻宣传机构简介》，《党史研究与教学》1995年第6期。
④ 1942年8月，刘少文奉令回到重庆，化名"张明"在中共中央南方局工作，先后任交通处处长、组织部负责人、重庆工作委员会委员、南方局委员。在任内，刘少文直接组织铺设了川陕转移线路和重庆到中原解放区的秘密交通线。此外，他还直接领导中国青年科学技术人员协会的工作，争取团结了许多对国民党失望的旧科技人员，为新中国国家建设凝聚了人才。参见苏振兰《刘少文中将：隐蔽斗争战线上的杰出领导者》，《党史博览》2008年第5期。

变化，所处的地位十分重要，是我们向资本主义国家和海外侨胞宣传中共政策争取国际舆论同情和爱国侨胞支持的窗口，又是内地与上海孤岛联系的桥梁，香港将成为我们重要的战斗堡垒，因此，我们要加强香港的力量，在那里开辟一个新阵线"。[1]

1941年12月8日，太平洋战争爆发后，港九战争也突然爆发，结束也快得出乎意料，使得一大批从内地转移香港的著名政治活动家、学者、文学家、艺术家，包括田汉、梅兰芳、何香凝、茅盾、邹韬奋等约有800人的文化精英处境非常危险。周恩来多次致电时任八路军驻香港办事处主任的廖承志"要不惜任何代价将这批文化精英安全转移到大后方安全地区"。深思熟虑后，廖承志决定派曾生和周伯明等人率一批中共党员和积极分子回惠阳坪山，组建中共惠（阳）宝（安）工作委员会，安排东江抗日游击队、东江纵队港九独立大队具体执行营救任务。[2]

与此同时，潘汉年指示袁殊积极参与营救这批滞港文化精英。袁殊指派其秘书叶德铭（叶文津）专门处置此事。袁殊先向岩井英一打了招呼，岩井答应派日人德田太郎陪叶文津前往。这两个人和日本香港领事馆取得了联系。在他们的安排下，滞港的一些人如张唯一、田汉（华蒂）、蔡楚生夫妇等，竟然是被安排乘日本军用飞机到沪，后又分别转移到别处。[3]袁殊本人没有直接出头露面，那些回到上海的文化人，袁殊一个也没见。但在新中国成立之初，田汉出于感激袁殊，为袁殊大女儿马元曦入读北京外国语学校（后来的北京外国语学院）写介绍信，袁殊表示感谢时，田汉说："不用谢，当年你还把我从香港救出来过。"[4]

为什么此事办得如此顺利呢？袁殊认为："日军占领香港后粮食供应一时紧张，日本军人又不重视文化人，认为是个负担，想摔包袱，所以事情办得顺利。"[5]

其实，这是日本侵略者的一种政治谋略，他们千方百计试图拉拢中国的文化精英，达到其"以华制华"的目的。日军占领香港以后，日政府任命矶谷廉介为总督，而以广东的特务机关长矢畸堪十为香港政治部长（矢

---

[1] 茅盾：《我走过的路》下册，三联书店1989年版，第216页。
[2] 参见《广东人民抗日游击队东江纵队大事年表》，《广东文史资料》第40辑，第7页。
[3] 参见曾龙《我的父亲袁殊：还原五面间谍的真实样貌》，独立作家2016年版，第296页；胡肇枫、冯月华、吴民《剑胆琴心：红色情报员袁殊传奇》，四川人民出版社1999年版，第256—258页。
[4] 曾龙：《我的父亲袁殊：还原五面间谍的真实样貌》，独立作家2016年版，第297页。
[5] 参见曾龙《我的父亲袁殊》，接力出版社1994年版，第243页。

畸与一手制造汪伪政权之梅机关主脑影佐祯昭调往南洋作战后，在汪伪政权末期，继任为最高军事顾问），更以冈田芳政中佐为首成立了"兴亚机关"，以军事与特务，双管齐下统治香港。这是日军在中国境内的三大特务组织——梅机关、松机关、竹机关以外的又一特务组织。事实上，在香港主持着特务活动的还是梅机关，"兴亚机关"不过是它的分店而已。日特机关"大东亚共荣圈事务所"曾在报上刊出"请邹韬奋、茅盾先生参加大东亚共荣圈建设"启事，日特和久田幸助①安排人在一些电影院打出幻灯请梅兰芳、蔡楚生、司徒慧敏、田汉和郭沫若五人到日军司令部所在的半岛酒店会晤，实际上是想拉拢这批文人。据金雄白回忆："日军进驻香港以后，日方的特务人员，一时成为天之骄子。威风最足的自然是广东特务机关长兼香港政治部长的矢畸，他搞特务是狰狞凶恶，而他的私生活则是风流放荡。他与舞后北平李丽的一段经过，曾喧腾众口，也因为他的影响；伶王梅兰芳受到优待，以后被送到广州，再往上海，更得汪政权中的怜香惜玉，浪博虚名，留得蓄髭拒演的一段佳话；至影后胡蝶，日军上级人员特别下令保护，以后偕其夫潘有声潜返内地。我曾经收藏过一张矢畸与舞后李丽、伶王梅兰芳与影后胡蝶四人合摄的照片，矢畸中坐，众香环绕。"②

其实，根据谢其章的研究，梅兰芳是1942年5月8日由香港返回上海的，这得益于日人的帮助。巧合的是，张爱玲也是那天由港返沪的，她在《小团圆》中写道："使她立刻想起回上海的时候上船，珍珠港后的日本船，很小，在船阑干边狭小的过道里遇见一行人，众星捧月般的围着个中年男子迎面走来，这人高个子，白净的方脸，细细的两撇小胡子，西装虽然合身，像借来的，倒像化装逃命似的，一副避人的神气，仿佛深恐被人占了便宜去，尽管前呼后应有人护送，内中还有日本官员与船长之类穿制服。她不由得注意他，后来才听见梅兰芳在船上。"对此，谢其章指出："《小团圆》虽为小说，但是传记成色十足，所涉人物皆有原型可考。2009年，张爱玲遗作《重访边城》发表，其中有云：'我从前没到过台湾，但是珍珠港事变后从香港回上海，乘的日本轮船因为躲避轰炸，航线弯弯扭扭的路过南台湾，不靠岸，远远的只看见个山。是一个初夏轻阴的下午，浅翠绿的欹斜秀削的山峰映在雪白的天上，近山脚没入白云中。像古画的青绿山水，不过纸张没有泛黄。''是一个初夏轻阴的下午'这句很重要，

---

① 参见风伟《和久田幸助其人》，载风伟《黎民伟评传》，文化艺术出版社2009年版。
② 朱子家（金雄白）：《汪政权的开场与收场》第2册，春秋杂志社1965年版，第10页。

南方的初夏，5月就算是了。如果照周黎庵所说柳存仁与张爱玲同船，那么张爱玲回到上海的日期即可确定为1942年5月8日。"①

在一系列紧锣密鼓的精心安排下，从1942年1月5日开始，近200天，800多位民主人士、文化界进步人士及其家属在一批批抗日游击战士的护送下，从香港安全地转移到抗日大后方。这场秘密大营救是史无前例的，在营救工作中，秘密交通线发挥了重要作用。②

---

① 谢其章：《"是一个初夏轻阴的下午"》，《东方早报》2012年4月8日第B13版。
② 参见李蓉《试论抗战时期中共在沦陷区的工作》，《中共党史研究》1995年第4期。

第十五章　到解放区

在世界反法西斯战争和中国的抗日战争即将取得胜利的前夜，1945年4—6月，中共七大在延安召开。4月25日，朱德作《论解放区战场》报告指出：在沦陷区的军事任务，是加强对沦陷区人民的政治争取工作和组织工作，加强对敌伪军警的政治影响以争取他们反正，加强敌后各城市工作和组织地下军的任务。这些工作与我军行动配合，则大反攻的伟大日期到来，我军必能站在大反攻的主导地位，以驱逐日本侵略者出中国大陆之外。6月11日，通过《中国共产党第七次全国代表大会关于军事问题的决议（草案）》，其中规定：在沦陷区的军事任务，是组织地下军与争取伪军伪警反正，一俟时机成熟，即配合从外部进攻的部队，里应外合，消灭日本侵略者。

为加速日寇投降，1945年7月17日至8月2日，美、英、苏三国首脑举行波茨坦会议，26日发布《波茨坦公告》敦促日本政府无条件投降。8月6日和8日，美国先后在日本广岛和长崎投下原子弹，日本军民伤亡惨重，震惊日本朝野。8月9日，百万苏联红军向中国东北的日本关东军发起全线进攻。

一　原来他是共党

1945年8月9日，毛泽东发表《对日寇的最后一战》，指出对日战争已处在最后阶段，号召八路军、新四军及其他人民军队，应在一切可能条件下，对于一切不愿投降的侵略者及其走狗实行广泛的进攻，歼灭这些敌人的力量，夺取其武器和资财，猛烈地扩大解放区，缩小沦陷区。从此，中国军民的抗战进入全面反攻的阶段。

8月10日，中共中央发出《关于苏联参战后准备进占城市及交通要道的指示》，要求各中央局、中央分局及区党委"立即布置动员一切力量，向敌、伪进行广泛的进攻，迅速扩大解放区，壮大我军，并须准备于日本投降时，我们能迅速占领所有被我包围和力所能及的大小城市、交通要道，以正规部队占领大城市及要道，以游击队民兵占领小城市"。并规定了进占城市及交通要道的具体办法和政策。①

10日和11日，朱德总司令向我解放区武装部队连续发出七道命令，其中命令新四军及华中抗日根据地部队向津浦路、陇海路、粤汉路、平汉路、沪宁路、宁芜路、沪杭甬路等铁路沿线展开全面进攻，迅速夺取并占领一些交通要道和城镇。为了确保占领大小城市与交通要道，8月11日，中共中央指示在军事上，"各地应将我军大部迅速集中，脱离分散游击状态，分甲乙丙等组成团或旅或师，变成超地方性的正规兵团，集中行动，以便在解决敌伪时保证我军取得胜利"。8月12日，新四军军部命令苏浙军区控制京、沪、杭交通要道，争取占领南京、上海、杭州三个大城市；同日，新四军代军长陈毅等发布命令，任命黄克诚为江苏省主席，罗炳辉为安徽省主席，叶飞为浙江省主席，粟裕为南京特别市市长，刘长胜为上海特别市市长；苏浙军区奉命以第一纵队攻取南京，第三纵队进攻无锡、苏州，第四纵队配合上海工人起义，接管上海。为此，苏浙军区政治部发布命令，同时发出《苏浙军区对日本驻军通牒》《苏浙军区对伪警及一切伪组织的紧急通告》《苏浙军区司令部、政治部关于处理伪军伪组织人员自新公告》，命令京沪杭地区的一切日伪军及政权机关立即停止抵抗，缴械投降，违者则以武力解决之；苏浙军区城工部还指示杭州地下党配合苏浙军区部队解放杭州。②

据周克③回忆："抗战胜利前夕，中共华中局城工部的周克奉命组建上海'地下军'，即中共地下党领导的工人武装，拟配合新四军，在日本战

---

① 参见衣慎思《抗战胜利初期中共上海起义计划演变的再考察》，《中共党史研究》2015年第12期；张承宗《1945：上海武装起义紧急中止》，《上海滩》1990年第5期；卢毅《一九四五年上海起义计划的制订与放弃》，《中共党史研究》2011年第5期；王东《中共在抗日战争后期关于夺取沦陷区城市的战略探析》，《中州学刊》2007年第6期；潘仲群《读〈对日寇的最后一战〉暨有关文件的札记》，《党的文献》1988年第1期；一今《上海地下军的武装起义计划为何突然取消》，《上海党史研究》1995年第2期；夏继诚《新四军和紧急中止的上海武装起义》，"新四军与上海"学术会议论文，2013年10月；周锐京《试论1944年4月至1949年3月中共工作重心的逐步转移》，《党史研究与教学》1992年第1期；张执一《在敌人心脏里——我所知道的中共中央上海局》，《革命史资料》第5辑，文史资料出版社1981年版。

② 参见刘熙明《伪军——强权竞逐下的卒子（1937—1949）》，稻乡出版社2011年第2版，第416—417页。

③ 参见周克口述，顾训中整理《风雨七十年——时代大潮中的我和我的一家》，文汇出版社2006年版。

败之际，准备武装大起义，接管大上海。……鉴于国民党军队在美国帮助下加紧向大城市推进，形势剧变，中共中央于8月12日3次致电中共中央华中局，指示停止上海起义。1945年8月27日，一位叫吴大猷的人带来了周恩来的指示，新四军进军上海的计划停止，暴动计划也取消。……周克带领的'地下军'也奉命北撤苏北解放区接受改编。"[1]

另据《上海工运志》记载：上海工人地下军，是中共上海工人运动委员会（工委）根据中共中央华中局和新四军军部的指示，于1944年底1945年初开始，为里应外合，配合新四军进占上海而秘密建立起来的一支工人武装。为筹建工人地下军，工委先后组织了90多名在群众中有威信的老工人去新四军淮南根据地参观。经过中共地下组织的发动，在沪西、浦东、沪东、南市、吴淞等地区和法电等工厂企业中先后建立起有200多人的地下军，其中中共党员有50余人。各地区工人地下军建立后，用各种办法收集武器，包括夺取敌人武器，总共取得40多支长短枪，其中机枪3挺，各种枪炮弹药和燃烧弹10余吨。地下军还进行军事训练，收集情报，开展宣传活动。1945年8月23日上午，以沪西工人地下军60余名队员为骨干，沪西纱厂、机器厂和各业工厂的群众约7000人占领了沪西信义机器厂，准备以此为据点发动武装起义。后国民党政府与汪伪势力结合，派大批军政人员急赴上海抢夺胜利果实。中共中央根据形势变化，决定停止上海武装起义的计划。工委书记张祺于当日下午赶往信义厂，将停止起义的决定通知沪西地下军领导人，并组织占领信义厂的群众高呼"我们要做工""我们要吃饭"的口号，分批撤离工厂，投入清算汉奸、要求复工的斗争中去。同年9月，工人地下军的活动结束。已暴露政治身份的50多名队员参加上海工人部队（也称上海工人连），随新四军淞沪支队和浙东部队撤往山东解放区。[2]

在中共中央和新四军决定"进军京沪杭"的宏大计划中，袁殊以其所谓的合法身份[3]在潘汉年直接策划下，以镇江地区伪保安团为主干组成

---

[1] 参见周克《难民工作和地下军工作回忆片段》，载中国人民政治协商会议上海市委员会文史资料工作委员会《抗战风云录》，上海人民出版社1985年版；2012年9月5日上海纪实频道《往事》节目《1945——新四军未进上海之谜》；杨逸《人生旅途歌声多》，中国福利会出版社2006年版；周克口述，顾训中整理《风雨七十年——时代大潮中的我和我的一家》，文汇出版社2006年版。

[2] 转引自游国立《中国共产党隐蔽战线研究》，中共党史出版社2006年版，第94—95页。

[3] 据1945年7月23日《申报》第25614号第2页载："新中国报社长袁殊于7月22日下午七时以市区保甲宣传委员会委员名义，假上海广播电台主讲《展开民众保甲自卫运动》。"另见《保宣委员，袁殊广播》，《新闻报》1945年7月22日第1版。

"中华人民自卫军",经上海驻扎到杭州七宝镇,待机应变。后来,因情势变化,这支部队一部被国民党收编,一部在苏中战役海安战斗中宣布起义。不久,在翁毅夫的建议下,袁殊辞去了伪教育厅长及所兼各职,仅保留了一个伪上海市政府参议的名义。①

抗战胜利之际,国民党要员就把接收变"劫收",在收复区出现抢夺"金子、房子、票子、车子、女子(汉奸妻妾)"的"五子登科"丑态。袁殊目睹这一切,觉得应赶紧把岩井公馆的大量财产处理掉,以免落入贪官污吏之手。随即,袁殊着手清理、遣散人员,把所属十多个单位的财产集中起来。袁和恽逸群乘小汽车来到西藏路上的联华银行,把三只沉甸甸的大皮箱寄存在这家银行的仓库里。三天后,他们避过了国民党接收人员的侦查,取走皮箱,全部交给了地下党。三只皮箱中装满了黄金、外币和房地契、银行单据等,价值近千万元,地下党用这笔财富开了一家小银行。除此以外,当时中国共产党派人来上海筹划出版《新华日报》,袁殊、恽逸群就把岩井公馆的一幢房屋,交该报作为社址,又把岩井公馆所属新昌印刷厂的厂房、机器和器材交给该报社使用。不久,夏衍受中共党组织的指派,来上海创办《建国日报》,也缺少经费,袁殊、恽逸群又把岩井公馆的新闻纸 100 筒、油墨 20 大桶,装满三大卡车,送给了《建国日报》社。②

抗战胜利后,作为军统局先行人员之一的王新衡首批飞抵上海。王从唐生明处打听了袁的住址后,即打电话约袁作为军统留沪人员相见。王以"好友"姿态向袁敲竹杠:"恭喜老兄发了财,送礼吧,先送我一人不行,还有其他朋友。"袁知道避免不了,答道:"钱有,但不是现钱,要等我变卖之后才有钱。"经过一番周折,好不容易把《新中国报》的不动产卖了出去,打发了王新衡。③

9 月底或 10 月初,王新衡代表军统局委任袁殊为忠救军新编别动军第五纵队指挥和军统直属第三站站长,授予中将军衔。王对袁说:"戴笠认为你对日本人应付得很好,很看重你,他要见你。"④ 袁满口答应,

---

① 参见袁殊《放眼亭畔话往事——忆打入汪伪的四年》,载政协苏州市委员会文史资料研究委员会《苏州史志资料选辑》第 3 辑,1986 年,第 14 页;另见《孙宝根采访袁殊女婿赵如宝教授记录稿》,2012 年 8 月 29 日于北京。
② 参见鲁南《岩井公馆里的中共地下党:提供日军确定南进情报》,《文史月刊》2011 年第 5 期及《文汇报》2011 年 6 月 14 日。
③ 参见曾龙《我的父亲袁殊》,接力出版社 1994 年版,第 249—250 页。
④ 同上书,第 250 页。

王安排 10 月 10 日去见戴笠,可是 10 月 7 日那天,袁殊就已奔向了苏北解放区。①

抗战期间,沦陷区出现为数众多的大小汉奸,抗战胜利后,那些臭名昭著的大汉奸大多得到了严惩。② 有资料显示:1946 年 4 月至 1947 年 2 月,国民政府南京高等法院共审理汉奸案 530 余件,终结 381 件。其中判处死刑 14 人,无期徒刑 24 人,有期徒刑 265 人。③ 战后国民政府在各地厉行肃奸、审奸运动过程中,戴笠凭借手中掌握的汉奸整肃权,冀图在政治角力中取得优势地位。④ 国民党也试图利用惩处汉奸手段,来打压中共地下党在沦陷区的活动。⑤ 袁殊自然首当其冲,国民党拟按"汉奸罪"对袁殊提起公诉。⑥ 当时的《大地周报》第 3 版还刊载:"前日检察官正式对彭逆义明提起公诉。彭逆长沙人,曾任伪立法院秘书长,伪内政部常次,伪中政会副秘书长等职,案中牵涉袁殊、陈孚木、张资平诸逆及日本大使馆书记官岩井英一并有极端亲日色彩的兴建运动本部的组织,其中袁逆殊实为之首领。"⑦ 此文极尽政治污蔑之能事,企图迫害袁殊。当然,因不了解袁殊的真实身份,各路小报纷纷戏说甚至恶毒攻击袁殊。例如,1946 年 5 月,冯英子主办的《大江南报》刊载了一篇署名鹰的文章,题目是"袁逆殊与江苏教育",分上中下连载三天,作者在文中把袁殊当作汉奸来揭

---

① 参见曾龙《我的父亲袁殊:还原五面间谍的真实样貌》,独立作家 2016 年版,第 301 页。
② 参见谢宁《抗战胜利后国民党惩治汉奸问题述论》,硕士学位论文,河北师范大学,2006 年。
③ 参见潘敏《20 世纪 80 年代以来惩治汉奸研究综述》,《抗日战争研究》2010 年第 3 期;谢宁《抗战胜利后国民党惩治汉奸问题述论》,硕士学位论文,河北师范大学,2006 年;程堂发、谢扬《南京国民政府惩治汉奸始末》,《文史精华》2003 年第 2 期;孟国祥、程堂发《惩治汉奸工作概述》,《民国档案》1994 年第 2 期;孟国祥、程堂发《抗战期间中共惩治汉奸纪实》,《南京史志》1995 年第 4 期;王庆林《战后国民政府对汉奸的审判(1945—1949)》,硕士学位论文,暨南大学,2006 年;程堂发《日本投降后国民党政府处理汉奸始末》,《老年教育》(长者家园)2010 年第 12 期;李雅茹、潘敏《国民政府惩治汉奸法令述论》,《西安政治学院学报》2011 年第 5 期;滕小阳《南京惩治汉奸始末》,《法律与生活》1997 年第 1 期;朗慕中《形形色色的惩治汉奸案内幕》,《档案春秋》2005 年第 8 期;张辅麟《汉奸秘闻录》,吉林教育出版社 1990 年版。
④ 参见工春英《战后"经济汉奸"审判:以上海新新公司李泽案为例》,《历史研究》2008 年第 2 期。
⑤ 参见《苏高检处起诉通辑袁殊》,《申报》第 24784 号,1947 年 2 月 16 日。
⑥ 参见《苏高检处起诉通缉袁殊》,《申报》第 24784 号,1947 年 2 月 16 日;《没收袁殊逆产准予单独执行》,《申报》第 25231 号,1948 年 5 月有 15 日;金秋《袁殊:一位红色情报员的传奇人生》,《钟山风雨》2004 年第 3 期。
⑦ 文中还配有袁殊、端木文琳和王莹的照片。参见董狐《共党存心养奸:袁殊混迹苏北》,《大地周报》1946 年第 10 期。

露，认为他在教育厅长任上的五年，就是他欺骗、索诈、挥霍、聚敛的五年。该文既不合乎历史事实，也是极尽歪曲攻击之能事。《申报》1946年1月15日就传谣说："曾任伪新中国报副主任等职之湖北人袁殊，为敌伪宣传，经告发已入混乱状态。袁殊逃苏北传已被枪决。"①

在当时错综复杂的情势下，即使我解放区的同志们，也搞不清袁殊的真实面目，甚至有位叫章耕的读者1945年8月写信给《新华日报》："编辑先生：关于贵报上所载《伪组织汉奸名录》，我已很详细的读过，还找不到伪江苏省教厅长和伪教育部长是那两个？据我所知，江苏教育厅长为袁殊，而在1942、1943年任伪教育部长职的是赵正平。现在把我所知道的他们的伪职司写在后面：1938年，袁殊在上海，因为日军司令官是他留日时的好友，就落水做汉奸了。他由那个日本朋友介绍给李士群（前伪江苏省主席），很得其宠，于是就派他做伪教育厅长。他一登台，就马上办一份《新中国报》，来为自己及李逆吹嘘，很多的青年受他的欺骗。后来他在上海办学校，他做校长，引诱青年，并主办伪中国木刻协会，任会长。"②

对此，《新华日报》加了个"编者按"："在本报二十五日《新中国汉奸》名录里已排到袁殊，而在李士群任伪江苏省长时确是担任伪教厅长之实，但江苏省长已数易人（李逆死后为陈浮木又换任援逆），现任伪江苏省教厅长是谁，尚待查。"③

为拉拢袁殊，戴笠决定亲自到上海见袁，王新衡在上海《申报》登"寻人启事"，也未见袁露面。④

此时，潘汉年认为袁殊在敌伪时期公开露面太多，已不适合再在敌人营垒中做秘密工作及地下工作了。有一天，夏衍遇见袁殊，立即示意：快走，还等何时！恽逸群则奉梅益之命，专门告诉袁殊，若要离开上海，组织上随时派交通员护送他去解放区。

袁殊为迷惑敌人，留一封信给当时一有实权人物，告知："天下之大，自信不致无容身之地也，并附言最要之两点云：'决勿消极去做和尚，但亦决勿积极去加入共产'。请某君放心云云。袁信发出之后，其人即

---

① 《苏高法院通缉袁殊》，《申报》第24392号，1946年1月15日。
② 《奴化青年版，毒害青年！——伪教育部长赵正平、伪江苏省教育厅长袁殊的罪行》，《新华日报》第2688号，1945年8月30日。
③ 同上。
④ 参见《伪苏省教育长袁殊，胜利后逃匿无踪》，《申报》第25231号，1948年5月15日。

不见。"①

1945年10月7日晨，在中共上海地下党组织和华中局联络部精心安排下，中共上海地下党派黄炜交通员带领袁殊、翁毅夫、恽逸群、鲁风、梅丹馨一行，顺利通过新四军浙东纵队淞沪支队驻地并穿越国民党军队管控地狼山地区，进入淮阴解放区。②

梅丹馨曾在南京《周末报》撰文记述了当年从白区到解放区的实景："日本投降以后，国民党'劫收大员'在上海一方面各拉山头，你争我夺；一方面大肆迫害坚持地下斗争的共产党员和进步人士。面对这一形势，党决定让一部分在上海与敌人周旋的同志，转移到解放区去。转移在当时是担风险的，1945年10月上旬的一天清晨，我们一行五人（袁殊、翁毅夫、李钦方、丹馨、黄炜）在约定的时间到达兆丰公园（今中山公园），在交通员的护送下，彼此心照不宣，分乘几辆三轮车沿着沪青公路直驶当时新四军淞沪支队的驻地——青浦观音堂。一路上大家都沉默不语，保持着高度警惕。遇到关卡，则由交通员去应付。一直到进入支队防地六号桥后，大家才下车步行，沿着曲折的乡间小道，来到支队司令部驻地。淞沪支队司令员是现在江苏的顾复生同志，政委是曾任天津市委第一书记的陈伟达同志。……我们原以为这下可算到家了，谁知不久，《双十协定》签订了。根据协定，淞沪支队要撤到苏北解放区。于是，我们又开始了第二次转移。第二次转移的景象和上次又有所不同：我们坐的船上要悬挂国民党青天白日旗，还有数艘美国军舰沿江'护送'。我军战士则持枪戒备，随时应变。渡江历时三天，因遇大风，船一直在南通狼山附近江面转，直到最后一夜风平浪静，才顺利进发。我们登陆的新港镇是解放区。小小的集镇热闹非凡。当地群众为了欢迎北撤部队，已在街头贴满标语，还以丰盛的饭菜招待我们，使战士们兴奋异常。"③

中共华中局联络部部长扬帆亲自到码头迎接袁殊一行到淮阴解放区。据袁殊回忆："那时，他（扬帆）风采奕奕，正值壮年。"④

到了新四军驻地，陈毅、饶漱石分别宴请袁殊，欢迎他来到解放区。

---

① 《袁殊兔脱时遗一信》，《精华》革新第2卷第23期，1946年9月7日。
② 参见赵风《袁殊传略》，载《袁殊文集》编辑组《袁殊文集》，南京出版社1992年版，第7—39页；袁殊《放眼亭畔话往事——忆打入汪伪的四年》，载政协苏州市委员会文史资料研究委员会《苏州史志资料选辑》第3辑，1986年，第14页。
③ 曾龙：《我的父亲袁殊》，接力出版社1994年版，第251—252页；另见《孙宝根采访袁殊女婿赵如宝教授记录稿》，2012年8月29日于北京。
④ 袁殊：《屐痕重印江南路——南游杂记》，载《袁殊文集》编辑组《袁殊文集》，南京出版社1992年版，第464—476页。另1984年，袁殊专程赴无锡华东疗养院拜访了扬帆。

袁殊说陈毅请客饭菜非常丰盛,有许多缴获来的罐头、烟酒,席间谈笑风生,不拘一格,平易可亲。① 时任华中分局书记的饶漱石宴请袁殊的饭菜很简单,但谈话很正统,袁殊评价说,饶"待人接物完全是一副组织面孔"。饭中,袁还向饶提出愿去延安学习,但饶告诉他,去延安交通有困难,劝他留在华中地区。②

袁殊是否因形势所迫才奔向解放区的?袁殊坦陈他当时有三种选择:第一,举家移往日本去做流亡寓公,当时的人事和财力都允许,"那样一来我就成为实实在在的汉奸了,这是我不能考虑的"。第二,干军统,"我已接到委任状,王新衡告诉我戴笠打算派我到远东军事法庭去参加审判日本战俘工作。我和共产党的关系戴笠不知道,我当然不可能干真正的军统"。第三,跟着中国共产党走。③

袁殊自称是"鼹鼠式"的人物④,直到此时,他才正式结束了"鼹鼠式"的生活。⑤

1946年初,在确悉袁殊已投奔解放区后,国民政府军统立即下达"通缉令",并派一个连去苏州抄家。在中共地下党的帮助下,袁妻端木文琳抱着刚出生几个月的儿子曾虎,从后门脱身转移到了上海。⑥

不久,南京、上海等地的小报竞相出现"袁殊病逝或袁殊被处决"的谣言,其造谣目的,意图不明。⑦

据1946年1月15日《申报》第24392号第2页载:"各地通讯苏州,苏高法院通缉袁殊。曾任伪新中国报社社长、江苏教育厅厅长、清乡办事处副主任等职之湖北人袁殊,为敌伪宣传,经告发后,苏高院传讯无着,函请军警各机关一体协缉,务获究办云。"1948年5月15日《申报》第

---

① 参见曾龙《我的父亲袁殊》,接力出版社1994年版,第254页。
② 参见赵风《袁殊传略》,载《袁殊文集》编辑组《袁殊文集》,南京出版社1992年版,第7—39页。
③ 参见曾龙《我的父亲袁殊》,接力出版社1994年版,第250—251页;袁殊《放眼亭畔话往事——忆打入汪伪的四年》,载政协苏州市委员会文史资料研究委员会《苏州史志资料选辑》第3辑,1986年,第14页。
④ 参见曾龙《我的父亲袁殊:还原五面间谍的真实样貌》,独立作家2016年版,第191页。
⑤ 参见小卒《"情报贩子"路路通:袁殊逃到苏北》,《凌霄(上海1946)》1946年第1期。
⑥ 参见曾龙《我的父亲袁殊》,接力出版社1994年版,第253页。
⑦ 参见《汉奸袁殊安在》,《吉普》1946年第18期,第5页;《袁殊被枪决》,《星光》新第6号,1946年8月17日;风风《袁殊狂捧鲁迅》,《七日谈》1946年第32期;报迷《袁殊被杀经过》,《快活林》1946年第34期,第12页;虎城《特工巨奸袁殊为共党处死》,《吉普》1946年第34期,第7页;芸芸《做汉奸的结果:袁殊投共党终遭杀身祸》,《海潮周报》1946年第17期,第11页。

25231号第2页载:"国民党地方政府鉴于找不到袁殊,决定没收袁殊苏州财产,并予单独执行。"

其实,当时的苏北解放区成立建国大学,内中课程着重艺术,仿从前延安的鲁迅艺术学院,执教者有许幸之、朱维基、鲁风、关露、锡金、楼适夷等人,袁殊也担任一部分功课,是关于新闻学与文学方面的。好在袁殊本是新闻记者出身,而且写得一笔好文章,教书是绰绰有余。据说学生们甚为欢迎他,因为他上课时常讲故事,学生们很爱听他讲故事。①

二 解放区晴朗天

到解放区的最初几个月,袁殊整天写白区工作经验、敌后14年自传,写材料,写汪伪、军统、日特等敌营内部的材料,负责开展宁沪一带国民党统治区的策反工作。

考虑到在日伪地区"袁殊"之名的负面影响不太好,1946年,华东局组织部长曾山找袁殊谈话,说现在处于战争时期,以前的组织问题等到和平时期再说,现在可重新登记入党,并建议袁殊改名,随他姓曾。袁殊遂改名为"曾达斋"。②

在转移途中,扬帆曾转给袁殊一封华东局的信,信中说明,袁殊重新入党前的党龄,将来再算。袁殊知道,这封信是华东局分管组织工作的尹阿根所写,大概是因处在非常时期,他在1931年10月入党时的介绍人潘汉年不在华中,一时难以查证的缘故,或者另有其他什么原因。当他们行经山东临沂南边的一个村庄时,在中共中央华东局代表彭康主持下,袁殊还履行了重新入党的组织手续,并就地举行了入党宣誓仪式,忠诚地向党宣誓,愿为共产主义的实现而奋斗终生。③ 阿英在《敌后日记》1946年9月27日言及:"知扬帆、曾达斋等今晚移鲁,扬约一月即返。"④

1945年9月6日至1946年9月19日,李一氓在淮阴(今淮安)安乐巷度过整整一年后调入烟台,不久又转入大连工作。⑤ 袁殊随新四军离开

---

① 参见阿山《袁殊在苏北近况》,《星光》1946年新第12期。
② 参见曾龙《我的父亲袁殊:还原五面间谍的真实样貌》,独立作家2016年版,第34、304页。
③ 参见赵风《袁殊传略》,载《袁殊文集》编辑组《袁殊文集》,南京出版社1992年版,第7—39页。
④ 阿英:《敌后日记》,江苏人民出版社1982年版,第596页。
⑤ 参见李一氓《李一氓回忆录》,人民出版社2015年版,第257、271、273页。

淮阴撤至山东胶东,调到华东局烟台特派员李一氓处任中共华东局社会部高级研究组组长,参与新解放区城市建设的试点工作,并帮助有关方面甄别审查被俘的国民党师团级以上军官,工作成效非常不错。工作之余,袁殊依旧习惯鼓捣一些古旧版本书画,调养心情,愉悦自我。

阿英在《敌后日记》1947年4月14日载:"早饭后,往南门楼,探望曾达斋、张耘老。……至达斋同志处,看他的万历本《嘉言摘萃》,万历江盈科序,内辑诸子萃言,凡六册,所选皆习见子书及经书、史记。刻本有类明末、清初翻本,一般言之,似非原刻本子也。"阿英离开袁殊又至别处访友,后"复回达斋处漫谈将级俘房们现状及其心理,及郝逆鹏举之无聊有趣之绝食故事。午饭后辞归,抵家已三时许"。①

1947年7月,袁殊随李一氓赴大连入中共华东局大连工委工作。在梁国斌领导下,袁殊负责侦查国民党军统潜伏组织及滞留大连的日本科学家与技术人员情况,袁殊以其丰富的敌区工作经验,查获国民党军统潜伏组织在大连的主犯及其秘密电台。②

不久,在中共中央社会部大连办事处冯铉领导下,袁殊就任中共旅大地委财经调研室副主任,多次前往香港主持对港特种贸易。他开设博古堂文物店和信达商行,以博古堂经理的身份参与对香港的秘密贸易工作,并从遣返回国的日本人中间剔除出日特。③

为支援解放战争,袁殊协助我医疗机构雇佣日本的安田药剂师,制造注射针剂,还介绍细川博士帮助我方研制生产炸药,解决前线对医药、武器的需求。④据岩井回忆:

"尚元特调班"第36期学员富冈健次曾参加新四军,后经大连回国。回国前在大连偶遇袁殊,袁殊想请富冈健次转赠岩井英一一本私人画册,但由于富冈健次走得太急,未能如愿。富冈健次回国后告知岩井此事,岩井非常感谢袁殊不忘旧谊之情。⑤

袁殊在大连期间,重新焕发出当年创办《文艺新闻》时的才情,他撰写了大量文章发表在《辽东日报》和《大连日报》"海燕"版上,以极为振奋的心情,讴歌了中国人民解放事业的迅猛发展。此时正值辽沈、平

---

① 阿英:《敌后日记》,江苏人民出版社1982年版,第836—837页。
② 参见赵凤《袁殊传略》,载《袁殊文集》编辑组《袁殊文集》,南京出版社1992年版,第7—39页。
③ 参见曾龙《我的父亲袁殊》,接力出版社1994年版,第256页。
④ 参见小卫《谍海传奇:与狼共舞十四载的"灰色"英雄》,《党史纵横》2009年第10期。
⑤ 参见〔日〕岩井英一《回想の上海》,《回想の上海》出版委员会1983年版,第119页。

津、淮海三大战役，袁殊所写的《长春颂》《下江南》《取徐州》《北平黎明》《沉舟南京》①等散文发表后，对鼓舞广大读者、坚定革命必胜信心，起了很好的作用。

在《大连的春天》一文中，袁殊感怀道："曾在寒冷中污浊荒废了的小园，怒茁一片青苗。算季节的气候，这里比江南要迟上一二个月，快到5月节，芍药盛开了，白的黄的蔷薇也盛开着。比南方，这辽东海隅，可以说是'春迟'。但是，想起了南方，看重这里的一切向进步的'变化'——南方的人正在渡着最后的阴沉的无奈的冬天——这里，人们的心，是早就迎着春天了。"②

在《关东好光景》（署名大狱）一文中写道："幼稚园的儿童们唱着童谣：说关东，道关东，关东是个好光景！苏联红军来解放，民主政府有保障。他们这一代，在解放的年代里新生起来的这一代，他们只有欢乐的歌颂！但是他们——幼稚园的孩子们，也是从苦难中生长起来的。记得那苦难的，是他们的父母，苦难把他们孕育到这解放的新生的年代。今天，他们——我们民族的精灵，在光辉的生长着，生长起来！他们有欢乐的歌颂，他们是光明和希望……在日本人统治下的这个人的生活，是悲惨的。贫困、饥饿，到处是奴隶的生活，到处是死亡！整个日本人统治的地区，整个是悲惨的人间地狱，大的，黑暗而悲惨的地狱。"③

袁殊发表《祝捷之秋》（1948年10月3日《海燕》报第1版，署名温超）一文欢呼革命的胜利："我们遥望着夜城南京，正是秋风落叶的时候。让那些在战争中蜷缩在死亡边缘的阶层——中国最后的一个反动头子及其狐群狗党，挨着愁惨的秋天去吧！那些无耻的人群，在秋风中瑟缩；在秋风中发抖，也在秋风中凋零。"

"壮健的人民在胜利中成长，更壮健起来。人民流自己的血汗，取得战争的胜利，人民向前，人民的心如无云的澄清的秋空。在人民，这是胜利祝捷之秋。"④

1948年10月，长春解放了，袁殊撰写社论性文章《长春颂》。文章抨击蒋介石的用兵是"高踞白骨冢的金字塔尖之上，足践着呻吟哀号的人

---

① 全部收入在《袁殊文集》编辑组《袁殊文集》，南京出版社1992年版。
② 笔名丁：《大连的春天》，《关东日报》1948年2月9日第1版，参见曾龙《我的父亲袁殊》，接力出版社1994年版，第256页。
③ 曾龙：《我的父亲袁殊》，接力出版社1994年版，第257—258页。
④ 袁殊：《祝捷之秋》，载《袁殊文集》编辑组《袁殊文集》，南京出版社1992年版，第281—282页。

民"；文章借古论事说明了吴化文、曾泽生的起义本因："黄石公也说，'夫能扶天下之危者，则据天下之安；能除天下之忧者，则享天下之乐；能救天下之祸者，则获天下之福，故泽及于民，则贤人归之。'"①

1948年11月，淮海战役初战告捷，袁殊发表《取徐州》（11月14日《海燕报》第1版，署名曾石）。文中写道："解放军进军的神速，诚如在解放济南时，战士与人民所说'太快了'，使人难以捉摸！黄河已是北中国解放区的内河，渤海湾也将变成为东北与华北解放区所邻抱的内湖。——现在是摧枯拉朽到了饮马长江的时候了。"②

12月，徐州解放了，袁又发表了《下江南》。文中写道："历史的大风暴向前席卷，瞬息之间，就将要淹没掉这个中国最后的一个反动统治者了。'兵以势胜'，这是人民民主高潮排山倒海的大势。'兵败如山倒雪进'这是所有的反动统治阶级及其所代表的旧社会制度与体系的必然的命运。徐州的解放，加速了中国的催生。人民解放大军的巨步，将下江南，去活捉儿皇帝。"③

1948年末到1949年的一年多时间，他发表了30多篇文章，这是他在光明生活的10年中业余写作最多的一年，充分展现其文学方面的才情。④

三　继续情报工作

袁殊曾说过："很怀念赵家楼时期的那段生活。"⑤

在袁殊曲折复杂的一生中，他为什么单单怀念新中国成立后在赵家楼工作的五年光阴呢？

1949年，袁殊随李一氓从大连来到北京，后到李克农的情报部门工作。李对袁说："你就是一本旧字典，也有翻阅的价值。"⑥ 工作上，袁殊虽然受到重视，如他常去一些单位作内部报告，也受到很多表扬，但他也

---

① 袁殊：《长春颂》，载《袁殊文集》编辑组《袁殊文集》，南京出版社1992年版，第289—290页。
② 袁殊：《取徐州》，载《袁殊文集》编辑组《袁殊文集》，南京出版社1992年版，第298—299页。
③ 曾龙：《我的父亲袁殊：还原五面间谍的真实样貌》，独立作家2016年版，第308页。
④ 同上书，第309页。
⑤ 曾龙：《我的父亲袁殊》，接力出版社1994年版，第261页。
⑥ 曾龙：《我的父亲袁殊：还原五面间谍的真实样貌》，独立作家2016年版，第310页。

深深感受到部分人对他的政治歧视。①1954 年，身穿解放军军服的袁殊在北京前门附近不期而遇地碰见了著名诗人聂绀弩。自 1929 年以来，他们就是老熟人，袁殊很是热情地打招呼，不料，聂绀弩冷冷地质疑袁殊："你现在又穿上这身服装了？"当回忆起这段往事时，袁殊感慨地说："我不怪绀弩，他不了解我从事的工作所具有的复杂性质。"②

新中国成立后，有关部门原有意让袁殊参加日内瓦会议做文字材料工作，据袁说当时刘少奇也同意了，而最终此议被否决了。一个背负"汉奸"名声的人确实不易抛头露面，当时该部门的张唯一对袁殊说："神龙见首不见尾，袁殊这个名字今后在社会上销声匿迹了。"③

袁殊用 60 袋面粉顶租了曹汝霖的女儿曹四小姐的一所小楼。袁殊的妻和子以及袁母相继从上海和青岛来到北京，一家人团圆了。在这座楼内，袁殊度过了忙忙碌碌的五年。

据袁殊次子曾虎 2012 年 10 月 30 日回忆："刚到北京我们在东单苏州胡同住过一年，是向《新观察》主编戈扬借的，后来搬到东城宫弦胡同情报总署院，李克农好像就住隔壁。该机关的另一名称是军委联络部，现在的安全部。机关的一部分于 1953 年迁到赵家楼新楼。袁殊在新盖的办公楼二层有个套间，外屋是办公室，里间是卧室。我记得他办公桌上有个美国炮弹壳做的笔筒，我好奇的玩过，说是从朝鲜战场带回的。父亲总是彻夜工作，或是写东西，或是与人交谈。我和曾龙困了，就先到里间睡（我们住校，仅在周末回去，曾龙上育才小学，我上华北小学）。当时是供给制，我们吃大灶，和大食堂穿军装的干部战士一起；父亲吃小灶，记得很清楚，经过小食堂能看见里面的人好像不穿军服，坐圆桌，闻到炒菜的香味。父亲的办公室里总有个咖啡壶，老式的，就像实验室的器皿，咕咕的冒热气，父亲星期天还常带我们下馆子，这在五十年代初军队机关里就是所说的生活腐化吧。"

袁殊在赵家楼四楼向阳的一面占用了两间通连的房间，一间做办公室，一间做卧室，里面有两张床，一个衣橱和一个堆满书的书架。袁殊主要调研日美动向，几乎终日伏案工作。抗美援朝时有些材料是送交给政治局参考的，因此每个百分数都要百分之百准确。袁殊还给《世界知识》写文章，内容多是些日本问题研究、国际评述之类。当时他多用"丁未"

---

① 参见曾龙《我的父亲袁殊》，接力出版社 1994 年版，第 273 页。
② 同上书，第 2 页。
③ 同上书，第 261 页。

"方正""达斋"的名字发表文章,有几万字。晚年的袁殊曾教育子女说:"人是要有一点精神,有一点操守的。"①

袁殊的婚姻与家庭,相对于工作而言,顾及不太周到。1939年前后,端木成秀②和袁殊同居,过了一两年有了孩子,袁不得不和马景星正式分离,袁和端木正式结为夫妻,可是,端木对政治毫无兴趣。新中国成立后,袁让端木改名王端,介绍她参加情报总署做剪报工作,希望她改掉海派生活作风,安心于平民生活,可王端依旧我行我素,两人的矛盾越来越尖锐,终于导致了离婚。③

据袁殊次子曾虎2012年10月30日回忆:"母亲1954年因为不习惯北方的气候和严格的军队机关生活而回上海,经潘汉年安排在上海市委财金部门工作。1953年和袁殊离婚(我猜测有政治原因,曾达斋已经预感到灾难),母亲1957年遭审查后下放到上海机关事务管理局所属的锦江饭店做会计。我们寒暑假都去上海看她。文革中被造反派隔离审查,从隔离地出走,无下落,定为死亡。母亲是个普通妇女,姐弟都是工人,她喜欢烹调,穿着合宜,只想过平静家庭生活,以此说她是海派作风不妥,并不是每个人都喜欢搞政治,所以王端在文革期间非常害怕,紧张,在压力下出现悲剧。她和袁殊在这方面完全不同。"

1955年,王端因受到潘、袁牵连被拘留审查了两年之久,因生活的挫折罹患严重失眠症。1968年8、9月间,她又受到"文化大革命"造反派的威吓,因精神过度紧张而产生了轻生的念头,她企图自杀,服了过量的安眠药,但被人救了过来;不久,她又离家出走,从此,下落不明。④据曾龙回忆,很显然,王端是跳黄浦江溺水身亡了。⑤

袁殊曾说:"我原打算和她复婚的,我有把握她一定会同意的,没想到她自杀了,愚蠢啊!"爱和嫌交织在一起,哀思中寄托着真情。⑥

另据赵如宝教授回忆:"1966年,王端被关起来,一次趁午饭时间,

---

① 曾龙:《我的父亲袁殊》,接力出版社1994年版,第263页。
② 端木成秀,出生在南京六合县,父亲是一个账房先生,因有六个子女,家境贫困,从小就把端木成秀过继给南京的一个姑表亲戚家。端木成秀中学毕业后,在一家日本人的商店工作。日方经理贪图端木成秀的美貌,起了歹心。端木成秀逃离了该商店,在社会上认识了大他12岁的袁殊,两人结合在一起。后,袁殊让她改名为端木文琳,中华人民共和国成立后改名王端。
③ 参见曾龙《我的父亲袁殊:还原五面间谍的真实样貌》,独立作家2016年版,第317页。
④ 参见曾龙《我的父亲袁殊》,接力出版社1994年版,第269页。
⑤ 参见曾龙《我的父亲袁殊:还原五面间谍的真实样貌》,独立作家2016年版,第319页。
⑥ 参见曾龙《我的父亲袁殊》,接力出版社1994年版,第269—270页。

反锁了看守,越狱出逃。有人曾说她后来去过锦江饭店所属的五七干校,最后跳海自杀。2002 年,曾龙去曾曜家里,说听有人说在美国看到母亲王端了,但大家找寻未果。"①

袁殊与王端离异后曾两次谈婚,均未果。第一个女人带着当时就读香山慈幼院的儿子李光达生活,家住东单附近。那个女人是母亲王端的朋友,当时住在上海的王端知道此事后,专程来到北京阻止了这件事。组织上也非常关心袁殊的个人生活问题,又介绍本机关女干部岳虹给他,但因袁殊 1955 年被捕而告吹。②

袁殊从 1945 年到 1955 年这十年是真正在阳光下度过的。但社会上也有不少人对袁殊有偏见,最根本的原因还是不了解袁殊的真实情况。

---

① 《孙宝根采访袁殊女婿赵如宝教授记录稿》,2012 年 8 月 29 日于北京。
② 参见曾龙《我的父亲袁殊:还原五面间谍的真实样貌》,独立作家 2016 年版,第 315 页。

第十六章　蒙冤平反

新中国成立初期，中共党内发生"高岗饶漱石事件"。1954年2月，中共七届四中全会揭发批判高、饶分裂党的罪恶活动，通过了《关于增强党的团结的决议》，要求全党，尤其是党的高级干部提高维护党的团结的自觉性。①

1955年3月21—31日，中国共产党全国代表会议在北京召开，会议讨论了关于高、饶反党联盟的报告，印发并传达关于饶漱石、扬帆"重用、包庇和掩护一批反革命分子"材料以及"1954年9月胡均鹤被逮捕、1954年12月31日扬帆被隔离审查"的消息。在会议讨论中，一些曾受过高、饶影响，或是和高、饶有过某些关联的人，先后在会上作了自我批评，同时交代了自己的一些问题。毛泽东对此表示充分肯定，并说高级干部本人历史上如有什么问题没有交代的，都应当主动向中央讲清楚；会上没有来得及讲的，或是不能在会上讲的，会后还可以再想一想，写成材料；现在把问题讲清楚，我们一律采取欢迎的态度；尤其是里通外国的问题，都得向党交代，否则罪加三等。②

当时，中共党内的政治气氛极其紧张。

其实，1949年，扬帆在保卫干部训练班给学员上课时，曾谈到日本军国主义投降后，他任华中分局联络部部长期间，张恺帆（新中国成立后曾任安徽省省长）曾戏赠他两句诗："扬公门下三千客，尽是鸡鸣狗盗徒。"这本来是两句带有玩笑性质的诗，也有赞扬他搞情报工作，能够用各种各样人物的意思。后来，担任上海市公安局局长的黄领导居然根据这两句诗，硬要把扬帆打成包庇特务反革命分子的"三千三"，并正式上报中央。③杨尚昆指出，这是"把本已基本查清和解决的上海市公安局利用反

---

① 1954年8月，高岗自杀身亡。
② 参见罗青长《潘汉年冤案的历史教训》，《上海党史与党建》1996年第1期。
③ 参见王征明《潘汉年的所谓"以特反特"罪状》，《世纪》2012年第3期。

正人员参与镇反斗争中所犯的某些错误,耸人听闻地说成饶漱石和扬帆借以特反特重用包庇掩护特务分子、反革命分子达 3300 多人,工作上的失误变成了严重的政治事件"。① 1955 年 3 月,公安部成立扬帆专案组,对扬帆进行立案审查。②

一　含冤入狱蒙羞

1955 年 3 月 31 日,潘汉年找到夏衍诉说自己的纠结,夏衍建议潘汉年赶紧向陈毅说清楚。4 月 1 日,潘汉年找陈毅面谈,详细讲述了自己在 1943 年被李士群、胡均鹤"挟持"去见汪精卫的经过,检讨了自己长期没有向组织汇报的原因,并将写好的材料托陈毅转交中央。4 月 2 日,陈毅直奔中南海向毛泽东汇报此事,并将潘汉年所写的材料转送毛泽东,毛泽东批示:"此人从此不能信用。"随后作出立即逮捕审查潘汉年的决定。4 月 3 日夜,时任公安部部长罗瑞卿亲自逮捕潘汉年。③

初查后,1955 年 4 月 29 日,李克农向中共中央政治局和书记处提交审查正式报告,报告列了几个疑点,并建议中央对潘汉年进行进一步的审查:"(一)中央一再有打入敌伪组织,利用汉奸、叛徒、特务进行情报工作的指示。(二)潘利用袁殊、胡均鹤、李士群,利用日本驻港副领事刻户根木和小泉都有正式报告。(三)潘汉年提供了决策情报:(1)关于德国进攻苏联时间的准确情报,他在 1941 年 6 月 13 日报告说苏德战争一触即发,延安于 6 月 20 日收到。(2)苏德战争爆发后,日军究竟是南进还是北进的情报。(3)太平洋战争爆发的情报。这是当时延安,毛主席、党中央都是极为关注的问题,是起了决策作用的战略情报,得到了中央的好评。(四)组织机密一直未被泄露,直到上海解放。(五)潘所属的重要

---

① 杨尚昆:《追忆领袖战友同志》,中央文献出版社 2001 年版,第 305 页。
② 参见张宝昌、张事贤《林伯渠夫人朱明:不可思议的自杀》,《文史参考》2010 年第 13 期;陈虹《所谓整理江青"黑材料"始末》,《炎黄春秋》1993 年第 4 期;孟半戎《一封匿名信为何写给江青》,《红岩春秋》2015 年第 10 期;陈虹《我参加饶漱石专案组的遭遇》,《炎黄春秋》2015 年第 10 期;单世联《一封揭发江青的匿名信》,《报刊荟萃》2015 年第 7 期;贺朗《一封信招来横祸》,《源流》1994 年第 6 期;尹曙生《江青对公安机关怨恨的由来》,《炎黄春秋》2015 年第 1 期;王芳《前公安部长王芳忆江青"18 号案"》,《文史博览》2007 年第 2 期。
③ 参见张云《对潘汉年毛泽东亲批:此人从此不能信用》,《百年潮》2008 年第 11 期;《潘汉年传》,上海人民出版社 2006 年版,第 316—317 页。

关系，当时还正在起着绝密的现实作用，是毛主席、周总理所知道的。"①

但在当时极"左"风气越来越盛的情况下，李克农的报告并未引起中央的重视。直到十一届三中全会后，陈云建议复查潘案时，这个报告才发挥了作用，成为潘汉年最终被平反的重要依据。

袁殊是潘手下的得力干将，潘被捕，自然祸及袁。据尹骐所言：1954年，军委在审干中给袁正式做了政治结论：1935年被捕时自首变节有严重政治错误，后来为中共做情报工作给予充分肯定。②

其实，潘、袁二人在被捕前，都曾有种不妙的预感："1955年初的时候，从各种迹象看，我明确感觉到可能要出事。每次潘汉年到北京或我到上海都会会面，潘汉年最后一次到北京出差时给我打了电话，我到北京饭店去看他，我们都预感到马上可能出事。潘非常感伤地讲了一句话，'凡是搞情报工作的大多数都没有好下场，中外同行都一样'。我问他出了事我们应该怎么办？他说，'一切照实讲'。那时潘汉年在上海的处境已经很困难了。"③

对此，袁殊归纳出三大原因："第一，他认为30年代的工作是执行王明路线的，即有路线原因；第二，他认为自己有过失，即有政治原因；第三，他认为人事关系处理得不好，他举了邹大鹏的例子，即有派系原因。"④

另据赵如宝教授回忆，毛泽东亲自下令关押潘汉年之后不久，与潘汉年有密切联系的约300人都被抓进秦城监狱。其间，1967—1969年，为防止造反派冲击，他们一起被转移到湖北某军营秘密关押，后转回秦城监狱。⑤

4月5日，袁殊接到李克农的电话通知他去开会，袁穿好军服带着两支自来水笔去了，没想到汽车竟直接开到秦城监狱，袁殊被捕了。⑥

号称"中国第一监狱"的秦城监狱，是20世纪50年代苏联援助新中

---

① 罗青长：《潘汉年冤案的历史教训》，《上海党史与党建》1996年第1期。
② 参见尹骐《袁殊谍海风雨16年》，《炎黄春秋》2002年第12期。
③ 曾龙：《我的父亲袁殊》，接力出版社1994年版，第276页。参见谭元亨《中共情报史上绝无仅有的"五重间谍"》（下），《党史博览》1999年第3期；尹骐《夏衍与潘汉年的挚友情》，《炎黄春秋》1995年第6期；冯烈、方馨未《冯雪峰外调材料》（上），《新文学史料》2013年第1期；杨卫民《摩登上海的红色革命传播——以中共出版人的社会生活实践为例（1920—1937）》，博士学位论文，上海大学，2013年。
④ 曾龙：《我的父亲袁殊》，接力出版社1994年版，第276页。
⑤ 参见《孙宝根采访袁殊女婿赵如宝教授记录稿》，2012年8月29日于北京。
⑥ 参见曾龙《我的父亲袁殊》，接力出版社1994年版，第278页。

国 157 项经济与国防建设的工程之一。据何殿奎回忆:"文化大革命"前并不叫"秦城监狱",当时称为公安部预审局,对外叫中华人民共和国公安部看守所。"文化大革命"军管时写成"七大队",周恩来说:"什么七大队,不是秦城监狱吗?"从此,秦城监狱才叫开了。

1956 年 7 月,功德林设专管高级干部的"特监区",一共关押 8 人,他们是:原中央组织部部长饶漱石、原上海市副市长潘汉年、原上海市公安局局长扬帆、袁殊、原外贸部副部长徐雪寒、原广州市公安局副局长陈泊、原《人民文学》编委胡风和一位原公安部局级干部。秦城监狱建好后,这 8 人全部迁入 204 监区。后来,原青岛市委书记王少庸等几位"青岛案"主犯也从别处迁来,204 监区一共有 15 位。这些人只有编号,如潘汉年编号 64,袁殊 65,扬帆 66,饶漱石 0105。①

对潘汉年一案,彭树华(曾任最高人民法院刑事审判庭庭长、潘汉年案审判员)后来慨叹道:"谢觉哉说这个案子,我们最高法院是奉命来办案的,我们是办法律手续,不负责案件事实的审查⋯⋯"谢觉哉说:"潘汉年案是很复杂的,涉及中央许多重大机密,直接领导潘汉年的是周总理和康生,许多事情毛主席也是知道的,对潘汉年的处理,是党中央定的。毛主席要有指示不判死刑。人不杀,就好办了,是非功过,总有一天会弄清白的。"②潘、袁两人都被关押在秦城监狱,监舍相邻,两人在狱中都不知道。③

袁殊的狱中生活如何?袁殊关进监狱初期,几乎发疯,天天捶打房门喊叫,看守人员劝说也没用。据袁殊回忆:"有一天我突然意识到,这样下去会真的丧失理智,极力克制了自己。我借了一本讲述德国狂飙运动的书,在看书的过程中,思想逐渐安静下来,从此以后我再也没有发生过类似的疯狂举动。⋯⋯文革前住的监舍很宽敞,大概有 18 平米,内有抽水马桶和洗脸盆,生活待遇好,每周洗澡一次,定期检查身体,伙食也好,有时甚至吃烤鸭。每到夏天,看守每天都送来黄瓜、西红柿,他把它们浸泡在水桶中,几小时以后污泥去净再拿出来吃。多年来饱读了马列毛著,特别像我这样在大风大浪翻滚过来的人,读毛著真有说不出的真切的亲身刻骨感受!已经出版的《马恩全集》尚未读完的只有三四本。如在一般环

---

① 参见何殿奎《我在秦城监狱监管的特殊人物》,《世纪》2009 年第 5 期。
② 曾龙:《我的父亲袁殊:还原五面间谍的真实样貌》,独立作家 2016 年版,第 342—343 页。
③ 参见曾龙《我的父亲袁殊:还原五面间谍的真实样貌》,独立作家 2016 年版,第 330 页;张云《对潘汉年毛泽东亲批:此人从此不能信用》,《百年潮》2008 年第 11 期;何殿奎《我在秦城监狱监管的特殊人物》,《世纪》2009 年第 5 期。

境中，恐怕毕其生也难于做到。文化大革命前，编和译日文书四五本，写学习笔记、札记有五六十万字，总计笔耕收获，约在百几十万字以上。没有一个适宜的安静坚持的环境和必要的领导支持和帮助，又何能臻此?"①

袁殊把20多年的监狱生活变成了读书学习和写作的生活，他在狱中写了一部长篇自传，写了情报工作的专论，写了住在赵家楼那段时期的工作经验总结约计10万字的《南窗杂记》，也以"陆伍"为笔名写就《大流氓杜月笙传》一书，此书连他自己也不知道是否出版过。②

为求生存，袁殊积极锻炼身体，每天放风他都出去。夏日放风时，他赤着胳膊晒太阳。从1960年起，他开始练气功和锻炼体力，一直坚持到20世纪70年代末。是什么力量支持袁殊度过了人生长达1/4世纪的监禁生活的呢？对此，袁在出狱后作了回答："客观现实与主观愿望的矛盾，这是思维活动的必然规律。要之，壮心犹烈，男心不泯，则是主流与本质——要干点什么，不负此生，是24年以来始终一贯的主导思想，也就是占据支配地位的生命力量。"③

1975年5月，袁殊"刑满"释放了，但并没有彻底平反。5月15日，袁被有关人员从北京押送乘火车至湖北汉阳大军山农场"劳动就业"，成为无帽（不戴历史反革命帽子）就业人员，算是"给出路"了。6月9日，农场管理人员郑重向他宣布，根据中央有关方面的通知，袁今后将在这里以"没有帽子的人"身份，参加学习和劳动改造，有一定的自由活动空间。此时的袁，首先想到的是，终于可以和家人联系了。他第一次提笔给大女儿马元曦写信，又给大儿子曾龙写信。接着，袁第一次领到月生活费，加上粮食补贴，共有22.5元。④

也许是历史的巧合，整整40年前的1935年5月，袁殊也曾被人押送到武汉坐牢，却是两个完全不同的历史时期，袁不由得发出一声感慨：真是造化弄人。

在相对自由的生活环境中，袁为自己定了一个计划："一、坚持劳动，主要是赶猪、拾粪、种菜等，同时学习生产技术，注意搞好环境卫生。

---

① 曾龙：《我的父亲袁殊》，接力出版社1994年版，第279—281页。
② 参见曾龙《我的父亲袁殊：还原五面间谍的真实样貌》，独立作家2016年版，第178、338页；赵风《袁殊传略》，载《袁殊文集》编辑组《袁殊文集》，南京出版社1992年版，第7—39页。
③ 曾龙：《我的父亲袁殊》，接力出版社1994年版，第284页。
④ 参见赵风《袁殊传略》，载《袁殊文集》编辑组《袁殊文集》，南京出版社1992年版，第7—39页。

二、坚持学习，主要是通读马列著作和毛主席的书，并尽量做些专业性的索引、摘抄和笔记。三、坚持节约，主要是量入为出，用好那点生活费，养成艰苦朴素的习惯。通过这'三坚持'，进一步改造自己的世界观，力争做一个有用的人。"①

回首往事，他意识到自己："年老了，意志虽不衰退，但毕竟是历史舞台上来去匆匆的过客罢了。我一生过失很多，虽力求补偿于万一，但也不能随心所欲。"他定下了个人操守："随手写了四句话'劳动学习，分秒必争，闲话少说，实践第一'。贴在墙上作为我们座右铭之一。其实，我在此珍惜每一分钟，既不偷懒，更非处闲。但每有不速之客来说些'没有盐'的闲话，后两句则有待客的自警，愿与你共勉之。"②

身处逆境之中，正视现实，努力图强，这反映出了袁殊的人生态度。袁殊说："我唯一的意望，是在新的革命形势下，坚持在无产阶级专政下继续革命，此志不渝。俄国十月革命时，有过不少的'非党布尔什维克'，为革命工作，保持了光荣的最后一课。再说工业三废，牛溲马勃，皆为有用之物；我虽然被现实生活抛弃多年，但从实际情况说，我还不是废物，一息尚存，也当为祖国和人民鞠躬尽瘁而后已。这并不是不切实际的幻想，例如作些图书管理和资料工作以及翻译文学工作，我自信还能胜任。"③

"四人帮"倒台后，袁殊在家信中以写景抒情的方式流露出喜悦的心情："此间梅雨将过，初夏方临，五月薰风，榴花似火的季节快到了。今日是假日，于细雨霏霏中写此家信，春风有便，善告诸儿：窗前油菜、葱蒜满园、黄花青叶，濛濛在目，正是非可望而不可及的盛景：'故人兮禄米，邻舍与园蔬，堪足自矜'。本信署名'快乐的老头'。大江之滨，爽朗明月，足以旷我胸怀。放下包袱，开动机器，老夫能够善自为之。'风声、雨声、读书声、声声入耳；家事、国事、天下事、事事关心。'这是明代有明智的读书人的自勉之言，借来作为自己思想改造的他山之助，未尝不可。"④

他的思想既有更为积极活跃的一面，也有黯然神伤的一面。"求学兴趣很浓且杂，蹒跚江畔，年事东流，更有一抹斜阳之苦涩情味。唯愿壮盛

---

① 赵风：《袁殊传略》，载《袁殊文集》编辑组《袁殊文集》，南京出版社1992年版，第7—39页。
② 曾龙：《我的父亲袁殊》，接力出版社1994年版，第285页。
③ 同上书，第286—287页。
④ 同上书，第287—288页。

者学有所得如何？进言之，'无意怜幽草，人间爱晚晴'，老人不肯虚度光阴，有所读必有所思，倘非坏事，切盼儿辈补憾阙如何？日常生活无异状。小酌不暴饮，戒烟：在坚持，健饭如恒，唯早功因风雨而时断，护树培土为劳动操作，盆栽供养作小试验，书报为晨夕益友。不颓废，大可嘉，勿念。"①

据曾虎 2012 年 10 月 30 日回忆："1977 年，我到湖北武汉大军山农场探望过父亲。在当时的政治环境下，我哥哥姐姐都有工作，不敢贸然请假。只有我在农村劳动，没有什么可再失去的。袁殊住在农场的平房里外间的里间，每日除看书写东西外，还主动要求看菜园，自愿做些轻微劳动。他写的东西和往来书信李队长都要过目，还不是真正自由。那个年代，谁能自由呢？何况他那么复杂的背景。坐在农场的大堤上可以看到长江，我质问他：如果你是国民党，或者地富反资本家，我不在乎，人的政治信仰不同，可是在民族存亡的抗日年代，背叛祖国，是不能原谅的，父亲注视着滔滔江水，长久没有回答我。他不知道能否最终推翻那些加在头上的重重罪名。十年后，在他葬礼上，中调部的老部长说袁殊提供的战略情报，对整个反法西斯的二战有特殊贡献，我就想起长江边的情景，想起那无尽的江水，迂回，曲折，有险滩，急流和旋涡，不懈的向东流。"

袁殊在大军山"就业"的四年内，忍受命运的安排而心有隐痛："我当夜猫子，确实尝到'存夜气'的甜头。鲁迅所说'夜气'当有二义，一是指的'如磐夜气压重楼'（此句或有记错）即'长夜难明赤县天'的夜气，那是黑暗旧时代的夜气。又一是有所思的夜气，'存夜气'，应是沉潜收敛而默有所思的夜气，对生活的咀嚼，对学问的探求，对理想的愿念，对往昔的反省，对未来的向往，油然于心，静谧思考，反复回味，有所得，也有恍然若失，自遣、自悟的夜气。这不是冥思苦索，更不是什么'慎独'功夫，亦非禅家的什么'顿悟'修行。一个有灵魂的人的'存夜气'的可贵夜气，不到一定的年龄，不经历一番苦磨苦练的生涯，恐怕是难以体会的。好在是给儿辈的家书，姑妄言之，以状此日心境，似无不可！"②

据赵如宝教授回忆，袁殊 1976 年曾回家探亲小住于北京南长街勤劳胡同 20 号楼，由曾龙、曾昭接待过。③

---

① 曾龙：《我的父亲袁殊》，接力出版社 1994 年版，第 288 页。
② 同上书，第 290—291 页。
③ 参见《孙宝根采访袁殊女婿赵如宝教授记录稿》，2012 年 8 月 29 日于北京。

1978年10月12日，袁殊第二次回北京探亲。他乘坐武昌开往北京的火车于次日来到北京，长子曾龙前来迎接。父子相见，恍如隔世。回到家里，祖孙三代享受了天伦之乐。但农场只准假期两周，10月26日，袁依依不舍、怅然告别亲人，重新回到农场。此时，国内政治气候渐渐有所松动，家人都不同程度地和袁殊谈到了平反可能性的问题，但是袁迟迟没有动作。

为什么呢？1979年3月，袁殊给子女的回信中坦诚："当年的笔供和口述，俱可复案。这里再说一句，我的问题，表面看来似乎'复杂'，骨子里用两个字就可以说明一切。政治上我对党确实无愧于心，这一点我死可瞑目。去年12月我已经细致地、逐一地向高院具体地提出了申诉，并把抄附寄给中组和郭（原属单位）。既然有些人的问题都得到了解决，对我总该会有个相应地处置吧？所以，我并不是消极自在地'乐天安命'，是迫切地（自为地）在努力争取的。如果往日与我有牵连的人都得到相应地解决，这一事实，也足以说明我对判决书的注解是站得住脚的。……但是，我却不能美化自己，我在政治上是犯过错误而且生活行为上有过严重污点的人，所以我坚持了'贵有自知之明'的反省，低首诚心地接受改造。这是我应该坦率地向你们说的。希望你们能够理解我的心曲。"[①]

袁殊一直自感内疚，认为是自己的悲剧造成子女的次生悲剧。

二　彻底平反昭雪

为还历史一个公道，也为了还自己一个清白，袁殊内心充满着强烈的求平反意识。1979年12月，袁殊再次来到北京，他一面求医治病，一面向最高法院提出复审要求。

初到北京的袁殊，连个稳定的住所也找不到，只好住到儿子曾龙只有8平方米的小屋，曾龙搬到学校住。袁殊当时已患脑血栓，行动不便，自己吃饭、弄煤生火都成了问题。孩子们还是经常回去看望他，生活境遇好多了。但20多年来的社会隔绝，袁殊却疑心子女对他的不欢迎。不久，梅益有意介绍他到社科院新闻研究所工作，但没有去成。有一天，中央社会部的一位领导干部专程来看了他，并给他送来300元补助费。

有些老前辈坚信袁殊是革命战士，即便他遭受极"左"路线迫害有20

---

① 曾龙：《我的父亲袁殊》，接力出版社1994年版，第294—295页。

多年之久，都没能动摇过他们对袁殊的信任，1980年他回家等待平反期间，楼适夷表示了笃情厚意：他多次看望袁，在经济上帮助过袁。姜椿芳、司徒慧敏等文化界老前辈当时均已年过70了，仍不辞劳累地远道去香山看望尚未平反的袁。袁殊所以能在京生活三年等到平反，主要是依靠国家安全部的照顾。袁回京后，安全部由专人负责袁的平反问题，他们按月送去生活费、付房租、缺床就送床、年节时必去探望，待袁如亲人。①

1981年秋，在梅益热心帮助之下，袁殊借住到关露的房子——香山东宫2号。②

据上海图书公司《博古》编辑部执行总编叶孝慎2008年出版的《民国疑案》所述："28年之前，我在北京见过晚年袁殊。那天上午，我去香山专访关露，关露留我共进午餐，午后接着聊。我们正在一问一答式地聊着她的艰难以往，屋外突然闯入一个一脸沧桑、目光木讷的老人。老人手拄拐杖，步履蹒跚。老人绝没想到屋里还会有我这么一个年轻的陌生人。他先是一怔，脸上掠过受惊的神色，然后一声不吭，扭头就走。关露向我解释，说他姓袁名殊，跟她一样，受潘（汉年）、扬（帆）牵连，坐牢多年，前不久刚恢复自由，暂时借住在周立波的老宅里，跟她的住房仅一墙之隔。"③

后来租下香山南营的房子，8月底搬进了新住所，有关机关为其预付了一年房租。在漫长的等待过程中，袁殊渐渐丧失了自制力，他的脾气越来越急躁，但依靠组织解决平反问题的决心却丝毫没有动摇。④

袁殊在香山南营等待平反期间，社会主义青年学院陈琼芝教授，开始不定期采访袁殊，前后有三四年之久，陈做了七八万字的采访笔记。1988年，曾龙在写《我的父亲袁殊》时，陈教授慷慨地把原始记录借给他参考，现在那本采访记录已不知去向。⑤

1982年9月1日，即中共十二大开幕的这一天，中共中央向全党发出文件，正式为潘汉年平反，恢复党籍，追认他的历史功绩，平反通知中说潘汉年"为党获取了不少重要战略情报，多次得到中央的表扬"。⑥

---

① 参见曾龙《我的父亲袁殊》，接力出版社1994年版，第2页。
② 另据赵如宝教授回忆："1980年，袁殊可以自由行动出来后，由其原勤务兵宋福清夫妇照顾。1981年，获平反后，暂住关露在北京西山的别墅。"
③ 叶孝慎：《民国疑案》，中国青年出版社2008年版，第212页。
④ 参见曾龙《我的父亲袁殊》，接力出版社1994年版，第302页。
⑤ 参见曾龙《我的父亲袁殊：还原五面间谍的真实样貌》，独立作家2016年版，第383页。
⑥ 刘人寿、何荦：《记潘汉年对敌隐蔽斗争工作片断》，载中共上海市委党史研究室《潘汉年在上海》，上海人民出版社1995年版。

潘汉年一平反，袁殊冤案的昭雪就很容易了。1982年9月29日，最高人民法院组成的合议庭正式向袁殊宣布："原判决认定的事实失实，撤销1965年的判决，宣告袁殊无罪，原没收的财物折价归还。"① 据1982年10月7日袁殊日记："最高人民法院判决书〔(1982) 刑字147号〕：……于1965年经本院判处有期徒刑十二年，剥夺政治权利五年，袁不服，以没有反革命罪提出申诉。本院依法组成合议庭，再审认为：原判决认定的事实失实。现判决如下"：

一、撤销本院一九六五年度刑——字第15号判决；
二、宣告袁殊无罪；
三、原没收的财务折价人民币三千七百六十四元四角九分，予以发还。

中华人民共和国最高法院刑事判决庭
审判长张敏
审判员刘培勤
审判员李育英
一九八二年九月二十九日
书记员王玉琦②

接着，袁殊接到了原单位下发的平反通知，恢复了他的中共党籍，分配了住房，恢复了原级别待遇。组织上考虑到袁殊年老多病，就决定不再安排其工作，让他享受离休待遇，并分配新房一套，颐养天年。

袁殊平反后，更加关注起子女们的工作与生活。

据赵如宝教授回忆：1982年，曾曜、赵如宝夫妇来京看望袁殊，袁殊问起女儿女婿是否愿意来北京工作，顺便照料袁殊的起居生活，曾曜夫妇表示愿意。1983年，袁殊便写信给时任中央政法委员会书记处书记的陈丕显，说想让小女儿曾曜来照顾自己的晚年生活。陈收信后的第二天，就让其秘书送来亲笔批复："一位受了20年冤屈的老同志，提这么一点要求，我们能不满足吗？"于是，1984年曾曜夫妇便调来北京工作。③

袁殊晚年依旧忙碌着。

---

① 赵风：《袁殊传略》，载《袁殊文集》编辑组《袁殊文集》，南京出版社1992年版，第7—39页。
② 曾龙：《我的父亲袁殊：还原五面间谍的真实样貌》，独立作家2016年版，第388页。
③ 参见《孙宝根采访袁殊女婿赵如宝教授记录稿》，2012年8月29日于北京。

有时，国安部请他向一些年轻人介绍当年在白区和敌占区从事地下情报工作的经验，他也欣然应命，并做好充分准备，一讲几天，也不觉得累，而且心情振奋。袁殊主要是在家写一些回忆，回忆潘汉年、冯雪峰、鲁迅、王亚樵、陈彬龢等历史人物，可惜的是，有的形成了文字，有的只是口述，最后也都不知去向。他还翻译日本小说，但只有《牛棚的臭味》[①]和《出租孩子的店铺》[②]两篇刊登在上海出版的《外国文艺》杂志上。他翻译的日本著名作家谷崎润一郎的小说《细雪》，大约200万字，只译了一部分，后因碰上"撞车"，便放弃了。从此，他开始辍笔，他的健康状况亦不允许他这样做，后来连写信也很困难，许多来往信件大都是他口述，由别人记录发出的。[③]

1984年4月，袁殊在儿子曾虎陪同下从北京出发，先后到上海、杭州、苏州、无锡、南京等地参观旅游。袁殊重返曾经战斗过的地方，诗兴大发，感慨万千。[④] 在上海，他感受新上海今非昔比、繁花似锦，便赋诗一首，以抒情怀：

　　　屐痕重印江南路，
　　　最是盘餐莼美羹。
　　　淮海道上人潮疾，
　　　满目春光四化流。[⑤]

袁殊来到上海江湾镇立达学园旧址，发现立达学园已变成工厂聚集的地带，旧貌换新颜了，正是：

　　　隐约踪迹难找寻，
　　　旧日师友逝飞茫。
　　　宝山绿叶如华盖，

[①] 参见〔日〕正宗白鸟《牛棚的臭味》，袁殊译，载《袁殊文集》编辑组《袁殊文集》，南京出版社1992年版，第359—391页。
[②] 参见〔日〕宇野浩二《出租孩子的店铺》，袁殊译，载《袁殊文集》编辑组《袁殊文集》，南京出版社1992年版，第392—435页。
[③] 参见赵风《袁殊传略》，载《袁殊文集》编辑组《袁殊文集》，南京出版社1992年版，第7—39页。
[④] 参见袁殊《屐痕重印江南路——南游杂记》，载《袁殊文集》编辑组《袁殊文集》，南京出版社1992年版，第464—476页。
[⑤] 参见曾龙《我的父亲袁殊：还原五面间谍的真实样貌》，独立作家2016年版，第394页。

树树新枝更足亲。①

平反后的袁殊，年事已高，加之疾病缠身，深感心力交瘁。他游罢江南，又顺道去老家湖北蕲春探亲访友，回望家乡的一草一木，竟然在不知不觉中支撑不住了，只好拖着病体回到北京。

---

① 曾龙：《我的父亲袁殊：还原五面间谍的真实样貌》，独立作家2016年版，第395—396页。

第十七章　盖棺定论

有人说，中共特工史上如此多面的潜伏特工，绝无仅有，袁殊必定是个长袖善舞、八面玲珑的人物。

但从照片上看起来，袁殊的身材并不高、敦实、清秀、机灵、笑容可掬、文质彬彬，骨子里是一文人，又让人感觉像一个精明的商人，而他确确实实是中共历史上鲜为人知、多面的高级特工。

一　才情不减当年

袁殊个性鲜明、爱好广，他的个性也兼有含蓄、坚韧、脆弱、轻狂的特点，在他长子曾龙的记忆中："父亲有威严但极少发脾气，他的涵养是很好的。直到1980年以前，他都保有极强的自制感情的能力，从不发怒。他到北京初期，因事先不打招呼而住处发生了困难，我很替他着急，急切之中两次对他说了一些过头的话，他默坐在床上，一声不吭，表现出极强的涵养性。他很坚强，经历了种种磨难后依然保持着勤奋向上的精神，很少流露出哀怨和感伤。晚年的父亲，因'脑软化'而不能控制感情了，他常因小事而兴奋和悲伤，可以看出他原有的内心深处也经常起伏着感情的波澜，这既说明他是个感情丰富的人又显示了他的内在情感有脆弱的一面，袁殊的两次哭就是例证。轻狂，则多表现在他对私生活问题的处理上，这也是他个人生活问题处理不当的性格原因。"[1]

袁殊的记忆力很强，70岁以前他对旧事记得一清二楚。

有位访问过他的人说："每提及一人，他便随口说出此人籍贯、简历，当他（指袁殊）谈完之后，就形成了一个完整的小传。"大概1954年的一天，原机关的一位老战士要了解一个日本人的情况，有人建议他去找袁

---

[1] 曾龙：《我的父亲袁殊》，接力出版社1994年版，第318页。

殊，袁殊让他准备好纸笔后开始口述，讲完之后一篇资料文章就完成了，此事给那位现在上海工作的同志留下很深的印象。袁殊说他当年在上海工作时，能背记几十个电话号码和车子牌号，每见到车子在某处行驶，就可判断出某某人有活动，当非虚言。强记，是情报人员的特长。①

袁殊特别喜爱诗歌，也常常写诗，他的诗是"有所感而发，不是写给别人看的"。袁殊自谦称："我天赋不够，诗兴倒不少，破口而出，当然是拙作。且处境窘困蹇塞，亦难学杜而大多仿创杜的现实主义篇章；拗牙结舌，如同鸡肋，窃笑敝帚罢了。""我不够做诗人的条件，然而却是爱读诗的人。说得美化一些，这也可算得是一种美学的情操。这是我性格的弱点。然而对诗这种形式的文艺及对它的爱好，不一定一概否定。要害是在于无病呻吟的胡扯还是诗可言志。""我偶尔有热烈的诗兴（来源于生活的实际感受），写了出来不过是为了遣怀寄意，远谈不上老成，更不是写给别人看的。"②

参看袁殊诗篇几首：③

    病中杂诗
    1979年7月23日，午夜闷热不耐，下床坐待天明，口占书怀，寄北京诸凡。
    夜凉天欲曙，斗病苦吟哦；
    轻风扶汗渍，披卷手摩挲。
    尘虑未竟涤，感时叹落寞；
    何当少壮时，凝志写长歌。
    军山草木胜，乡市泊长河；
    遥想昔年事，忧患等闲过。
    老去莫无为，有子起沉疴；
    一身安足惜，但愧前贤多。
    1980年5月17日，即袁殊"破釜沉舟"来北京前一天，他写了题为《答来信》的短诗：
    风雨过关山，相期蜀道难。
    更信风光好，策马上雕鞍。

---

① 参见曾龙《我的父亲袁殊》，接力出版社1994年版，第320页。
② 同上书，第322—323页。
③ 同上书，第323—324页。

70岁生日当天，袁殊作诗《七十偶成》，写于1981年5月3日，即农历3月29日：

> 风雨横槊战大荒，怆天辟地竟流光。
> 莫道生涯穷奢侈，七十尚作少年郎！①

平反后，在中共党组织的同意下，袁殊取消使用曾达斋之名，恢复袁殊之名。他说："总观我的过去，袁殊这个名字没什么见不得人的。"②

平反后的袁殊，接受很多采访，试图澄清一些人和事件的"谬传"。例如：

1986年，《文教资料》第4期发表一组《关于周作人③的一些史料》刊载沈鹏年、杨克林记录整理的《袁殊同志谈周作人》等文，袁殊认为沈鹏年伪造了袁殊的讲话，袁殊指出："沈鹏年是文坛的骗子。……沈鹏年在我面前坚持说：周作人当汉奸是共产党推荐的，我怀疑，问他有否根据，他提出三个根据，我听了只是哈哈应付。……周作人到现在我说不出他与党的关系。"④

事实上，1945年12月6日，周作人因汉奸案被国民政府逮捕，被关押于由中统特务管理的北平炮局胡同监狱。1946年5月27日，被移送南京老虎桥监狱。1947年7月9日、8月9日、9月13日接连进行了三次公审，1947年11月16日，国民党首都高等法院以"周作人共同图谋敌国图谋反抗本国处有期徒刑14年"。周对首都高院的判决不服，上诉至南京最高法院，1947年12月19日，国民党最高法院重判周作人有期徒刑10年。1949年1月26日，他被交保释放；新中国成立后，他又被新政府所特赦。然而，他依然不承认自己的"汉奸"身份："说是离经叛道，或是得罪明教，我可以承认，若是得罪民族，则自己相信没有这意思。""我不相信守

---

① 曾龙：《我的父亲袁殊》，接力出版社1994年版，第323—324页。
② 同上书，第4页。
③ 参见张菊香主编《周作人年谱》，南开大学出版社1985年版；李景彬《周作人评析》，陕西人民出版社1986年版；钱理群《周作人传》，北京十月文艺出版社1990年版；钱理群《周作人论》，上海人民出版社1991年版；舒芜《周作人的是非功过》，人民文学出版社1993年版；刘绪源《解读周作人》，上海文艺出版社1994年版；孙郁《周作人和他的苦雨斋》，人民文学出版社2003年版；倪墨炎《苦雨斋主人周作人》，上海文艺出版社2003年版；哈迎飞《半是儒家半释家——周作人思想研究》，人民文学出版社2007年版；止庵《周作人传》，山东画报出版社2009年版；张先飞《"人"的发现——"五四"文学现代人道主义思潮源流》，人民出版社2009年版。
④ 唐亮仁：《他在"学术争论"的背后干些什么？——记沈鹏年造谣撞骗的几个事实》，《鲁迅研究动态》1987年12月。

节失节的话，只觉得做点有益的事总是好的，名分上的顺逆是非不能一家，譬如受国民政府的委托去做'乱'的特务工作，决不能比在沦陷区维持学校更好。"①

二 无悔剑胆雄心

当采访人李之对袁殊提出："你在沪宁线上是有名的大'汉奸'，人民群众并不知道你是深入虎穴的中共党员，建国后你为什么不到沪宁线上走走，也好恢复一下自己的名誉？"

袁毫不犹豫地回答道："是党的事业重要，还是恢复个人的名誉重要？那时候要做的事情太多了。""许多革命同志为革命献出了自己的生命，我为革命吃点苦算得了什么？看到革命成功，看到社会主义祖国兴旺发达，我就感到高兴，也感到自豪。因为在革命的道路上，我起过一粒沙子的作用。"②

1981年，袁殊恢复自由后，赴京度过了一段"等待平反"期。

据赵如宝教授回忆：袁殊在1980年可以自由行动后曾住过关露的房子。

关于袁殊与王莹、关露之间的关系，据袁殊女婿赵如宝教授回忆："他们只是好朋友，没有听说有其他特殊的关系。"③

为撰写《恽逸群传》，顾雪雍拜访袁殊。据顾雪雍称："袁住在约20多平方米的房间内，家具简陋，年逾古稀的他衰迈多病。他向顾雪雍讲了恽老的往事后，顾雪雍请求他说：'你能否把你的经历告诉我，也为你写本传记？'他摇摇手说：'不行啊！我的经历都是党的秘密，是不能外传的。我们干情报工作的人，只能默默无闻地生，默默无闻地死。'顾雪雍看他孑然一身，孤苦无依，就问：'你为何不和关露女士同居，互相照顾呢？'他答：'我最近向她求婚，她不同意。'遗憾的是，不久关露精神崩

---

① 郭汾阳：《晚年周作人的"上书"》，《同舟共进》2015年第7期；麦冬：《周作人附逆与"文协"反奸》，《文艺报》2016年2月29日；止庵：《重提"关于周作人的一些史料"》，《现代中文学刊》2012年第3期；袁良骏：《作人附逆考辨》，《南通大学学报》（社会科学版）2011年第2期。

② 李之：《传奇式人物——袁殊》，载中国人民政治协商会议江苏省镇江市委员会文史资料研究委员会《镇江文史资料》第12辑，1987年。

③ 《孙宝根采访袁殊女婿赵如宝教授记录稿》，2012年8月29日于北京。

溃自杀了。"

针对顾雪雍此段所言，2012年10月31日，曾虎告知笔者："我有不同意见。从没有听说过有向关露求婚事；平反后袁殊根本没有见过关露。而关露1980年患脑血栓，病痛，1982年底自杀。只听一人说不可靠，也可能是传错，或是戏言。那时来见我父亲的人很多，他隔世多年，开始谁都见，后来发现很多人写的东西走样了，就小心了。"

袁殊长期承受着"毁誉"的考验，内心十分痛苦。很多人为袁殊在新中国成立后深受煎熬二十几年而叹息。但袁殊认为："只要为党的事业需要，甘愿付出这样的代价，作出这样的牺牲，而且还要扮演好角色。所以，在建国后，袁殊常常对人说，我们好像是串戏，在幕后指挥的是潘汉年、王子春，在台上表演的是我。只要把戏演好了，羞辱是个人的，算不了什么。"①

谭元亨（《黄河》2000年第5期发表其长篇纪实作品《毁誉》一书，主角为袁殊）指出："潘汉年和他的战友们，他们既是有幸的群体，却也是可悲的一族；是辉煌的群体，却也是尴尬的一族。辉煌在于他们彪炳于史册上建树的，有他人所无法替代的丰功伟绩，尴尬却在于他们无法进入历史的主潮中，无论是政治的、文化的主潮，而且还被蒙上种种让人黯然神伤的色彩，在前是毁誉，以及留尾巴的'严重错误'，在后则成了通俗读物、流行小说中的素材，飞檐走壁、狎妓玩票，无所不为。终难恢复历史的本来面目，包括我如此之呐喊亦无济于事。无论如何，他们毕竟是投身于一场轰轰烈烈的民族解放与民族独立的斗争之中，死不旋踵，义无反顾；可悲的是，他们本都是有启蒙思想、追求个性自由并且有着独立人格的一代新人，可硝烟散尽，却只余下一个符号，连自己也荡然无存了。事实上，这一批人中，一个个都是有着强烈个性色彩的、活生生的人！袁殊其实很罗曼蒂克的，进入了解放区，还好上馆子，还养宠物，组织上不得不背着他把狗除掉等。平反了并不等于一了百了。平反只是案件的了结，而远非事件、更非思想上的了结。对于这些特殊的历史人物，我们应该持有理性、宽容的态度，无论是潘汉年，还是冯雪峰、袁殊、关露，他们在死后，在平反后，仍承受那些其实已非组织，却偏偏要摆出一副'组织'面孔的、自以为革命得不得了的人的说三道四，指手划脚，未免太叫人

---

① 赵风：《袁殊传略》，载《袁殊文集》编辑组《袁殊文集》，南京出版社1992年版，第7—39页。

气噎。"①

上海广播电视台新闻主任编辑简平指出:"电视连续剧《潘汉年》的播出引起了极大的反响,在对敌隐蔽战线出生入死的共产党人的战斗经历以及他们后来的命运,使人们感慨万千。历史是不能更改的,从1931年10月潘汉年在上海静安寺路的白俄咖啡馆向袁殊下达秘密任务起,便注定了他俩的工作关系不可分割,他俩的政治命运紧紧相连。这就不难明白为什么潘汉年于1955年4月3日蒙冤被捕后,仅过了36个小时,袁殊也旋即被捕;而1982年8月潘汉年平反后,袁殊也在9月得到平反。正是鉴于这样的历史事实,所以要反映潘汉年的情报生涯,特别是那段他最辉煌的对日情报斗争的史实,就不能不提袁殊。可电视剧《潘汉年》偏偏抹去了袁殊,仅以一个子虚乌有的叫方之吾的小角色替代,不仅'袁'变成了'方','殊'变成了'之吾',最主要的是这位方之吾即使在渗透岩井机关的重场戏里也是个无关大局的人物,毫无作为和建树,这至少是不客观和有失公正的。因此,袁殊的家人在看过《潘汉年》之后表露出失望和遗憾就是可以理解的了。"②

作为极其复杂、多面的超级特工,袁殊的精神状态渐渐产生了幻觉,袁殊甚至都不知道自己究竟是什么角色了。据恽逸群回忆:"有一年春节,袁照例邀请多位老友到他家吃饭庆贺新岁,大家坐在他家客厅里等他,袁从楼上卧室走下来,走到楼梯一半时停下,突然嚎啕大哭起来,等一会走下与大家见面,又谈笑如常,好像没有发生过这一幕,大家也不问他,因为大家明白,经常变脸使他心理扭曲,变得悲喜无常了。"

特别是到晚年,几十年曲折多变的经历、几十年的坎坷苦难时时折磨着他,有时,他会像个疯子一样大叫大喊、大哭大闹,狂躁不安。1987年,袁殊多次自戕,他对很多人说过:"不打算活下去了。"③正如曾虎所说:"20多年的隔世生活,使他认识不到时间的推移和自身衰老的现实;他的思想时时回游到几十年前去,这时空的错觉又给他本已坎坷的人生平添了新的折磨……往往表现出怪诞的言思和频频暴烈的发作……他要呼喊,要挣扎,要和病魔、命运抗争,有时像个不顾一切的疯子,做着无望

---

① 谭元亨:《毁誉》,《黄河》2000年第5期;《良知与感悟》,《珠江远眺》第4辑,中国评论学术出版社2006年版。
② 简平:《在〈潘汉年〉里失踪的袁殊》,参见"简平的世界"博客。
③ 曾龙:《我的父亲袁殊:还原五面间谍的真实样貌》,独立作家2016年版,第410页。

的努力。"①

1987年11月26日零时30分，在中国人民解放军309医院，袁殊病逝。

在精神纠结和疾病困扰的双重作用下，袁殊终于走完了他那精彩、传奇、悲壮的一生，享年76岁。他，终于得到了解脱。这一天，是那年北京冬天第一场大雪降临之际，当他的遗体从医院病房推向太平间时，风停雪住，庭院里，满地白雪，满树银花。"他的一生，就像这天清晨的白雪一样，透澈着纯洁、晶莹的光芒。"② 袁殊的遗体火化后骨灰盒上覆盖了中国共产党党旗，安放在八宝山革命烈士公墓。③

有关袁殊后人情况，据赵如宝教授讲：大儿子曾龙，1944年出生，首都师范大学毕业，人大附中数学教师，已退休，现居北京；二儿子曾虎，1945年出生，读过很多英语学习班，故英语甚好，曾供职于农业部，从事外文翻译工作，后出国访问，现留居美国；大女儿马元曦，1933年出生，北京外国语大学教授，现居美国，曾经为《大学英语》教材的编者之一，该教材一直被使用，近几年她依然还有教材版税收入；二女儿曾昭，1942年出生，现居美国，丈夫吕士杰（毕业于清华大学）；三女儿曾曜，1943年出生，中央音乐学院少年班毕业，分配到长春交响乐团工作，为首席长笛手，1984年调入国家安全部工作，1999年得乳腺癌，2001年为准备袁殊事迹改写剧本以及为《袁殊小传》查找资料，劳累过度，病情恶化，于2002年去世。曾曜的丈夫赵如宝，1937年出生，江苏无锡人，1958年复旦大学物理系毕业，分配在中国科学院长春光学精密机械与物理研究所工作，从事发光方面的研究，曾任学部委员（1958年）、所主任（1964年）等职，后回上海工作一段时间，1974—1976年，依据从越战中缴获的美军夜视仪，从事夜视仪放大镜方面研究工作。1976年某日，赵老师在上海一个老乡家里串门，相识曾曜，1978年初两人结婚。"文化大革命"中，赵老师被定性为"资产阶级学术权威"。1984年，从长春调到北京理工大学基础部（含数学、物理、力学三个系）工作，任物理教研室主任。已退休，现居北京。④

---

① 赵风：《袁殊传略》，载《袁殊文集》编辑组《袁殊文集》，南京出版社1992年版，第7—39页。
② 《战斗在敌人心脏里的袁殊》，载九玉淇《三生花草梦苏州》，江苏古籍出版社2000年版，第77页。
③ 参见曾龙《我的父亲袁殊：还原五面间谍的真实样貌》，独立作家2016年版，第445页。
④ 参见《孙宝根采访袁殊女婿赵如宝教授记录稿》，2012年8月29日于北京。

据曾虎回忆："曾虎，1964年北京四中毕业后因家庭问题不能上大学，去农村劳动17年，自学。1982年到农业部外事司工作。1993年赴美，现定居纽约。"[1]

据曾昭回忆：马元曦于2013年5月去世，袁殊的孙辈有7人：两男五女，现在也都步入了中年。潘汉年没有子女，曾打算领养曾昭。1965年，曾昭大学毕业后在北京齿轮厂工作，后调入北京市经济管理干部学院。[2]

一直以来，大家都认为20世纪30年代的中共特工，是一个神秘群体，这个群体"在与国民党中统、军统等谍报机关的长期较量中，他们在保卫党中央、铲除投敌内奸、策反蒋军起义、揭露敌人阴谋诸方面，以超人的智慧、顽强的意志和精妙的计谋，挫败了对手的一次次阴谋，为新中国的建立做出了不可磨灭的贡献"。[3] 纵观袁殊的一生，可以这样说，凡是做间谍或特工所必须具备的技术、才能、学识、胆魄、权谋等，袁殊样样精到，袁殊是中共特工群体中比较出色的一位。有人在了解袁殊的事迹后曾评论道："这一代人为了理想可以牺牲自己的一切，是现代人最缺乏的精神。他们遇到的艰难险阻是我们无法想象的，他们永远是后代们学习并纪念的楷模！""电视剧《伪装者》中明楼的原型人物——五重间谍袁殊，了不起的英雄！解放后对这些地下工作者太不公平了，他们的悲惨坎坷经历令人唏嘘，我们不该忘记他们的丰功伟绩！"

袁殊有什么神通能同时周旋于几种政治力量之中？曾龙根据其父袁殊平日言谈举止，归纳出以下四点："第一，是中共的领导和支持。袁殊说：'要不是我背后有组织的力量，我个人能有多大能力搞出那许多名堂呢？'组织的力量，前几年集中表现于王子春的谋划和指导。如果说王子春是导演、袁殊是演员的话，那么他们在三十年代初上海政治舞台上的首演是成功的。……第二，旧社会官场的腐败和涣散，使得袁殊有可乘之机。……尽管袁殊出身贫寒，他到底有袁晓岚、胡抱一、萧同兹、方觉慧、贾伯涛等先天的国民党社会关系，故经人指点加以巧妙利用便涉足到吴醒亚系统中去了。第三，他个人有些特点。特点之一是他精力充沛，思维敏捷，活动力颇强。……实践中的锻炼，造就了他敏锐的观察力。……第四，他自己讲的'我在旧社会，凡事留有余地。'他的意思是待人接物不咄咄逼人。……概而言之，袁的诀窍是'不失原则，不为己甚，广交朋友，为我所用'。

---

[1] 《孙宝根采访曾虎记录稿》，2012年10月30日。

[2] 参见曾昭《点滴回忆》，载曾龙《我的父亲袁殊：还原五面间谍的真实样貌》，独立作家2016年版，第437—444页。

[3] 叶健君、李万青：《十大红色特工》，珠海出版社2009年版。

更重要的是他有超于常人的做事心愿,'要做点什么,不负此生'是他贯彻终生的座右铭。"① 另外,对于袁殊,日本人的态度总体说来有所不同,他们认为袁殊是与日方早有渊源的亲日派,袁殊能说日语、懂得日本风俗文化,故袁殊有许多日本"朋友",这也是袁殊能够在汪伪政权内部从事秘密活动的一个重要条件。②

邓小平说过,党在历史上犯过右的错误,也犯过"左"的错误,但"左"的错误对党的危害更大。对袁殊的研究应当历史地分析,同当时的历史背景联系起来。罗青长曾说过:"潘汉年同志是我们情报战线曾作过杰出贡献的优秀战士、领导人,是一位值得尊敬的老前辈。潘汉年冤案的发生,是我党的历史悲剧,是沉痛的教训。"③

潘汉年讲过这样一段话:"革命战争中,我们的前锋战士与敌人短兵相接,犬牙交错地混在一起,在这种情况下,往往我们自己的炮弹为扫清冲锋前进的障碍,难免不误中自己的战士。我们只有考虑到对革命事业有利,这种牺牲也是有意义的。"袁殊也说过:"有多少人死了多年,一直背黑锅,他们是无名英雄。"④

历史已经证明,袁殊是真正的无名英雄。

---

① 曾龙:《我的父亲袁殊:还原五面间谍的真实样貌》,独立作家2016年版,第192—193页。
② 同上书,第275页。
③ 罗青长:《潘汉年冤案的历史教训》,《上海党史与党建》1996年第1期。
④ 曾龙:《我的父亲袁殊:还原五面间谍的真实样貌》,独立作家2016年版,第11页。

参考文献

一　史料

陈恭澍：《军统第一杀手回忆录》，中国友谊出版公司2010年版。
陈立夫：《成败之鉴——陈立夫回忆录》，台北：正中书局1984年版。
陈云著，中共中央文献编辑委员会编辑：《陈云文选》（1926—1949年），人民出版社1995年第2版。
邓葆光：《国民党军统对日伪的经济战点滴》，载《江苏文史资料选辑》1983年第13辑。
丁淦林：《丁淦林文集》，复旦大学出版社2005年版，第37—46页有《袁殊对〈文艺新闻〉及〈记者座谈〉的回忆》一篇对袁殊访谈的记录，访谈时间为1984年7月10日上午、11日上午和下午，访谈记录经过袁殊审阅，文中注释为丁淦林所加，原载华东师范大学传播学系编《传播学研究集刊》（Ⅰ），上海古籍出版社2003年版。
冯烈、方馨未：《冯雪峰外调材料》（上、下），载《新文学史料》2013年第1、2期。
冯雪峰：《雪峰文集》四卷，人民文学出版社1981年版。
公安部档案馆编注：《周佛海狱中日记（1947年1月—9月）》，中国文史出版社1991年版。
"国防部"情报局编著：《戴雨农先生全集》（上、下），台北："国防部"情报局1978年版。
黄康永口述，朱文楚整理：《我所知道的军统兴衰——原国民党军统少将的回忆》，中国文史出版社2004年版。
黄美真编：《伪廷幽影录——对汪伪政权的回忆》，东方出版社2010年版。
黄美真、张云编：《汪伪政权资料选编：汪精卫国民政府成立》，上海人民出版社 1984 年版。

黄美真、张云编：《汪伪政权资料选编：汪精卫集团投敌》，上海人民出版社 1984 年版。

回忆潘汉年编辑组编：《回忆潘汉年：革命斗争回忆录》，江苏人民出版社 1985 年版。

江苏省社会科学院《恽逸群文集》编选：《恽逸群文集》，江苏人民出版社 1986 年版。

江苏省邮电管理局编：《华东战时交通通信史料汇编》苏中卷，人民邮电出版社 1995 年版。

赖传珠：《赖传珠日记》，人民出版社 1989 年版。

李之：《传奇式人物——袁殊》，载中国人民政治协商会议江苏省镇江市委员会文史资料研究委员会编《镇江文史资料》第 12 辑，1987 年。

陆炳炎主编：《恽逸群同志纪念文集》，三联书店 2005 年版。

南京市档案馆编：《审讯汪伪汉奸笔录》，凤凰出版社 2004 年版。

任远：《红色特工忆往事》，金城出版社 2011 年版。

申符编：《谢六逸集》，辽宁人民出版社 2009 年版。

沈美娟：《沈醉回忆作品全集》，九州图书出版社 1998 年版。

台北"国史馆"、台北中国国民党党史馆、南京中国第二历史档案馆、北京中国社会科学院近代史所档案馆等单位所藏相关档案史料。

万墨林：《沪上往事》，台北：中外图书出版社 1974 年版。

吴开先：《沪上往事细说从头——读汪曼云等〈捉放吴开先〉一文不得不写的一段回忆》，载《传记文学》第 51 卷第 6 期。

吴淑凤等编辑：《戴笠先生与抗战史料汇编：经济作战》，台北："国史馆" 2011 年版。

吴淑凤等编辑：《戴笠先生与抗战史料汇编：军情战报》，台北："国史馆" 2011 年版。

吴淑凤等编辑：《戴笠先生与抗战史料汇编：军统局隶属机构（光盘）》，台北："国史馆" 2011 年版。

吴淑凤等编辑：《戴笠先生与抗战史料汇编：中美合作所的成立》，台北："国史馆" 2011 年版。

吴淑凤等编辑：《戴笠先生与抗战史料汇编：中美合作所的业务（光盘）》，台北："国史馆" 2011 年版。

吴淑凤等编辑：《戴笠先生与抗战史料汇编：忠义救国军》，台北："国史馆" 2011 年版。

夏衍：《懒寻旧梦录》，三联书店 2000 年版。

萧赞育口述，蒋京访问：《萧赞育先生访问记录》，台北：近代中国出版社 1992 年版。

肖金：《抗战期间的日伪特务贸易公司》，载《上海文史资料选辑》第 51 辑。

薛钰：《在周恩来指导下做地下情报工作——访沈安娜、华明之》，载《中共党史资料》第 65 辑。

扬帆口述，丁兆甲整理：《断桅扬帆：蒙冤二十五年的公安局长》，群众出版社 2001 年版。

杨力平：《回忆中华职业教育社与我党的地下工作》，载《教育与职业》1986 年第 2 期。

杨圣清、谭宗级：《抗战时期党在国统区统战工作的一些情况》，载《中共党史资料》第 18 辑。

余子道、刘其奎、曹振威编：《汪伪政权资料选编：汪精卫国民政府"清乡"运动》，上海人民出版社 1985 年版。

袁殊：《放眼亭畔话往事——忆打入汪伪的四年》，载政协苏州市委员会文史资料研究委员会编《苏州史志资料选辑》第 3 辑，1986 年。

《袁殊文集》编辑组编：《袁殊文集》，南京出版社 1992 年版。

袁殊遗稿：《我所知道的鲁迅》，载《上海鲁迅研究》（2）。

曾龙：《我的父亲袁殊：还原五面间谍的真实样貌》，台北：独立作家 2016 年版。

曾龙：《我的父亲袁殊》，接力出版社 1994 年版。

赵先：《所谓"镇江事件"的始末》，1982 年 9 月 29 日，载《上海文史资料选辑》第 41 辑。

中国国民党中央委员会党史委员会编印：《中华民国重要史料初编——对日抗战时期：第六编傀儡组织》，台北：中国国民党中央委员会党史委员会 1981 年版。

中央档案馆编：《中共中央文件选集（1941—1942）》，中共中央党校出版社 1991 年版。

周佛海：《周佛海日记全编》，中国文联出版公司 2003 年版。

朱传誉主编：《戴笠传记资料》，台北：天一出版社 1981 年版。

朱能真：《潘汉年的幕前"演员"——袁殊》，载政协黄冈市委员会学习文史委员会编《黄冈文史资料》第 4 辑，2001 年。

朱声昌：《井上公馆和特务机关的内幕》，载《文史资料选辑》第 91 辑，文史资料出版社1983年版。

朱子家（金雄白）：《汪政权的开场与收场》（1—5），春秋杂志社1965年版。

〔日〕岩井英一：《回想の上海》，日本名古屋：《回想の上海》出版委员会1983年版。

二　著作

蔡德金编：《七十六号：汪伪特工总部口述秘史》，团结出版社2007年版。

蔡德金、李惠贤编：《汪精卫伪国民政府纪事》，中国社会科学出版社1982年版。

蔡德金：《汪精卫评传》，四川人民出版社1988年版。

蔡德金：《汪伪二号人物陈公博》，人民出版社1993年版。

柴夫编著：《中统头子徐恩曾》，中国文史出版社1989年版。

陈楚君、俞兴茂编：《特工秘闻——军统活动纪实》，中国文史出版社2001年版。

陈公博：《苦笑录》，东方出版社2004年版。

陈恭澍：《抗战后期反间活动》，台北：传记文学出版社1986年版。

陈恭澍：《蓝衣社内幕》，国民新闻图书印刷公司1941年版。

陈恭澍：《上海抗日敌后行动》，台北：传记文学出版社1984年版。

陈丽凤、毛黎娟：《上海抗日救亡运动》，上海人民出版社2000年版。

陈修良：《潘汉年非凡的一生》，上海社会科学院出版社1989年版。

陈早春、万家骥：《冯雪峰评传》，重庆出版社1993年版。

丁言昭编选：《关露啊关露》，人民文学出版社2001年版。

费云文：《戴笠新传》，台北：圣文书局1985年版。

费正、李作民、张家骥：《抗战时期的伪政权》，河南人民出版社1993年版。

傅葆石：《灰色上海，1937—1945：中国文人的隐退、反抗与合作》，张霖译，三联书店2012年版。

干国勋等：《蓝衣社复兴社力行社》，台北：传记文学出版社1984年版。

古僧编：《戴笠将军与抗日战争》，台北：华新出版有限公司1976年版。

顾雪雍：《恽逸群》，人民日报出版社2005年版。

韩晗：《寻找失踪的民国杂志》，华中科技大学出版社2012年版。

郝在今：《中国秘密战：中共情报保卫工作纪实》，金城出版社 2010 年版。

贺遂圣、陈麦青编选：《抗战实录之三：汉奸丑史》，复旦大学出版社 1999 年版。

洪桂己编纂：《近代中国外谍与内奸史料汇编——清末民初至抗战胜利时期（1871—1947）》，台北："国史馆" 1986 年版。

胡肇枫编：《忠诚——回忆袁殊同志》，袁殊文集整理编辑领导小组印 1988 年版。

胡肇枫、冯月华、吴民：《剑胆琴心：红色情报员袁殊传奇》，四川人民出版社 1999 年版。

黄飞主编：《间谍战秘史——中共潜伏特工内幕》，中国戏剧出版社 1993 年版。

黄敬斋著，中国文化建设协会主编：《抗战与间谍》（抗战小丛书），商务印书馆 1937 年版。

黄美真、姜义华、石源华：《汪伪"七十六"号特工总部》，团结出版社 2010 年版。

建华：《中共中央特科纪实——追杀》，伊犁人民出版社 2000 年版。

江绍贞：《戴笠和军统》，团结出版社 2007 年版。

经盛鸿：《民国暗杀要案》，古籍出版社 1989 年版。

开诚：《李克农——中共隐蔽战线的卓越领导人》，中国友谊出版公司 1996 年版。

柯兴：《魂归京都——关露传》，金城出版社 2010 年版。

柯兴：《秘密战（八路军与日本间谍、军统特务间谍战）》，江西教育出版社 2010 年版。

雷鸣编：《汪精卫先生传》，上海书店 1989 年版。

李继星主编：《戴笠传》，敦煌文艺出版社 1993 年版。

良雄：《戴笠传》，台北：传记文学出版社 1990 年再版。

梁上苑：《中共在香港》，广角镜出版社 1989 年版。

刘熙明：《伪军——强权竞逐下的卒子（1937—1949）》，新北市：稻乡出版社 2011 年再版。

陆炳炎主编：《恽逸群同志纪念文集》，三联书店 2005 年版。

马啸天、汪曼云遗稿，黄美真整理：《我所知道的汪伪特工内幕》，东方出版社 2010 年版。

马雨农：《张冲传》，团结出版社 2012 年版。

马振犊：《国民党特务活动史》，九州出版社 2008 年版。

梅桑榆：《刀光谍影——日本浪人对华谍报活动揭秘》，人民出版社2010年版。

明军、永久主编：《中共特工秘录》，大连理工大学出版社1993年版。

穆欣：《隐蔽战线统帅周恩来》，中国青年出版社2002年版。

南国生编著：《谍殇：中国特工对日谍战纪实》，团结出版社2008年版。

欧阳宗、新中国报编译社编：《中国内幕》第6册，新中国报社1944年版。

乔家才：《戴笠和他的同志》，台北：中外图书出版社1985年第2版。

萨苏、老拙：《东方特工在行动》，文汇出版社2011年版。

萨苏：《中国不会亡：抗日特工绝杀行动纪实》，九州出版社2014年版。

申元编：《江山戴笠》，中国文史出版社1991年版。

沈美娟：《孽海枭雄戴笠》，中国文史出版社2009年版。

沈醉、文强：《戴笠其人——"国防部保密局"的内幕》，文史资料出版社1980年版、中国文史出版社2001年版。

施原：《国殇：国民党对日抗战谍战纪实》第4部，团结出版社2012年版。

苏青：《续结婚十年》，四海出版社1948年版。

苏智良：《左尔格在中国的秘密使命》，上海社会科学院出版社2014年版。

谭元亨：《潘汉年》，甘肃人民出版社1996年版。

陶恒生：《高陶事件始末》，中国大百科全书出版社2012年版。

陶菊隐：《孤岛见闻——抗战时期的上海》，上海人民出版社1979年版。

藤井志津枝：《诱和——日本对华谍报工作》，台北：问津堂1997年版。

天子第一号手：《七十六号本纪》，青年文化出版社1948年版。

王朝柱：《共产党秘密战线——利剑与尖刀》，上海人民出版社1999年版。

王建平：《民国史上最丑陋的中国人——七十六号窟主李士群》，台北：韬略出版社1996年版。

王蒲臣：《一代奇人戴笠将军》，台北：东大图书股份有限公司2003年版。

王奇生：《党员、党权与党争——1924—1949年中国国民党的组织形态》，上海书店出版社2009年版。

王淇、陈志凌主编：《中共党史人物传》第77卷，中央文献出版社2002年版。

王泰栋编著：《陈布雷大传》，团结出版社2006年版。

王晓华：《情报战的秘密》，解放军出版社2002年版。

文思主编：《我所知道的军统》，中国文史出版社2003年版。

邬正洪、傅绍昌编著：《上海人民支援新四军和华中抗日根据地》，上海人民出版社 2001 年版。

吴童：《谍海风云：日本对华谍报活动与中日间谍战》，中共党史出版社 2005 年版。

吴相湘：《第二次中日战争史》，台北：综合月刊社 1973 年版。

肖志浩、肖荣昌：《中共特工》，时代文化出版社 2009 年版。

"兴亚建国运动"本部结束委员会、"兴亚建国运动"本部编：《兴亚建国运动》，上海：街头书报社 1941 年版。

徐恩曾等：《细说中统军统》，台北：传记文学出版社 1992 年版。

徐林祥、朱玉编：《李克农传》，安徽人民出版社 2003 年版。

许文龙：《中共特工——地下斗争的英雄》，青海人民出版社 1996 年版。

杨者圣：《特工王戴笠》，上海人民出版社 1993 年版。

叶健君、李万青：《十大红色特工》，珠海出版社 2009 年版。

尹骐：《潘汉年的情报生涯》，人民出版社 1996 年版。

游国立、席晓勤：《戴笠全传》，三味书香图书有限公司 1996 年版。

游国立：《中国共产党隐蔽战线研究》，中共党史出版社 2006 年版。

余子道：《汪伪政权全史》全 2 册，上海人民出版社 2006 年版。

袁殊：《记者道》，群力书店 1936 年版。

袁殊：《兴亚建国论》，兴建月刊社 1939 年版。

张殿兴：《汪精卫附逆研究》，人民出版社 2008 年版。

张霈芝（张宜生）：《戴笠与抗战》，台北："国史馆" 1999 年版。

张晓宏、许文龙：《红色国际特工》，哈尔滨出版社 2006 年版。

张云：《潘汉年的一生》，上海人民出版社 2008 年版。

章君穀：《杜月笙传》全四册，陆京士校订，台北：传记文学出版社 1981 年版。

赵凯编：《民国帮会：秘闻与纪实》，团结出版社 1994 年版。

郑伯成：《"五重谍报王"袁殊》，奇春文学网 2011 年 10 月。

郑彭年：《宋庆龄和她的助手金仲华》，新华出版社 2001 年版。

中共上海市党委史研究室编：《潘汉年在上海》，上海人民出版社 1995 年版。

中共上海市卢湾区委党史研究室编写：《老话上海法租界》，上海人民出版社 1994 年版。

钟鹤鸣：《日本侵华之间谍史》，华中图书公司 1938 年版。

周山：《汪伪特工李士群》，中国社会科学出版社 1996 年版。

左文：《非常传媒——左联期刊研究》，北京十月文艺出版社 2010 年版。

〔俄〕维克托·乌索夫：《20 世纪 30 年代苏联情报机关在中国》，赖铭传译,解放军出版社2013年版。

〔俄〕维克托·乌索夫:《苏联情报机关在中国:20世纪20年代》,赖铭传译,解放军出版社2007年版。

〔加〕卜正民:《秩序的沦陷:抗战初期的江南五城》,潘敏译,商务印书馆2015年版。

〔美〕厄内斯特·沃克曼:《间谍的历史》,刘彬、文智译,文汇出版社2009年版。

〔美〕赫伯特·雅德礼:《民国密码战》,巩予炎、罗荔丹译,广西师范大学出版社2009年版。

〔美〕华百纳:《上海秘密战:第二次世界大战期间的谍战、阴谋与背叛》,周书垚译,周育民校,上海社会科学出版社2015年版。

〔美〕梅乐斯:《神龙·飞虎·间谍战——戴笠和看不见的中美合作战争》三册,台湾新生报编辑部译,台北:台湾新生报社1981年第3版。

〔美〕舒尔斯基:《无声的战争》,罗明安、肖皓元译,金城出版社2011年版。

〔美〕魏斐德:《间谍王:戴笠与中国特工》,梁禾译,江苏人民出版社2007年版。

〔美〕魏斐德:《上海歹土——战时恐怖活动与城市犯罪(1937—1941)》,芮传明译,上海古籍出版社2003年版。

〔美〕魏斐德:《上海警察(1927—1937)》,章红等译,人民出版社2011年版。

〔美〕约翰·亨特·博伊尔:《中日战争时期的通敌内幕》,陈体芳等译,商务出版社1978年版。

〔美〕珍妮斯·麦金农、斯蒂芬·麦金农:《史沫特莱:一个美国激进分子的生平和时代》,汪杉等译,中华书局1991年版。

〔日〕晴气庆胤:《沪西"七十六号"特工内幕》,朱阿根等译,上海译文出版社1985年版。

〔日〕西义显原:《日华和平工作秘史》,任常毅译,江苏古籍出版社1992年版。

三 论文

安成日、任龙哲:《试论抗日战争时期蒋介石对日"和谈"问题》,载

《日本问题研究》1997年第2期。

曹大臣：《日本占领华中初期的基层控制模式——以太仓县为中心（1937—1940）》，载《民国档案》2004年第1期。

长沙王乂：《从袁殊到曾达斋从曾达斋到袁殊》，学术论文，2002年5月4日，授课老师：冯锦荣，香港大学中文学院教授。

陈邦本：《"全能特工"刘人寿和他的妻子》，载《档案春秋》2010年第7期。

陈辽：《张爱玲的历史真实和作品实际不容遮蔽——对古远清〈"看张"〉一文的回应》，载《华文文学》2007年第3期。

陈奇佳：《夏衍与中共隐蔽战线关系述考》，载《新文学史料》2015年第3期。

陈晓籁：《汉奸报里的革命家——忆恽逸群同志在〈新中国报〉的二三事》，载《新闻记者》1988年第6期。

陈修良：《历史的教训值得注意——关于潘汉年、沙文汉同志平反昭雪的感想》，载《社会科学》1983年第3期。

陈郁：《袁殊：最强"伪装者"五重身份掩赤心》，载《扬子晚报》2016年5月3日A4—A5版。

陈子善：《王莹：从电影明星到作家》，载《文汇报》2011年10月22日第7版。

陈祖康：《陈公博一段秘辛》，载《中外杂志》第19卷第5期，1976年5月。

陈祖康：《怀念戴笠将军》，载《中外杂志》第19卷第3期，1976年3月。

程仪：《袁殊的情报生涯》，载《党史天地》2004年第11期。

大风原作，李若松提供：《潘汉年促成李士群被日军毒死》，载《传记文学》第69卷第4期，1996年10月。

丁东：《谢觉哉为何难以给潘汉年申冤》，载《文史参考》2011年第2期。

丁淦林：《袁殊的传奇式经历》，载《新闻与写作》2007年第10期。

丁景唐：《从潘汉年的佚文谈到一些新的文化史料》，载《长沙理工大学学报》（社会科学版）1990年第1期。

丁兆东、陈谦平：《略论伪南京市自治委员会的统治》，载《民国档案》2004年第2期。

杜宁（杨之华）：《叛徒顾顺章叛变的经过和教训》，载《党的文献》1991年第3期。

房建昌：《从日文档案看"岩井机关"与兴亚建国运动始末》，载《档案史料与研究》2002年第3期。

房建昌：《二战时日本人在澳门的活动》，载《文史精华》1999 年第 7 期。
费云文：《戴雨农锄奸记——戴雨农其人其事又一章》，载《中外杂志》第 19 卷第 6 期，1976 年 6 月。
费云文：《戴雨农锄奸记略》，载《中外杂志》第 19 卷第 6 期，1976 年 6 月。
费云文：《戴雨农其人其事》（二）（三），载《中外杂志》第 19 卷第 4、5 期，1976 年 4、5 月。
冯夏熊：《冯雪峰谈左联》，载《新文学史料》1980 年第 1 期。
冯晓蔚：《一个与狼共舞 14 年蒙冤 20 年的谍海健将袁殊》，载《档案天地》2013 年第 2 期。
富耀南：《潘汉年的七次香港之行》，载《江南论坛》1997 年第 6 期。
干国勋：《力行社与军统局》，载《中外杂志》第 31 卷第 1 期，1982 年 1 月。
龚举善：《"左联"的报告文学观念及其创作实践》，载《郧阳师范高等专科学校学报》1999 年第 5 期。
古远清：《张爱玲不是"摘帽汉奸"——回应陈辽"遮蔽"一文》，载《学术界》2008 年第 6 期。
顾雪雍：《日特机关"岩井公馆"揭秘》，载《民国春秋》1997 年第 1 期。
顾雪雍：《真实的"伪装者"："五方特务"袁殊》，载《东西南北》2016 年第 2 期。
关山：《东江纵队与盟军情报合作始末》，载《纵横》2003 年第 11 期。
関智英：《袁殊と興亜建国運動：汪精衛政権成立前後の対日和平陣営の動き》，載《東洋学報：東洋文庫和文紀要》2012 年，Vol. 94，No. 1。
郭改之：《1935，袁殊的被捕与释放》，载《周末》2011 年 5 月 12 日。
郭天祥：《潘汉年与抗日民族统一战线的建立》，载《党史研究与教学》2004 年第 1 期。
郭艳华、冯应彬：《袁殊：与狼共舞的中共无名英雄》，载《党史文汇》2008 年第 4 期。
何蜀：《抗战初期的忠义救国军》，载《文史精华》2000 年第 6 期。
何蜀：《纤笔奇兵——蒋介石身边的中共情报员》，载《红岩春秋》1998 年第 4、5 期。
何雨文：《第五纵队：中共情治帝国的变革》，载《传记文学》1994 年 5 月。
何志浩：《戴笠：一八九七至一九四六》，载《中外杂志》第 61 卷第 5 期，1997 年 5 月。
何竹本：《王鲁翘河内刺汪经过》，载《中外杂志》第 17 卷第 5 期，1975

年 5 月。

何祚榕：《被选入汪伪中央的何世桢是爱国者》，载《炎黄春秋》1996 年第 1 期。

胡华：《日伪在沦陷区的棉花增产与棉花统制》，载《贵州师范大学学报》（社会科学版）2003 年第 1 期。

胡明：《胡抱一事迹纪略》，载《钟山风雨》2005 年第 3 期。

胡清风：《关露的悲剧》，载《同舟共进》2014 年第 1 期。

胡正强：《试论袁殊的新闻实践及其理论贡献》，载《中南民族大学学报》（人文社会科学版）2010 年第 3 期。

胡正强：《袁殊编办〈文艺新闻〉的策略和社会影响简论》，载《江南大学学报》（人文社会科学版）2010 年第 4 期。

胡正强：《袁殊的媒介批评实践及其贡献》，载《河北师范大学学报》（哲学社会科学版）2011 年第 2 期。

黄建新、莫振山：《中国共产党在香港的抗战文化活动》，载《中共党史研究》1988 年第 6 期。

黄寿东、苏智良：《苏浙行动委员会别动队初探》，载《档案春秋》1997 年第 3 期，又载《档案与史学》1997 年第 3 期。

黄恽：《袁殊和〈中国内幕〉》，载宫晓卫主编《藏书家》第 15 辑，2009 年。

俭民：《袁殊手下的活财神》，载《七日谈》1946 年第 5 期。

建波、斯科：《留取丹心照汗青——记战斗在台湾的中共党员吴石》，载《党史纵横》1996 年第 7 期。

蒋华：《军统女特工郑苹如的悲剧人生》，载《湖北档案》2003 年第 1 期。

金建明：《一位红色情报员的传奇人生》，载《世纪行》2001 年第 7 期。

金秋：《袁殊：一位红色情报员的传奇人生》，载《钟山风雨》2004 年第 3 期。

经盛鸿、朱翔：《潘汉年误入"汪公馆"》，载《铁军》2010 年第 8 期。

劳开准：《抗日战争时期中共上海情报工作研究》，硕士学位论文，上海师范大学，2011 年。

李甲孚：《戴笠与忠义救国军》，载《传记文学》第 67 卷第 3 期，1995 年 9 月。

李峻：《论抗战时期上海知识分子的心路历程》，载《南京社会科学》2003 年第 12 期。

李林：《中国共产党在民主革命时期情报信息工作的历史考察》，载《理论学刊》2011 年第 3 期。

李蓉:《试论抗战时期中共在沦陷区的工作》,载《中共党史研究》1995年第4期。

李相银:《论〈杂志〉对张爱玲"经典化"的意义》,载《广西社会科学》2008年第11期。

李小白、周颂伦:《日本北进、南进战略演进过程述考》,载《抗日战争研究》2010年第1期。

李秀云:《论袁殊对新闻学术研究的贡献》,载《浙江传媒学院学报》2010年第3期。

李雅茹、潘敏:《国民政府惩治汉奸法令述论》,载《西安政治学院学报》2011年第5期。

李易达:《国共两党的地下斗争——以中共特务工作为例》,硕士学位论文,"国立"中山大学中山学术研究所,1991年。

梁立真:《中共的特殊情报员——鲁迅》,载《当代军事文摘》2006年第4期。

令史氏:《投靠日寇:八面玲珑的袁殊》,载《永生》1946年第10期。

刘迪:《袁殊:情报史上绝无仅有的五重间谍》,载《纪实》2010年第7期。

刘敬坤:《邵华及其一生中的主要事业》,载《江淮文史》2009年第4期。

刘珏:《"左联"戏剧与外来影响》,载《社会科学》1990年第7期。

刘明钢:《敌营十二年——记情报英杰熊向晖》,载《党史天地》1994年第5期。

刘晓滇:《一场文化秘密战——披露"左联五烈士事件"真相始末》,载《党史博采》2009年第12期。

刘勇强:《打入日伪高层的红色特工——袁殊》,载《党史纵横》2012年第5期。

刘勇:《中共情报史上的"五重间谍"》,载《瞭望》2005年第2期。

卢荻:《袁殊:"与狼共舞"的红色特工》(上、下),载《党史纵览》2015年第6、7期。

卢毅:《一九四五年上海起义计划的制订与放弃》,载《中共党史研究》2011年第5期。

鲁南:《"岩井公馆"》,载《文史月刊》2011年第5期;《抗战时期岩井公馆为中共"服务"秘闻》,载《湖北档案》2011年第8期;《岩井公馆里的中共地下党:提供日军确定南进情报》,载《文史月刊》2011年第5期;《中共地下党打入"岩井公馆"始末》,载《中国老区建设》

2011年第6期；《中共地下党主持日特机关"岩井公馆"始末》，载《春秋》2011年第3期，又载《福建党史月刊》2011年第9期。

陆立之：《"特科"的蔡老板》，载《纵横》2004年第4期。

陆诒：《悼念恽逸群同志》，载《新闻与传播研究》1980年第4期。

吕志伟：《20世纪40年代张爱玲走红上海滩的历史考察》，硕士学位论文，东华大学，2007年。

罗道全：《周恩来领导下的中央特科与我党早期的秘密工作》，载《长白学刊》2001年第3期。

罗孚：《"汉奸"袁殊十四年周旋于日特之间》，载《中外书摘》2011年第9期。

罗君强：《细说汪伪》（上、中、下），载《传记文学》1993年第62卷第1、2、3期。

罗青长：《潘汉年冤案的历史教训》，载《上海党史与党建》1996年第1期。

罗斋：《袁殊之妻·张帼一页风流史》，载《海风（上海1945）》1946年第21期。

马超俊：《袁晓岚同志事略：民国二十四年十二月二十三日中山文化教育馆纪念周报告》，载《中山文化教育馆季刊》1936年第3卷第1期，第367—368页。

马光仁：《汪伪在上海的新闻宣传活动》，载《新闻大学》1989年第3期。

马振犊：《三面间谍袁殊》，载《保密工作》2012年第3期，又载《时代发现》2013年第7期。

马振犊：《再论抗战后期周佛海思想之变化》，载《学海》1994年第4期。

孟国祥、程堂发：《惩治汉奸工作概述》，载《民国档案》1994年第2期。

孟国祥、程堂发：《抗战期间中共惩治汉奸纪实》，载《南京史志》1995年第4期。

莫世祥：《抗战初期中共组织在香港的恢复与发展》，载《中共党史研究》2009年第1期。

莫振山：《廖承志与华南的抗日救亡工作》，载《暨南学报》（哲学社会科学版）1989年第3期。

穆欣：《在革命风暴中诞生的中央特科》，载《党史文汇》2002年第2期。

潘敏：《20世纪80年代以来惩治汉奸研究综述》，载《抗日战争研究》2010年第3期。

颇梅生：《袁殊：绝无仅有的"五面间谍"》，载《档案记忆》2016年第5期。

璞玉霍：《周恩来在党的白区斗争中的历史地位》，载《毛泽东思想研究》2006年第5期。

戚海莹：《近代日本的对华谍报活动述论》，载《理论学刊》2012年第1期。

戚其章：《近代日本的兴亚主义思潮与兴亚会》，载《抗日战争研究》2008年第2期。

任苞：《五重间谍袁殊》，载《可乐》2009年第4期。

邵铭煌：《从周佛海日记看抗战时的汪精卫》，载《近代中国》第125期，1998年6月。

邵铭煌：《党史会藏汪精卫史料与民国史研究》，载《近代中国》第135期，2000年2月。

邵铭煌：《战时渝方与汪伪的地下斗争——以吴开先案为例》，载《抗日战争研究》1999年第1期。

邵雍：《杜月笙与上海抗日救亡运动》，载《抗日战争研究》2000年第2期。

石源华：《汪伪时期的"东亚联盟运动"》，载《近代史研究》1984年第6期。

松本英紀：《ある追悼文——西安事変前後の周恩来、張冲そして潘漢年》，載《立命館東洋史學》2007年，No.30。

苏智良：《周恩来与中央特科》，载《上海师范大学学报》1998年第2期。

孙华：《灵活执行党的方针政策是云南地下党在抗战时期取得发展的历史经验》，载《创造》2001年第7期。

孙丽柯：《史沫特莱研究综述》，载《北京党史》2015年第1期。

孙耀军：《谁来对历史负责？——"潘汉年传记"引发袁殊名誉权诉讼案》，载《中国律师》1998年第7期。

孙元良：《四行孤军——八百壮士》，载《传记文学》第21卷第6期，1972年12月。

谭天萍：《长沙奇人袁绍先》，载《长沙晚报》1989年10月15日。

谭元亨：《毁誉》，载《黄河》2000年第5期。

谭元亨：《袁殊身后的牺牲》，载《书城》1997年第4期。

谭元亨：《中共情报史上绝无仅有的"五重间谍"》（上、下），载《党史博览》1999年第2、3期。

唐德刚：《〈沪上往事细说从头〉迟来的导论》，载《传记文学》第53卷第6期，1988年12月。

唐德刚：《抗战期中"高陶事件"的一家之言》，载《传记文学》第79卷第2期。

唐德刚：《李士群为通共被杀的种种瓜葛》，载《传记文学》第67卷第5

期，1995 年 12 月。

陶柏康：《一位热爱中国人民的日本朋友尾崎秀实》，载《上海党史与党建》1994 年第 1 期。

万墨林：《抗战期中的杜月笙》，载《中外杂志》第 19 卷第 6 期，1976 年 6 月。

万墨林：《汪精卫南海逃生——沪上往事之十》，载《中外杂志》第 12 卷第 5 期，1972 年 11 月。

汪朝光：《抗战胜利前后国共日三方互动关系研究》，载《史学月刊》2005 年第 3 期。

王东：《中共在抗日战争后期关于夺取沦陷区城市的战略探析》，载《中州学刊》2007 年第 6 期。

王凡：《潘汉年与汪精卫南京会面的历史真相》（上、下），载《党史博采》2013 年第 4、5 期。

王福群：《中共早期特务工作之研究（1928—1934）》，硕士学位论文，台湾"国立"政治大学东亚研究所，1978 年。

王鹏程：《潘扬案件的历史回顾与反思》，载《湖北行政学院学报》2005 年第 4 期。

王庆林：《战后国民政府对汉奸的审判（1945—1949）》，硕士学位论文，暨南大学，2006 年。

王树蕲、袁苏生：《情报奇人袁殊的秘密生涯》，载《湖北文史》2014 年第 2 期。

王树人：《共产党人中的著名卧底英雄》，载《党史博览》2006 年第 12 期。

王铁群：《关向应上海蒙难——中央特科的一次行动》，载《党史纵横》1994 年第 3 期。

王铁群：《话说中央特务科》，载《党史文苑》2007 年第 4 期。

王伟：《潘汉年会见汪精卫之谜》，载《党史文苑》2005 年第 15 期。

王贞勤：《中共地下党主持日特机关"岩井公馆"始末》，载《文史春秋》2011 年第 7 期。

王中原：《任援道出卖梁鸿志——昔日部属今日阎王》，载《中外杂志》第 66 卷第 3 期，1999 年 9 月。

韦魏：《袁殊的新闻活动——新闻理念、报刊实践、新闻团体建设研究》，硕士学位论文，安徽大学，2013 年。

文库：《潘汉年与香港》，载《百年沧桑论香港——江苏省暨南京市各界举行庆祝香港回归祖国学术研讨会论文集》，1997 年。

闻继衷：《战士的风骨——记恽逸群》（三），载《新闻记者》1985 年第 10 期。

问昕：《关内伪政权的合流与派系斗争》，硕士学位论文，河北师范大学，2005 年。

吴岿：《沦陷时期许广平罹难的若干史实》，载《鲁迅研究月刊》1989 年第 9 期。

吴根梁：《日本土肥原机关的"吴佩孚工作"及其破产》，载《近代史研究》1982 年第 3 期。

吴海发：《鲁迅先生没有编辑〈新中国报〉》，载《鲁迅研究月刊》1990 年第 2 期。

吴惠芬：《抗日战争时期日伪控制下的江浙家庭制丝业》，载《古今农业》2003 年第 3 期。

吴基民：《胡均鹤与潘汉年冤案》，载《档案春秋》2008 年第 11 期。

吴新亚：《潘汉年"镇江事件"真相》，载《文史精华》2007 年第 1 期。

弦音：《抗战时期"中共秘密接触日军高层"真相》，载《兰台内外》2013 年第 6 期。

小蛮：《袁殊手下的三台柱》，载《时代风》1946 年第 2 期。

肖非：《袁殊纪念会在沪举行》，载《新闻记者》1989 年第 1 期。

谢洁菱：《抗战期间日伪在沦陷区的奴化和伪化教育——以南京地区作个案分析》，载《巢湖学院学报》2005 年第 5 期。

谢黎萍：《始终保持党与人民群众的血肉联系——上海地下党代表人民群众利益的实践及其启示》，载《上海党史与党建》2002 年第 11 期。

谢宁：《抗战胜利后国民党惩治汉奸问题述论》，硕士学位论文，河北师范大学，2006 年。

邢烨：《戴笠与忠义救国军》，硕士学位论文，南京师范大学，2008 年。

徐基中：《媒介、角色与信任——〈记者座谈〉研究》，硕士学位论文，安徽大学，2013 年。

徐吉村：《地下战场：战时重庆国民政府与汪政权的暗斗》，硕士学位论文，台湾政治大学，2004 年。

徐林祥：《一个长期做国民党和汪伪特务的人——记秘密战线上的中共地下党员袁殊》，载《党史纵览》1994 年第 6 期。

许强：《袁殊的春画展览会》，载《文饭》1946 年第 31 期。

薛珏：《关于中共中央特科若干问题的探讨》，载《中共党史研究》1999 年第 3 期。

杨名宇：《袁殊的情报工作（1931—1945）》，硕士学位论文，天津师范大学，2015年。
杨天石：《打入日伪内部的国民党地下工作者——略谈何世桢、陈中孚与陆玄南》，载《抗日战争研究》1991年第1期。
杨天石：《"桐工作"辨析》，载《历史研究》2005年第2期。
尹骐：《袁殊谍海风云十六年》，载《炎黄春秋》2002年第12期。
尹琪：《一桩历史谜案——潘汉年会见汪精卫》，载《炎黄春秋》1993年第7期。
尹琪：《袁殊的情报生涯》，载《人物》1993年第4期。
岳桦：《红色情报员袁殊》，载《民国春秋》2000年第5期。
张蕾蕾：《周恩来与中央特科情报工作》，载《北京档案》2003年第11期。
张梅玲：《潘汉年与第二次国共合作的实现》，载《甘肃社会科学》1990年第2期。
张敏：《黎明前的战斗——沈阳解放前夕铁西区地下党组织的建立及活动》，载《党史纵横》1998年第7期。
张敏：《说不尽的潘汉年》，载《世纪桥》2012年第10期。
张廷山：《张爱玲现象之解读》，硕士学位论文，郑州大学，2005年。
张威：《史沫特莱的若干历史悬疑》，载《国际新闻界》2011年第6期。
张云：《毛泽东为何亲批：潘汉年不能信用》，载《报刊荟萃》2009年第3期。
张执一：《在敌人心脏里——我所知道的中共中央上海局》，载《革命史资料》第5辑，文史资料出版社1981年版。
周军：《潘汉年——隐蔽战线上的传奇人物蒙冤"镇江事件"》，载《文史月刊》2007年第12期。
朱元涛：《我对袁殊名誉权案的几点看法》，载《中国律师》1998年第7期。
庄俊芳：《"张爱玲现象"的历史考察》，硕士学位论文，东华大学，2006年。